宗教文化译丛

犹太教系列　主编　傅有德

犹太战争

〔古罗马〕弗拉维斯·约瑟福斯　著

王丽丽　译

创于1897　商务印书馆　The Commercial Press

Josephus

THE JEWISH WAR

本书依据企鹅出版社 1959 年 G. A. WILLIAMSON 的英译本译出

"宗教文化译丛" 总序

　　遥想远古，文明伊始。散居在世界各地的初民，碍于山高水险，路途遥远，彼此很难了解。然而，天各一方的群落却各自发明了语言文字，发现了火的用途，使用了工具。他们在大自然留下了印记，逐渐建立了相对稳定的家庭、部落和族群。人们的劳作和交往所留下的符号，经过大浪淘沙般的筛选和积淀后，便形成了文化。

　　在纷纭复杂的文化形态中，有一种形态叫"宗教"。如果说哲学源于人的好奇心和疑问，那么宗教则以相信超自然力量的存在为前提。如果说哲学的功用是教人如何思维，训练的是人的理性认知能力，那么宗教则是教人怎样行为。即把从信仰而来的价值与礼法落实于生活，教人做"君子"，计社会有规范。信而后行，是宗教的一大特点。

　　宗教现象，极为普遍。亚非拉美，天涯海角，凡有人群的地方，大都离不开宗教生活。自远古及今，宗教虽有兴衰嬗变，但从未止息。宗教本身形式多样，如拜物图腾、万物有灵、通神巫术、多神信仰、主神膜拜、唯一神教，林林总总，构成了纷纭复杂、光怪陆离的宗教光谱。宗教有大有小，信众多者为大，信众寡者为小。宗教有区域性的，也有跨区域性的或世界性的。世界性宗教包括基督教、伊斯兰教、佛教等大教。还有的宗教，因为信众为单一民族，被视为民族性宗教，如犹太教、印度教、祆教、神道教等。宗教犹如一面硕大无朋的神圣之网，笼罩着全世界大大小小的民族和亿万信众，其影响既广泛又久远。

宗教的功能是满足人的宗教生活需要。阶级社会，人有差等，但无人不需精神安顿。而宗教之于酋长与族人、君主与臣民、贵族与平民、总统与公民，皆不分贵贱，一视同仁地慰藉其精神。有时，人不满足于生活的平淡无奇，需要一种仪式感，这时，宗教便当仁不让。个人需要内在的道德，家庭、社会、国家需要伦理和秩序，宗教虽然不能"包打天下"，却可以成为不可多得的选项。人心需要温暖，贫民需要救济，宗教常常能够雪中送炭，带给需要者慈爱、关怀、衣食或资金。人是社会的动物，宗教恰巧有团体生活，方便社交，有利于人们建立互信和友谊。

"太阳照好人，也照歹人。"宗教劝人积德行善，远离邪恶，但并非所有的"善男信女"都是仁人君子，歹徒恶人也不乏其例。宗教也不总是和平的使者。小到个人权斗、"人肉炸弹"，大到"9·11"空难，更大的还有"十字军东征""三十年战争""纳粹大屠杀"。凡此种种大小纷争、冲突、战争和屠戮，都有宗教如影随形。美国学者亨廷顿早在1993年就曾预言：未来的冲突将发生在几大宗教文明之间。姑且不说"文明"之间是否"应该"发生冲突，宗教冲突或与之相关的各种"事件"时有发生，却是一个不争的事实。

既然宗教极其既深且广的影响是事实存在，那么介绍和诠释宗教经典，阐释教义学说，研究宗教历史，宗教与政治经济，以及宗教间的关系等理论和现实问题，就有了"充足的理由"和"必要"。

1873年，马克斯·缪勒出版了《宗教学导论》，其中首次使用了"宗教学"概念。从此，宗教研究成了一门学科，与文学、历史学、哲学、社会学、心理学、民族学等并驾齐驱。在宗教学内部，宗教哲学、宗教人类学、宗教社会学、宗教心理学等分支也随之出现，成就了泰勒、韦伯、蒂利希、詹姆斯、布伯、巴特、莫尔特曼、尼布尔、汉斯·昆等一大批宗教思想家。1964年，根据毛泽东主席批示的精神，中国科学院哲学社会科学学部组建了世界宗教研究所。从此以后，宗教学和更广意义的宗教研究也渐次在社会主义中国生根、开花、结果，在学术界独树一帜，为世人所瞩目。

宗教经典的翻译、诠释与研究，自古有之，时盛时衰，绵延不绝。中国唐代的玄奘、义净，历经千辛万苦西行取经，而后毕生翻译佛典，成为佛教界的佳话；葛洪、寇谦之、陶弘景承续、改革道教，各成一时之盛；早期的犹太贤哲研讨《托拉》、编纂《塔木德》，开启了《圣经》之后的拉比犹太教；奥利金、德尔图良、奥古斯丁等教父，解经释经，对于厘定基督教教义，功莫大焉；斐洛、迈蒙尼德等犹太哲人诠释《圣经》，调和理性与信仰，增益了犹太教；托马斯·阿奎那、邓斯·司各脱、威廉·奥康等神学大师，建立并发展了宏大深邃的经院哲学，把基督教神学推到了顶峰。还须指出，传教士们，包括基督教教士和佛教高僧大德，致力于各自宗教的本土化，著书立说，融通异教，铺设了跨宗教和多元文化对话的桥梁。

学生的学习，学者的研究，都离不开书。而在某个特定的历史时期，外著移译，显得尤为必要和重要。试想，假如没有严复译的《天演论》《法意》，没有陈望道译的《共产党宣言》、傅雷译的法国小说、朱生豪译的莎士比亚诗歌与戏剧，等等，中国的思想文化界乃至政治、经济、社会等各个领域，是一个什么景象？假如没有贺麟、蓝公武、王太庆、苗力田、陈修斋、梁志学、何兆武等前辈学者翻译的西方哲学名著，中国的哲学界将是什么状态？假如没有宗教学以及犹太教、基督教、伊斯兰教、佛教等宗教经典或研究性著作的翻译出版，我们的宗教学研究会是何等模样？虽说"试想"，但实际上根本"无法设想"。无疑，中国自古以来不乏学问和智慧，但是古代中国向来缺少严格意义上的学科和学术方法论。近现代以来中国分门别类的学科和学术研究是"西学东渐"的结果，而"西学东渐"是与外籍汉译分不开的。没有外籍的汉译，就没有现代中国的思想文化和学术。此论一点也不夸张。

众所周知，在出版界商务印书馆以出版学术著作著称，尤其以出版汉译名著闻名于世。远的不说，"文革"后上大学的文科学子，以及众多的人文社科爱好者，无不受益于商务印书馆的"汉译世界学术名著丛书"，我本人就是在这套丛书的滋养熏陶下走上学术之路的。

为了满足众多宗教研究者和爱好者的需要，商务印书馆对以前出版过的"宗教文化译丛"进行了改版，并扩大了选题范围。此次出版的译丛涵盖了宗教研究的诸多领域，所选原作皆为各教经典或学术力作，译者多为行家里手，译作质量堪属上乘。

宗教文化，树大根深，名篇巨制，浩如烟海，非几十本译作可以穷尽。因此，我们在为商务印书馆刊行"宗教文化译丛"而欢欣鼓舞的同时，也期待该丛书秉持开放原则，逐渐将各大宗教和宗教学研究的经典、权威性论著尽收囊中，一者泽被学林，繁荣学术；二者惠及普通读者，引导大众正确认识宗教。能否如愿以偿？是所望焉。谨序。

傅有德

2019年9月22日

约瑟福斯生平及其著述

（代译序）

黄福武

约瑟福斯（Flavius Josephus, 37—约100）是一位著名的犹太史学家，原名约瑟福斯·本·马提亚，公元67年投降罗马人后，接受罗马将军提多赐姓，改名弗拉维斯·约瑟福斯，故后人多略去其姓而仅以原名称之。

约瑟福斯出生于耶路撒冷的一个祭司世家，其母系据称是马卡比家族的后裔。他早年与其兄一道接受犹太祭司礼仪训练，深受当时的犹太政治-宗教派别——撒都该派和法利赛教派的影响。他自幼聪明过人，天资甚高，其记忆力和判断力尤为时人所称道，成人后不仅谙熟希伯来语和阿拉姆（米）语，而且熟练掌握了希腊语。丰富的语言知识，为他日后宗教和学术事业的成功以及仕途和戎马生涯奠定了良好的基础。早期的正规宗教教育使他学识渊博，十四岁时就与大祭司讨论犹太律法问题，并为他在宗教界赢得了很高的声誉。在严厉的犹太教规熏陶下，他从十六岁起曾独自到蛮荒地区旅行了三年。他返回耶路撒冷后，当过数年祭司，但其立场观点一直在各教派之间摇摆。出于实现其个人政治抱负的需要，他于十九岁时加入了法利赛派，尽管他与该派的宗教与政治主张格格不入，但他在思想深处更向往其内部的改革与自由气氛，同时也急于利用一个组织平台扩大自己的影响力。公元64年，他作为使臣被派往罗马，执行营救遭尼禄监禁的犹太祭司（其中有几位是他的朋友）的特殊使命。据说在去罗马的途中，由于所乘的船只翻沉，他在海中整整漂游了一夜才被人救起。抵达罗马后，他通过疏通关系受到皇后波帕阿·萨比娜（Poppaea Sabina）的接见。在皇后的理解和支持下，他终于说服罗马当局释放了被捕的犹太祭司，从而圆满地完成了使命。在罗马停留期间，他深为罗马文化、艺术及其华丽的宫廷生活所吸引，在精神上与严格的犹太教义渐行渐远，认为与没有宗教信仰但物质上强盛的民族抗争毫无意义，这种思想意识上的转变为他日后投降罗马人埋下了伏笔。

    作为一位犹太祭司和军事指挥，约瑟福斯应当是称职的，或者说取得了一定的成就，但在犹太人看来，他"最辉煌"也是最令人不齿的经历莫过于他后来变节投敌，这也是他成为后世饱受争议的历史人物的首要原因。约瑟福斯返回耶路撒冷后的第二年，以色列爆发了反抗罗马统治的大起义，犹太人在驱逐了罗马行政长官后建立起自己的政权。像大多数犹太贵族一样，约瑟福斯一开始并不赞成同胞们的反抗行为，但出于宗教狂热和对寄人篱下生活的恐惧，他加入了反抗大军，并被耶路撒冷当局任命为加利利地区的军事长官。公元67年，罗马人兵临加利利地区，他曾一度积极率领士兵进行抵抗，但由于力量对比悬殊，各地要塞先后被攻陷。在这一时期，他的聪明才智开始发挥作用，他时而进行外交谈判，时而采取军事行动，巧妙地与罗马人周旋。但随着韦斯帕芗率主力从安提俄克赶往加利利，他的士兵开始逃散或躲进要塞不再出战。最后，他率残部退守约塔帕塔（Jotapata）要塞，并在那里坚守了六个星期。由于缺少供给和武器，要塞最终失守，大多数士兵被杀，他被迫与四十名幸存者逃到附近一个山洞内躲藏。为了犹太民族的信仰和声誉，这些士兵以不成功便成仁的气概决定集体自杀殉国。但约瑟福斯却贪生怕死，他诡称自杀不符合犹太教义，建议以抽签方式依次相互成仁，却有意把自己排在最后。当仅剩他与最后一名士兵时，他说服了这位士兵，两人一道向罗马人投降。作为加利利地区的犹太军事长官，他没有被立即处死。在被押送到罗马统帅韦斯帕芗的面前时，他的聪明又一次派上了用场，他先是自称先知，能够预见未来，然后又逢迎说韦斯帕芗和儿子提多有皇帝气象。令人惊奇的是，这点小聪明竟然使他免于一死。公元69年，韦斯帕芗果然爬上了皇帝的宝座，约瑟福斯因其预言应验而被释放。获释后，他开始死心塌地为罗马人效劳，并按罗马习俗使用韦斯帕芗祖先的姓氏弗拉维斯。他曾陪同这位罗马皇帝远征埃及，韦斯帕芗把征服犹太人的任务交给提多后，他又成为提多的近身随员。公元70年，罗马将军提多围攻耶路撒冷，他也随军前往，并目睹了圣城的陷落和圣殿的被毁。他曾试图充当罗马和耶路撒冷之间的调解人，以和平方式解决彼此间的冲突，但由于他的变节行为，得不到犹太人的原谅和信任，最终未能如愿。耶路撒冷沦陷后，提多得胜还朝，而约瑟福斯始终随侍左右，俨然以胜利者自居。他的背叛行为一直为犹太人所不齿，使他作为一名可耻的民族叛徒载入了犹太史册。这位"'耶路撒冷的叛徒'被自己记录的在约塔帕塔的所作所为所诅咒"，他的经历因此被称为"有史以来关于怯懦、奸诈和背叛最骇人听闻的故事"。

作为一个流亡者，约瑟福斯在罗马度过了自己的后半生。由于对罗马统治者的忠诚，他受到诸多优待，并在他三十三岁时被授予罗马公民身份，享受罗马朝廷施舍的年俸，同时在犹地亚拥有自己的封地。在此后的三十多年中，他再也未能或者说未敢踏上自己的故土，而是在罗马人的庇护下专事犹太史的撰写工作。他留给世人的主要著作有七卷本的《犹太战争》和二十卷本的《犹太古事记》。尽管他的书中有颇多肤浅、谬误甚至伪造之处，但就总体而言，这两部史书的学术和史料价值是巨大的，为人们研究这一时期的犹太史提供了不可多得且很可能是绝无仅有的参考资料。此外，他还写过一部为自己的变节行为辩护的自传（题为《一生》）和一部为犹太民族辩护的论著《驳阿皮翁》。与他的宗教生活一样，他的著作试图在犹太文化与异族文化之间寻求一种中庸和平衡，因而被犹太同胞指责为虚伪和缺乏道德。他的著作用优美、娴熟的希腊文写成，对当时的受教育阶层产生了一定影响，使他们摆脱了对犹太教的各种偏见；对后世的影响则主要体现为纪实性和资料性，书中对许多历史事件发生地的描写仔细、准确而生动，其中许多内容已为考古发现所证实。

《犹太战争》（*Peri tou Ioudaikou polemou*）是约瑟福斯的第一部著作，主要是根据他对犹太独立战争（公元66—73年）的记忆、韦斯帕芗的回忆录以及犹太王阿古利巴（Agrippa）的信件写成的。尽管他对战争场面的描写有一定的可信性，但字里行间却对自己的所作所为加以掩饰和美化。读者完全可以从书中感受到这一点，并且对作者的厌恶和鄙视可能影响到自己的阅读情绪。

二十卷本的《犹太古事记》（*Ioudaike Archaiologia*）记述了

从"创世"（远古）至公元66年犹太起义的早期犹太历史，被认为是约瑟福斯著述中立场最客观、内容最丰富同时也是后世最有研究价值的一部著作。该书第一至十一卷系根据当时的希腊文《圣经》（即《七十子译本》）写成，其中穿插着当时犹太人中间流行的一些传统解释，并且还引用了大量的希腊古老文献（现均已遗失）；同时，他对许多细节作了文字增删或修饰，以便更适合非犹太人的口味。第十二至二十卷记述了耶稣出生和基督教形成之前的历史事件，现已成为犹太史研究的唯一资料来源。由于对历史事件发生的时间和地点作了清楚的标记，并引用了大量可证实或补充《圣经》原文的权威文献，因而进一步增加了该书的资料价值。关于希律大帝的记述出现在第十五至十七卷，而第十八卷第三章中则第一次提到了耶稣"基督"，即下面这一著名段落：

> 耶稣就大约生活在这个时代，如果非要称"他"为人的话，那他也是一个充满智慧的人。因为他是许多奇异事物的制造者，是一位乐于接受真理的大师。因此，他的身边聚集了许多犹太人和异族人。他就是基督。彼拉特指控这位人民的领袖，判定他在十字架上受难，然而那些此前爱着他的人仍旧忠诚于他。因为在他被钉死后的第三天，他又活着现身于他们面前，恰如上帝派来的先知所预言的其他千千万万件奇异事物一样。时至今日，那些追随他而自称为基督徒的人依然没有绝迹。

这段文字清楚地记述了基督教发轫之初的情形，尽管有人出于不同原因一直试图否定这段文字的真实性和客观性，但这一难题并没有最终的定论。正因为如此，这一段落后来多次被篡改。《犹太古事记》不仅为基督徒而且为犹太人证明了"神授启示"的真理，同时也进一步证实了业经考据证实的诸多与《圣经》有关的历史事实，因而该书对于"特选子民"的历史研究具有重大价值。此外，他关于历史上极其重要的各犹太教派的兴起及其相互关系的记述，关于"救世主"耶稣受难的细节描写，关于古代犹太习俗和传统走向衰败的证据，关于犹太人内部纷争的解说，以及关于犹太人争取民族独立的战事实录，等等，也都有着不可否认的史料价值。

约瑟福斯的自传（*phlaouiou Iosepou bios*）约写于公元90年。在该书中，他虽然竭力证明自己在犹太民族兴盛之际的立场和观点，但优美的文字难以掩盖其丑恶的灵魂和卑劣的行为。而他的另一部著作《驳阿皮翁》（*Kata Apionos*）则主要是对古老的犹太习俗进行辩护，旨在驳斥亚历山大里亚的语法学家阿皮翁出使罗马期间对犹太人提出的指责。

在后世看来，约瑟福斯是一位极其复杂而又不乏厚重的历史人物。他的宗教与学术（或者说文学）成就自不待言，这一点已得到时人和后人的普遍认可和积极评价，然而其人格和行为却为犹太同胞甚至所有人类的基本道德准则所不容。任何一个作为族人和国民的人，罔顾道义、叛国侍敌都是极不光彩的下作之举，而在民族敌人的庇护乃至资助下用文字（尽管非常优美）极力粉饰、美化自己的所作所为就更显得虚伪。就本书汉译本的读者而言，这方面最恰当的类似例证莫过于中国近代的周作人。人们自古以来就把"叛徒"视为鄙视、仇恨和厌恶的对象，而无论他的创造力和想象力如何丰富。读者完全可以从这一例证体会到犹太人对约瑟福斯及其文字的复杂情绪。

拉杂成文，似不宜称序。笔者希望通过上述介绍，使读者对约瑟福斯其人其事有一个大致了解，以方便阅读和研究。未尽和不妥之处，诚望方家指正。

2007年11月

目　　录

序　言

威廉姆森（G. A. Williamson）

　　据说历史是人类罪恶和愚昧的记载。每个读完《犹太战争》这本书的人都会切实感到，事实的确如此。故事充满了令人难以释怀的恐怖——希律（Herod）和其他巴勒斯坦国王、地方官员、那些所谓的最为开明和理性的罗马帝王以及犹太暴动的头子，甚至约瑟福斯本人所犯的残暴罪行。这里只有毫无希望的反抗，充满了对立的反叛者们与交战派别之间的自杀性争斗，以及不可理喻的英雄主义，带来的只是全面而彻底的毁灭。书中同样也记载了这个国家是怎样从一个有史以来最辉煌的富藏建筑和艺术宝库的国家因罪恶和愚昧而满目疮痍，沦为废墟的。

　　然而，这又是一个异常有趣的故事，战果辉煌，因其最终的灰飞烟灭而愈发悲壮绚丽。哪个国家有过像巴勒斯坦这样如此绚烂多彩的历史呢？丰富的事件激发着人们的想象，震撼着人们的心灵，使人魂牵梦萦？哪个国家拥有过如此多样，鬼斧神工般独一无二的地形呢？这本书记载了那段历史中最动人心魄的一幕，也有许多关于地貌特征的非凡描述，并且运用相当大的篇幅把美丽的城市、宫殿、圣殿呈现在我们眼前。它们使这方土地充满魅力，从而成为最伟大的希腊文化作品之一，完全超乎我们记忆中在主日学校学习所想象的巴勒斯坦。在这里，我们同样可以获取信息，作为必要的知识背景，帮助我们了解一些近期关于巴勒斯坦的研究。比如，关于在耶利哥（Jericho）*和马萨达（Masada）**出土的文物。在库姆兰（Qumran）震惊世界的两大发现，一个是比先前发现的《旧约》还要早一千多年的手稿；另一个就是关于一个神秘异教的教规和信条，而它似乎正是属于一个重要的宗教团体——艾塞尼教派（Essenes）的。尽管它在《新约》中从未被提起，但在这本书中确有详尽的描述。

但是，对那些因为救世主曾经涉足巴勒斯坦而深爱着这片土地的人们来说，这本书又散发着独特的魅力。我们这部作品与福音书同用一种语言，而且书中描述的事件大多发生在《新约》所记载的历史时期，而其余所描述的事件在对观福音书***中已有生动的预言。那些常出现在有关基督和他的早期教堂故事中的人物，那些一直以来被喜欢刨根问底的读者期待了解更多的人物，像希律大帝（Herod the Great）、亚基老（Archelaus）、安提帕斯（Antipas）、本丢·彼拉多（Pontius Pilate）、两位阿古利巴、费利克斯（Felix）和费斯特斯（Festus）、百妮基（Bernice），这本书都从不同角度进行了细致入微的刻画，从而使人们对其性格特点有了更新的认识，极具启发性而并没有损伤到《圣经》中的形象。希律真的是那么伟大吗？难道不正是他利用强大的权势导演了那

---

* 巴勒斯坦古城，临近死海西北海岸，是扼守约旦河下游河谷的要塞。据《旧约》所述，它被约书亚（Jeshua）征服并毁灭。（星号后为中译者注，下同）

** 死海东部的山地要塞。

*** 指马太、马可或路加福音书。

场无辜婴儿的屠杀吗？耶路撒冷究竟是怎样一个城市啊！基督成
功进入后为何却又因它而哭泣？耶路撒冷圣殿究竟是怎样一座建
筑——十二岁时基督称它是父亲的住处，而后又在它的院落里驱
赶着他的羊群和牛群？许多类似这样的问题，约瑟福斯都给出了
答案。

　　我刚才提到了对观福音书中所预言的事件。当然，我指的是
耶路撒冷的毁灭以及它消亡之前的一些征兆。如果除了福音书我
们没有其他资料来源，那么我们就会怀疑，耶稣的警世只不过是
一种夸张的表达方式，不能仅取字面意思。难道非凡的圣殿中任
何一块石头都不能压在另外一块上面吗？都不可以朝下放置吗？
的确有可能，这是历史事实。毁灭是彻底的。①约瑟福斯对导致其
毁灭而接连采取的步骤进行了详尽而可怕的描述。整个悲剧早已
被准确地预言了；而对于事件本身我们有一位目击者的描述，没
有省略丝毫恐怖的细节。

　　我们的主那精确的令人瞠目的警示使上一代的评论家们——
他们坚守着自己的原则认为每　则预言都是写于事件之后（而科
学、哲学或是经验都丝毫无法证明这一点）——断言，《马太福音》
《马可福音》以及《路加福音》中记载的伟大预言均来自于后著的
《启示录》或末世论，只不过"放到基督口中"讲出而已。然而这
些评论家忽略了几个事实。撇开福音作者们的诚实正直不讲，我

---

　　①　"哭墙"并不是圣殿的一部分。为了详尽了解古今的耶路撒冷，读者可以参考约
翰·伽斯堂（Sir John Garstang）在《古代奇观》（*Wonders of the Past*）中的文章。（以
下未特别标明的脚注均为英译者所做。——中译者）

们注意到，当这些后世作品都在关注世界末日之时，基督的思考却显而易见远远超出他所处时代可以见证的事情。据《马太福音》讲，耶稣的门徒曾经问过耶稣一个具有双层含义的问题（关于圣殿的毁灭和耶稣最后的降临的问题）耶稣同样一语双关地回答了他们，其中第一部分生动地预言了注定发生的事。对于这些，约瑟福斯都进行了详细的描述。耶稣清楚地告诫人们，要意识到这些事件发生的迫切性，并且教给他们当发现警示时该做些什么。基督徒们记住告诫并依照执行：在城邦被包围之前他们逃到了佩拉（Pella），也因此躲过了灭顶之灾。如果预言都是写于事情发生之后，这次逃脱就很难合理地解释了。

这里我们需要指出是，关于耶路撒冷毁灭的预言直到公元135年巴·科赫巴（Bar-Kochba）起义瓦解、哈德良（Hadrian）占领耶路撒冷后才应验，这与圣殿的情况截然不同——这个时间远远晚于四本福音书的写作和发行，最近发现的《新约》古文献已确凿地证实了这一点；因此至少预言中的一部分是在事件发生前就已经存在了。同样我们需要留意的是，除了《马太福音》《马可福音》中所记载的重大预言，以及《路加福音》中多有不同的预言外，我们还可以在约翰记录的我们的主与撒玛利亚[①]女人的对话中找到另外一些预言，而且更重要的是，很多暗示在耶稣基督为耶路撒冷、城中女人和未出生的孩子的悲伤中，在那些真实可靠的寓言章节中早已传达出来，如寓言《婚宴》（*Wedding Feast*）、《邪恶的丈夫们》（*Wicked Husbandmen*）以及对那些将要被圣石砸到

---

① 参看《约翰福音》第4章第21节。

的人们的严肃警告。事实上，有许多预言交织在这些福音书中，因此没有哪个认真看书的人会想着将它们分离剔除出去；因为除了预言圣城和圣殿的命运，耶稣一遍又一遍地预言了自己被出卖、背弃、逮捕，以及被审判、被钉死在十字架、复活、圣灵归来，他的旨意将会引起的分裂，他的信徒集体或单个的遭到迫害并死亡。这些事件构成了福音书的重要篇章。

我们的作者又是怎样一个人呢？与福音书作者不同的是，对于他的身份和历史我们一清二楚，性格也非常了解。与他们不同的，还有他自己在书中经常出头露面，不仅仅是因为他在战争中起到显著和独特的作用，也是因为他热衷于炫耀自己，并且对自己的才华评价颇高——这在罗马文学圈里不足为奇。而且，他也是一个自传作家，或是为自己辩解的作家。

约瑟夫·本·马提亚（Joseph Ben Matthias）后改名为弗拉维斯·约瑟福斯（Flavius Josephus），感觉像一个获得解放的奴隶盗用了他主人的名字。他生于公元37年，活到63岁。他出生那年，卡利古拉（Caligula）*登基即位。按出身约瑟福斯应是一名祭司，就母亲的血统算是一名皇室后裔，十四岁时就因少年老成而格外出众，并且一直受教育到十九岁，这一切使他注定要成为一名政治家、一位战士、一名演说家和历史学家。约瑟福斯在本国度过了他的童年。公元64年，他访问了罗马并担负着拜访帝国政府的

---

* 即盖约·恺撒（Gaius Julius Caesar Augustus Germanicus，公元前100—前44年），第三位罗马皇帝。

10　使命，也就是在那一年尼禄^{*}目睹了火烧罗马。约瑟福斯的努力显然为他赢得了声誉。公元66年，一场大规模的叛乱因为克斯提乌斯（Cestius）^{**}意外的失败而爆发，约瑟福斯年纪轻轻就被任命为加利利的总督。他是如何管理自己的辖地，如何成为韦斯帕芗（Vespasian）^{***}的阶下囚，从此之后他又是如何坚定地效忠于罗马人，书中都有全面而生动的叙述。对于约瑟福斯的行为读者有着自己的评价，这也是我们稍后要提到的。看了书中的描述，如果说约瑟福斯在战争后期已变成一个罗马公民并享受帝国薪贴，没有人会感到吃惊。他的收入来自韦斯帕芗的税收，而税收又都是从他不幸的同胞那里榨取得来的。约瑟福斯则舒服地被安置在皇宫一隅，并依据罗马判例与他儿子们的那位不尽如人意的母亲离婚后娶了一位贵族小姐。之后，约瑟福斯利用余生著书立作，其中最根本的动机是要证明罗马人的所作所为是正确的，在为自己投靠罗马一边开脱的同时，宣称自己自始至终都是一个忠诚的犹太人。

根据那些被雇来专门完善其蹩脚希腊文的文书们的说法，可以肯定的是，流传到我们手中的这四部被刊印发行的作品，按照以下的顺序，在写作风格和文学质量上差距很大。

1.《犹太战争》——约瑟福斯作品中最为有趣的一部，也是我

---

*　尼禄·克劳狄乌斯（Nero Claudius Drusus Germanicus，公元37—68年），第五位罗马皇帝。

**　盖约·克斯提乌斯（Gaius Cestius）：当时叙利亚的总督，尼禄任命。

***　提多·韦斯帕芗（Titus Flavius Caesar Vespasianus Augustus，公元9—79年），第九位罗马皇帝。

们现存的关于罗马历史中那个重要阶段最为详尽的记录。初稿用阿拉姆语写成，之后被翻译成希腊语，并且可能有多个版本发行，其中有相当多的添加和改动。不难看出，同《布匿战争》和《高卢战争》一样，该书的题目形式就完全表明了作者站在罗马一边的立场。

2.《犹太古事记》（*The Antiquities of the Jews*）——一部较长的作品，与《犹太战争》的前几章重叠；有些篇章内容沉闷呆板，但也包含了一些有价值的历史资料。

3.《约瑟福斯生平》（*The Life of Josephus*）——主要是针对那些猜测约瑟福斯是犹太战争起因的回应。为了反驳这些揣测，约瑟福斯记述了他在加利利所做的种种努力，但许多地方与《犹太战争》中的描写有出入。很多学者认为书的这部分内容写于《犹太战争》前，然后将之前和稍后的事件简单概括并稍作补充，多年后便出版了这本《生平》。

4.《驳阿皮翁》（*Against Apion*）——对爆发于亚历山大里亚的反犹太人运动进行了强有力的反击。四部书中最优秀的一部，像《生平》一样，于世纪之交出版。

关于约瑟福斯本人，我们所了解的仅限于他在作品中的自我讲述，树立的形象也绝不是受欢迎的那种。塞西尔·罗斯（Cecil Roth）博士称他为"耶路撒冷的叛徒"。约瑟福斯记录的他自己在约塔帕塔的所作所为是这一称呼的实锤铁证。这是有史以来关于怯懦、奸诈和背叛最骇人听闻的故事。更让人觉得震惊的是书中没有流露出丝毫的羞愧之意：约瑟福斯大肆炫耀自己那令人厌恶的行径；在盛赞犹太人英勇战斗击溃罗马人之后，他却将自 11

己羞于启齿的逃跑行径当成自己取得的巨大成就和自己伟大之处的最终证明。但是，他无法将一项事业坚持到底。他早期不就依次玩弄过三种互相匹敌［法利赛派（Pharisees）、撒都该派（Sadducees）和艾塞尼派］的宗教哲学吗？难道他没有背弃过祖先们的信仰吗？尽管他将犹太教、一神教、一些伪宗教语言借上帝的密使，"现居住在意大利"的提多（Titus）*之口讲出，这只不过更清楚地证明了他已变成一个异教徒：在他的书中充满了希腊宗教思想的暗示，以及关于不敬神、预言、运气、宿命、报应、灵魂转生、复仇三女神的意象。

约瑟福斯的讲述清楚地表明，在他最终叛国之前早就寻求机会逃跑了。他把曾经召集起来的并按照罗马方式训练的强大部队解散；他对待那些曾誓死为国家而战的勇士就像对待敌人和无赖一样；他非常大方地将那些曾经精心设防、固若金汤的城池拱手相让；当自己身陷约塔帕塔时，他使尽浑身解数逃跑而置自己的同胞于不顾，任其听天由命，正如他如此厚颜无耻地向我们娓娓讲述的一样。

他不仅仅是犯了叛国罪。在执政掌管加利利期间，他无耻地欺骗自己的犹太同胞，附之以骇人的暴虐之举，并自鸣得意地将这些都记录下来。然而对他最讨厌的人，基斯卡拉（Gischala）的约翰，和另外一些好战领导人实施的暴行，他却用最激烈的言辞予以斥责，尽管能很明显地感觉到他完全沉醉在对恐怖的描述中。

---

　　* 提多（公元39—81年），罗马第十位皇帝，韦斯帕芗之子，与其父同名，亦称提图斯。

比如说，尽管他装作自己实在无法讲述关于妇人吃自己孩子的故事，但在描写时很明显地乐此不疲，描述冗长并令人生厌，而且多处有明显编造的痕迹。我们的作者还有另外一些特点让现代读者很难苟同。他从自己民族痛苦的悲剧中引出道德上的教训，宣称这一切是那群可恶的犹太人咎由自取。他为自己的政敌遭受悲惨命运而幸灾乐祸，为两个征服者在罗马上演的令人生厌的凯旋式的展示而欢欣鼓舞。对这两个征服者他极尽谄谀之能。对他们所犯下的暴行，约瑟福斯在他的文字记录中没有流露丝毫指责的意思——如韦斯帕芗为了科学实验用脚镣锁住活生生的人将他们　12投入死海中；他用奸诈的伎俩引诱三万八千名手无缚鸡之力的犹太人到太巴列（Tiberias），将体弱的杀掉，而身体强健的都被贩卖为奴隶；提多将数以千计的犹太犯人就地杀戮以庆祝家族生日，以及无辜的男人被扔到兽群中，被迫相互厮杀致死，或者被活活烧死——这是一幕极为恐怖的景象。

无论是品味上的谬误还是道德上的麻木，都未必会损害一本书的历史或文学价值，但是就《犹太战争》来说，就像我们后来看到的，当我们试图公正地评价其优点时，作者的一些错误的确削减了作品的价值。还是让我们先来看看作品是如何写出来的吧。成书目的在作者的序言和最后的结束语中都很清楚地交代了。迄今为止出版的所有关于这场"有史以来最伟大的战争"的描述，要么歪曲了事实，要么有故意使人误解之嫌。帝王的臣民有权知道事情的真相，并对罗马人当初所面对的困难，以及他们克服困难时所展现出来的才华和大无畏精神有更好的理解。因此重新描述就显得很有必要。这部新作就出自一个亲眼目睹历史的人之手，而这个人能够摒弃个人感情，不偏不倚公正地讲述。同时我们也被告知这部书初稿用阿拉姆语写成，曾在中东盛行一时。现在又有了希腊语版本供希腊和罗马的读者阅读。

我们现存的文本是附了新序言的译本，还是一部新作，仍有待商榷。一些权威人士，如著名的艾斯勒（Eisler）博士，认为约瑟福斯先是写了一个名为《攻占耶路撒冷》的小部头，后来又把对希律及其前任和后继者的描写放在前面，最后才加上了后面的几部分，读者不难发现作者在序言中概括内容时对这几部分只字未提。在后来的版本中好像还有些删减。就像每个聪明的历史学家一样，约瑟福斯自己告诉我们，他也参阅了当局的一些权威资料，其中包括罗马官方记录的有关围城和其他一些军事行动的材料。为了完成书的前四分之一，他四处收集材料，可以肯定的是他从丰富的材料中选取信息进行拼凑时，大量采用了大马士革尼古拉斯（Nicolas）记录的历史。尼古拉斯详细地记述了希律大帝并一直写到亚基老登基。但关于之后几年的资料就非常少了，结果导致约瑟福斯的叙述结构很不成比例：他对希律生平的叙述非常详尽，之后就是连篇累牍地讲述亚基老如何在罗马得到认可的奋斗过程，而他剩下的十年执政生涯只用六七行就打发了。

13　　福音书都用日常生活语言写成。与福音书作者不同的是，约瑟福斯（或者他的文书们）却用文学式的希腊语写作，与雅典的伟大作家们的风格非常相似，具有辞藻华丽和词汇量庞大的特点。尽管有时晦涩费解，但总体来说，其叙述和描写还是很清晰的。许多场景颇具戏剧效果，其中的对话尽管在心理表现上有所欠缺，也并不可信，但不乏生动流畅。这本书的一个特点就是常常从古典作家那里断章取义地抽取或更改用语，有些人认为这要归咎于他的文书。很难想象，一个希腊语如此之差、一直需要专业助手从旁协助的人能够阅读完这里所列出的所有作家。这些作家包括索福克勒斯、欧里庇得斯和墨勒阿格（Meleager），希罗多德、修昔底德和德摩斯梯尼，维吉尔和塞勒斯特（Sallust）。他们的言论不仅出现在叙述和评论中，甚至在罗马将军和犹太领导人的话语中也时有出现。基斯卡拉的约翰这个角色的刻画就是这种借鉴例子的典型，就像圣约翰·萨克雷（St John Thackeray）指出的，约瑟福斯在这个角色刻画上受益于塞勒斯特对于喀提林（Catiline）这个形象的描述。

　　对于古代作家跑题这种错误，某种程度上讲我们要予以宽恕。希罗多德曾经对如何记录一场战争进行了示范，在叙述的过程中记叙或描述了他在旅程中读到的、听到的或看到的每一件事。他写得非常引人入胜！约瑟福斯不是希罗多德，不过他很清楚修昔底德完全不同的写作方式，懂得为了切题到底该写多少。但是因为手头有丰富的材料，于是他就对四年战争之前的两个世纪的历史进行了详尽的描述，包括希律扩充力量所采取的行动、国内纷争、他的罪恶和愚蠢，以及关于他悲惨死去的全部细节。也许一些人认为他这样写是为了解释后继事件，但是对于那些轶事的描写，对于城镇地貌以及生物现象、艺术作品、犹太派别、神职人员的服饰、圣殿仪式以及远在罗马与巴勒斯坦毫无瓜葛的事件的详尽描绘，对于这些，我们又作何解释呢？无论怎么联想，这些都无法成为有机整体的必要组成部分。但是，一个作者离题写的东西既能使阅读有趣又能成为珍贵的资料，这种情况却并不少见。

约瑟福斯书中跑题的地方很多就是珍贵的资料，对此每个时代的读者都应对之怀有感激之情。

如果一个历史学家履行了他最基本的任务：向读者讲述了事实，那跑题是可以被原谅的。我们可以这样评价约瑟福斯吗？必须承认，我们书中很多东西和事实不沾边，好在读者们火眼金睛，很少被蒙蔽。从一个大肆鼓吹自己通过骗术获得成就的人那里，我们不应该期待会得到很多客观的东西。《犹太战争》中的许多陈述与作者其他作品中的论断相悖，可我们不能总是说"他找到了新的资料，纠正了自己原来的错误"，因为他在描述自己亲身经历的事件时都无法一致，我们只能得出一个结论，那就是他在一个或两个版本的描写中歪曲了事实，出于某种目的歪曲了事实。在没有发现相互矛盾的地方，其描述也很难使人信服。对那些没有亲眼目睹的事件，他很明显是在天马行空地发挥着想象，比如在马萨达发生的集体自杀事件，以及早先发生在耶路撒冷内部的一些恐怖事件的细节，他都一再从个别引出一般性结论。每一类的人物形象他都习惯性地进行了夸张。在脚注中，我试着引了几个例子，不难发现，在他稍后的作品中，他不仅没有修正这些形象，反而更加夸张，就像一个讲故事的人在每次重新讲述故事时都会不由得使其更加引人入胜。

当然，约瑟福斯并非是一个历史批评学家：他肆无忌惮地盗用着他人的评论。一个能够接受并重复源于马卡鲁斯（Machaerus）[①]神秘深谷故事的人一定是极易受骗的人。但是约瑟福斯真的相信

---

① 参见本书第二十三章。（马卡鲁斯即军事要塞马卡鲁斯城堡。——中译者）

重击下砍落的脑袋能够被抛到六百码之外吗？他笔下的战役伤亡人数使人联想到报纸对西班牙内战的描述或者是近代发生在阿尔及利亚的战斗。但是他还不仅是夸大伤亡数字，对夸张的挚爱促使他写出血流成河淹灭了耶路撒冷的大火，以及诸如此类的故事。或许他偏离事实的主要原因来自他个人的偏见：只要是约瑟福斯做的事就是对的；只要是约翰或者西蒙做的事就是错的。所有他不喜欢的人都是恶棍、强盗、恐怖分子、暴君、煽动者等等。我们这代人对这类词汇的运用太熟悉了，用它们所形容的人，在其他情况下就可称为抵抗首领、爱国者、游击英雄之类。至于提多，约瑟福斯倾注在他身上的恭维使人厌恶至极，我们也厌倦了依靠一个完美无缺、永不失败的英雄①赤手空拳赢得一场又一场战斗的故事。

　　但是尽管如此，事实仍然是：虽然我们要对于任何他关于自己以及他的敌人的描述的字面意义保持谨慎，但是当他没有夸张的材料、不再沉迷于别出心裁的夸张时，他还是一个知识渊博、可以信赖的历史学家，这是所有学者都认同的。关于记录下来的主要事件，我们能够确定他的描述是基本可信的。在曾经的统帅、现在的模范帝王的眼皮子底下，在罗马写给罗马的读者，并且这其中不乏参加过那次战争的人，他除了忠实地记录那场战争还能怎么样呢？他的确不仅清楚和准确地记录了事件的主要过程，而

_____

　　① 为了恭维、烘托提多，作者把他的兄弟图密善（Domitian）和亲戚斯里尔利斯（Cerealis）刻画得极为奸诈可恶。［图密善（公元51—96年），罗马第十一位皇帝，韦斯帕芗第三子，提多之弟。——中译者］

且也记下了战争带来的长期的苦难以及战争发生之前事件的种种细节，所以说对于这段关键时期的历史，他的作品的确有着巨大贡献。这本书不仅填充了那个时期罗马人留下的明显的历史空白（他们不愿费神提及巴勒斯坦发生的可怕事件），而且也无意中增加了我们对罗马王朝总体上的认识，对它的统治者和统治者们为了权力而进行的争斗以及军事组织、训练方法、战斗和围城[①]方面的了解。事实上，在那个动荡的岁月中，很难找出比约瑟福斯更让我们感激的一个历史学家，如果没有他的作品，将是一个更大的不幸。

当开始这次翻译时，希望研究约瑟福斯作品的人却面临着一个严峻的问题：由圣约翰·萨克雷翻译、以罗伊博（Loeb）经典丛书出版的、学术性很强而且具有较高可读性的双语版本，尽管幸运地售卖过，但现已绝版，甚至二手的翻印版本也无处可寻。而那些幸运的收藏者也坚决不放弃手中的藏本。即使有热情、有能力也有耐心去研究作者的原稿，也只能找到1611年在日内瓦或者1544年在巴塞尔（Basle）印刷的复制版，但继而又发现娟秀的字迹中满是缩写和难认的字母组合。如果他想读英译本，会发现书店里除了惠斯顿（Whiston）那本很出名的距今已有两个多世纪的翻译版本外，找不到其他的版本。当然如果他足够幸运，也许可以看到特雷尔（Traill）的维多利亚复印版本，里面有许多漂

---

① 关于罗马军队，除了附录以外，研究战术的学生们会发现在关于约塔帕塔、伽马拉、耶路撒冷和马萨达围城战术的描述也非常有趣。

亮但没有什么帮助的插图。我们对惠斯顿感恩不已，因为正是通过他的努力，一代又一代的人才有幸能够研究约瑟福斯的所有作品而不是仅仅限于《犹太战争》。但是却不能说他的翻译既符合学术规范又有可读性。书中常出现不精确的地方，有时甚至很严重。连篇的段落意思或者晦涩不清，或者纯为臆造。尽管描写古雅而且有时措辞贴切，但这的确是18世纪一个非常臃肿拙劣的散文样板。惠斯顿对于自己冗长的文字也没有采取任何措施加以约束。　16他的原则似乎是：能用两个或三个词解决的问题绝对不用一个词。

　　古代书籍的翻译被用来为多种目的服务。维多利亚时代的"作弊译本"往往逐字直译，用的都是些蹩脚英语，目的是帮助那些后进生将分配的部分"翻译"过来：只要他们找出了对应词，他们是无须写出可识别的英语版本的。另外一些翻译是为更加成熟的学者之用，它们不仅做到了忠实原意，而且也避免了"逐字直译"。第三种类型是为普通读者准备，他们不懂希腊语或是拉丁文却又想知道作家们说了些什么。这类翻译无须逐字直译。他们可以自由转换说法，但却能够忠实地反映原著，给读者留下正确的印象。他们用生活中的语言写成，因此更加真实流畅，可以说它们本身就是文学作品。今天即使可以拿到希腊文版本，也很少有人看得懂希腊文了。因此，目前的译本很自然地是为普通读者而做的。出于这个原因，我的首要目的就是让它更通俗易懂，可读性更强，但是我相信译本并没有远离原著，因此可以为那些希望借助它读希腊文本的人服务。

　　因为急切地盼望这一译本有很强的可读性，我在对话的翻译上投入了很大精力。这些对话，除了原著风格本身特别刻板的地方，我都尽量将它们变成日常生活中的语言，让说话者看起来更像活生生的人。我不能理解在20世纪的今天，一个一流的翻译者能让书中人物说出"信然""抑或""竖子"或"天丧汝这恶徒"这样的话来。

为了让约瑟福斯写的东西更容易让大众接受，本书在几个方面与先前的翻译有所不同。首先，我改变了一些表达方式。这些说法已不属于我们的语言体系，许多情况下很难理解。科比特（cubits）被转换为码、英尺或者英寸，斯塔德（stades）或者弗隆（furlongs）变为英里，安福瑞（amphorae）变成了加仑。第二，白天的小时和夜晚的时辰会随着一年的时令变化而发生变化，所以恺撒或圣马克时代的读者总感到迷惑，于是我把它们换成上下午这样的时间体系。感兴趣的读者可能会注意到，如果我们要理解第四福音书中有关时间的典故的话，那么，这种时间体系在约瑟福斯生活的时代就已经在实际上使用了。

第三，我翻译时处理比较自由的就是地名。我认为，仅是因为约瑟福斯采用了不常用的拼写方法，我就得照做，这是没有任何意义的。在这一译本里，《新约》读者所熟悉的名字都以其通常的形式出现。那些不属于圣经特有并且变化不大的名字都以它们现代的拼法出现，比如贝鲁特斯（Berytus）译为贝鲁特（Beirut），但是那些因为变化太大而无法对应辨识的名字就保留了其希腊文写法，比如塞巴斯特（Sebaste）和塞索波利斯（Scythopolis）。这样翻译是一种较为合理的折中方案。我还保留了叙利亚这个名字，比如，在第九章中，它被用来泛指所有被我们称为巴勒斯坦的地区。至于犹太人名，我采取了《旧约》中的拼法，像以利亚（Elijah）和约书亚（Jeshua），而不是以利亚斯（Elias）和耶稣（Jesus）。

最后，我把书划分了章节，希望能与内容的自然分割相对应，并且我也仔细地为章节起了名字。那些期望能把这个译本与惠斯顿译本相对照的读者会在附录中找到这本书与惠斯顿译本相对应的必要信息。

在这本书的第一版中，我还做了比上述更大胆的处理。我把那些影响叙述、破坏思路、长短不一的段落从原文中删去。其中九节最长的段落以附录形式放在书的最后；短一些的则以脚注形式出现，用罗马字体，以区别于用斜体表示的我自己的评论和解释。这样做的目的或许可以用约瑟福斯本人的一句话来表述："为了保证叙述的连贯和流畅。"但在这一版中，为了表达对里乌（Rieu）博士继任者贝蒂·蕾迪丝（Betty Radice）夫人的敬意，这些段落又回归了原位。所以，为了使那些希望读到这些妙趣横生的描述来研究约瑟福斯的读者不至于在冗长的叙述中翻找，我在这里列出来最长的十段和它们所出现的章节的目录表。

犹太宗派	第七章
托勒迈和它的水晶砂	七
加利利、彼利亚、撒玛利亚和犹太	十一
罗马军队	十一
革尼撒勒湖	十三
约旦谷和死海	十六
耶路撒冷和圣殿	十七
马卡鲁斯	二十三

　　总之，我是否能够自信地认为，那些历史系学生，特别是绝大多数把《新约》的新阐释看得很珍贵的人，会认为约瑟福斯的《犹太战争》是非常值得一读的呢？

G. A. W.

1970

自　序

　　犹太人反抗罗马人的战争是我们这个时代规模最大的战争，或许比有史以来记载的任何战争，无论是城邦之间的还是国家之间的，都要宏大。然而有些人没有第一手资料，完全靠道听途说得到一些毫无根据、自相矛盾的故事，就断章取义地记录下来；而那些亲眼目睹的人不是被歪曲成谄媚罗马人，就是中伤犹太人，有意的颂扬和中伤代替了真实的记录。为了帝王臣民的利益，我决定将自己之前用母语写的书翻译成希腊语，那原本是为了给内陆不讲希腊语的人们读的。本人（约瑟福斯，乃是马提亚的儿子），是希伯来人，一个来自耶路撒冷的祭司。早些时候，我与罗马人斗争，因而被动地成为后来一些事件中的见证者。

　　这次动乱，正如我所说的，是有史以来规模最大的一次。动乱发生时，罗马正处于极度动荡不安之中。犹太革命者利用了这次普遍性的骚乱。他们有巨大的人力、财力资源。骚乱波及的范围非常广泛。就东部事态而言，有的人对胜利充满希望，而另一些人则唯恐失败。犹太人希望美索不达米亚的兄弟们能参加到他们的起义中。而另一边，在边境，罗马的霸权地位正不断受到高卢人的挑衅，而且凯尔特人也很不安分——事实上，尼禄死后，骚乱充斥着每个角落。面对这样的机遇，许多人觊觎王权，军人则期待权力更替能成为自己发财的途径。

　　因此我觉得，当涉及这些问题时，任由事实被歪曲却视而不见是不可原谅的。帕提亚人（Parthians）、巴比伦人（Babylonians）、阿拉伯半岛南部人、美索不达米亚犹太人和亚述人，由于我的努力，都清楚地知道了战争的原委、造成的苦难及其所带来的灾难性后果。难道没有卷入其中的希腊人和罗马人对真相就应该一无所知，从而被奉承和杜撰蒙骗吗？印象中那些自称在写历史的人，在我看来，不仅歪曲史实，而且完全偏离了自己的目标。他们为了树立罗马人的伟大形象，一直都在诽谤和嘲弄犹太人的行动。但是我不明白战胜弱者如何能显示出自己的强大！同时他们没能认识到战争持续时间之长，罗马军事力量之强大，遭遇抵抗之顽强，以及罗马一方指挥官们的天才领导能力。如果他们克服的困难被小视，那他们在耶路撒冷城前付出的艰辛并不会为他们赢得什么荣誉。

　　然而，我并无意夸大自己同胞的英雄行为从而来贬低罗马的胜利，而是公正、准确地讲述史实。同时，记录事件的语言会反映出我自己的想法和感受。我必须容许自己为我民族的悲剧而哀伤。正像圣殿的毁灭者提多·恺撒所证实的，犹太人的毁灭源于内部的纠纷，罗马人并无意放火烧圣殿，是犹太人自己任命的统治者将他们引进了耶路撒冷。在战争中，恺撒同情那些无力反抗骚乱部队的老百姓，并一味推迟占领城邦和拖延围城的时间，希望敌首能够归顺。如果有人因为我对党派首领和匪帮的指责，或者为祖国的厄运悲伤而要批评我的话，他应该撇开历史写作的原则而谅解我的软弱。事实恰好是，在罗马统治下的所有城邦中，我们的民族达到了鼎盛，继而又跌入了最悲惨的深渊。有史以来其他所有民族的不幸与犹太人的比起来似乎都微不足道。而我们的这些不幸也只能怪我们自己。我如何能控制得了自己的感情呢？如果有人对我流露个人情感予以苛责，他必须明白讲述的是史实，而记录时的痛苦只有作者自己知道。

此外，公平地说，该批评的应该是那些希腊学者，他们深知除了那些同时代的惊天大事，像战争之类终会随着时间的流逝而变得微不足道，于是他们作壁上观评论前世之事，对那些努力记录历史的人予以苛责。虽然他们的文笔更加流畅，却更缺乏历史感。他们自己动笔写亚述人和米提亚人（Medes）的历史，好像暗示先前的作家在这方面做得不好。然而他们的写作能力及思考能力都远不及前人。先前的史学家热情地记录当时发生的事件，而他们在这些事件中的亲身经历使其描述更加生动鲜活，不可能背离了事实还不被察觉。当然，想为后世子孙永久地记录下当代发生的事件值得高度赞扬；然而真正的作家不是把别人的作品拿来调整一下顺序重新编排，而是有新的想法，并且能够构建一个属于他自己历史鸿篇的人。我自己曾经历巨大的痛苦和牺牲。尽管是一个异族人，但我可以向希腊人和罗马人提供一部关于他们胜利的恒久历史记录：虽然讼争使本国的作家们巧舌如簧、善于言辞，但当他们面对历史（需要他们辛苦地搜索史实后讲出真相）时，他们却步了，于是任由二流作家不重事实只记功绩地书写历史。因此我决定尊重史实，写一部历史，尽管希腊人自己不在乎。

描述犹太人早期的历史、他们的起源、被逐出埃及、流浪的范围以及相继被征服、离开祖国等，我想在这里是不太合适的，而且无论如何是没有必要的，因为先前已有许多犹太人精确地记录了我们祖先的活动。他们的叙述也没有什么错误，并且已被翻译成希腊语。在希腊历史学家和我们的先知止笔的地方，我开始讲述我的故事，并将所目睹的战争事件尽我所能详尽描述，而对于发生在我的时代之前的事件只作简要概述。

安条克·伊皮法尼斯（Antiochus Epiphanes）曾捣毁耶路撒冷，在盘踞三年半后被哈斯蒙尼人（Hasmonaeans）驱逐出境。从这里开始，我将记述他们的后代为了争夺王权是如何促使庞培和罗马人进行干涉的；安提帕特（Antipater）的儿子希律怎样引来索斯亚斯（Sossius），结束哈斯蒙尼王朝的；希律死后，当奥古斯都（Augustus）成为罗马皇帝，昆提利斯·韦鲁斯（Quintilius Varus）是地方官时，人们是如何造反的；尼禄当权的第十二年战争是如何爆发的，战争为克斯提乌斯带来了灾难性的后果，而犹太军队却迎来了早期战役中的巨大胜利。

之后将讲述周边城镇的驻防。克斯提乌斯的战败使整个王朝陷入恐慌之中，尼禄决定将最高指挥权交给韦斯帕芗。韦斯帕芗对犹太人领土的入侵得到他大儿子的鼎力援助。韦斯帕芗利用罗马军队的规模和联盟小分队横扫加利利。他们通过全力打击或谈判，占领了加利利人的城镇。在这方面我必须解释一下罗马军队的纪律和军团的训练有素，并且描述一下两个加利利的面积及特征和犹地亚的领土范围，以及国家的独特之处，尤其是它的湖泊和泉水。至于每一个城镇被占领后的命运，我将根据自己的观察和亲身经历准确地叙述。对于我的不幸遭遇，读者们非常熟悉，没有必要遮遮掩掩。

接下来将会写到尼禄之死。当时，犹太人的希望已经很渺茫；韦斯帕芗向耶路撒冷的进军中断，因为他在中途被召回宫廷继承王位；他从凶兆中得到的鼓舞，以及罗马的动乱；士兵们坚持要拥立他为王，尽管他自己反对；随着他离开前往埃及处理帝国事务，犹太人之间爆发的党争，以及党派领导们的暴政专横和意见分歧。

然后就必须讲述在埃及由提多发动的第二次入侵：他所采取的方法以及军队集结的地点和规模；当他抵达时，由于党争而支离破碎的圣城局面；一系列的进攻以及炮台的建造；三面护墙的选址及测量；圣城的防御工事以及圣殿和圣堂的平面图样；所有这些建筑以及祭台的精确测量；一些宗教节日的习俗：关于圣洁的七个等级，神职人员举行的宗教仪式，普通以及高级神职人员的祭服；对于至圣所的描述。我在叙述中将毫无隐藏，对于已经公开过的事实也不会添油加醋。

接下来，我将把党派领导人对自己同胞的残暴与罗马人对待异己时的温和，以及提多在执意要同暴动者谈判来挽救圣城和圣堂方面所表现出的焦虑进行对比。人民所遭受的苦难与不幸导致了他们最终的失败，而这其中有多少是因为敌人的行为所致，有多少是由于内部党争所致，有多少是由于饥饿所致，对此我将进行探讨。我的叙述中将包括：逃兵们的不幸和犯人们所遭受的刑罚；圣堂的焚毁（尽管恺撒反对这样做）以及从大火中抢夺出大量宗教珍品的行为；圣城的完全沦陷以及沦陷前出现的警示和奇观；党派首领们的被捕，大量被奴役的人们以及降临在他们身上的命运；罗马人拆毁每个城堡的防御土墙这些处理战争残余的方 25

式；提多在全国巡游、建立秩序以及他返回意大利并庆祝凯旋的过程。

　　所有这些都包含在这七本书中。[①]对于那些参加过战争或者清楚史实的人来说，我没留下任何可以抱怨和批判的余地。这是为那些热爱真相而不是寻求消遣的人写的。下面，我将以概述的方式开始我的故事。

---

　　① 我们不能确定作者的七本书从哪里开始到哪里结束，也不清楚这110个章节是否是他作的划分。

第一章　希律的前任

　　当安条克·伊皮法尼斯*与托勒密六世（Ptolemy VI）争夺巴勒斯坦的统治权时，犹太领导者之间同样为了争夺最高统治权而产生了纠纷，因为没有杰出的人肯轻易向对手俯首称臣。作为大祭司之一的阿尼阿斯（Onias）尽力爬到了最高统治的位子，将托比亚斯（Tobias）的儿子们从城中驱逐出去。他们逃到安条克旗下，恳求他让他们领路进攻犹地亚。这正是国王想要的。他亲自率兵袭击了耶路撒冷，杀死了托勒密的大量支持者，允许他的士兵们随心所欲地掠夺，并带头洗劫了圣堂，原本每天不断的祭祀在接下来的三年半的时间中也被取消。大祭司阿尼阿斯投奔了托勒密，并从他那儿得到海利波利斯（Heliopolis）的一块地皮。在那里他按照耶路撒冷的模样建了一个小镇，并根据自己之前的圣堂重建了一间。所有这些在适当的时候都会再次被言及。

　　意外占领耶路撒冷、大肆的洗劫以及长长的死亡名单远没有满足安条克的野心。想到攻城所付出的代价，安条克按捺不住自己的欲望，试图强迫犹太人打破古法——不对他们的孩子实施割礼，并用猪肉作为祭祀品。遭遇到顽强的抵抗后，他处决了带头

---

　　* 即安条克四世（公元前215—前164年），叙利亚国王。

抗命的人。这些灭绝人性的指令正好为他派去统帅驻军的巴克齐迪（Bacchides）创造了施展自己残暴天性的机会。后者肆无忌惮地诉诸种种恶劣行径，折磨城中的安善良民，天天公然炫耀所攻占的城池，直到他的滔天暴行迫使那些受害者们图谋报复。

马提亚［阿萨莫尼斯（Asamonaeus）的儿子］是一个来自毛顿（Modein）的小村庄的祭司。他组建了一支由他和五个儿子组成的小队伍，用切肉刀杀死了巴克齐迪。出于对驻军力量的忌惮，他暂时逃往山中躲避。当越来越多的百姓加入到他的队伍时，他又重获自信，再次下山投入战斗，打败了安条克的将领并将他们逐出犹地亚（Judaea）。这次胜利使他获得最高统治地位，国民因为感激他将外国入侵者驱逐出境也乐意接受他的统治，在他死后，王权交给了他的长子犹大。

犹大知道安条克不会就此罢休，因此他不仅整顿现有的犹太军事力量，并且大胆与罗马结盟。当伊皮法尼斯再次入侵犹地亚时，他进行了有力的反击，并将其驱赶回去。之后趁热打铁，进攻那些尚未被驱逐出去的驻守圣城的军队，将他们赶出上城，关到下城一个被称作"城堡"的城镇一隅。控制了圣殿之后，他彻底清洗了该区域，并筑墙将其圈护起来，定制了一套新的宗教仪式器皿并送往圣堂，以替代被玷污的原有物器，又修建了一座祭坛重新开始献祭。耶路撒冷再次成为圣城之际，安条克溘然辞世，将王位以及对犹太人的憎恨统统留给了他的儿子小安条克。

这位新国王召集了五万步兵，五百骑兵和八十头大象，行军穿越犹地亚进入山城。贝斯撒隆（Bethsaron）小镇落入他的掌控之中，但是在一个叫做贝斯撒迦利亚（Bethzachariah）的地方，道路狭窄，遭遇了犹大和他的军队。在主力投入战斗之前，犹大的兄弟以利亚撒发现最高的那头象上有一顶大的象轿且轿上有镀金的防护栏，便误认为安条克坐在上面，于是冲在队伍前面老远，杀出一条血路冲向敌军最近的一个队列，试图靠近那头大象。由于那个臆想中的国王离地面太高，想接近他根本不可能，以利亚撒继而攻击大象的下腹部，结果被大象活活压死。他所做的是一次英雄般的尝试，视荣誉重于生命本身。事实上骑象的只不过是一个普通人。即便碰巧是安条克，以利亚撒的勇敢除了带给他一份荣誉，为能够漂亮取胜的希望而死以外，一无所获。对于他的兄弟，这个悲剧预示了最终的结局。尽管犹太人顽强而持久地抵抗，但敌众我寡，命运最终垂青于国王的部队。犹大的人大多数都死了，余部随他逃往高夫纳（Gophna）的小王国。安条克继续进发到耶路撒冷，在那里他只待了几天，因给养不足，不得不退兵，只留下他认为足够多的驻军，其他军队则被带到叙利亚的冬季营房。

国王的军队撤退之后，犹大绝不会坐失良机。大量犹太人涌向 29 他的旗下，他也对残部进行了重新休整。在靠近阿斯达萨（Acedasa）的小村庄，他向安条克的将领们发起了挑战。在战斗中，他勇猛作战，重创敌军，但自己也丢了性命。仅仅几天之后，他的兄弟约翰也成为亲叙利亚党人所设阴谋的牺牲品。

继约翰之后，犹大的另一个兄弟约拿单（Jonathan）继位。为了巩固自己在国内的政权，他尝试了各种可能的办法，与罗马建立友好关系并且和安条克的儿子签订休战协议。不幸的是，所有这些预防措施都没能确保他的安全。作为小安条克护卫的特力弗

（Trypho），实质上是摄政王，他早就预谋对付这个年轻的男孩并且积极地致力于清除他的朋友们。当约拿单只带一小队护卫前往托勒迈（Ptolemais）看望安条克时，他背信弃义地将其拘捕扣押并且发动战役打击犹太人。被约拿单的兄弟西蒙击退之后，特力弗为报仇杀死了约拿单。

西蒙行事果断且有效。他攻陷了耶路撒冷周边的卡萨拉（Gazara）、约帕（Joppa）以及扎莫尼亚（Jamnia），并且在战胜驻军后毁掉了那座城堡。稍后他又与安条克联手对付特力弗，安条克在进军攻打帕提亚人之前将其围困在多拉（Dora）。但是，帮助国王打败特力弗并没能动摇国王的野心：不久安条克就派森德伯斯（Cendebaeus）将军率兵劫掠犹地亚，迫使西蒙臣服。尽管西蒙年事已高，但在战斗中却显示出年轻人的气魄。他将自己的儿子们与敢死将士派往阵前，自己一马当先率部在另一个方向进攻。同时他在整个山城埋伏下重兵并且屡战告捷。战功卓著的他被任命为大祭司。但历经一百七十年的马其顿统治之后，犹太人才获得自由。①

西蒙同样是阴谋的牺牲品：他在一次宴会上被女婿托勒密暗杀，之后托勒密又将西蒙的妻子和两个儿子关押并又派遣一队人马去谋杀另外一个儿子约翰·哈卡纳斯（John Hyrcanus）。这个年轻的小伙子预先得知了他们的阴谋，立即逃往耶路撒冷。他对30 那里的人民很有信心，相信他们记得自己父亲所取得的功绩，以

---

① 之前一些段落里也有很多错误，约瑟福斯后来都在他的《犹太古事记》中更正过来，但一些说法没能和《马卡比书》的内容统一。

及托勒密的罪恶行径。托勒密从另一城门进攻，却被市民们击退，他们已经张开双臂欢迎了哈卡纳斯的到来。托勒密立即撤退到耶利哥上面一个叫大贡（Dagon）的堡垒中。哈卡纳斯像先前他父亲一样被授予大祭司一职，负责向上帝献祭，并紧追托勒密去解救自己的母亲和兄弟。

　　起初，攻打堡垒前景一片大好，但由于约翰为亲情羁绊，进攻一度被迫中断。每次托勒密陷入困境，他都会把约翰的母亲和兄弟们放到所有人都能看到的防御土墙之上，然后开始折磨他们，并威胁如果约翰不立即停止围城，就把他们头朝下扔下去。如此暴行使哈卡纳斯愤怒不已，但更多的还是恐惧和对亲人的同情。但是无论是折磨还是死亡的威胁都没能使他的母亲退缩——她伸开双臂乞求儿子不要因为怕她遭受暴虐而饶过那个残暴的畜生。只要能让托勒密为自己对他们家族所犯下的罪行付出代价，这样死在他的手里要比活着更有价值。每每约翰听完母亲的乞求，都会为她的不屈不挠而激动得颤抖，继而发起一轮新的进攻。但是当他再次看到母亲被鞭笞得皮开肉绽，他的决心都会动摇，为情感所左右，使得围城一直拖到了安息年①的到来。这使托勒密得以从围困的城中逃脱。将约翰·哈卡纳斯的母亲和兄弟们害死后，他逃到古费城（Philadephia）*的独裁者齐诺·科图拉（Zeno Cotulas）那里避难。

　　小安条克急于报仇，以雪兵败西蒙之耻，挥兵进入犹地亚并

---

①　就像第七天被当作安息日一样，犹太人把第七年看作安息年。

*　即今天的安曼。

在耶路撒冷城前扎营围困哈卡纳斯。约翰·哈卡纳斯掘开大卫的坟墓，从这个最富有的国王墓中盗走三百多万英镑。他拿出十分之一的钱来贿赂小安条克以求解围，利用剩余的款项尝试了犹太人从未做过的事情：他拥有了一队雇佣兵。

　　稍后，当小安条克再次进军攻打帕提亚时，约翰有了报仇雪恨的机会。他马上向巴勒斯坦北部的城镇发起进攻，并预料到在那里不会遭遇精锐部队。米达博（Medabe）和伽玛伊（Gamaea）以及周边城镇就像斯盖姆（Sichem）和基利心（Gerizim）一样纷纷归降。同时，他也成功地打击了那些生活在仿制耶路撒冷圣殿建造的圣所周围的库散尼人们。以土买（Idumaea）的许多城镇也都归顺了，其中包括多莱恩（Doreon）和马里萨（Marisa）。

　　进军到撒玛利亚（Samaria，现为塞巴斯特*）这座由希律国王建造的城池时，约翰绕城一周筑建围墙并将围城的任务交付给他的儿子亚里斯多布鲁斯（Aristobulus）和安提柯纳斯（Antigonus）。在他们的高压政策下，当地居民处于饿死的边缘，只能饥不择食。居民们向阿斯本蒂安（Aspendian）的小安条克求助。他爽快地答应了，但却被亚里斯多布鲁斯和他的军队打败，一路被他们兄弟追到塞索波利斯，才得以成功逃脱。亚里斯多布鲁斯一伙再次回到撒玛利亚后将人们圈禁于围墙内，占领了城池，将其夷为平地，并使当地的居民沦为奴隶。接连的胜利并未使他们的热情消退，他们挥军至塞索波利斯，横行无忌，迦密山（Mount Carmel）一带的内陆国家都惨遭蹂躏。

---

　　*　撒玛利亚是古代巴勒斯坦与约旦河间的一个城市，古以色列王国首都。

　　约翰父子接连的胜利招致了一些同胞的嫉恨。这伙人聚集大量人马积极地采取反抗行动，最后演化为公开的战争，但都以失败告终。之后，约翰在世期间尽享荣耀与富足，在长达三十一年可圈可点的执政生涯后溘然辞世，留下了五个儿子。他是有史以来享乐最多、最没有理由抱怨命运的人。他同时享有三种最高特权——政治首脑、大祭司的职位以及预言家的天赋。不断的神灵感应使其尽晓未来之事。比如，他预见并预言自己的两个大儿子将不会保住对国家的掌控权。他们的政权被颠覆的故事值得一讲，他们取得的功绩却逊于前人。

　　在父亲死后，其中最年长的儿子亚里斯多布鲁斯将国家体制改为君主制，成为第一个加冕的国王，这时距离先人在巴比伦重获自由、摆脱奴隶身份、重回祖国有四百七十一年又三个月。[①]他对第二个兄弟似乎特别垂爱，授予他同样的荣誉，其他的兄弟则被镣铐监禁起来。他同样用镣铐锁住了对自己独裁持有异议的母亲，严加看管，并残忍地将其活活饿死在地牢里。

　　因为失去安提柯纳斯这个自己如此深爱并且赋予同等王权的弟弟，复仇占据了亚里斯多布鲁斯的心。他因侍臣心怀叵测的诽谤而杀了自己的弟弟。起初亚里斯多布鲁斯并不相信他们编造的故事，认为他们的谎言多半是出于嫉妒，就像我们提过的他非常喜欢自己的这个兄弟。但是当安提柯纳斯胜利归来，参加一年一度的犹太节日时（按照旧俗，在这个节日要为上帝搭建圣墓），碰巧当时国王身体欠安未能参加。盛宴最后，安提柯纳斯带领侍卫，

　　① 　像往常一样，约瑟福斯的数字总是夸张的——这次多了四十年。

全副武装，前去圣殿祈祷，祈求他的哥哥早日康复。与此同时，那些谄媚之臣跑去挑拨国王，歪曲渲染仪仗队如何如何，以及安提柯纳斯如何神采飞扬，自命不凡，与臣民的身份不符。他们挑唆说安提柯纳斯会率重兵前来谋杀他，一旦有机会掌权，他不会安于寄居在王权之下。

这些毁谤渐渐压倒了亚里斯多布鲁斯的犹豫。他一面小心地隐藏自己的猜忌，一方面开始防范潜在的危险。他自己躲在堡垒中，此堡垒起初称为"巴利斯（Baris）"，后来叫做"安东尼亚"（Antonia）。他把自己的贴身侍卫派驻到一条地下通道内，命令他们：如果安提柯纳斯未带任何兵器就不要动他，如果携带兵器而来就格杀勿论，然后他派人通知自己的兄弟不要带兵器来此。与此相反，皇后却与逆臣共谋，他们先是贿赂信使不让其转告国王的警告，然后告知安提柯纳斯说他哥哥听闻他在加利利获得一批不错的甲胄和兵器，但鉴于有病在身不能亲自前往查看，"但是，"他还说道，"现在你就要离开了，我很想看看你的装备。"听到这些，安提柯纳斯没有意识到哥哥部署上的异常，也没有对自己所处的不利状况有所怀疑，身着甲胄前去让哥哥检阅。当他来到一个叫做斯特拉顿塔楼（Strato's Tower）的幽暗通道时，被国王的侍卫杀死。这令人信服地证明了自然情感不是诽谤的对手，我们的美好情感不可能长久地战胜嫉妒。

这次事件还有另外一个令人瞠目之处。犹大生来就是一个神秘主义信徒，并且在这种信仰的熏陶下长大，他的任何一则预言从来没有错过或者被误解过。这次当他看到安提柯纳斯穿过圣殿时，他冲着熟识他的人喊道（很多学生和他坐在一起）："天啊！

现在最好的事情莫过于我死去，已经没有真理可言，我的一个预言已被证明是错误的。那里，那个活着的，竟是安提柯纳斯，那个今天注定要被杀的人。他命中注定应该死在一个叫斯特拉顿塔楼的地方，离这有七十英里远。现在已经十点了啊！时间让我的预言成为荒谬的鬼话。"说完这些后，这位老人陷入了忧郁的沉思。几分钟之后消息传来，安提柯纳斯在一处地下要塞被杀，那处要塞就叫斯特拉顿塔楼，和恺撒利亚的沿海小镇一样。也就是说，先知的预言有点偏差是很正常的。

　　亚里斯多布鲁斯对此愚蠢之举懊悔万分，健康状况急剧日下。每每想到这次谋杀，他都会变得神志错乱并且日渐衰弱，直到他因悲伤过度内脏破裂，大量咳血。他的一个侍仆端着咳出的血经过安提柯纳斯被击毙的地方时竟鬼使神差般滑倒，杀人者的血正好洒到地面留有的血迹上。那血迹依旧清晰可见。一声尖叫立刻从目击者中传出，仿佛侍仆有意为之。听到叫喊声，国王询问缘由，当时没人敢告诉他发生了什么，但他却一直坚持要知道。最后他们被迫讲出实情。他的眼中噙满泪水，用剩下的最后一点力气痛苦地呻吟道："因果报应。我的恶行终究不能瞒过上帝全知的眼睛。兄弟的鲜血使报应更快地降临。无耻的躯壳，你还要承载这杀死了自己的母亲和兄弟的罪恶灵魂多久？还要多久才能把我的血一滴一滴地流干偿还给他们？让他们马上取走吧：老天不要再用我内脏流出的血去祭奠他们，那是对他们的嘲弄与不敬啊。"话音刚落他便死去了，执政还不到一年。

　　亚里斯多布鲁斯的遗孀将其兄弟们从监牢中释放出来，随即为最年长的也最为沉稳的亚历山大加冕使其登基。但是登上王位之后他便处决了一个兄弟，认为其是觊觎王位的劲敌；对于其他不喜欢抛头露面的幸存者，他倒是以礼相待。他与盘踞在阿瑟基斯城（Asochis）的托勒密·莱塞勒斯（Ptolemy Lathyrus）也发生了冲突。虽然托勒密·莱塞勒斯遭受了很大伤亡，但仍占优势。然而当托勒密被母亲克利奥帕特拉赶出国退居埃及后，亚历山大围困并夺取了加大拉（Gadara）和约旦东部最大的据点阿莫瑟斯（Amathus），在那里藏有齐诺（Zeno）的儿子思欧多利斯（Theodolis）价值连城的财产。但是在一次突袭中，思欧多利斯不仅夺回了财产，还截获了国王的辎重，杀死一万名犹太人。然而，这并非致命一击。亚历山大转而进军沿海，攻陷了加沙（Gaza）、拉菲亚（Raphia）和安瑟顿（Anthedon），后来希律国王将其重新命名为阿古利皮亚斯（Agrippias）。

34

在统治这些城镇期间的一次节日中，犹太人发生了一次叛乱——这种场合往往是爆发骚乱的温床。就在亚历山大似乎无力镇压这次叛乱时，他的外国雇佣军团赶来增援。他们是皮斯滇人（Pisidian）和西利西亚人（Cilicians）：他没从叙利亚人中招募雇佣兵，因为他们生来就是犹太人的死对头。手刃六千余名暴动者后，他又率军攻打阿拉伯半岛，横行于基列（Gilead）和摩押（Moab）*，并对当地居民横征暴敛。之后亚历山大及军队回到阿莫瑟斯。他发现思欧多利斯听到自己胜利的消息后已经逃走，放弃了堡垒要塞，于是就趁机毁了它。接着他对阿拉伯半岛的欧博达（Obodas）发动战争。但是那里的国王已在高兰尼（Gaulane）

---

* 死海东面的古王国，位于今约旦西南部。

设了埋伏，亚历山大中了圈套，致使部队被团团围困在峡谷底部，被骆驼群活活踩死，全军覆没。他侥幸生还逃往耶路撒冷，但是这次毁灭性的灾难煽起了人们心中郁积的怒火，国民纷纷起来反抗——接下来的六年战事不断，犹太人死伤达五万之众，这使得先前的局势更加恶化。以几乎毁掉整个国家为代价取得的胜利，没什么值得庆贺的，于是亚历山大暂且搁置了好战方针，试图通过劝说得到臣民的谅解。但是阵线的改变以及他反复无常的行为更加激怒了国民。他问国民怎样做才能使他们满意，他们回应说："去死吧！就是死了，犯下如此罪行也不能被原谅。"他的臣民未费吹灰之力，就求得德梅特留斯（Demetrius）的援助。德梅特留斯希望借此拓展自己的王国，所以马上就答应了请求，挥兵而至，在斯盖姆附近与犹太盟军会合。

盟军遭遇了亚历山大率领的一千骑兵和八千步兵雇佣军，以及后来增援的犹太忠勇之士的抵抗，数量达一万之众。而盟军却由三千骑兵和一万四千名步兵组成。战前两个国王都发布了公告，试图从对方阵营中争取一些支持者。德梅特留斯希望把亚历山大的外国雇佣军争取过来，亚历山大则希望争取到德梅特留斯阵营中的犹太分支。犹太人不能忘记自己的苦难，希腊人不能丢弃他们的忠诚，因此公告毫无意义，只不过宣布了战争的开始。尽管亚历山大的雇佣军充分显示出他们的坚定不移和英勇无畏，但战争的赢家还是德梅特留斯。然而，战争的后果是双方都没有想到的。德梅特留斯虽是胜利者，但却被曾经向他求援的人们所抛弃。而出于对失败者的同情，亚历山大逃往山中之后又聚集来六千犹太人！这种摇摆不定的局势使德梅特留斯难以应对：当他

确定亚历山大足以再次开战,整个民族再次拥到他的旗下时,德
梅特留斯撤退了。盟友的撤离并没使剩下的人放弃纷争:他们不
停地向亚历山大发动战事直到遭受重创,余党被逼到比买瑟利斯
(Bemeselis)。这个镇沦陷后,侥幸活下来的人被押往耶路撒冷。
亚历山大肆意地发泄着胸中的怒火,残暴而邪恶。他将八百囚徒
钉在耶路撒冷城中心,然后让他们眼睁睁地看着自己的妻儿被残
杀,而他则手握酒杯倚靠在姘妇之中欣赏这一场景。人们被这种
恐怖所震慑。第二天夜里,八千多国王的死敌逃出犹地亚,并一
直在外流亡直到亚历山大死去。他的这些行为最后终于使国家处
于不安定的和平之中,暂时休战了。

　　但是新的麻烦接踵而来 —— 德梅特留斯的兄弟、塞琉
古(Seleucus)最后一个①王位继承人安条克·戴尔内瑟斯
(Antiochus Dionysius)采取了行动。他向阿拉伯人发动了战争。
这使亚历山大警惕起来。他挖掘的战壕从安提帕特斯(Antipatris)
上的山腰一直延伸到约帕的海滩,并且在壕沟前修筑高墙,在上
面建造了木塔楼以求在薄弱的地方避开攻击。但这并没有阻挡住
安条克。他焚毁了木塔,填平了壕沟,挥军直入。他决定稍后再
收拾妄图阻止他的亚历山大,先直接攻打阿拉伯人。他们的国王
退到易守难攻的地方,然后突然带领一万骑兵返身攻击,安条克
的军队仓皇应战。随即而至的是一场艰苦的恶斗。尽管他们在阿
拉伯人手中死伤惨重,但安条克侥幸逃得一死,他的士兵仍在继
续战斗。安条克总是在最前沿冒着生命危险鼓舞士气,当他终于

----

①　事实上是倒数第二个。

倒在阵前时，整条战线彻底瓦解。他的军队绝大多数在战斗中或者在随后的逃亡中被歼灭。幸存下来的人躲在卡纳的村子里避难，但大多又死于食物短缺，仅有少数几个人活了下来。

这个时候，大马士革的人民出于对米纳亚斯（Mennaeus）的儿子托勒密的憎恶，将亚利塔斯（Aretas）带来，并使其成为大叙利亚的国王。他马上出兵犹地亚，打败亚历山大，签订协议，然后撤兵。亚历山大夺取佩拉后，因再次垂涎思欧多利斯的财产，于是挥军攻击杰拉什（Gerasa）。他将驻军以三倍兵力团团包围后，没费一兵一卒就占领了该地。然后他继续挥兵征服了高兰尼和塞勒西亚（Seleucia）以及"安条克之谷"，占领了迦马拉（Gamala）军事要塞，撤换了那里的德梅特留斯，这个被控告犯有很多罪行的人。在外征战整整三年后回到犹地亚，他受到全体国民的热烈欢迎。但是事实证明战争结束之际正是他身体衰弱之时。患上三日疟之后，他觉得自己只有通过恢复往日激情的生活才能治愈身体的疾病。他让自己投入到决策错误的战役中。过度的身体透支使他彻底油尽灯枯。在执政二十七年后，亚历山大死于风雨飘摇的局势动荡之中。

他将王位传于他的妻子亚历山德拉，坚信犹太人会顺从臣服于她，因为她毫无暴虐之嫌，也一直反对国王过火之举，她的确受到人们的赞誉。他的想法是对的。尽管是一介女流，但她凭借对宗教的虔诚获得的声誉建立了自己的政权。她恪守着民族习俗，对那些胆敢挑衅神圣教条的人她都予以罢免。在她为亚历山大生育的两个儿子中，考虑到老大哈卡纳斯毫无兴趣涉足政事，便将他任命为大祭司。小儿子性格容易冲动，她尽量使其避开公众的眼睛。

在她身边，犹太法利赛派的势力不断扩大*，他们对宗教显得比其他教派更为虔诚，在对律法的阐释上也似乎更为一丝不苟。虔信宗教的亚历山德拉对他们太过言听计从，他们也越来越善于利用女人的简单，最终成为国家真正的统治者，可以随心所欲地使用放逐或召回，罢职或监禁等权力。总之，皇室的特权就是他们的特权，而花销和烦恼是亚历山德拉的。在重大决策上她是十分精明的，定期征召制度使她的军队规模增长了一倍，并且还招募了大量的外国雇佣军。所以在使自己国家强大的同时，她也赢得了外国统治者们的尊重和赞赏。但是在她统治别人的同时，她却被法利赛教派统治着。因此亚历山大的好友、卓越的第欧根尼（Diogenes），被他们以唆使国王钉死八百民众之罪判处死刑。之后他们又唆使亚历山德拉处死剩余的那些曾经建议亚历山大反对过他们的人：迷信的天性使她就范，使法利赛教派杀死了他们想杀的人。受到威胁的市民派出他们当中最有地位的人去寻求亚里斯多布鲁斯的帮助。他劝说自己的母亲鉴于他们的身份能够饶其一命，在没有证明他们自己清白之前，可以把他们驱逐出耶路撒冷。他们就这样获得了赦免，散居在全国各地。

鉴于托勒密常常在大马士革滋事，亚历山德拉派兵前往，但却无功而返。然而，当亚美尼亚国王提格兰尼（Tigranes）在托勒迈围困克利奥帕特拉之前刚刚扎下营寨时，亚历山德拉通过谈判和贿赂将他争取过来。但是由于卢库勒斯（Lucullus）入侵亚美尼

---

* 该派标榜其恪守传统礼仪，《圣经》中称他们为言行不一的伪善者。

亚，他不得不火速撤兵去应付国内的问题。与此同时，亚历山德拉病倒了。小儿子亚里斯多布鲁斯抓住时机，率领为数众多的侍从（这些侍从因恐于他易冲动的性格，都对他忠心耿耿）夺取了堡垒，并利用在那里找到的钱招募了一支外国雇佣军，自封为王。这让哈卡纳斯非常难过，而他的母亲也觉得非常对不起这个儿子，于是将亚里斯多布鲁斯的妻子和孩子囚禁在安东尼亚。这个堡垒与坐落在北边的圣殿相连接，就如我们先前所讲，它起先称作巴利斯，在安东尼（Antony）获得最高统治权后又重新命名，就像塞巴斯特和阿古利皮亚斯以塞巴斯图（Sebastos，奥古斯都）和阿古利巴命名一样。但是在亚历山德拉能够为儿子哈卡纳斯征讨亚里斯多布鲁斯之前，她就辞世了，统治国家达九年之久。

　　哈卡纳斯成为王位继承人。亚历山德拉活着时就将国家交到他的手上，但无论在能力上还是进取心上他都无法与亚里斯多布鲁斯相提并论。两人在一次争夺王冠的战斗中在耶利哥附近遭遇，但哈卡纳斯的大部分军队纷纷背弃了他，投奔到亚里斯多布鲁斯的旗下。哈卡纳斯和他的追随者马上回到安东尼业避难，将亚里斯多布鲁斯的妻子和孩子扣押为人质以确保自己的安全。不过，他们达成了妥协避开了最终的灾难：亚里斯多布鲁斯将成为国王，哈卡纳斯退位后作为皇兄享有相应的待遇。基于这些条件，他们在圣殿重修旧好，在众人的环绕下两人热情地拥抱并且相互交换了住所，亚里斯多布鲁斯接受了王宫，哈卡纳斯搬入亚里斯多布鲁斯的府邸。

　　当亚里斯多布鲁斯如此出其不意地取胜时，他的那些敌人充满了恐惧，其中最害怕的要数安提帕特，亚里斯多布鲁斯对他憎恶已久。这个人在种族上属于以土买人，出身名门，非常有钱，38

加之还有其他势力辅佐，使其很自然地成为国家的领袖。他建议哈卡纳斯寻求阿拉伯半岛国王亚利塔斯的保护，以夺回自己的王国，同时他又劝说亚利塔斯接受哈卡纳斯的请求并帮助其恢复王位。他对亚里斯多布鲁斯的性格大肆指责，对哈卡纳斯大加赞扬，并坚持一个伟大王国的统治者向受屈辱的人伸出援手是高尚的。哈卡纳斯显然是受害者，继承王位是他与生俱来的权利，但这个权利却被剥夺。成功地说服双方之后，安提帕特陪同哈卡纳斯连夜逃出圣城，全速前进并安全抵达阿拉伯半岛的首府佩特拉（Petra）。到那儿之后，他将哈卡纳斯交托给亚利塔斯，凭借一番游说外加精心挑选的礼物，使得亚利塔斯答应出兵帮助这位放逐者恢复王位——提供五万骑兵和步兵。[①]亚里斯多布鲁斯在兵力上根本无法企及。第一次冲突中亚里斯多布鲁斯败北逃进耶路撒冷，在一次成功的突袭后，要不是罗马统治者斯卡鲁斯（Scaurus）及时干预解围，亚里斯多布鲁斯早就被擒了。

　　斯卡鲁斯早先被庞培·马格努斯（Pompeius Magnus）从亚美尼亚派往叙利亚，那时庞培正与提格兰尼打仗。当大马士革落入迈特勒斯（Metellus）和娄列斯（Lollius）的掌控之后，斯卡鲁斯很快赶到那里，并将这些官员打发走。听说了犹地亚发生的一切后，他认为绝不能坐失这天赐良机。刚刚踏上犹太人的国土，兄弟俩分别派去寻求他援助的代表们纷纷而至。亚里斯多布鲁斯送去的三十万英镑远远胜过了事实的真相。接受这笔贿赂后，斯卡鲁斯马上派遣使者前往哈卡纳斯和阿拉伯军方，利用庞培和罗马

---

① 这些难以置信的数字在《犹太古事记》中同样被夸大。

人，威胁对方停止围城。亚利塔斯慌忙从犹地亚逃往古费城，斯卡鲁斯也回到大马士革。亚里斯多布鲁斯不甘心就这么让他逃走，于是召集所有军队追击敌人。在帕皮隆（Papyron）与之交战，杀死六千多敌寇，其中就有安提帕特的兄弟法隆（Phallion）。

失去阿拉伯人的援助，哈卡纳斯和安提帕特寄希望于另外一方。当庞培进入叙利亚、抵达大马士革之后，他们试图寻求他的保护。他们双手空空就去了，完全依赖于当初说服亚利塔斯的那套手法，请求他能够拒绝接受亚里斯多布鲁斯的野蛮方式，帮助两位中这位年长的也最为贤德的人恢复本该属于他的王权。亚里斯多布鲁斯知道可以贿赂斯卡鲁斯后也不甘落后。他身着皇家盛装，亲自出马。但是他早已厌倦了这种奴隶的感觉，再也无法忍受以牺牲自己尊严为代价屈尊换取的安全保障，所以他在迪奥波利斯（Diospolis）便折了回去。

这一举动刺激了庞培，使他接受了哈卡纳斯和他朋友们的不断请求，出发赶在罗马军队和从叙利亚赶来帮忙的人马之前追击亚里斯多布鲁斯。绕过佩拉和塞索波利斯，庞培来到克瑞尔（Coreae）。这是从内陆来的旅行者进入犹地亚的必经之路。当得知亚里斯多布鲁斯已经在亚历山大底（Alexandreum）一个精心装备并且位于高地的堡垒找到安身之处时，庞培传令命其下来见他。如此蛮横的传召让这位国王觉得宁愿拼死一搏也不甘心如此就范，但是他发现人们都害怕得要死，朋友们也劝他要认识到罗马军队的势不可当。听了劝告他下去拜见了庞培，努力为自己获取王位的合理性进行详尽的辩驳，然后返回他的堡垒。受他哥哥的邀请，他再次下山，争论是非曲直。他再次顺利返回驻地，没有受到庞培的阻挠。他在希望和恐惧中徘徊犹豫，一次又一次地从堡垒下来，希望能够说服庞培让自己来解决所有的事情，每次又很快回到自己的堡垒以避免妥协来得太早。然而最终庞培还是坚持让他撤出堡垒。因为亚里斯多布鲁斯的将领们先前接到指示说，除了亚里斯多布鲁斯亲笔签署的指令，谁的命令都不听，所以庞培让亚里斯多布鲁斯给他们一人一份手写命令让他们迁出堡垒。亚里斯多布鲁斯不得不妥协，满腔怒火地撤回到耶路撒冷，准备与庞培开战。

庞培并没给他留下备战时间，立刻追了上去。赶到耶利哥附近时，收到了米特里达特（Mithridates）死亡的消息，这促使他加快了行动。犹地亚最富饶的地方，盛产棕榈树和香脂：用锋利的石头割破香脂树的树干，然后树脂便从割破的地方流出来。在耶利哥宿营一夜，天刚破晓，他便迅速向耶路撒冷进发。亚里斯多布鲁斯看到他的军队渐渐临近，万分恐慌，像一个乞求者一样谒见庞培，承诺钱、圣城以及他自己都任由他处置，这样才平息了庞培的怒火。但是没有一项承诺兑现：派去取钱的官员加比纽斯（Gabinius）受到亚里斯多布鲁斯党人的阻挡，甚至不允许进入圣城。

庞培因为受到如此待遇再次被激怒，他将亚里斯多布鲁斯监禁起来，向圣城进发并勘查可以进攻的路线，然而看到的却是固若金汤的城墙、不可逾越的峡谷横在他们的面前。圣殿就在峡谷之中，即便城池攻下，它还可以成为敌人的避难之处。就在庞培下定决心攻城之前，城内爆发了党争，亚里斯多布鲁斯的支持者主张开战救出国王，哈卡纳斯的支持者则主张为庞培打开城门。

看到罗马军队如此训练有素，出于恐惧，支持后者的人数迅速膨胀。反对开城的一方在争斗中败北，退守到圣殿，毁掉了连接圣殿和圣城的桥梁，准备以死相搏。另外一方将罗马军队迎进城中并交出宫殿，庞培派他的高级官员比索（Piso）率领大队人马接手此事。比索在圣城周围布满哨兵。因为在圣殿中避难的人不可能妥协，所以他将这一代附近的所有障碍物全部移开，随时准备开战。哈卡纳斯的多数支持者乐于提供建议和帮助。

庞培自己则在北岸忙于用部队征集来的材料填平战壕和峡谷。这几乎是不可能的，一是沟壑太深，二是上面的犹太人也通过各种途径进行阻挠。如果不是庞培充分利用了安息日使他的土方工程上了一个大的台阶，同时又使他的士兵们避免了武装冲突（因为宗教原因，犹太人安息日这天是不能工作的，犹太人只有出于自卫才会在安息日这天打仗），罗马军队将白忙一场毫无所获。当最后的沟壑被填平时，他在人为搭建起的平台上建起了高塔，把原先从蒂尔（Tyre）*带来的攻城锤调上来，开始猛击城墙，同时派掷石手从上面阻止犹太人的抵抗。但是过了很长时间，这段厚重而辉煌的塔楼仍然没有什么损伤。

罗马军队的攻城异常艰难。庞培对于犹太人非凡的忍耐力，尤其是对他们在石林弹雨中仍能继续坚持宗教仪式这一点大为惊讶。如同深沉的祥和笼罩着耶路撒冷一样，每天向死者供奉牲畜、祭品以及其他一些崇拜上帝荣耀的礼拜形式都小心翼翼地进行着。即使当圣殿被占领，他们惨死在祭坛周围，他们一天也没有舍弃

*　古代腓尼基的著名港口，现属黎巴嫩。

41 这些规定的仪式。围城的第三个月，罗马军队最终推倒了一座塔楼，涌进了圣殿。第一个冒险越过高墙的是苏拉（Sulla）的儿子，科尼利亚斯·福斯特斯（Cornelius Faustus）。紧接着弗利乌斯（Furius）和法比乌斯（Fabius）两个百人队长带领他们各自的队伍跟了进去，将圣殿的院落团团围住，杀死一些试图逃往圣堂的人，其他人则进行了短暂的抵抗。许多祭司看到敌人手持刀剑冲了进来，仍旧平静地进行神圣的仪式。他们在斟祭酒和上香时被砍倒，宁愿牺牲自己，也不放弃对上帝的尊崇。其中大多数人死在敌对派别的同胞手里，其他跳崖身亡的人不计其数。一些丧失希望的人变得歇斯底里，放火烧了城墙周围的建筑，然后葬身火海。死亡的犹太人达到一万两千人。罗马军队被杀的不多，但是大多负了伤。

现在看来，那时在众多的灾难中没有什么比把圣所交由异族人更令全族人发指的了。除非得到大祭司的允许，任何人都不可以进入圣堂。但是庞培却率众人闯入，看到里面的灯柱、灯台、桌子、祭酒杯以及香炉全都是纯金制成，还有成堆的香料和价值二百万英镑的钱币。对于这些以及其他宗教财产他都未曾染指。占领之后只是让看护人将神殿清洗干净，照例举行祭祀活动。他再次任命哈卡纳斯为大祭司，因为围城时他表现得非常积极，提供了很多帮助，尤其是挡住了那些成群结队急于为亚里斯多布鲁斯而战的同胞。通过这种方式他证明了自己作为一名将军的优秀品质，周到体贴而非严苛，这使得他获得了民众的好感。囚犯中包括亚里斯多布鲁斯的岳父，也就是他的叔叔。战争的主要发起者被斩首。福斯特斯和那些曾鼎力相助的人都受到了大力褒奖。

国家和首府都置于纳贡的从属地位。

接着庞培剥夺了犹太人在大叙利亚占领的城镇，把它们归于一个特别任命的罗马官员的统治之下。这就意味着这个国家被划到自己的版图之内了。他重建了曾被犹太人夷为平地的加大拉，作为对成为自己自由民一员的加大拉人的礼物。他还帮助那些尚未被犹太人摧毁的内地城镇摆脱了犹太人的统治。比如希彼斯（Hippus）、塞索波利斯、佩拉、撒玛利亚、扎莫尼亚、马里萨、 42 阿瑟特斯（Azotus）以及阿瑞瑟萨（Arethusa）；同样还有一些沿海城镇比如加沙、约帕、多拉以及那个起初被叫做斯特拉顿塔楼后被希律国王重建成规模宏大的恺撒利亚城。他把所有这些城镇都交还于它们合法的公民手中，并归入叙利亚的统治之下，委任斯卡鲁斯和他的两个军团管理此地，外加犹地亚以及远至埃及和幼发拉底河流域的整个地区。他自己则横穿西利西亚（Cilicia）赶往罗马，亚里斯多布鲁斯和他的家眷作为囚犯被一同押运前往。在两个儿子和两个女儿中，其中的一个儿子亚历山大在途中逃跑，小儿子安提柯纳斯和他的两个姐姐被押往罗马。

与此同时斯卡鲁斯侵略了阿拉伯半岛，但却因为复杂的地形被困佩拉，尽管洗劫了周围所有的村庄，但还是耗尽了所有的食物，损失惨重。在这种处境下，是哈卡纳斯派安提帕特送去给养救了他。作为亚利塔斯的老朋友，安提帕特被斯卡鲁斯派去说服亚利塔斯用钱买和平。阿拉伯人同意付三十万英镑，根据这些条款斯卡鲁斯率领军队撤出阿拉伯半岛。

亚里斯多布鲁斯的儿子，那个从庞培手中溜走的亚历山大，后来召集了大批人马在犹地亚肆意横行，动摇了哈卡纳斯的地位。

看上去他很快就能颠覆哈卡纳斯的王位了。他已前往耶路撒冷，大胆地开始修筑被庞培推倒的城墙。但是加比纽斯已被派往叙利亚，做斯卡鲁斯的继任者。在其他很多场合已有过辉煌战绩的他挥兵攻打亚历山大。听说加比纽斯前来，亚历山大惊慌万分，抓紧招兵买马，最后募集到一万多步兵以及一千五百名骑兵，在精心挑选的亚历山大底、哈卡纳底（Hyrcanium）和靠近阿拉伯半岛的马卡鲁斯仔细设防。加比纽斯派马克·安东尼率先遣队走在军队前面，自己稍后随大军亲往。安提帕特和他挑选的人以及马里卡（Malchus）和佩特劳斯（Peitholaus）率领的其他犹太军队都服从马克·安东尼的指挥，负责与亚历山大的联系。很快加比纽斯率领的大军就抵达了。敌人的联盟军队对亚历山大来说太过强大，他一路撤到耶路撒冷附近才被迫开战，损失了六千士兵，其中的一半被杀，另一半被囚禁。亚历山大和幸存者一起逃到了亚历山大底。当加比纽斯抵达那里后，发现他们大多已安营扎寨。

43　加比纽斯试图在动用武力之前将他们争取过来，并保证既往不咎。但他们拒绝任何妥协，使得大部分人死在加比纽斯刀下，剩余的被监禁在堡垒里。在这次战役中，马克·安东尼展现了无比的英勇。在战场上他总是能证明自己的卓越之处，但没有哪次比这次更具有说服力了。

　　加比纽斯留下足够的人手攻陷堡垒，自己抽身去安定那些还没有被洗劫的城镇，对于那些已经被摧毁的城镇进行重新建设。按照他的指示，塞索波利斯、撒玛利亚、安瑟顿、阿珀隆尼亚（Apollonia）、扎莫尼亚、拉菲亚、马里萨、阿德勒斯（Adoreus）、迦马拉、阿瑟特斯以及其他许多城镇都得以重建，每一处都吸引着成群结队的居民。完全安排妥当后，他回到亚历山大底，加强了攻城力度直到亚历山大彻底放弃希望，派使者前去请求加比纽斯原谅自己的过错，并交出自己手中剩下的哈卡纳底和马卡鲁斯堡垒，最终也交出了亚历山大底。在亚历山大母亲的建议下，加比纽斯将这些全部毁掉，这样它们就再也不能被作为基地在战争中为他们所利用了。这位女士为了被囚禁在罗马的丈夫和剩余的孩子们，只能逢迎加比纽斯。接着加比纽斯恢复了哈卡纳斯在耶路撒冷的职位，把神殿的监护任务交托给他，并建立了贵族统治的政治体系。整个国家被分为五部分：一个以耶路撒冷为中心，一个以加大拉为中心，一个位于阿莫瑟斯（Amothus）的保护之下，第四个归于耶利哥，第五个则建在加利利的塞弗利斯（Sepphoris）镇上。犹太人非常高兴能从一个人的专制中解脱出来，从此之后生活在一个贵族阶级统治的国家。

　　不久他们中再次出现纷争。亚里斯多布鲁斯从罗马逃走，再次召集大量犹太人，其中有些是急切希望政变的，其他则是始终效忠于他的人。他要做的第一件事就是占领业劢山大底并试图设防。但当得知加比纽斯已派斯塞纳（Sisenna）、安东尼和瑟必列斯（Servilius）率军迎敌后，他立刻退向马卡鲁斯。在缩减了大量没有多大用处的随行人员后，他只留下约八千名装备精良的人。佩特劳斯就在这些人中。他是耶路撒冷的领袖，带着一千人投奔了亚里斯多布鲁斯。罗马军队紧随其后，两军最终交战。亚里斯多布鲁斯和战士们殊死抵抗了很长一段时间，但是最终还是败在罗马军队手下，五千人被杀，还有两千多人朝山上逃去。亚里斯多布鲁斯带领着剩余的千余人在罗马军队中杀出一条血路，继续

44 奔往马卡鲁斯。当他头一晚在那里的废墟中露宿时，这位国王还
梦想着，只要给他喘息的机会，他就再招募一支军队，并且真的
着手为驻地设防。但是罗马人很快攻打过来。勉强抵挡了两天后，
他终因力不能及而被捕，连同与他一起从罗马逃跑的儿子安提柯
纳斯一起被遣送回罗马。他身带枷锁先被送交于加比纽斯再由那
里辗转送往罗马。亚里斯多布鲁斯由元老院收押，但是他的孩子
则被准许回到犹地亚，因为加比纽斯寄了一份书面声明，说他曾
向亚里斯多布鲁斯的妻子许诺过这样做，以作为他们交出堡垒的
回报。

　　在加比纽斯遭遇托勒密阻挡之前，他早已派遣了一支远征队
去对付帕提亚人。从幼发拉底河折回后他帮助那个君主登上埃及
的王位。整个战役在物资上得到了哈卡纳斯和安提帕特的全力支
持。钱、武器、粮食和外国援军都由安提帕特供应，他还说服那
些守卫在犹太边界帕鲁先（Pelusian）通道的人为加比纽斯放行。
加比纽斯不在的日子里，叙利亚叛乱四起。犹太人在亚里斯多布
鲁斯的儿子亚历山大鼓动下再次起义。亚历山大招募一支庞大的
军队在国家内部展开了一次针对罗马人的大屠杀。这惊动了加比
纽斯，听到巴勒斯坦起义的消息他立即从埃及赶了回来。他已经
派遣安提帕特先去争取反叛者，并取得一定的成效，但仍有三万
人效忠于亚历山大，并且亚历山大也决心一战。因此加比纽斯开
战后，遭遇到犹太人的抵抗，在塔博尔山（Mount Tabor）附近的
一次战斗中有一万犹太人阵亡，剩余的四散逃去。加比纽斯拜访
了耶路撒冷，并按照安提帕特的愿望，重新建立了管理机构。从
那出发后的战斗中，他打败了纳巴特尼人。从帕提亚（Parthia）

逃来的避难者米特里达特和奥拉散尼（Orsanes）都在他的默许下逃跑了，他对士兵们说"穷寇莫追"。

这时克拉瑟斯（Crassus）前来接手叙利亚的统治。在对抗帕提亚人的战役中他挪用了耶路撒冷圣殿中的所有金子，包括庞培都未曾动过的二百万英镑。他穿过了幼发拉底河并全军覆没，但是这和我们的故事无关。这次胜利之后，帕提亚人挥军前行跨河闯入叙利亚，但却被早已逃入罗马统治范围的卡修斯（Cassius）逼退。在确保辖区的安全后，他急忙赶往犹地亚，攻占了塔里查伊（Tarichaeae），俘虏了三万犹太人，并在安提帕特的建议下处死了佩特劳斯，这个曾试图重整亚里斯多布鲁斯党羽的人。安提 ⁴⁵ 帕特娶了一位高贵的阿拉伯姑娘，这位名叫塞普里斯（Cypris）的女人为他生了四个儿子，即法赛尔（Phasael）、未来的希律王、约瑟夫（Joseph）和菲劳拉（Pheroras），以及一个名为塞勒姆（Salome）的女儿。他因为善良和热情好客赢得了各方面的支持。最重要的是，他通过自己的婚姻与阿拉伯国王成为朋友，在他与亚里斯多布鲁斯抗战时，他就是把子女送到这个国王那里避难的。之后，在逼迫亚历山大做了维持和平的书面保证后，卡修斯回到幼发拉底河以阻止帕提亚人再次过河。在以后的作品中将对其作更加详细的描述。①

当庞培和元老院逃过亚得里亚海（Adriatic）时，恺撒成为罗马和帝国的主人。他立刻将亚里斯多布鲁斯从狱中释放出来，给了他两个军团指挥，并以最快的速度将其送回叙利亚，希望他能

---

① 我们并没有找到这些记述。

够较容易地收复那个地区以及整个犹地亚。但是怨恨使亚里斯多布鲁斯的热情和恺撒的希望统统落空。国王被庞培的党徒毒死之后，很长一段时间甚至不能在故土入殓，他的尸首只能搁置，用蜂蜜封存直到安东尼将它送到犹太人手中后，才被葬在王室陵墓里。死神也降临到他的儿子亚历山大身上。他因为迫害罗马人而遭审判，依照庞培的命令，在安提俄克（Antioch）[*]死于西庇阿（Scipio）的斧下。他的兄弟姐妹则栖身于托勒密的庇护之下。托勒密是米纳亚斯（Menaeus）的儿子，黎巴嫩下属迦里克斯（Chalcis）的统治者。他派自己的儿子菲利品（Philippion）将他们兄妹从阿什克伦（Ascalon）接了过来。菲利品把安提柯纳斯和他的姐妹从亚里斯多布鲁斯的寡妇身边带走，将他们带回自己父亲身边后，他爱上了年龄较小的妹妹并娶了她，但是他也是因为她才惨遭自己父亲的杀害。杀死自己的儿子之后，托勒密自己娶了亚历山德拉！这场婚姻使他对她的兄弟姐妹更是照顾有加。

庞培一死，安提帕特就转变了立场，投靠恺撒。当珀加蒙（Pergarnum）的米特里达特带兵前往埃及的时候，被告诫要远离帕鲁先通道，但路上却被阻截在阿什克伦。安提帕特作为阿拉伯人的朋友说服他们去支援，并且亲率三千犹太人前去增援。不久他又赢得两个极具影响力的叙利亚人的支持，一个是住在黎巴嫩的托勒密，另一个是可以轻而易举让周围城镇投入战斗的扎布里克斯（Jamblichus）。所有的疑虑都因安提帕特提供的增援而化为乌有，米特里达特将队伍推进到贝鲁辛（Pelusium）。当发现道路

46

---

[*]　古叙利亚首都，现土耳其南部城市。

被封锁后，他包围了这个城镇。在袭击中，主要的功劳依旧归于安提帕特。他凿穿挡在面前的城墙，第一个冲进城里，他的人马紧随其后。贝鲁辛沦陷了。但是当米特里达特进军的时候，他在后来被称为阿尼阿斯（Onias）的地方再次遭遇埃及犹太人阻截。然而安提帕特却说服他们不仅不去抵抗他的军队，甚至还为他们提供给养。最终孟斐斯（Memphis）的人们停止了反抗并且自愿在米特里达特手下效劳。现在米特里达特绕过三角洲，在一个叫"犹太人阵营"的地方与剩余的埃及人交战。当战争白热化，他和整个右翼面临危境时，安提帕特从左边也就是由米特里达特指挥的一边击退敌兵将他救出来，然后沿河岸绕行前进。他对袭击米特里达特的人发起了进攻，杀死大部敌人，一路追击逃敌直至夺取了他们的阵营。一路上他仅损失了八十人，而米特里达特损失了八百余人。因为在九死一生中得以生还，米特里达特在恺撒面前极力褒扬安提帕特的功绩。

后来，恺撒利用表彰和承诺鼓励这位老将继续为他出生入死。整个过程当中，安提帕特证明了自己是最无畏的战士，一次又一次地负伤，伤疤几乎遍及身体每个部位。他把这遍体伤疤看作自己勇猛无畏的荣耀。稍后，埃及恢复秩序，恺撒回到叙利亚后授予安提帕特罗马公民的身份并且免其赋税，还通过其他荣誉和友好表示使他成为众人的榜样。也因为安提帕特的原因，恺撒确定了哈卡纳斯的大祭司地位。

第二章　希律上台

　　在这之后，亚里斯多布鲁斯的儿子安提柯纳斯拜见了恺撒，使安提帕特再次意外晋升。明智之举本该是他在恺撒面前表达对父亲因与庞培持不同政见而惨遭毒害的悲痛之情，表达对自己兄弟惨遭西庇阿蹂躏的愤慨之情，而不是一味诉苦求得同情。但是他却一直谴责哈卡纳斯和安提帕特，公开宣讲他们利用邪恶的手段将自己和姐妹们驱赶出故土；他们对待民众傲慢无礼可恶之极；他们在埃及出兵增援恺撒并非出自对他的忠心而是恐于旧的分歧，他们只不过是希望通过此举可以使他们与庞培的友好关系被淡忘。安提帕特脱去盔甲露出数不清的伤疤以此作为对安提柯纳斯的回击和对恺撒的忠诚。他说，我无须多言。他一个字都没说，他的身体很好地证明了一切。安提柯纳斯的鲁莽之举不足为信。一个罗马敌人的儿子，一个从罗马逃亡的人，一个传承了父亲热衷革命制造骚乱禀性的人，他有足够厚颜无耻的本事在罗马统治者面前谴责其他人，只要他自己能够幸运地活着，就只顾铸造自己的巢穴！他现今对权力的欲望并非出自他当前的困境，他的野心就是在犹太人中引发骚乱恩将仇报。听完双方的观点，恺撒宣布哈卡纳斯是大祭司的最好人选，并允许安提帕特自己选择官职。但安提帕特将裁定功劳大小的决定权交给了荣誉的授予者，他最终

被任命为整个犹地亚的行政长官，并被授权重建母亲城被摧毁的
城墙。这些都被恺撒命令刻在主神殿*上，用来纪念自己的公正和
安提帕特卓越的功绩。

　　安提帕特护送恺撒离开巴勒斯坦之后即刻返回犹地亚。在那
里他开始重建庞培毁掉的母亲城的城墙，着手平定国家各处爆发
的骚乱。他恩威并施——如果支持哈卡纳斯，他们就能富足平静
地生活，尽享自己的财产与和平；但如果受那些为一己之私热衷
变革的人所蛊惑，他们就会发现他不再是庇护者而是统治者，哈
卡纳斯不再是国王而是独裁者，恺撒和罗马人不再是领导者和朋
友而是敌人；如果犹太人赶走政府所任命的官员，他们将不会袖
手旁观。他一面以这种论调宣讲，一面按照自己的方针组建国家，
也的确感到哈卡纳斯作为真正的国王实在太过萎靡和软弱。他的
大儿子法赛尔被任命为耶路撒冷及地区的长官。另外一个儿子希
律尽管看起来还很年轻①，但也被委以同样的官职，被派到加利利。

　　精力异常充沛的希律终于找到可以施展自己活力的空间。当
他发现匪首希西家（Hezekiah）带着大队人马在临近叙利亚的地
区肆意妄为后，就逮捕并处决了他和他的很多手下。此举使叙利
亚人民对希律感激万分。村庄小镇处处回响着颂扬他的歌谣：难
道不是他为他们赢回了和平和富足的吗？并且这使他得到恺撒大
帝的亲戚，叙利亚总督塞克斯特斯·恺撒（Sextus Caesar）的赏
识。他的声誉也唤起了他的哥哥法赛尔的斗志。法赛尔在耶路撒

　　＊　古罗马的朱庇特神殿。
　　①　二十六岁。

冷越来越受欢迎。他的个人魅力使圣城呈现出一片祥和景象，而他也从未滥用手中权力。所有这些使安提帕特赢得了全体国民的尊敬爱戴，好像他才是国王，无可厚非的国家元首。即便如此他对哈卡纳斯的忠诚和坚贞也从未改变。

　　但是在繁荣盛世中免不了滋生嫉妒。尽管哈卡纳斯没有表现出来，但他还是因为这些年轻人取得的荣誉而极为伤心。希律取得的功绩和频传的捷报使他最为难过。而这种痛苦因为众多朝臣的谗言日益加重，安提帕特和他两个儿子稳健的作风更使他心生不满：他们三人全权掌控国家事务而哈卡纳斯只能无助地坐在那儿，徒有国王的名号却毫无实权。他还要这样培养国王们来伤害自己多久？他们已经不再装成一副地区官员的样子，俨然成为真正的国家首脑人物，而哈卡纳斯也早已不再举足轻重。在没得到哈卡纳斯任何指令，无论是口头的还是手写的情况下，希律就把这帮人以维护犹太律法的名义处死。如果希律不是国王而仅是个公民，他就该被放到审判席上，当着国王的面为自己违背祖制在没有审判的情况下执行死刑的行为作出解释。这些暗示使哈卡纳斯渐渐被激怒，最终为发泄愤怒传召希律让他接受审讯。在父亲的建议下，在自己政策取得成功的鼓舞下，在加利利周围部署好驻军后，希律由一支强大的护卫队陪同来到耶路撒冷——这支护卫队没有强大到让人觉得有颠覆哈卡纳斯政权的企图，当然也不会小到让希律在面对嫉妒时束手无策。但是塞克斯特斯·恺撒担心这个年轻人会陷入圈套难以脱身，于是给哈卡纳斯明确地下达指令要求无条件免除对于希律杀人的指控。国王出于对希律的赏识，无论如何也会急切地这样做，宣布其无罪。

　　希律相信他的这次逃脱让哈卡纳斯备感屈辱，于是撤到塞克斯特斯在大马士革的总部。即使再次被传召也不准备服从命令。居心叵测的朝臣在哈卡纳斯面前再次煽风点火，说希律怒气冲冲地离开，并准备攻打国王。由于听信谗言，又看到对手的强势，这位国王不知道该如何是好。当塞克斯特斯·恺撒真的任命希律为大叙利亚和撒玛利亚的最高统帅后，国民对他的忠心以及手下掌控的军队使之更加强大，哈卡纳斯吓得目瞪口呆，觉得希律随时都有可能率军从背后攻打他。他的猜想是正确的。希律对那次审讯所带来的威胁极为愤怒，于是召集一支军队向耶路撒冷进发，准备颠覆哈卡纳斯的帝位。若不是他的父亲和哥哥赶忙出城平息他的怒火，希律早就颠覆其政权了。他们力劝希律把报复仅限于威胁和暴行，饶过国王一命，毕竟因为他，希律才得以强大。如果他还为被送到审判席一事觉得恼火，那他同时应该为最后的赦免甚为感激，为刀架在脖子上还能逃脱而心怀感激。如果在战争中上帝是公平的，希律的军事力量远不能应付他所犯的错误所招致的后果：如果他准备与国王和同胞们交战，与自己的恩人交战，而这位恩人除了那次被谗臣蛊惑、试图用不公正的手段吓唬他之外，从不严苛。所以他最好不要对取胜太过自信。因此，希律接受了劝告，放弃了打仗的想法，也因为在人们面前展示了自己的实力从而确保自己未来的安全而感到心满意足。

　　而此时对于阿帕米亚（Apamea）附近的罗马人来说，和平被　　50
打破，内战爆发了。效忠庞培的恺撒利亚斯·巴素斯（Caecilius Bassus）叛变杀死了塞克斯特斯·恺撒并接管了他的军队。其他的将领为了报仇，穷其兵力攻击巴素斯。无论是死去的恺撒，还是活着为之报仇的人，都是安提帕特的朋友。为了他们，安提帕特派自己的儿子出兵去增援。战争被延滞，莫克斯（Murcus）从意大利赶来接替塞克斯特斯的职位。也就在这时罗马大战爆发，卡修斯和布鲁特斯（Brutus）叛变谋杀了恺撒，恺撒仅统治了这个帝国三年零七个月。这次谋杀引发了一场规模巨大的起义，有实力的人分别投向两个阵营，党派对每个投靠者都作出种种许诺。卡修斯专程赶往叙利亚接管阿帕米亚周围的军队。他平息了巴素斯和莫克斯以及两个对立军团之间的争执，结束了对阿帕米亚的围攻。之后他亲率军队到每个城镇征收贡品，所征收的钱大大超过他们的支付能力。当犹太人被命令缴纳七十万英镑时，安提帕特迫于卡修斯的威胁，出于紧急需要，将这一任务分派给他的儿子们和熟识的人，其中就包括他的一个敌人马里卡，让他们迅速筹款凑齐。第一个满足卡修斯要求的是希律。他从加利利带足了他的份额使卡修斯满心欢喜。对于其他人卡修斯斥责其速度迟缓，随之将怒气发泄在无辜的城镇身上。高夫拉（Gophra）、以马忤斯（Emmaus）和其他两个不那么重要的地方都遭到他的奴役。当他正为马里卡没能立刻收缴贡金而要将其处死时，安提帕特上交的十万英镑很快使卡修斯怒火平息，从而使马里卡免于一死，其他城镇也逃过灭顶之灾。

　　然而，一旦卡修斯不再是他的威胁，马里卡就反过来，非但不感激多次救过他的安提帕特，反而设计陷害他，像是急于去掉他罪恶生涯的绊脚石。得知这个人的力量和狡诈，安提帕特穿过约旦，准备招募一支军队挫败此次阴谋。马里卡在采取行动时被逮个正着，但仅靠厚颜无耻就胜过了安提帕特的几个儿子：法赛尔，耶路撒冷的守护者，和希律，这个负责武器和装备的人，都被他的连篇托辞和信誓旦旦欺骗，使他们为了他向父亲说情。因此，安提帕特再次救了马里卡。他成功地说服了莫克斯，也就是 51 后来的叙利亚总督，放弃以革命者身份处决马里卡的想法。

当年轻的恺撒和安东尼向卡修斯和布鲁特斯宣战之后，卡修斯和莫克斯在叙利亚组建了一支军队。为了能够得到希律宝贵的援助，他们暂时任命他统帅一支骑兵和步兵掌管叙利亚，卡修斯承诺当战争获胜他会让希律成为犹地亚的国王。安提帕特的毁灭直接源于他儿子实际拥有和将要拥有的统治权威。马里卡唯恐希律得势，贿赂了一个皇家侍酒者，让他给安提帕特下毒。马里卡的这一计划取得了成功。宴会之后安提帕特就死了。安提帕特无论什么时候处理事务，都显得如此精力充沛和积极主动，尤其在扶持哈卡纳斯登上王位、守护王位时更是如此。马里卡被怀疑投毒，他的否认暂且平息了众怒。为了更加确保自己的安全，他组建了一支步兵。他并不认为希律会就此罢手，希律果然即刻率军前来为父报仇。但是他的哥哥法赛尔担心会引发骚乱，建议他不要公开向此人报复。希律暂时接受了马里卡的辩解并表明自己从未怀疑过他。之后他为父亲举行了盛大的葬礼。

紧接着他将注意力投向被党派争斗搞得四分五裂的撒玛利亚。平定那里之后，在武装力量的陪同下希律回到耶路撒冷参加宗教节日。马里卡因为希律的到来而备感惶恐，在他的建议下哈卡纳斯命令希律不能让外国人和受洗的国人在一起。希律对这个借口以及前来传令的人甚为蔑视，便连夜进城。马里卡再次接近希律，表达了对安提帕特的哀悼。虽然希律已经难以遏制内心的愤怒，但他还是巧妙应对。他寄信给早已憎恶马里卡的卡修斯，向他痛诉父亲被杀一事。罗马一方回信说他应该向谋杀父亲的人报仇，并向他的护民官下达密令让其助希律"一臂之力"。

占领劳迪西亚（Laodicea）后，每个地区的首脑都汇集到卡修斯的总部向他献上花冠和其他一些礼物。这是希律选择报复的时刻。马里卡起了疑心，当他在蒂尔，也就是他儿子作为人质被扣留的地方时，他决定秘密地将儿子接出，然后自己筹划逃往犹地亚。能够幸存的一丝丝希望激励着他，他踌躇满志，似乎看到自己带领国家反抗罗马人，而卡修斯也因一心投入对抗安东尼的战争而使自己得以推翻哈卡纳斯，戴上王冠。

但是命中早已注定谁能笑到最后。希律看透了他的伎俩，邀请他和哈卡纳斯前来赴宴，然后叫来一个贴身奴仆把自己送回家，装作回去准备饭菜的样子，实则是预先叫出护民官们并设好埋伏。护民官们没有忘记卡修斯的指示，他们提剑赶到城市前面的海岸，团团围住马里卡将其砍死。哈卡纳斯被吓瘫在那里。当他最后从昏迷中醒来时，问希律是谁杀了马里卡，一个护民官答道"卡修斯的命令"。"卡修斯，"哈卡纳斯转身说，"他救了我也救了我的国家，解决了这个共同的祸害。"他是否真的这样认为，还是出于害怕根本不敢对既成的事实提出质疑，我们不得而知。不管怎样，现在希律和马里卡的恩怨就此解决。

当卡修斯从叙利亚撤兵后，耶路撒冷再次爆发内讧。赫里克斯（Helix）在一队士兵的支持下起来反抗希律的哥哥法赛尔，利用他报复希律从而达到为马里卡报仇的目的。此事发生的时候，希律正和法比尤斯在大马士革指挥部，尽管急于前去支援，却因重病在身动弹不得。此时法赛尔在没有支援的情况下独自打败了赫里克斯，并痛斥哈卡纳斯忘恩负义与赫里克斯勾结，准许马里卡的兄弟掌握要塞。赫里克斯的确占领着许多这样的要塞，其中就包括最为坚固强大的马萨达。但是当他面对希律强大的军队时就无能为力了。希律身体一好就重新夺回要塞并将其灰溜溜地踢出马萨达。紧接着，他将已经占据三个堡垒的蒂尔的独裁者马里昂（Marion）从加利利驱赶出去，而对俘虏的蒂尔人从轻发落，有的甚至在放行时还给他们装满了礼物，从而确保市民们对他忠心耿耿，而对他们原本的统治者充满敌意。马里昂的权力是由卡修斯授予的，每个地区的独裁统治者都由卡修斯任命。出于对希律的憎恨，他将流亡在外的亚里斯多布鲁斯的儿子安提柯纳斯带了回来。他无论如何也不能拒绝法比乌斯，这个早已被安提柯纳斯收买并随时准备应召出战的人。所有的花销由安提柯纳斯的姐夫托勒密支付。这些联盟部队遭遇了希律，在通往犹地亚的途中被歼灭。赶走安提柯纳斯之后，希律回到耶路撒冷为此次胜利接受道贺。甚至那些原来一直对他很冷漠的人也因为他和哈卡纳斯家族的联姻而变得热情起来。他先前娶过一个出身很好的犹太姑娘多利斯（Doris），她已为他诞下一子取名安提帕特。现在他娶了亚里斯多布鲁斯之子亚历山大的女儿，也就是哈卡纳斯的孙女米利暗（Mariamme），因此成为国王的亲戚。

　　当卡修斯在腓利比（Philippi）死去时，恺撒回到意大利，安东尼回到了亚细亚。各城市纷纷派代表前往贝塞尼亚（Bithynia）拜见安东尼，前去的人中有一些很有影响力的犹太人。他们指控法赛尔和希律用武力夺取国事的控制权，哈卡纳斯仅是一个傀儡

53

而已。为了对付这种舆论，希律亲自前往，大肆贿赂安东尼，这的确很奏效。之后安东尼没让希律的敌人再说一个字。他们只得安静下来。但是随后百名犹太官员抵达安提俄克附近的达芙妮（Daphne）向安东尼请愿。此时安东尼正痴迷于对克利奥帕特拉的感情。犹太官员推举当中最受尊重、口才最好的人去控诉两兄弟。梅萨拉（Messala）则为希律兄弟辩护，因为联姻关系，也得到了哈卡纳斯的支持。安东尼听完双方的辩词，然后问哈卡纳斯哪一派更适合统治。当哈卡纳斯推荐希律和他的同僚时，安东尼很高兴。多年前他曾是希律父亲的客人，当他和加比纽斯侵犯犹地亚时，安提帕特曾以皇室的礼节接待了他。所以他任命兄弟俩为领主*，负责管理整个犹地亚地区。

代表们勃然大怒，安东尼逮捕了十五人并将其监禁起来，决定将他们处死。其余的人被他尖刻的责难气走，结果导致耶路撒冷爆发了更大规模的骚乱。第二个代表团（多达千人）来到蒂尔，也就是安东尼赶往耶路撒冷路途的休息之处。对于他们的疾呼，他的回应就是派出蒂尔的官员命令其对于所抓获的人格杀勿论，维护刚任命的领主的权威。希律赶在这之前和哈卡纳斯一同来到海滩，力劝他们不要自寻死路，让国家因为无谓的争端陷入战争。此举使这帮人更加气焰嚣张。因此安东尼派出一支步兵杀死或杀伤这帮人：哈卡纳斯确保了死者入土，使伤者得到救治。即便如此，那些幸存者还是不能平静下来，在圣城内制造混乱，迫使安东尼要处死狱中被捕的人。

---

* 罗马行省的四个分地区的长官。

　　两年之后，帕提亚的总督，这位效忠于国王儿子帕克茹斯（Pacorus）的巴扎法尼斯（Barzapharnes）占领了叙利亚。吕散尼亚斯（Lysanias）继承了先父也就是米纳亚斯的儿子托勒密的位子，通过向总督许诺献上一百万英镑和五百名女人，说服他接回安提柯纳斯并将其扶上王位，颠覆哈卡纳斯的政权。帕克茹斯接受了贿赂，为自己选择了一条沿海路线，指示巴扎法尼斯长驱直入内地。沿海城镇中，尽管托勒迈和西顿（Sidon）*已经允许帕克茹斯通过，但蒂尔并不打算这样做。之后他任命一个和他同名的侍酒者率一支骑兵直驱犹地亚，侦察敌情并给予安提柯纳斯所需的帮助。

　　骑兵劫掠迦密山时，犹太人纷纷投靠在安提柯纳斯旗下，希望能在这次侵略中分得一杯羹。安提柯纳斯派他们先去夺取一个叫做橡树的地方。在那里他们与敌人发生了冲突。将敌人击退后，继续追击敌人直至他们狼狈逃回耶路撒冷。在得到强有力的支持后，他们继续向宫殿进发。哈卡纳斯和法赛尔率领重兵与他们遭遇，一场恶战在集市上激烈展开。希律的车队击溃了敌人，将他们驱赶到圣殿中，并安排六十个人在附近的房子里看守他们。反对希律兄弟的人袭击了这些守卫并把他们烧死。希律对于他们被害很是恼火，因此袭击并杀害了很多市民。他们的小股部队之间每天都是这样互相攻击，血腥的杀戮一直没有停歇。

　　当时五旬节将至，圣殿周边所有的地区，事实上整个圣城——都挤满了来自乡下的人们，他们大多都武装而来。法赛尔守卫城

---

　　*　黎巴嫩西南部港市，即赛伊达。

墙，希律带领少量人马守护宫殿。后者在北郊出袭，攻击了杂乱无章的敌军，使之遭受重创。击溃他们之后，将其中的一部分人赶入圣城，一部分赶进圣殿，其他的都赶到外面扎下的营寨里。在这种情况下，安提柯纳斯要求准许帕克茹斯入城进行调停。法赛尔答应打开城门，迎接帕提亚人和他们的五百骑兵护卫队。帕克茹斯宣称此行是为了结束纷争，但实则是为了帮助安提柯纳斯。他巧舌如簧，劝说法赛尔为重建和平前去与巴扎法尼斯进行磋商。尽管希律一再劝阻哥哥不要去，并督促其杀了这个设计阴谋的人，以防落入圈套：什么时候都不能听信一个外国人的话。但法赛尔还是带着哈卡纳斯去了。帕克茹斯为了打消希律的猜疑，给他留下一些所谓的自由民骑兵，自己带领其他的人护送法赛尔一行。

一到加利利，法赛尔等人就发现那里的居民已处于武装起义之中。他们会见了那里的总督，一个狡猾的人物，他在友好的表态中包藏着祸心。总督给他们献上礼物，却趁他们离开之际布下陷阱。当法赛尔一行抵达一个叫做艾克蒂庞（Ecdippon）的海边小镇时，才识破这一阴谋。在那里，他们得知先前许诺的一百万英镑和安提柯纳斯奉上供帕提亚人享用的五百个女人，大部分竟是自己民族的；得知他们自己是如何每晚都被外国军队监视，如果不是敌人早先在耶路撒冷等着抓获没有提前得知消息而有所警惕的希律，他们早就被绑架了。这不再仅仅是个谣言：现在他们就能清楚地看到不远处的岗哨。但是尽管奥费列斯（Ophellius）从萨拉玛拉（Saramalla）这个叙利亚当时最富有的人那儿详细得知了此阴谋，力劝法赛尔逃走，但是法赛尔无论如何也不愿丢弃哈卡纳斯。他直接去找总督，坦白地说出自己对这个阴谋的想法，尤其是对他为了钱采取如此卑劣行径的看法。此外，比起安提柯纳斯为了王冠献上的钱，他打算为了活命交出更多的钱。帕提亚人花言巧语进行狡辩，矢口否认违背誓约，径直去找帕克茹斯。根据他的命令，留下的一部分帕提亚人立刻劫持了法赛尔和哈卡纳斯，他俩对他们背信弃义、违背誓言的行径进行了无情的诅咒。

与此同时，那个被派去劫持希律的侍酒者正按照指示企图将他诱骗出城。然而，希律早就对这些入侵者心存怀疑，现在得知那封告知他这个阴谋的信件已落入敌人之手，他更是拒绝出城。尽管帕克茹斯振振有词地说希律应该去见送信的人，信件也并未落入敌人之手，也没有涉及什么阴谋，只是记述了法赛尔的活动。但碰巧，希律早已从另外一个情报员那得知他的哥哥已经被劫持，并且哈卡纳斯的女儿米利暗①这个最为精明的女人也前来拜访他，建议他不要出去，也不要把自己交托给外国人，现在他们已公然要打倒他。帕克茹斯和他的人马仍在想方设法实现他们的阴谋，想在如此警觉的人面前公然占尽上风是不可能的。此时希律已经抢先一步和亲信连夜启程，希望在被觉察之前赶到以土买。帕提亚人得知这一消息后火速追击。希律让他的母亲和姐妹②，未婚妻以及她的母亲和他最小的弟弟马不停蹄继续赶路，而他则与随从奋起反击掩护他们。每次攻击他都使敌人遭受重创，最后希律奔向马萨达。

在希律逃跑过程中，帕提亚人造成的麻烦要远远少于犹太人。

56

---

① 难道是约瑟福斯混淆了女儿和孙女？
② 所有的手稿中都读"兄弟"。

一路上犹太人不断骚扰，在离圣城七英里的地方就扎营开战。战斗持续了很长时间，最终以犹太人彻底的失败而告终。后来，希律为了纪念自己的胜利在这里建了一个城池，耗巨资修了一座宫殿，并筑有坚固的堡垒加以保护。这座城池以他的名字命名为希律纪念堂（Herodium）。在剩下的路途中，每天都有大量的人投靠希律。在以土买的斯勒萨（Thresa），他的兄弟约瑟夫建议解散大部分的追随者，因为马萨达根本就盛不下如此多的人——超过九千人。希律同意了，将那些对他来说没多大用处的人派到以土买的各个地方，并为他们提供了旅途中所需的食物，只留下那些勇猛的战士以及他的家人和最亲密的朋友。他安全地抵达了堡垒，在那里留下八百男人用来保护女人后，带足围城用的给养火速赶往阿拉伯半岛的佩特拉。

帕提亚人开始洗劫耶路撒冷，闯入那些已逃亡的人家和宫殿，毁坏了一切，仅留下哈卡纳斯不足三十万英镑的钱。找到的钱远远低于他们所预计的，因为希律早就对帕提亚人的忠诚持有怀疑，已将最值钱的东西运往以土买，他的朋友们也是如此。洗劫结束后，帕提亚人变得更加残暴肆虐，搞得整个国家硝烟四起，民不聊生。马里萨城彻底消失。帕提亚人扶持安提柯纳斯成为国王后，将被禁锢的法赛尔和哈卡纳斯交到他的手上任其折磨。当哈卡纳斯倒在他的脚下时，安提柯纳斯用自己的牙齿将其耳朵撕下，使哈卡纳斯在任何情况下都不可能再恢复大祭司一职，因为大祭司必须身体健全。

但是法赛尔的动作要比安提柯纳斯快得多。因为被锁住，他没法用剑或者手，于是勇敢地将头撞向岩石，显示出自己的勇气。

他真不愧是希律堂堂正正的兄长，而哈卡纳斯只是一个胆小的懦夫。他像英雄一样死去，为自己一生的德行画上圆满的句号。还有一个版本是这样描述的：第一次撞击之后他苏醒过来，是安提柯纳斯派去"照顾"他的大夫在伤口里撒上毒药将其害死。不管哪个版本是真的，他都因为此举赢得荣誉。据说在他还剩一口气的时候，一个女人告诉他希律已经脱险。"现在，"他喃喃道，"我可以安心地走了，死后可以有一个能干的人为我报仇了。"说完就咽了气。帕提亚人错过了他们的主要目标——女人，却把安提柯纳斯在耶路撒冷的事放在首位，将哈卡纳斯用镣铐锁住运到帕提亚。

希律正星夜兼程赶往阿拉伯半岛，认为哥哥依旧还活着，所以急于从国王那拿到钱。如果没有钱，仅靠乞求帕提亚那群贪婪之徒是绝不可能救回法赛尔的。他想如果阿拉伯人已忘了同他父亲之间的友谊，太小气不给他钱，他就留下随身前往的七岁的侄子当人质，这样一定会借到赎金。在蒂尔中间人的建议下，他还准备给他三十万英镑。但是命运在他苦心努力前做出了断：法赛尔死了，希律的一片兄弟情谊没能帮上忙。如今在阿拉伯人那里，他也没能找到丝毫友情。他们的国王马里卡*命令希律立即离开他的国家，借口就是帕提亚人早就正式要求将希律从阿拉伯国家赶走。事实上他早就打定主意不去理会安提帕特对他的恩情，对于安提帕特曾经给他的各种恩惠他不以为报反而置其子女于窘境，也不觉得有什么羞耻。他如此无耻的行径都是受那些曾经同样得

---

　　*　亚利塔斯的继任者。

到过安提帕特的恩惠现在却妄图侵吞那笔钱的人，即他最有势力的侍臣的挑唆。

正是让希律原本认为可以得到阿拉伯人热情友谊的理由让他遭受了如此冷遇，希律回复信使，说他自己很失望，然后转身赶往埃及。接回他曾经留下的士兵，第一晚他就露宿在乡下的一个寺庙里。第二天他继续赶路前往瑞考鲁拉（Rhinocorura），在那里听到了关于他哥哥死亡的消息。先前因为不知道会发生什么而引发的焦虑被已经发生的事情引起的悲恸所代替，他一路急行。后来阿拉伯国王为自己的所作所为深感后悔，派信官前去召回曾经被慢待的希律。但是希律已经抵达贝鲁辛，在那里海港上的水手将其拦下并拒绝放行，希律只得求见他们的上司。出于对希律地位和声誉的佩服，他们引领他到达亚历山大里亚（Alexandria）。进城之后希律受到了克利奥帕特拉的热情欢迎。她希望能够任命希律为一场既定战役的统帅。但是他婉拒了女王迫切的要求，无论是深冬的跋涉还是意大利的骚乱，他都无所畏惧，依然驶往罗马。

在离庞菲利亚（Pamphylia）不远的地方，身处险境的他丢掉了大量物资，历尽千辛万苦才到达罗得岛（Rhodes），此城在对抗卡修斯的战争中曾损失惨重。在那里他的朋友托勒密和萨菲尼斯（Sapphinius）收留了他。资金短缺也没能阻止希律建造一艘大型三层船。他和他的朋友驾驶着这艘船驶向布朗底瑟姆（Brundisium）。从那里赶往罗马。到了罗马，希律第一次以父亲朋友的身份称呼安东尼，向他讲述了自己和家族的不幸，以及如何不得不将自己最亲近的人丢在被包围的堡垒中，而他自己在寒冬跋山涉水来寻求他的帮助。

　　安东尼对他命运遭受如此变故深表同情。回想起安提帕特的热情好客再加上自己对面前这个英雄般的人物格外赏识，他当即决定这个自己曾任命为领主的人应该成为犹太人的国王。如果说希律感动了他，那他对安提柯纳斯的憎恶丝毫也不亚于那份感动。安东尼认为安提柯纳斯就是煽风点火的人，是罗马的敌人。希律感觉恺撒甚至比安东尼还要乐于帮助他：恺撒对于安提帕特与自己的父亲[①]共同面对埃及的一场场战役依旧记忆犹新，一如对安提帕特热情好客、忠心耿耿的记忆一样，并且他能看出希律要采取行动的欲望。他召集元老院，由阿塔提努斯（Atratinus）支持的梅萨拉向元老院介绍了希律并详细讲述了他父亲所作的贡献以及他自己对罗马的忠心，同时明确表明安提柯纳斯是他们的敌人。此举并非仅仅因为安提柯纳斯以前同他们有过冲突，还因为他接受帕提亚人授予的王冠本身就是对罗马人的蔑视。揭露的这些事使元老院成员大为恼火，所以当安东尼站起来建议向帕提亚开战的另外一个原因就是要让希律成为国王时，他们一致表决通过。 59
休会后，安东尼和恺撒走出元老院，希律走在他们中间，执政官和其他文职人员在前面带路，去献祭并把法令放到主神殿。在希律掌权的第一天，安东尼为其大摆宴席以示庆祝。

---

　　① 屋大维是恺撒的养子。

第三章　希律王征服巴勒斯坦

这时，安提柯纳斯正围攻马萨达。守城者补给充足但饮水缺乏。在这种情况下又传来马勒克斯要向希律赔罪的消息，于是希律的兄弟约瑟夫和他手下的二百人计划突围前往阿拉伯半岛。就在约瑟夫即将离开要塞的晚上，大雨如注，雨水溢满了蓄水池。约瑟夫再也不打算逃走了。他们开始主动出击安提柯纳斯的军队，有时在野外交战，有时将敌人引入伏击圈。他们歼灭了大量敌人。当然他们并不是每次都能取胜，有时也被击败并被迫撤退。

与此同时，被派去遏制帕提亚人的罗马指挥官温替蒂斯（Ventidius）从叙利亚出发，与帕提亚人交战后已经进入犹地亚。表面上看他是来援助约瑟夫的，实际上他是来向安提柯纳斯勒索金钱的。温替蒂斯在耶路撒冷附近扎下营盘，获取了大量金钱后才心满意足地撤走了大部分的军队。但是他留下西罗（Silo）指挥的一支分遣部队，若是将整支部队撤离，就会使他的真实企图昭然若揭。这时，一心想取得帕提亚人更多支持的安提柯纳斯极力巴结西罗，以免这种支持受到干扰。

此时，希律已经从意大利航行抵达托勒迈，并召集起一支相当有实力的军队。这支军队由犹太人和外国人组成，并开始穿越加利利，攻打安提柯纳斯。这支军队与温替蒂斯和西罗合作，此

二人被安东尼的代表得列斯（Dellius）说服，对希律的归来予以
协助。但是温替蒂斯尚忙于平息由于帕提亚人的占领引发的零星
骚乱，而西罗由于受到安提柯纳斯的贿赂仍留在犹地亚。希律并
不缺乏支援：随着部队的前进，他的实力逐步增长，除了个别地
方，整个加利利地区的人们都开始支持他的事业。不过现在摆在
希律面前最紧急的任务是马萨达：他必须先把家人和朋友从重围
中解救出来。可约帕挡住了进军路线，它被敌人占领，所以必须
首先攻占这个地方。如若不然，日后希律向耶路撒冷进军的时候，
他的对手仍可以在他背后占据一个有力的据点。西罗加入了他的
行列，当初就恨不得有借口离开耶路撒冷。犹太人尾随追击西罗，　61
但希律用少量部队就将他们击溃，把无力抵抗的西罗拯救出来。
然后攻占约帕，并迅速前往马萨达拯救他的朋友们。希律的一些
同胞也加入了他的行列，一些是因为与希律父亲的友谊，有些是
冲着希律的名声，还有一些是想报答父子二人的善意，但最多的
是因为想要成立一个稳定的君主国。结果现在希律拥有了一支几
乎不可战胜的军队。安提柯纳斯试图阻止希律的前进。他在进军
路线的有利地点设下埋伏，但结果证明这些努力都是徒劳的。希
律不费吹灰之力就将他的朋友们从马萨达解救出来，并重新夺回
斯勒萨要塞。之后，希律向耶路撒冷进发，此时西罗的人马以及
畏惧希律力量的犹太人纷纷加入到他的队伍中。

　　刚刚在城西搭起营地，希律的人马立即成了这个方向守军的
靶子。他们向希律的部队发射弓箭，投掷标枪，并对前哨发动有
组织的试探性出击。希律立即宣布：他是为城中百姓的福利和圣
城的完整而来，他甚至不会对自己公开的敌人采取任何措施，相

反他将赦免即使是他最痛恨的反对派。安提柯纳斯的部下禁止任何人听这项声明，也不允许相互散播。所以希律接着让他的人对城墙上的投射进行还击。希律的士兵奋力将投射物发射到城墙上，墙上的守卫很快就被清理得一干二净。

这个时候，西罗唯利是图的本性便暴露无遗。他让自己的一部分人高声抱怨配给不足，并要求发放购买食品所用经费，而且坚持要到一个适宜的冬季兵营。由于安提柯纳斯军队的掠夺，城市周围已经一无所有。因此西罗开始拔营，准备撤退。但是希律拥有恺撒、安东尼和元老院授予的权力，他向罗马指挥官们寻求帮助，接着请求普通士兵们不要让他陷于困境。他保证将立刻满足士兵们的一切要求。之后，希律立即亲自出发到乡下筹措补给，不久便带着大批补给归来，从而证明所有西罗的托辞都是谎言。为防备未来的日子里可能出现的物资短缺，他要求生活在撒玛利亚附近支持他事业的人们向耶利哥运送玉米、酒、油和家畜。得知这个消息，安提柯纳斯向全国下令阻止或伏击运送食物的运输队。人们服从了他的命令。一大群武装人员聚集在耶利哥的山上，他们驻扎在那里守候着运送补给的纵队。此时此刻，希律也没闲着，他率领十个步兵大队、五支罗马军队、五支犹太军队，还有少量雇佣军和骑兵来到耶利哥。这时他发现，耶利哥已经空无一人，但是城中的高地已经被五百名男人同他们的妻子和家人占据。希律俘虏了这些人，但很快又释放了他们。同时罗马人蜂拥而入并劫掠了城镇的其他地方，他们发现城中满是各式各样的奢侈品。在耶利哥留下一支部队驻防之后国王便离开了。他将罗马分遣队派往归顺他的地区——以土买、加利利和撒玛利亚过冬。在安提柯纳斯一边，他利用西罗贪财的本性，说服他将部分军队驻扎在吕达（Lydda*）以期贿赂安东尼。

　　当罗马军队享受安逸、在大战之后彻底休息的时候，希律并没有空闲下来。他命令他的兄弟约瑟夫率领四百骑兵、两千步兵占据了以土买。此举先发制人，断绝了一切支持安提柯纳斯的活动。他自己则将从马萨达带出来的母亲、族人和朋友们转移到撒玛利亚。安顿好这些人之后，希律继续进军，赶走安提柯纳斯的驻军，巩固加利利的其余地区。当他冒着暴风雪强行抵达塞弗利斯时，发现守军已望风而逃，于是未遇抵抗就占领了该城。在那里，他利用手头充裕的物资让饱受暴风雪袭击的追随者们得以充分的休整。之后，他出发消灭了居住在山洞里的匪徒，军队席卷了乡下的大部分地区，给居民们带来了战争所能引发的一切苦难。希律派出三个步兵旅和一支骑兵部队先行抵达阿贝拉村（Arbela），六周之后他率其余人马与之会合。他的到来并没有吓倒敌人。敌军使出浑身解数奋勇出击，展现出勇士具有的无畏精神。他们的右翼与希律的左翼交战，并迫使他们撤退。希律迅速调转他的右翼救援左翼，这使那些正在逃跑的部队又掉转矛头压向追击的敌人，迫使敌军停止前进。最终希律通过正面进攻粉碎了敌军的抵抗，彻底将其击溃。他继续追击敌人一直到约旦，沿途攻击并消灭了大量敌人，幸存者越过河四处逃散。现在加利利终于又获得了喘息的机会。唯一剩下的一部分匪徒躲藏在山洞里，解决他们需要时间。所以接下来希律要做的，就是犒赏三军论功行赏。他 63

---

　　*　加利利的一个城镇，后改名罗德（Lod）。

亲临各地越冬营地奖给每人五十英镑，军官的奖金更高一些。之后他指派弟弟菲劳拉为军队贮存补给，并在亚历山大底修筑防御工事。这两项任务菲劳拉都忠实地执行了。

这段时间，安东尼一直住在雅典。他派温替蒂斯去找西罗和希律，要求他们参与帕提亚战争并命令他们首先解决犹地亚的问题。希律非常高兴，将西罗调派给温替蒂斯，而他自己则着手对付藏在山洞中的匪徒。这些山洞的开口位于几乎是垂直的斜坡上，除了通过一些非常狭窄、陡峭的蜿蜒小路外，其他方向都不可能上去。悬崖的正面向下一直延伸到极深的山洞里，底下是湍急的河流。很长一段时间，国王对这令人毛骨悚然的地形束手无策，最终只好选择了一种极其冒险的方案：他将士兵中最英勇无畏的装在篮筐里，把篮筐降到悬崖上的洞口，然后士兵们将匪徒连同他们的家人全部杀死，对那些不易接近的目标则采取投掷火把的方式。怀着要挽救部分匪徒的希望，希律要求他们从洞穴中走上来。可是没有一人主动投降，那些被强行带出来的人宁死也不做俘虏。有一个老人，是七个孩子的父亲，他的妻儿央求他让他们出去，因为这样他们的性命就可以保全。而他的反应却相当可怕：他命令自己的孩子一个接一个地走出来，他站在洞口逐一杀死出来的一个个孩子。居高临下观望的希律看到这种情景后心如刀割，他向老人伸出手，请求他宽恕自己的孩子。而老人对他的请求表示蔑视，他讥笑希律缺乏勇气。在杀死自己最后一个孩子之后，他杀死了妻子。然后把尸体全部抛下悬崖，最后自己也跳了下去。

控制了山洞和洞里居住的人之后，希律留下了他认为足够可以应付一切反叛的军队，任命托勒密为指挥官。自己则率六百骑兵、三千重装步兵返回撒玛利亚，决定和安提柯纳斯作一了断。他的离去给加利利当地的扰乱分子以可乘之机。他们发动突然袭击杀死了托勒密将军，而后有步骤有计划地对当地进行劫掠，并在沼泽湿地和其他易守难攻的地方建立了巢穴。得知反叛的消息，希律迅速回援，消灭了大量的反叛者，包围并攻陷了所有叛军控制的要塞。他要求反叛的城镇为他们的反复无常缴纳十万英镑的 64
罚金以示惩戒。

这时，帕提亚人已经被赶了出去，帕克茹斯也被杀死。温替蒂斯终于能够按照安东尼的提议，为希律对抗安提柯纳斯的斗争提供帮助，给了他两个军团和一千骑兵。增援部队的指挥官玛凯拉（Machaeras）收到安提柯纳斯的一封信，央求其加入自己的行列，帮助自己。在信中他强烈谴责希律对自己王国肆无忌惮地使用武力，同时答应给予玛凯拉以丰厚的回报。但玛凯拉并不准备违背上司的意愿——主要是希律答应会给得更多。所以玛凯拉拒绝反叛，但是假意向安提柯纳斯示好。玛凯拉不顾希律的警告，贸然前往安提柯纳斯的地盘进行勘查。安提柯纳斯并没有上当，当着玛凯拉的面关闭了城门，像对待敌人一样从城墙上向他射击。玛凯拉将军垂头丧气地返回了以马忤斯的希律营地。这次失败使他恼羞成怒，以至于一路上杀死了遇到的所有犹太人，即使是支持希律的人也不放过，他把所有的人都当成了安提柯纳斯的支持者。这一举动使得希律十分震怒，差点儿就把玛凯拉当成敌人攻击了。但他最终还是抑制住激动的情绪，将属下这一残暴的行为向安东尼的总部作了汇报。意识到自己错误的玛凯拉紧紧跟在希律的身后，低声下气地向他道歉，终于平复了希律的怒气。

希律继续他的征程。当他听说安东尼正指挥一场针对萨莫萨塔（Samosata）这座幼发拉底河附近戒备森严的城市发动的大规模进攻时，他加快了脚步，看到了一个展示自己勇气并让安东尼感激他的天赐良机。他的判断没错。一到战场，他就帮助友军完成了包围，杀伤大批敌人，缴获了大量战利品。这样一来，不仅极大地加深了安东尼原有对希律过人勇气的钦佩，而且又给了他新的荣耀。这一切为他加冕称帝的希望增加了砝码。这时，国王安条克被迫放弃了萨莫萨塔。

　　与此同时，希律在犹地亚的利益遭到巨大打击。当初他令其兄弟约瑟夫全权负责犹地亚的事务，指示约瑟夫在他回来之前不要对安提柯纳斯采取任何行动，因为从玛凯拉过去的所作所为可以看出，作为同盟者他是多么的不可靠。但是约瑟夫漠视希律的指示，听到他的兄弟已经走远的消息后，他立即率领由玛凯拉提供的五个步兵大队向耶利哥进发。他的意图是要在盛夏季节夺取成熟的粮食。在多山难于行进的乡下，他们遭到对手的袭击。他像英雄一样战斗，但最终被杀，而罗马军团则全军覆没。这些步兵都是从叙利亚新近征来的，其中又没有编入老兵以提高士气，他们的失败就不足为奇了。但安提柯纳斯并不满足于自己的胜利，盛怒之下对约瑟夫进行鞭尸。尽管约瑟夫的兄弟菲劳拉愿用五万英镑赎回约瑟夫的尸体，但是安提柯纳斯一拿到尸体，就将其头砍下。安提柯纳斯的胜利使加利利地区的局势发生剧变。他的党羽将希律支持者中的重要人物拖到湖边，将其溺死。以土买的很多地方也改变了立场，尽管玛凯拉还在那儿重新修筑了一个名叫格特哈（Gittha）的新据点。

　　这一切希律还没有听说。萨莫萨塔陷落之后，安东尼任命索斯亚斯做叙利亚的总督，指示他协助希律对抗安提柯纳斯，自己返回了埃及。于是，索斯亚斯派出两个先遣军团增援在叙利亚的希律，他率剩余部队紧随其后。在靠近安提俄克的达芙妮，希律在生动的梦境中得知兄弟的死讯。他从梦中惊醒，一跃而起。这时信使从外面走进来，带来了这一灾难性的消息。短暂的悲伤之后，希律推迟了进一步的哀悼活动，向敌人所在的方向全速前进。到达黎巴嫩之后，他得到了八百山地军和一个罗马军团的增援。未等到天明他就率领联合部队进入加利利。尽管他遭遇了敌军，却将他们赶回了营地。于是他开始了持续不断的攻城作战。城池还未攻陷，一场惊人的暴风雨袭来，迫使他到附近的村庄避雨。几天之后，安东尼派来的第二个军团与希律会师。他实力的增长惊动了敌人，晚上敌人就放弃了这个据点。接下来希律经过耶利哥，决心对杀害他兄弟的凶手给予最迅速的报复。感谢神的眷顾，在那里希律奇迹般地逃过一劫，使他赢得了天国宠儿的美誉。那天晚上，希律和当地一些地方官员就餐，宴会结束后，所有人都离开了，他们用餐之处却突然发生了下陷。希律认为这不仅是危险的征兆，而且也是上天对即将到来的战役的判决。拂晓时他率军前进。大约六千敌人从山上冲下来，和他的前锋交战，但他们似乎并不希望同罗马人正面交锋，只是从远处投掷石头和标枪。这样的进攻使很多人受伤，包括希律本人。他在骑马冲杀时被一 66 支标枪击中了肋骨。

　　安提柯纳斯希望给人留下这样的印象：他的人不仅胆识出众，而且数量上也占优势。于是派他的一个副手帕卜斯（Pappus）率

领一支大军前往撒玛利亚。他们的任务是对抗玛凯拉。希律一方
率军席卷了敌方的乡间，攻占了五个小镇，消灭当地居民两千余
人，焚烧房屋，然后返回他在卡纳村①附近的营地。不断有犹太
人从耶利哥和其他地方拥来加入希律的队伍，有些是出于对安提
柯纳斯的仇恨，有些是被希律的胜利所打动，大部分是抱着对变
革无法解释的渴望而来。希律急于一战，而帕卜斯面对数量上占
优势并且精力旺盛的希律，也显示出完全的自信。他向希律挺进，
渴望交锋。战斗打响后，大部分敌军战线在一段时间内坚如磐
石。但为了替死去的兄弟报仇，希律敢于冒任何的风险。他很快
击败了面前的敌军，然后依次攻击所有继续作战的阵营，最终敌
军全线溃败。可怕的大屠杀开始了，敌人被迫撤回他们出发的村
子，希律无情地从后面追击，杀死的人不计其数。随后，他同敌
人一起冲入村子，每座房子里都挤满了手持武器的人，所有的屋
顶上都挤满了向他投掷的守卫者。希律首先打败在屋外的人，然
后彻底摧毁房子，将屋里的人拖出来。他从屋顶上拖下来很多人，
而后将他们全部杀死。从废墟里爬出来的人都被手拿短剑的士兵
斩杀。堆积如山的尸体堵塞了胜利者的路。面对这样的打击，大
部分敌人都难于生还。那些在战役之后重新集结起来的敌军部队，
看到村庄被摧毁的情景后都四散奔逃。被胜利所激励的希律恨不
得马上开往耶路撒冷，但是一场极其强烈的暴风雨耽搁了行程。
这使希律没能彻底击败安提柯纳斯并成功登基，而后者本来已经
打算放弃耶路撒冷了。

---

①　这当然是不可能的。根据《犹太古事记》，应是以塞纳（Isana）。

晚上，希律遣散了他疲惫的战友，让他们各自休息去了。身上带着战争的疲惫和紧张，希律像其他战士一样前去沐浴，身边只留下一个奴隶服侍。当他正要走进浴室的时候，一个敌人从里面冲了出来，手持短剑面对着他，紧接着是第二个，第三个，后面还有很多。这些全副武装的人是早些时候从战场上逃下来躲到浴室里的。他们蜷缩在角落里，很长时间里都没被发现，当看到国王要进来时，他们完全不知所措。虽然国王没有任何武器，但他们害怕得浑身颤抖，冲向出口。这一切发生时，没有其他人在场捉住那些人，使他们得以逃走，不过希律很高兴自己没有受伤。第二天，他将已经战死的安提柯纳斯的将军帕卜斯的尸体斩首，将首级送给他的兄弟菲劳拉作为对被杀害的兄弟的补偿，正是帕卜斯杀害了约瑟夫。

风暴逐渐减弱，希律向耶路撒冷进发，径直将军队带到了城墙边。从他在罗马称王到现在已有三个年头。他在圣殿的对面扎营，因为在这个方向易于发动进攻。也就是在这里庞培发动进攻并夺取了该城。将任务分配给各部队后，他命令将郊区的树木全部伐光，建造三个人工平台，在台上搭建高塔。他将自己最得力的下属留下监督整个工程的建设，他本人则前去撒玛利亚迎接亚历山大的女儿。如前所述，这正是他答应要迎娶的人。他将自己的婚礼安排在围城时期，因为此时的他已不再把敌人放在眼里。婚礼结束后，希律返回耶路撒冷，他的军队更为强大。索斯亚斯也加入了希律的行列。随后一支庞大的骑步兵部队也即将抵达，索斯亚斯已经派遣他们沿内陆开来。索斯亚斯本人则是穿过腓尼西亚（Phoenicia）先期到达。联合部队总数已达十一个步兵旅、六千骑兵，这还没算上强

大的叙利亚的协军。这些部队一起在北墙边扎下营盘。希律根据委
任他为国王的元老院颁布的法令行事,索斯亚斯则是按照安东尼的
决定将自己指挥下的部队派来协助希律。

城里的犹太民众都不同程度地受到焦虑情绪的影响。拥挤在
避难所周围,意志薄弱的人群就好像被控制了一样,利用所谓的
灵感捏造出大量适用于当前形势的预言。胆大的人成群结队地实
施各种各样的抢劫,特别是抢夺城内一切生活必需品,没剩下一
点食物。受过训练的斗士被组织起来抵抗围城的军队。他们从工
事向外投掷以阻滞平台的建设,用一系列新方法反击敌人的攻城
68 器械。他们目前最有效的方法就是挖掘地道。安提柯纳斯国王进
行伏击来对付城内的抢劫,此举使得抢劫者的活动停了下来。他
从远处调集补给物资以应对食品的匮乏。又利用罗马的战术技艺
打击罗马人,尽管这些技术看起来是如此的大胆和不拘一格。大
白天安提柯纳斯的战士朝罗马人的阵线猛冲下去,直至战死;通
过挖好的地道他们能突然出现在敌人之中;在任何一处围墙打烂
之前,他们能重新筑建一个代替它。总之,无论头脑还是身体都
没有显出一丝的疲倦。他们抱定决心,要坚守至最后。事实确实
如此,尽管围城部队拥有压倒性的优势,但他们仍持续抵抗了四
个月。

最终,希律的突击队员冒险登上城墙,跳入城中。紧接着是
索斯亚斯的百人队。首先被占领的是圣殿周围的区域,然后大军
涌入。到处都是可怕的杀戮,因为罗马人对于长时间攻城愤怒异
常,而希律的犹太士兵也决心不让一个敌人活下来。城里成千上
万的人被屠杀,死尸堆积在街上,房屋里,以及逃往圣堂的路上。

就连婴儿、老人和没有抵抗能力的妇女也没能幸免。尽管国王下令请求他们要区别对待，但没有一个人就此罢手，好像发了疯一般，将自己的愤怒发泄到所有人身上。现在，安提柯纳斯已顾不上自己过去和现在的地位，他从宫殿里走出来，跪倒在索斯亚斯的脚下。这个罗马人一点也不为他改变的境况所动，哄然大笑，称安提柯纳斯是安提戈涅。尽管如此，索斯亚斯并没有把安提柯纳斯当作女人对待，也没有放他走，而是把他羁押起来。

希律征服敌人后遇到的第一个问题是如何能控制住他的外国同盟军，因为外国人都想看看那座著名的圣殿，还有圣堂里的神圣物件。国王对他们请求、恐吓，实在不行就用武力赶走。要是这些人向帐幔里瞥上一眼，那胜利的后果要比战败的后果可怕得多。同时他制止了城里一切抢劫事件，并向索斯亚斯特别强调，若罗马人将城里的财富和人力都夺走的话，他就只能做荒芜之地的国王了；若大肆屠城，那一个世界范围的帝国也不足以补偿。索斯亚斯坚持说经过了长时间攻城的过度疲劳，唯一正确的事就是让士兵们掠夺。这时希律许诺将自掏腰包犒赏三军。如此一来，希律赎回了故乡所剩的一切。之后希律遵守了他的诺言，慷慨地赏赐每一个士兵，每位军官也得到了相应的奖赏，索斯亚斯本人更是得到了如皇族一般的赏赐，现在所有人都不缺钱了。索斯亚斯贡献给神一顶金冠，然后告别了耶路撒冷，他要将羁押的安提柯纳斯带给安东尼。尽管已经没有希望①，但这个被推翻的统治者

69

---

① 字面上是"冷"，这里有一个很弱的双关语。（英文原文是"hope was dead"，字面上原来是"cold"。隐含的关语是"希望没有了，人死，尸体僵硬了。"——中译者）

直到最后都在祈求饶命。他的下场就像他这个懦夫应得的一样，被斧子砍掉了脑袋。

希律国王并没有犯亲疏不分的错误。他将荣誉给予那些支持自己的人，使他们对自己更加忠心耿耿，杀死了那些安提柯纳斯的支持者。由于现在有些资金紧张，他将个人全部的珍宝换成现钱，然后送给安东尼和他的官员们。即使是这样他也没能将自己从所有麻烦中解脱出来。现在的安东尼已经被他对克利奥帕特拉的迷恋毁灭了。他已变成个人欲望的奴隶。克利奥帕特拉已经对付过自己家族的所有人，直到世上再也没有一个亲人。现在她又渴望异族人的鲜血。她向安东尼进献谗言诽谤叙利亚的当权者，督促他将他们全部处死。心想这样一来，她就可以轻易地成为他们财产的拥有者。她甚至将她的魔爪伸向犹太人和阿拉伯人，她秘密策划，妄图将这两个地方的国王即希律和马里卡置于死地。

安东尼冷静地意识到，她的部分要求（处死正直的人和著名的国王）是完全不道德的。但他断绝友好关系的举动也深深地伤了他们的心。他割去他们领地的一大片地区，包括耶利哥附近作为香液产地的棕榈林。他将艾勒塞利斯河（Eleutherus）一侧除蒂尔和西顿外的所有城市都交给了克利奥帕特拉。作为这一区域的女主人，在安东尼前往同帕提亚人作战的路上，直到幼发拉底河，她一直陪在安东尼的身边，然后经过阿帕米亚和大马士革进入犹地亚。希律赠送给她昂贵的礼物以安抚她的敌意，然后以每年二十万英镑的价格租借回那些从他的王国里被划走的土地。最后，在她去贝鲁辛的路上，希律全程陪伴，给予她无微不至的关照。安东尼很快便从帕提亚人那里返回，并带给克利奥帕特拉一件礼物：一个囚犯，即蒂格兰尼之子阿特巴塞（Artabazes）。很快，这个不幸的帕提亚人连同一大批金钱和全部战利品都落入克利奥帕特拉的手中。

当结束于阿克底（Actium）的战争爆发时，希律平息了犹地亚 70 的骚乱，占领了原先安提柯纳斯姐姐手中的哈卡尼亚（Hyrcania）堡垒，然后准备与安东尼一起上阵作战，但被克利奥帕特拉狡诈地阻止了。他没能分担安东尼的危险。正如此前提到过，她密谋推翻这两位国王，现在她已说服安东尼委托希律攻打阿拉伯人：如果他胜了，她就成了阿拉伯半岛的女主人；如果他输了，那她就是犹地亚的女主人，她就是利用一个统治者对付另一个。

但是从她的阴谋中获利的是希律。他开始在敌国掠夺，然后集结了大规模的骑兵兵力，把他们派往在迪奥波利斯附近的战场。尽管遇到坚决抵抗，他还是获胜了。战败引发了阿拉伯人之间的狂热行为。他们在大叙利亚的卡纳萨（Canatha）集结了大量兵力，等待犹太人的到来。希律率军抵达。他力图谨慎指挥，严密设防。但是士兵对他的命令熟视无睹，对早期攻击阿拉伯人取得的胜利得意洋洋，开始进攻阿拉伯人。第一次攻击就打败了敌人，接着乘胜追击。但是在追击中，希律成了背叛的受害者。克利奥帕特拉的大将之一安瑟尼欧（Anthenio）极度仇视希律，派当地居民攻击他。他们的突袭重振了阿拉伯人的士气，阿拉伯人转过头来，涌向岩石遍地、异常艰险的战场，大败希律的军队，大肆屠杀败兵。从战场上逃跑的士兵寻求在奥梅萨（Ormiza）避难，但阿拉伯人包围了他们的驻地，连同他们的守卫者一起俘虏了。

这次灾难后，希律很快就得到了增援，但为时已晚。他散漫无

律的下属要对这出悲剧负责。如果不过早参战，安瑟尼欧就没有机
会叛变。然而，希律后来通过不断骚扰他们的国家，同阿拉伯人扯
平了，使得阿拉伯人有理由常常缅怀这可怜的唯一一次胜利。但是
当他正与敌人算账时，另一场灾难又降临到他身上，这次是上帝的
旨意。那时正值希律统治的第七年，阿克什（Actian）战争激战正
酣。那年春天，三万余人以及不计其数的牲畜死于一场地震。部队
却因驻扎在旷野里毫发无损地逃过一劫。夸大其词的谣言立刻使阿
拉伯人盲目自信起来，他们确信犹地亚已成一片广阔的废墟，这块
71 土地已遭遗弃，可任凭处置，因此他们袭击了犹地亚，把从那里来
的外交使节当成牺牲品。这次入侵使那里的人民一蹶不振，他们的
士气被接踵而来的毁灭性灾难所粉碎。因此希律把他们召集起来，
试图通过如下的呼吁唤起他们的抵抗精神：

"像那样害怕当然是没有必要的。被上帝的行动击败很正常。
但别人袭击时，你同样失败就只能说明自己精神的萎靡不振。就
我个人来说，地震后敌人的前来没能使我感到震惊，因为我一直
认为这是上帝诱捕阿拉伯人的陷阱，要他们为其所作所为付出代
价。并不是他们的力量和技术强大，而是我们突然遭遇的不幸给
了他们来这里的信心。把希望寄托在别人的灾难而非自己的能力
上是很可怜的！没有人可以永远指望霉运或好运，人人都知道运
气变化无常。你们可以看到发生在身边的例子。你们赢了第一场
战争，他们赢了第二场。现在他们期望会赢，但肯定会输。骄兵
必败，嗅到危险的气味才能保持双目圆睁。所以你们的紧张让我
感到更安全。当你们盲目大胆地违反我的愿望冲向敌人时，安瑟
尼欧抓住机会击败了我们。而现在你们犹豫不前，把心都提到了

嗓子眼，我确信我们必胜。你们等待事情来临时就该这样想：当事情来临时，你们必须勇往直前，告诉那些肮脏的乡巴佬，只要犹太人还有一口气，上天的任何灾难都不能使他们的战斗精神消退。当他的财产流向阿拉伯人，没有一个犹太人可以熟视无睹，而这些阿拉伯人只不过刚刚侥幸逃脱了成为囚徒的命运。

"再说一次，你们没有必要胆战心惊，也不必想象这次地震是另一场灾难的警告。这些自然灾害很正常，只会造成暂时的伤害。轻微的迹象可能会预示瘟疫、饥荒和地震，但事实上的灾难也大得有限。你们认为即使我们输了这场战争，还会比地震中遭受更多的痛苦吗？不。是我们的敌人收到了预示溃败的最清晰的警告，不是来自自然现象和他人的行为，而是来自他们自己的罪恶之心。他们无视国际公约，杀害了我们的外交使节。这就是他们为争取上帝支持的牺牲品！但是他们不能逃过上帝的慧眼和无形的公正之手。如果我们展现父辈的精神，给背叛者以应有的惩罚，他们很快就会偿还我们。让所有的男人拿起武器投入战斗，不是为了他的妻了、孩子或是受威胁的祖国，而是为了我们遇害的外交使节。他们比我们这些活着的人更有资格成为这场战役中鼓舞人心的领导者。就我来说，如果你们遵守我的命令，我会冲在最前线。你们也很清楚，除非你们行为草率而损害自己的事业，不然你们的勇敢一定会所向披靡。"①

通过演讲，希律又给士兵们注入了新的精神。士兵们的热情令他非常满意。献祭上帝的仪式一结束，他就立即带领军队跨过

---

① 约瑟福斯不满意这样的创作构思，于是在《犹太古事记》中让希律讲了不同的话。

约旦。驻军在离敌人很近的古费城扎营后，为了争夺无人管辖地区的一个堡垒，希律与敌人进行了遭遇战，渴望检验一下实力。敌人派了一支小分队来夺取这个战略要点，但国王的士兵迅速击退了他们，并占领了山头。希律自己也每天拉出军队，排兵布阵，挑战阿拉伯人，但没人敢上前应战，因为他们已处于极度惊慌之中，不仅普通士兵，甚至他们的将军伊塞莫斯（Elthemus）在恐惧之下也失去了指挥能力。希律走向他们的护栏，着手拆除。他们不得不仓促应战，步兵夹杂着骑兵一片混乱。在数量上他们压过犹太人，但气势上却无法匹敌，尽管绝望已经使他们显示出无畏的勇气。他们坚守阵地时损失还较小，但撤退时被犹太人杀死及被同伴践踏而死的人不计其数。五千人倒在溃退途中。残部急忙缩于护栏之内。被希律团团围住后，他们本可以马上投入战斗，但缺水迫使他们即刻派出使节求和。国王对此嗤之以鼻，答应送来五十万英镑更促使他加强了攻势。在干渴的烘烤下，大批抵抗者出来投降。五天后，四千人被俘。第二天，绝望中的余部出来迎战，希律率军杀死七千多人。通过这次攻击，他跟阿拉伯人算清了账，狠狠打击了其嚣张气焰，人民拥护他为国家的守卫者。

73

　　刚刚克服这个困难，希律的整个未来又因其与安东尼的友谊陷入麻烦之中，因为当时恺撒在阿克底大败了安东尼。事实上，他招致的危机远大于他所认为的，因为对于恺撒来说，希律是安东尼的联盟。他的存在让恺撒不能确定安东尼是否真的被彻底打败了。但是希律决心冒险，航海去恺撒当时所在地达罗得岛，以平民身份请求恺撒听他解释。他虽然穿着打扮如同平民，但却面带国王的桀骜不驯。他毫无保留，坦白直言：

"是恺撒和安东尼使我登上了王位。坦白地说，对安东尼我已尽可能地回报了他。我也会毫不犹豫地说，如果不是阿拉伯人阻拦的话，您会发现我会忠诚地在他身边战斗。现在这种情况下，我尽可能给他增援，提供了数以千计的粮食。即使他在阿克底战败了，我也没舍弃我的恩人。我给了他最好的建议，因为再派兵也无济于事。我告诉他挽救灾难的唯一办法就是：克利奥帕特拉的死亡。如果他要杀她，我答应出钱、修墙、派兵，并主动加入对抗您的战斗。但事实却是这样！他对克利奥帕特拉疯狂的激情堵住了他的耳朵，是上帝把胜利给了您。我同安东尼一起被打败了，他的失败让我摘下了王冠。我以我无瑕的性格来到您这里寻求安全，相信您希望知道的不是我是谁的朋友，而是我是怎样的朋友。"

恺撒答道："你很安全，你的王位更加安全。你展现了对朋友的无比忠诚，值得统治众多的臣民。努力忠诚于那些更加成功的人吧。就我来说，你无畏的精神使我看到了锦绣前程。很高兴安东尼听了克利奥帕特拉的话，而没听你的。他的愚蠢使我们得到了你。昆特斯·迪特斯（Quintus Didius）写信来告诉我你已派了一支队伍帮他对付那些敌军的角斗士，我似乎已经欠了你的情。①因此我现在下令王位保证是你的。不久后我会尽力再给你些好处，这样你就不会因为安东尼而失去什么。"

恺撒宽厚地向希律王说完这些话，并把王冠戴到他的头上后，74 发布了一项命令，宣布了对国王的奖赏，然后慷慨激昂地表达了

---

① 应克利奥帕特拉召唤前来帮助。

他对受封国王的高度评价。在用礼物同恺撒达成和解后，希律王
代表安东尼的朋友埃利克斯（Alexas）向恺撒求情，请求他的宽
恕。但恺撒的愤怒不能忍受反对者。他有力地谴责了那个求情者，
坚决拒绝了希律的请求。后来，当恺撒经叙利亚向埃及行进时，
希律第一次以自己君主的财富招待了恺撒。当恺撒在托勒迈附近
视察他的军队时，希律一直陪伴在左右，并且设宴款待恺撒和他
的手下，为军队的其他士兵提供了丰盛的酒宴。因为军队要行军
穿过沙漠到达贝鲁辛而后还要返回，希律特意为他们提供了大量
的水，使得军队在供给方面比较充足。希律的慷慨使恺撒和他的
手下自然而然地想到希律的王国实在是太小了。因此当恺撒到达
埃及后（这时克利奥帕特拉和安东尼已经死了），授予希律大量的
荣誉，把克利奥帕特拉所分割的希律的领土归还于他，并且还赠
与他加大拉、希彼斯、撒玛利亚以及一些沿海城镇加沙、安瑟顿、
约帕还有斯特拉顿的城堡。此外，恺撒还送给希律四百个以前为
克利奥帕特拉服务的高卢人作为他的贴身护卫。恺撒的所有这些
慷慨举动是由受赠者希律的慷慨大方所促成的。

　　在第一次埃可提亚德（Actiad）盛会①后，恺撒又把特拉科尼
特斯（Trachonitis）、相邻的巴特纳尼（Batanaea）以及奥兰蒂斯
（Auranitis）划入希律的领土。下面就是事情发生的原委。齐诺多
勒斯（Zenodorus）租赁了吕散尼亚斯的庄园，但是他从来没有停
止从特拉科尼特斯（Trachonitis）派歹徒伏击大马士革人。这些大
马士革人向叙利亚总督瓦罗（Varro）寻求保护，并请求他把他们

---

①　埃可提亚德是四年一度的体育盛会，此次举办于公元前24年。

的困境告诉恺撒。恺撒回应批准消灭歹徒的老巢。因此瓦罗调动
他的军队，扫清了这些流氓出没的区域，并且驱逐了齐诺多勒斯。
为防止重新形成对大马士革抢劫的基地，恺撒后来把这些区域转
让给了希律。间隔十年之后，恺撒又访问了这个行省，他让希律
成为叙利亚的总督，并赋予他否决其他总督所做决定的权利。齐
诺多勒斯死后，恺撒又把特拉科尼特斯和加利利中间的大片领土
赐给了希律。对希律来说最重要的是，在恺撒的心中，他是仅次
于阿古利巴的；而对于阿古利巴来说，他是仅次于恺撒的。从那 75
以后，希律登上了成功的顶峰，同时他的道德威望不断提升，而
他的慷慨大部分都奉献给了虔诚的事业。

　　在希律统治的第十五年①，他修复了现存的圣堂，完工后的面
积是原来的两倍。希律不计成本，使圣堂的富丽堂皇无与伦比，
这尤其体现在环绕整个圣殿的高耸的柱廊及屹立在圣殿北部的堡
垒上。柱廊是全新的构造，而堡垒则是极其昂贵的改造，它像宫
殿一样豪华，并且被命名为安东尼亚以纪念安东尼。希律自己的
宫殿建立在上城，是由两个巨大漂亮的建筑物构成。圣堂同它相
比都显得黯然失色。希律按他朋友的名字给自己的两个建筑物命
名，一个叫恺撒纪念堂，另一个叫阿古利巴纪念堂。

　　但希律并不仅仅是用建筑物来珍藏记忆，铭记朋友的名字。
通过他的慷慨举动，整个城邦都兴旺起来。在撒玛利亚区域，他

──────────

　　①　两本不同的《犹太古事记》告诉我们是第十八年。这似乎是正确的。算上希律
公元前37年攻占耶路撒冷，我们把20日定为希律建造神殿的日子。根据《圣约翰》第2
章20节所讲，我们可以推断出第一次大清洗发生在公元27年，这个日期在《圣路加福
音》第3章第1节中也得到了证实。

构建了一个有着两英里长宏伟城墙的城市。城里居住着六千移民。希律把市中心的肥沃土地分配给他们。在新城的中心，希律建立起了一个长度有三百码的庞大的圣殿奉献给恺撒。他把这个城镇叫做塞巴斯特，并且给了市民一种特权。后来，当恺撒给予他更多的土地时，希律又在靠近约旦发源地，一个叫做帕纳姆（Paneum）的地方用白色大理石建起一个圣祠，献给他的恩赐者。这里屹立着一座高耸入云的山峰。在较为低矮的斜坡上有一处大洞穴，洞口隐藏在植被丛中。洞内一处陡峭的悬崖顺势而下直抵深潭，没有人知道究竟有多深：不管绳索有多长，末端的铅垂从未触到过潭底。有些人认为，从洞穴的深处涌出的泉水是约旦的河水的源头。稍后将给出确切的解释。[①] 在耶利哥，在塞普劳斯的要塞和老宫殿建筑之间，他又建立了一些更漂亮、舒适的圣祠，供游客参观。这些圣祠也是以他朋友的名字命名。事实上，我想不到在希律的王国里有哪一个地方没有留下他对恺撒的颂扬。当希律在他的国家大量建造神殿时，他对恺撒的颂词同样充溢在他统治的省区。在一个又一个的城市中，他都建造了恺撒纪念堂。

希律注意到沿海有一个叫斯特拉顿塔楼的城镇。而这个城镇日趋衰败。幸亏城镇绝妙的地理位置使它能够受益于希律的慷慨大方。希律用石灰岩重建了整个城镇并且建了一座辉煌的宫殿为它增添光彩。希律丰富的想象力在这里得到了生动地体现。整个

---

①　参见第220页。（本书提及的页码均指边码，即英文原书页码。——编者）

城市位于多拉和约帕的中间。①迄今为止它的海岸还没有港口，所以沿腓尼基海岸航行到埃及的人受到西南风的威胁时，都不得不采用远海航行的办法。即使风力不强，撞向礁石的巨浪所形成的浪涛都能使大海在相当大的范围内翻滚沸腾。但是国王大方的花费和不可动摇的决心赢得了同大自然的斗争。他修建了一个比皮罗斯（Piraeus）还大的海港，在港口的凹处有一个很深的碇泊处。这个地方地势险恶，但是希律成功地战胜了困难，在大海中巍然屹立起坚如磐石的建筑。建筑之壮丽堂皇丝毫看不出曾经所经历的磨难。希律首先规划出了所提到的海港的规模，然后把长五十英尺，深九英尺，宽十英尺的大块石头，有时甚至更大的石头放进水里二十英㖊处。当地基上升到水平面时，他在表面上建了宽二百英尺的防波堤。防波堤的一半被用来削弱海浪的势力，因此被称为防浪堤；另一半用来支撑环绕的石墙。沿着海港有一些巨大宽敞的塔楼，其中最显眼最漂亮的以恺撒的继子朱瑟姆（Drusium）命名。

海港上有一排弓形的凹进处，新到的船员可以从那里登岸，而在前面封闭的圆形物是由岩边礁形成的供上岸的人行走的宽阔的步行道。海港入口面朝北，因为在那个位置，北风是最温和的。在海港的每一边都耸立着三个站在柱子上的庞大的雕像。进入的船只的左边的那些雕像是由结实的塔楼支撑的，而右边是由两个比左边的塔楼还要高，紧紧夹在一起的直立的石块支撑。与海港毗邻的是由石灰岩建成的房屋，从海港通向城镇的街道把这些房

---

① 更接近多拉。

77　屋平均分开。在海港入口对面高处的地面上耸立着恺撒神殿，异
常庞大美丽。在神殿里面有恺撒巨大的雕像，丝毫不逊于它所仿
制的奥林匹亚的宙斯像①，并且是罗马国中能与阿戈斯号上的赫拉
相媲美的。希律将这个城市划归在省份中，将海港献给那些出海
的人，然后将新建筑的荣誉献给恺撒，并起名为恺撒利亚*。其他
的建筑——剧院、竞技场和市场——同样也不辱其名。希律王还
制定了四年一次的比赛，并且也是以恺撒的名字命名。第一场竞
赛是在公元192年于奥林匹亚举行的，提供非常丰厚的奖品。王室
的奖品不只是给获胜者，也颁给第二名和第三名。

　　希律还重新兴建了安瑟顿，一个在战争中被破坏的滨海城市，
然后命名为阿古利巴底（Agrippeum）。希律对他的朋友阿古利巴
忠心耿耿，甚至把朋友的名字雕刻在圣殿里所建的大门上。

　　如果说有人对自己的家庭充满感情，那么这个人就是希律。
为纪念他的父亲，希律兴建了一座城市。他在王国里，选了一块
最美丽的有着丰富的水流和绿树的平原，把它命名为安提帕特斯。
他加固了眺望耶利哥的要塞，使它更加坚固美丽，然后命名为塞
普劳斯，以此献给他的母亲。他在耶路撒冷兴建了一个塔楼，以
他兄弟的名字命名，并把它献给他的兄弟法赛尔。这个塔楼的设
计以及巨大的规模我们以后会描述。他也在从耶利哥向北蔓延的
峡谷里兴建了另一座城市，并称其为法赛尔利斯（Phaselis）。

　　在为他的家人和朋友赢得不朽的声名后，希律并没有忘记让

---

① 世界七大奇观之一。
* 现在是以色列一座著名的罗马时代的古城的遗址。

自己的名望永存。他在面向阿拉伯半岛的小山上兴建了一处要塞，根据自己的名字将其称为希律堡，同时也把这个名字给了距离耶路撒冷几公里的一座像女人乳房的人工丘陵，并且将这个人工丘陵更加精致地修饰一番。他将丘陵的顶部用圆形的塔楼围绕起来，然后在里面封闭的空间里修建了一座华丽的宫殿，除了房间内部的辉煌，外面的墙，顶盖，房顶也被毫不吝惜地花费大量财富修饰了一番。希律还花费巨大的成本从远处引进了水流，然后用两百级最白的大理石台阶装饰丘陵的斜坡。丘陵尽管整个都是人造的，但还是相当的高。在丘陵的底部，希律建了其他的王室住宅，用来容纳家具以及招待朋友，所以这个据点从它的设施齐全的角度来说是一个城镇，从精密角度来说则是一个王宫。

在兴建大量的建筑之后，希律又把他的恩德扩展到他王国以外的很多城市。他为的黎波利斯（Tripolis）、大马士革和托勒迈提供了室内体育场；为拜布勒斯（Byblus）兴建了一座城墙；为贝鲁特和蒂尔修建了会堂、柱廊、神殿和市场；为西顿和大马士革修建了剧院；为沿海城市劳迪西亚建造了沟渠；为阿什克伦修建了浴室、壮丽的喷泉和在等级和技术上都非常杰出的修道院四方院子；在其他地方，希律还奉献出了森林和公园。许多城镇就像是他王国的领地一样受到土地的封赏。另外，他还总是用国家收入资助每年任命的体育官（例如考兹），使这一职位得以维持；并把粮食捐献给那些需要的人。他还一再为罗得岛捐钱进行海军建设。当阿波罗神殿被烧毁时，他自掏腰包重建了神殿并且使它光彩再现。对于希律给予吕西亚（Lycia）和萨莫斯（Samos）的礼物，或者他对整个爱奥尼亚（Ionia）提供的足以满足每一个地区

78

需要的慷慨大方人们需要说什么呢？即使是雅典、斯巴达、尼可伯里斯（Nicopolis）和米西安的珀加蒙（Mysian Pergamum）也充满了希律给予的贡献物，不是吗？叙利亚安提俄克宽阔的街道，以前因为泥泞而无法使用，难道不是希律用优美的大理石铺了2.25英里，然后从头到尾用柱廊装饰以遮挡雨水吗？

有人可能会说所有的这些恩惠只是被一些特殊的社区所享受，但是希律对以利斯（Elis）的捐赠并不仅仅是对希腊而言，而是对每一个能够被奥林匹克竞赛的名望所影响的文明世界的礼物。看到奥林匹克竞赛因为缺少资金而衰退，古希腊的唯一遗址正在消失，希律在去罗马的路上不仅担当了四年一次的奥林匹克竞赛的主席，而且捐赠了足够多的款项以保证他的任职永远不会被忘却。如果我们要试图列出希律如何减轻法赛尔利斯、巴兰尼（Balanea）和西里西安一些小城镇的部分年税负担，他如何为他人偿还的债务的话，那将是永无止境的。然而，他那些巨大的恩惠却受到了严格的限制：因为害怕引起嫉妒，或因为他做的事情比那些城市自己的管理者都多而被怀疑居心不良。

希律的体魄和他的精神力量一样强大。他总是在打猎中胜出，这主要归功于他精湛的马术。他曾在一天之内击倒了四十只野兽。79 乡下饲养的野猪、牡鹿和野驴也很常见。希律还是一个无与伦比的斗士。在训练场上，很多人对于他掷标枪和射箭的准确性都惊叹不已。除了他身体和精神上的优势，希律还是最幸运的。他很少遭遇军事失败，即使失败，其责任也不在他，而是士兵鲁莽行事或者某人的背叛所致。

第四章　希律杀死米利暗和她的孩子们

　　希律在政治上获得了空前的成功，可命运却让他在家庭方面付出了惨重的代价。不幸开始于那个他深爱的女人。执政开始时，希律就和他平民时的妻子，一个叫多利斯的耶路撒冷女人离婚了，接着娶了亚里斯多布鲁斯之子亚历山大的女儿，米利暗。米利暗是造成希律家庭分裂的主要原因。这个家庭的不和很早便开始了，但随着希律从罗马的归来变得更加不可调和。首先，希律为了他和米利暗的孩子把多利斯的儿子安提帕特赶出了城，只允许他过节的时候回来。接着，他在妻子的祖父哈卡纳斯从帕提亚回来的途中，以阴谋罪的名义处死了他。哈卡纳斯占领巴勒斯坦的时候曾经被巴扎法尼斯俘虏，后来在幼发拉底河那边那些具有同情心的国人的要求下被释放了。如果当初他能听从他们的劝告不过河去希律那儿，也就不会这样冤死。他本想依靠孙女的婚姻，而且抑制不住对故土的思念，结果却因此丧了命。哈卡纳斯惹怒希律的原因不在于他想要争夺王位，而在于王位本来就应该是他的。

　　希律和米利暗生了五个孩子，两个女孩、三个男孩。最小的那个男孩在罗马上学时就死了，另外两个稍大点的则是在王室环境中成长起来的。因为他们的母亲有着高贵的血统，而父亲在他们出生时就已经是国王了。这两个孩子能在王室成长还有一个不得不承认的理由，那就是希律对米利暗有很浓的爱意。这种爱情与日俱增，使他根本看不到自己的所爱带来的不幸。米利暗对希律的感情也是一样的强烈，只不过他对她的爱有多深，她对他的恨就有多深。米利暗有充分的理由被希律的行为激怒。由于非常受宠，所以她说话毫无顾忌，经常公开指责希律对自己祖父哈卡纳斯以及兄弟约拿单的所作所为。米利暗的兄弟约拿单还只是个孩子，希律对他却毫不手软。约拿单十七岁时，希律赐予他大祭司职位，可就在此后不久，他却处死了约拿单。原因是在一次宗教节日中，当约拿单穿着神圣的法衣走向神坛时，整个人群激动得热泪盈眶。就这样，还是孩子的他在一个夜晚被带到耶利哥，
81　高卢人按照希律的指示把他推到游泳池里淹死了。

　　因为这些，米利暗不断地指责希律，接着她又开始辱骂他的母亲和姐妹。希律因为对米利暗的迷恋并没有采取任何行动，可他的母亲及姐妹却被激怒了。她们知道整治她最有效的办法就是捏造她通奸的罪证。她们指控米利暗曾把一幅自己的画像寄给埃及的安东尼。虽说两人相隔千里，米利暗却用非常淫荡的方式向那位既令女人疯狂又有实权的男人展示自己。希律知道后非常震惊，对米利暗的深情变成了恼人的醋意。他想起了克利奥帕特拉铲除吕散尼亚斯国王以及阿拉伯马里卡的可怕计谋，意识到自己可能不仅会失去王后，甚至还会有性命之忧。所以希律去国外出访时，让自己的妹妹塞勒姆的丈夫约瑟夫这个对姻亲绝对忠诚的人来照看米利暗，并且给他一道秘密指示，如果安东尼杀死希律，那约瑟夫就要杀死米利暗。约瑟夫却向米利暗泄露了这道秘密的指令。他一点坏心眼都没有，只是单纯地想证明希律对她的

感情有多么深厚，因为希律不能容忍死亡将他和他的王后分开。希律回国后，与米利暗同床时，不断发誓为自己的忠诚辩解，并说她是他唯一爱的女人。"你爱我的方式很特别啊！"米利暗说道，"让约瑟夫杀了我就是爱我的方式吗？"得知秘密泄露后，希律暴怒了。他认为约瑟夫肯定与米利暗发生了不正当关系，不然是不可能透露那个秘密的。被愤怒冲昏了头脑，希律从床上跳起来，疯狂地跑向宫殿。塞勒姆紧紧抓住这次诽谤的机会，向希律证实他的怀疑是正确的。强烈的醋意驱使希律下令将米利暗和约瑟夫一起处死。然而，很快愤怒就被悔恨所取代。当怒火熄灭时，爱火再次点燃。这种感情强烈得令希律无法相信米利暗已经死了，他仍在跟她讲话好像她依然活着。随着时间的推移，希律慢慢接受了这个事实，但他心中充满了悲伤，而这悲伤的程度跟当初爱米利暗的程度一样强烈。①

作为母亲，米利暗把她的仇恨留给了自己的儿子们。他们在得知父亲的血腥暴行后，把父亲看成了敌人。这种仇恨从他们在罗马上学时就开始了，返回犹地亚后持续增加。当他们成年时，　82
仇恨也变得更加强烈。到了成婚的年纪，他们中的一个亚里斯多布鲁斯娶了姑姑塞勒姆的女儿（塞勒姆曾控告他们的母亲）；另一个叫作亚历山大，娶了卡帕多西亚（Cappadocia）国王亚基老（Archelaus）的女儿格拉菲拉（Glaphyra）。这时，他们不再刻意掩饰自己的仇恨。这种大胆的举动刚好给了诽谤者机会，越来越

---

①　这个不可信的故事在《犹太古事记》里面再次提到，有很多不同之处，长度也增加了不少。

多的人向希律举报他的两个儿子要背叛他。他那个作为亚基老女
婿的儿子更是准备依靠岳父的力量到恺撒面前检举他。听了那么
多的诽谤后，希律召回了他跟多利斯的儿子安提帕特以对抗他的
其他儿子们，并开始在各方面给予他更多的偏爱。

希律态度的转变让米利暗的两个儿子更加无法忍受。他们看
见平民的儿子得到晋升时，骨子里那种自负让他们变得不可遏制
地盛怒。每一次新的烦恼都会使他们暴跳如雷。他们对安提帕特
的敌意越来越强烈，而安提帕特却在用自己的努力赢得更多的支
持。他一方面极力讨好自己的父王，另一方面捏造很多诽谤自己
兄弟的罪证。有些罪证是他自己传播的，另一些则通过朋友的嘴
说出来。这样一来，没有任何兄弟能够和他竞争王位了。最终希
律立了遗嘱，并当众宣布安提帕特为继承人，并且以王室的礼仪，
让他除了王冠外穿着所有君主的服饰去觐见恺撒。很快，安提帕
特就能把他母亲带回到米利暗的床上，那个原本属于她的位置。
安提帕特还利用奉承和中伤作为对付兄弟们的武器，成功地诱使
希律考虑要处死自己的那两个儿子。

亚历山大被他的父亲带到恺撒面前，并被指控意图毒害自己
的父亲。面对比安提帕特更有经验、比希律更公正的恺撒，亚历
山大抓住最后一次在公开场合为自己申辩的机会。他对父亲的过
错用表示尊敬的沉默应对，却言语犀利地为自己辩护。接着他表
示他那处于危险状态的兄弟和伙伴跟他一样无辜。亚历山大又继
续斥责安提帕特的恶劣行为以及对自己和兄弟们的所作所为。他
慷慨激昂的陈述不仅表明了他问心无愧，更显示了他雄辩的口
才——一个出色的演说家。作为结束语，亚历山大讲到，如果他

的父亲依然觉得他有罪，可以把他处死。亚历山大的申辩让法庭
在座的人感动得热泪盈眶，恺撒也被打动了，他没有定亚历山大 83
的罪，成功地使父子和解并达成协议：儿子们必须在各个方面服
从父亲，而父亲也有权选择自己的继承人。希律王离开了罗马，
从表面上看，完全放弃了对儿子们的指控，实际上他却还持怀疑
态度，所以他让安提帕特陪伴他。安提帕特对这次审判非常不满，
但为了表示对调解的尊重，也不敢在公开场合表现自己的这种愤
怒。希律绕过西利西亚，到了伊鲁萨（Eleusa），受到亚基老的热
情招待。亚基老对自己女婿的无罪释放感到非常高兴，同时对调
解的结果也相当满意。他曾一早给在罗马的朋友写信支持亚历山
大。现在，他陪伴希律到了泽菲利底（Zephyrium）并赠送给希律
价值三万英镑的礼物。

　　回到耶路撒冷后，希律召集自己的国民，让三个儿子跟大家
见面，解释自己出国的原因，并感激上帝和恺撒解决了他的家庭
问题，赋予他们比王位更珍贵的东西——和谐。"对这种和谐，"
希律接着说道，"我要亲自维护。恺撒命我成为国王并有权自主选
择继承人。那我就根据自己的判断来选择，以此体现对他仁慈的
感激。我宣布这三个儿子都成为未来的国王，并请求上帝以及在
场的各位为我见证。继承权属于我的长子，也属于血统高贵的另
两个儿子。我的国土足以同时分给他们三个人。你们必须保护这
三个未来的国王，公正平等地尊敬他们每一个人，因为他们是由
恺撒结合在一起，由我亲自任命的，这是他们与生俱来的权利。
如果给予其中一个与其年龄不符的更多尊敬的话，那被忽略的人
会烦恼，受到尊敬的人更不会开心。我将亲自挑选这三个国王的

官员和随从人员，并赋予他们维护和谐的权力。因为我知道，分裂和对抗一般都是由王子随从的恶意挑唆引起的，如果随从的本质是好的，那么他们应该促进兄弟之间感情的和睦。

"但是我要强调，不仅这些官员，还包括我军队里的将士们，目前必须对我一个人效忠。我给儿子们的不是王位，而是王位的荣耀。他们将享受权力带来的快感，而那些不受欢迎的责任则由我来背负。请大家考虑一下我的年龄、生活方式以及我的虔诚。我并没有老到快要入土的地步，也不会放纵自己，而放纵常常使人盛年夭折。我全心全意地侍奉上帝以期待可以活得长久一点。所以任何追随我儿子的人如果想把我打倒的话，我会对他们严惩不贷。这么限制对王子们的尊敬并不是我吝啬，而是我知道对年轻人来说，谄媚只会诱使人变得专横。如果与王子接触的人能够维护正义，我会奖赏他；如果要搞分裂，他效忠的人也会对他的恶行给予惩罚。这样的话，每个人都会对我效忠，也就意味着对我的儿子们效忠。我应该为了他们的利益掌握王权，而我在位期间他们会一直处于和谐状态，不会分裂。

"你们，我的好儿子们，首先应该感激神圣的自然法规，它能将兽类变得友爱；其次应该感激恺撒，是他带给我们和谐；最后应该感激我，因为在我可以下命令的时候，却选择了以恳求的方式让你们维系彼此的兄弟情谊。珍惜这份感情吧，从今以后，我赐予你们君主的服饰和随从。祈祷吧，如果你们能保持和睦，上帝就会保佑我们国家的安康。"

说完，他给每个儿子一个深情的拥抱，然后遣散了民众。有些人对他的祷告说"阿门"，有些不支持希律统治的人则装作没有听到。

　　然而，这兄弟三人并没有因此变得团结，彼此间更加相互猜忌。亚历山大和亚里斯多布鲁斯对于承认安提帕特长子地位的事情很恼火，而安提帕特对于低于他的兄弟们的地位也还是不满意。不过安提帕特非常精明，他狡猾地隐藏了自己对其他两个兄弟的怨恨心理，什么也不说，而他的兄弟们则因为自己出身高贵，加上一些"朋友"的撺掇，毫不掩饰自己的情绪。这些"朋友"中很多人都是安提帕特安插的眼线。所以亚历山大说的话安提帕特立刻就知道了，然后他再添油加醋地说给希律听。最稀松平常的评论也会给亚历山大带来麻烦，他说的每一句话都被曲解成有邪恶的动机，如果说话再没什么防备，群山都有可能被说成是由鼹鼠丘建成的。安提帕特雇用了一些官员作证，使自己的谎言变得具有可信度。一旦其中任何一个关于亚历山大的事情被证实是真的，那余下的也会理所当然地被认为没错。安提帕特的朋友要么天生嘴严，要么就是由于受贿决不泄密，所以他的生活被看成是一种带有神秘色彩的邪恶。反过来，亚历山大的朋友不是屈从于贿赂就是屈从于阿谀奉承（这是安提帕特惯用的伎俩），最后都成为背叛他的告密者。作为演戏高手，安提帕特先让对亚历山大的诽谤传到希律的耳朵里，然后再扮演一位爱护兄弟的好兄长，使得谣言传播跟自己无关。每当有中伤亚历山大的事情发生，他便粉墨登场，扮演自己的角色。先是怒斥这样那样的谣言，再用很隐晦的方式证实谣言的真实性，惹得希律大发雷霆。所有的事情似乎都证实了亚历山大的阴谋，当安提帕特为他求情时，没有什么比这一举动更能让人们相信这些诽谤的真实性。

85

于是，受欺骗的希律变得非常愤怒。他开始忽略两个小儿子，把更多的精力投入到安提帕特的身上。很多朝臣也都效仿希律，有些人是自愿的，而有些人则是被迫的，其中包括托勒密这位希律最好的朋友。安提帕特成了一切的中心，也成为亚历山大不得不吞下的最苦的药。而安提帕特的母亲，他的同谋者，这个最恶毒的继母也是如此。她因为这些继子的母亲曾经是个公主而更加痛恨他们。接下来，人人都去奉承安提帕特，希望得到好处，而且根据国王的命令，他最尊贵的臣民都不允许和亚历山大以及他的兄弟走得太近或者有任何关联，这也极大地鼓励臣民起来反对亚历山大兄弟。希律的命令不仅在本国有效，也传达到了他国外的朋友那里：恺撒只给了希律王从别国引渡本国罪犯的权利。

因为父亲从来没公开申斥过他们，所以这两个年轻人对于有人诽谤他们的事情一无所知，这样反而使他们更陷于被中伤的境况。但他们逐渐意识到了真相，因为他们发现父王对自己越来越冷漠，并经常因为一点小错而大发雷霆。安提帕特还在他们的叔叔菲劳拉以及姑姑塞勒姆面前灌输不利于他们的思想，对待塞勒姆就像对待自己的妻子一样戏耍她！塞勒姆对亚历山大的仇恨因为他的妻子格拉菲拉而进一步加深。格拉菲拉经常吹嘘自己的高贵身世，并且声称自己比宫廷其他女人有优先权。因为她的父亲是忒墨诺斯（Temenus）的后代，母亲是海斯塔斯皮斯（Hystaspes）之子大流士（Darius）的后代。同时，她还不忘嘲笑希律姐妹及妻子的低下出身。希律的妻子全是因为长相而不是因为出身被选为王后的。希律有很多妻子。犹太人的习俗允许一夫多妻制，国王更是不例外。每个被格拉菲拉的讥讽激怒的人都把这种愤恨不自觉地转移到亚历山大身上。

　　塞勒姆被格拉菲拉的辱骂激怒，对自己的女婿亚里斯多布鲁斯也慢慢疏远了。因为亚里斯多布鲁斯经常嘲笑自己妻子的低劣出身，抱怨自己娶了一个平民，而亚历山大娶了一个公主。塞勒姆的女儿也常常向母亲哭诉亚里斯多布鲁斯对她的蔑视，还说亚历山大以及亚里斯多布鲁斯曾经威胁说如果他们继承王位，就要让其他兄弟的母亲和奴隶一起织布，让其他的兄弟做乡村文书员，以此嘲笑他们的受教育程度。塞勒姆忍无可忍，便把这一切都告诉给希律。希律自然会相信她，因为她在控告自己的女婿。同时又有新的诽谤传到希律的耳朵里，这无异于火上浇油。有人告诉希律，说他这两个儿子经常痛悼自己的母亲并不断诅咒他。当希律把米利暗以前的衣服给其他的老婆时，这两个儿子表示宁愿穿粗毛衬衣也不穿王室的长袍。

　　这些谣言使希律对自己这两个儿子的脾气有点担忧，但他还是希望能够改正他们的恶习。去罗马的前夜，他把两个儿子召集到面前，先是以国王的身份威胁他们，再以父亲的身份苦口婆心告诫他们要爱自己的兄弟，并且许诺如果他们今后表现良好，就不计较他们过去所犯的错误。兄弟两人坚决否认对自己的控告，表示那些举报都是毫无根据的，并许诺会通过自己的行动来证明自己。同时他们也希望父王能够制止这种闲言碎语，不要道听途说。如果有人相信那些谎言，对他们的恶意诽谤就不会完结。

　　毕竟希律还是他们的父亲，所以亚历山大和亚里斯多布鲁斯通过这些表白很快使希律相信了他们，消除了他们目前的担忧。可是他们对于自己的未来更忧虑了，因为他们知道了塞勒姆以及

叔叔菲劳拉对他们的敌意。这两个人对他们来说是非常危险的敌
人。特别是菲劳拉，除了王位以外，他享有王室的一切特权。他
每年都有十万英镑的收入，同时希律在恺撒的授意下任命他为四
分区领主之一，他还可以获得整个约旦地区的税收。另外，希律
还把妻子的妹妹嫁给菲劳拉。在她死后，希律又想把长女嫁给菲
劳拉，并许诺给女儿三十万英镑的嫁妆。可是菲劳拉拒绝了这桩
带有荣耀的王室婚姻，因为他爱上了一个女奴隶。这使得希律非
常生气，暴怒的他把女儿嫁给了后来被帕提亚人杀死的侄子。不
过没过多久，希律就不再生菲劳拉的气，原谅了他。

　　早在王后还活着的时候，菲劳拉曾被诬告企图鸩杀希律，现
在又有很多告密者旧事重提。尽管希律很重视他的兄弟情分，但
还是开始相信告密者所说的话并感到恐惧。在刑讯了众多嫌疑犯
后，希律终于向菲劳拉的朋友开刀了。没有一个人直接承认有阴
谋，但他们证实菲劳拉准备夺取希律最珍爱的东西，并且在塞
勒姆的丈夫科斯托巴（Costobar），他的同谋者的帮助下去帕提
亚。塞勒姆的前夫因通奸罪被处死，后来在希律的撮合下，她又
嫁给现在的丈夫。当然塞勒姆也没能逃脱被诽谤的命运。菲劳
拉举报她意图与欧博达的摄政王、阿拉伯半岛的国王塞雷尔斯
（Syllaeus）结婚，而塞雷尔斯是希律最大的敌人。虽然塞勒姆的
这项罪名以及菲劳拉控告她的其他罪状全部成立，但希律还是原
谅了她。而菲劳拉本人也根本没有受到希律的责罚。

　　一场威胁到希律统治的暴风雨突然来势凶猛地袭向亚历山大。
希律有三个很看重的侍臣，这可以从他们所司之职看出：一个被
派倒酒，一个负责晚餐，另一个则服侍希律就寝并留在寝宫伺候。

亚历山大以重利诱使他们帮其实现登基的梦想。希律听说后立刻刑讯这三个侍臣。他们对自己的罪行供认不讳，并透露亚历山大对他们的承诺。他们说自己被亚历山大骗了，亚历山大告诉他们不要把希望寄托在希律身上，因为他已经老得不中用了却还把头发染黑，让大家以为他还年轻。他们应该寄希望于亚历山大，因为不管希律愿不愿意，亚历山大总是要继承王位的。不久的将来，亚历山大就要跟敌人算账，给朋友，特别是给他们三人带来荣华富贵。这三个侍臣又说，很多市民都已经秘密投奔亚历山大，而军队的将领也都私下跟亚历山大有过秘密协商。

88

　　这些内幕让希律感到无比震惊，一时之间竟不敢立刻公之于众。但是他派了很多人暗中不分昼夜地调查取证，所有嫌疑犯立刻被处决，整个宫殿陷入一种混乱的局面。很多人为了个人恩怨纷纷中伤他人，更有甚者意图借助宫廷的斗争锄去自己的夙敌。任何谎言都有可能被认为是真实的，而对此的处罚似乎比诽谤来得还要快。刚刚控告他人的人接下来就被别人指控了，最终和被他陷害的人一起上了刑场。后来，希律的调查因为他的生命都有了危险而停了下来。可在这之后他变得异常痛苦，即使在那些没有遭到控告的人面前也再没有了笑容。他不敢信任任何人，包括他的朋友，很多人都被他革职，侥幸留下的那些也经常遭到他的痛斥。让亚历山大的不幸达到极致的还是安提帕特。他勾结自己的谋士利用各种方式陷害亚历山大。安提帕特的花言巧语和栽赃陷害使希律处于极度恐慌之中，他确信亚历山大剑已在手，对他构成威胁，所以他突然逮捕拘禁了亚历山大，并开始刑讯其同僚。很多人到死也没说一个字，或者只说了他们了解的真相；还有一些人则屈打成招，谎称亚历山大和他的兄弟亚里斯多布鲁斯预谋在狩猎中找机会杀死希律，再跑到罗马去。这种在酷刑下临时编凑的不切实际的说辞竟然让希律觉得满意，似乎为他因禁亚历山大找到了合适而又充足的理由。

亚历山大意识到自己的父王不可能再改变心意了，决定靠自己的力量抓紧机会摆脱危机。他写了四卷起诉书控告他的敌人，揭发他们的罪行。在书中，他承认了这次阴谋，把敌人中的大部分列为同谋犯，真正的主犯是菲劳拉和塞勒姆。亚历山大宣称塞勒姆曾经到他的房间在他不愿意的情况下强行和他发生关系。因为这些卷宗全都是对上层人物的强烈控诉和揭露，所以很快便到了希律手中。而亚基老担心自己的女儿和女婿，也急忙赶到犹地亚。为了帮助自己的女儿女婿，亚基老显示了他高超的策略，通过谋略使亚历山大的处境化险为夷。他一见到希律，就骂开了："我那该死的女婿在哪儿？那个混账的弑父者在哪儿？我要亲手剥了他的皮，还有我的女儿，同样也不能放过！虽然她没参与整件事情，但作为亚历山大的妻子，就要同样受罚。我真是不能理解，你是整个事件的受害者，怎么还能这么平静？亚历山大居然还活着！我以为他早就该处死了，我从卡帕多西亚急匆匆地赶来主要是跟你讨论该如何处置我的女儿。当初我可是看在你的威名上才把女儿嫁给了那个混蛋。现在我们必须一起想想该怎么处置他们。如果你作为父亲不忍心下令让你的儿子受到应有的惩罚，那我们可以交换一下，我替你处置亚历山大，你来处置我的女儿。"

希律虽然理智上还保持着清醒，但已被亚基老的慷慨陈词蒙住了。不管怎样，他把亚历山大写的材料给亚基老看，并和他一起详细一部分一部分地仔细讨论。亚基老抓住这个机会，继续着自己的谋划，并逐渐把过错转移到了材料中提到的人身上，特别是菲劳拉。当他看到国王已经相信了他时，他说道，"我们必须确认这个年轻人是真的在阴谋叛乱，而不是这些恶棍的牺牲品。因为他已经享有尊崇，并会继承你的王位，他没有明显的理由要犯这样卑鄙的罪行，除非有人撺掇他，利用了年轻人的浮躁心性。这种人不仅会欺骗年轻人，也会欺瞒老年人，故而会摧毁显赫的家族和王国。"看到亚基老如此坚决的态度，希律一时把对亚历山大的愤恨转移到菲劳拉身上。因为他是亚历山大那四部卷宗中提到的主要罪犯。菲劳拉发现希律的态度有所转变并且完全接受了亚基老的建议时，意识到单靠诚实的方式是不可能解救自己的，所以他不再抓住亚历山大不放，转而厚着脸皮求助亚基老。亚基老表示他没有理由替这样一个搞阴谋诡计的人求情（这清楚地表明是他阴谋反对国王，并陷害自己的侄子于目前的困境），除非他愿意放弃自己的阴谋并对所犯的罪行忏悔，然后请求还爱护他的哥哥的原谅。如果菲劳拉能够这样做，亚基老就会想办法帮助他。

　　菲劳拉接受了亚基老的建议。他极力做出痛苦悲伤的样子，身着黑衣，眼中噙满泪水，趴在希律脚下，就像他以前曾做的那样请求希律的原谅。他承认自己所犯的罪行，并表示自己是个无耻的恶棍，但是把犯错的原因归结到因为太爱妻子而导致心智的疯狂和混乱。看到菲劳拉包揽了所有过错后，亚基老开始替他向希律求情，并且用自己的切身体会说服希律息怒。亚基老说他受到过自己兄弟更残酷的迫害，却没有采取报复行动，原因就在于国家就好像胖子，总会有一两个人为其身上的重量感到恼火，这个时候需要的是一剂良药而不是外科医生的手术刀。

90　　诸如此类的劝解让希律对菲劳拉的恨意有所减缓，但是亚基老对亚历山大还是不依不饶，坚持让他女儿离婚并要把女儿带回国，直到希律不仅回心转意，反而还替亚历山大求情，并再次代他向格拉菲拉求婚。亚基老摆出一副很认真严肃的样子，表示他可以把女儿嫁给除了亚历山大以外任何他中意的人。事实上，他非常希望和希律保持这种联姻的关系。希律回应道如果亚基老不让这个婚姻破裂，那他就重新接受自己的儿子。亚历山大和格拉菲拉已经有了孩子，而且他还很爱他的妻子。如果格拉菲拉能够留在亚历山大身边，她会帮助他意识到自己的错误，否则亚历山大会彻底绝望。再鲁莽的人因为有了家庭也会变得温和。佯装长时间的犹豫后，亚基老最终妥协，同亚历山大和解，并使得亚历山大同希律也和解了。但是，亚基老又说亚历山大应该到罗马恺撒面前亲自报告整个事情的详细过程。

　　至此，亚基老解救他女婿的计划大功告成。和解后，他们举行宴会庆祝。亚基老离开时，希律给了他价值七万英镑的礼物、一个镶有珠宝的黄金王冠、几个宦官、一个叫潘尼吉斯的侍妾①，并根据官职分别奖赏亚基老的随从官员。按照希律的要求，他的所有谋臣都要向亚基老赠送礼物。最后，亚基老在希律和贵族们的陪同下回到安提俄克。

　　但不久又有一个人来到犹地亚。此人比亚基老还善于用计谋。他的所作所为不仅使亚基老为亚历山大筹划的这次和解破裂，而

---

　　①　"整晚的娱乐！"

且导致了亚历山大彻底的毁灭。这个人叫俄瑞克斯（Eurycles），是斯巴达人，因为对金钱的渴望来到犹地亚。希腊已经不能满足他的奢侈放纵。他给希律带来了大量的礼物作为诱饵来保障自己的目的能够实现。很快俄瑞克斯就获得了更多的礼物作为回报。不过，除非俄瑞克斯能利用暴力从国家获得利益，不然那些礼物对他来说也没什么用，所以他开始用谄媚、暗示、奉承来接近希律，很快便摸清了希律的性格脾气并尽力投其所好。没过多久，俄瑞克斯就成了希律的密友。因为他是一个斯巴达人，因而得到了希律和他的大臣们的格外照顾。

91

　　俄瑞克斯很快便搞清了整个王室衰败的状况、兄弟间的矛盾以及希律对每个儿子的态度。尽管安提帕特首先表示自己对俄瑞克斯的欢迎，俄瑞克斯还是选择和亚历山大建立友谊，并谎称自己是亚基老的好朋友。这样他很快获得了亚历山大的信任，并经其介绍，结识了亚里斯多布鲁斯。俄瑞克斯利用自己高超的交际手段，左右逢源，很快赢得了所有人的信任。然而他最热衷的差事还是做安提帕特的眼线出卖亚历山大。他让安提帕特觉得，作为长子如果要站在一边看着别人实现自己的梦想是很羞愧的事情。同时他也让亚历山大觉得作为拥有高贵王室血统及亚基老支持的王子，如果不能继承王位而让平民的儿子登基，也是一件异常羞愧的事情。得知俄瑞克斯是亚基老的好朋友后，亚历山大对他特别信任，告诉他安提帕特对他所做的所有错事以及希律曾经在处死他的母亲后意图把他和他的兄弟赶出国。听说这些事情后，俄瑞克斯装出一副很同情的样子。然后他又设计让亚里斯多布鲁斯也发泄对希律的不满。接着俄瑞克斯就把这些话添油加醋地告诉安提帕特，并谎称这兄弟俩一直想置他于死地，而且剑已在手准备打击安提帕特。这些做法使他从安提帕特那里得到很多好处，当然俄瑞克斯在希律面前对安提帕特也是赞不绝口。最终他们达成协议，由俄瑞克斯设计杀死亚历山大和亚里士多布鲁斯，安提帕特在他父亲前控告自己的两个兄弟。

俄瑞克斯来到希律面前，表示为了报答希律阳光般的热情和善良，他愿意奉献自己的生命。同时他又说亚历山大一直在磨刀霍霍，意图对希律不利并寻求自己的支持，而他为了延缓这场阴谋而假装同意与亚历山大勾结。他听亚历山大说希律不愿意坐在属于别人的王位上，另外他在处死他们的母亲米利暗并夺取了属于她的国土后，却让那个混蛋做继承人，并把他祖父①的国土给该死的安提帕特。不过亚历山大说他要把权力掌握在自己手中并为自己曾祖父哈卡纳斯和母亲的亡灵报仇。除非通过流血、杀戮，否则他不会屈尊继承这样的王位。慢慢地，亚历山大不断受到困扰，他说的每句话都有可能成为转而攻击自己的证据。如果有人提及出身问题，希律便讥讽道："只有亚历山大才配提出身。他认为自己的父亲就是从贫民窟出来的。"打猎时，如果亚历山大保持沉默，就被视为一种冒犯；如果他说几句称赞的话则被看作是一种嘲讽。亚历山大发现无论如何都不能让父亲满意，而且除了对安提帕特，希律似乎对谁都没有好脸色。所以亚历山大觉得如果自己不能成功那就干脆去死。如果他成功了，他的安全就可以得到保障。保障一方面来自于他的岳父亚基老，另一方面来自于恺

---

① 约瑟福斯是指他们的曾祖父哈卡纳斯。

撒，因为恺撒并没有完全了解希律的人品。如果再次到恺撒面前，他不会像上次那样因为希律的在场而胆怯，也不会把自己的申辩局限于个人的悲痛。他会先申述自己国民的悲惨遭遇，他们被税收榨干了每一滴血；然后再揭露这些血汗钱是怎样来满足某些人奢靡的生活，某些人因榨取他和他的兄弟而变富，某些城镇通过怎样的手段获得特权。另外，他还要要求对曾祖父和母亲的死因进行调查，并彻底揭露整个国家的阴暗面以及盛行的腐败之风。基于这些原因，他应该谈不上犯什么弑父罪了。

俄瑞克斯揭露完亚历山大种种令人震惊的阴谋后，又开始大肆赞扬安提帕特，说他是唯一爱着父亲的儿子。也正是如此，才阻止了阴谋得逞。希律还没从刚才的震惊中缓过神来，情绪非常激动。安提帕特再次抓住机会，他安排一组新的告密者指控亚历山大曾经同朱康德斯（Jucundus）以及泰若努斯（Tyrannus）开过秘密会议。这两人曾是希律的骑兵队长，因为犯了错已经被革职。此时此刻，希律完全失控，马上刑审这两个人。虽然他们极力否认被指控的罪状，却被搜出一封亚历山大写给亚历山大底指挥官的信。信上要求指挥官在亚历山大及其兄弟杀死希律后让他们进入自己的要塞，并允许他们使用当地的武器和其他资源。亚历山大辩解道这封信是希律的文书戴凡特斯（Diophantus）伪造的，他善于模仿别人笔迹并且毫无顾忌。最终戴凡特斯用做了一辈子的伪造技术把他送上了绞刑架，当然这是后话。希律把那个指挥官抓来审问，可他也同样否认被指控的罪状。虽然希律知道证据并不十分可信，但还是派人监视着两个儿子。与此同时，王室的祸根、整个事件的始作俑者俄瑞克斯，被称作"救星""恩人"，并

93

获得五万英镑的赏赐。达到目的后他迫不及待地去了卡帕多西亚，厚颜无耻地向亚基老保证他已促使希律和亚历山大和解，又敲诈了一笔钱。接着他又到了希腊，用他得到的钱继续制造下一个悲剧。最后，因两次在恺撒面前被指控在亚该亚（Achaia）*煽动叛乱并掠夺各个地方，俄瑞克斯被驱逐出境。至此，他为自己对亚历山大和亚里斯多布鲁斯的所作所为付出了惨痛的代价。

而从考兹（Cos）来的伊凡特斯（Evarestus）却与斯巴达人俄瑞克斯截然不同。作为亚历山大的一个好友，当时他和俄瑞克斯一样，也在城内，希律问他有关俄瑞克斯指控的罪状时，他发誓从未听亚历山大提过这样的事情。然而他却帮不了那可怜的兄弟俩。此时的希律只愿听那些恶毒的控诉的声音，也只接受那些跟他一样容易激动并且容易受骗的人。

希律如此残忍地对待自己的孩子，还有一个原因是受塞勒姆的唆使。作为塞勒姆的女婿和侄子，亚里斯多布鲁斯觉得她和自己在一条船上，所以告诉塞勒姆要她小心。他说希律因为原来对她的指控决定处死她。当时她决定嫁给阿拉伯的塞雷尔斯时，把他敌人希律的秘密告诉了他，因而背叛了希律。这一举动让风雨飘摇的两兄弟彻底走上了绝路。塞勒姆跑到希律那把她了解的情况都告诉了他。希律最终把这两兄弟拘禁起来。然后他立刻派自己的护民官沃鲁姆斯（Volumnius）和一个大臣奥林巴斯（Olympus）带着塞勒姆写的报告觐见恺撒。他们来到罗马把希律的文件交给恺撒。恺撒对于这兄弟俩的事情感到很难过，但他觉

---

* 希腊伯罗奔尼撒半岛的古称。

得不应该削弱希律对自己儿子的权威，所以回复让希律自己处理这件事情，不过他要求希律召集他的谋士朝臣和地方官员组成一个委员会来调查这件谋反的案件。如果罪名成立，那两人应被处死；如果他们只是想潜逃，就不必重罚了。

　　希律接受了这个建议，去恺撒指定的地点贝鲁特（Berytus）召开了会议。按照恺撒的指示，参与会议的还有罗马军官塞特尼努斯 94（Saturninus）和他的使节皮丹尼斯（Pedanius）以及地方行政官沃鲁姆斯。当然还有希律的谋士和朝臣、塞勒姆、菲劳拉和整个叙利亚的贵族，而亚基老国王因为是亚历山大的岳父，没有获得希律的信任，所以没能出席。两个被告人也没有到法庭来，因为希律很精明，他知道只要他俩到场，就会让人们同情，心酸，如果再让他们说话的话，亚历山大能够轻易地驳倒对他的控诉。所以他们被监禁在离西顿很近的一个名叫普拉塔纳（Platana）的小镇。

　　希律王站起来，就好像那兄弟俩在场似的，开始无情地指控。因为缺少证据，他的指控显得非常无力，但是他强调那些对他的侮辱、嘲讽的语言、伤害以及无数无礼的冲撞。他对法庭说，这比死亡还令他难以忍受。接着，他引导那些沉默的听众同情他，表示即便自己赢得了这场胜利，也还是一个受害者。最后，希律让大家发表意见。首先发言的是塞特尼努斯，他虽然赞成谴责亚历山大兄弟俩，却认为不该判他们死罪。作为一个有三个孩子的父亲，他说自己没有权利在法庭上支持判定另一个人的孩子死刑。他的两个使节也同意这样的判定，其他一些人也表示支持。沃鲁姆斯是第一个赞同死刑的人，在他之后发言的人也纷纷表示应该执行死刑。其中有一部分人是为了讨好，另一部分则是仇恨希律，没有一个人是出于认为被告有罪的原因。现在，整个叙利亚和犹地亚都在等待这部剧的落幕。但是没有人认为希律会残暴地杀死自己的孩子。然而希律下令将两个儿子带到蒂尔，从那坐船去恺撒利亚（Caesarea），并考虑有什么可能的办法处死这两人。

　　希律有一个叫提路（Tiro）的老兵，他的儿子是亚历山大的好朋友。他本人也很喜欢亚历山大兄弟。听到这个消息后，提路非常愤怒，失去了理智，大喊法律已被践踏，真理不复存在，世间变得混乱，社会也处于无政府状态以及其它极为激动的话语，丝毫没有考虑到自己的安危。最后他还对希律直言不讳："你这个可怜虫！"他怒斥道："这就是我对你的看法！居然因为那些谣言和中伤处死自己的骨肉。你一次又一次地认为菲劳拉和塞勒姆应该被处死，可现在居然听信他们的话针对自己的孩子。你难道看不出他们是在消除你合法的继承人，只留下安提帕特，那个他们可以玩弄于股掌间的王位继承人吗？你小心吧，当心某一天军队因为他兄弟的死而像恨安提帕特那样恨你。没有一个士兵不同情这两兄弟的，现在很多官员已经公开诅咒你了！"说着，提路列举了几个人的名字。希律马上派人把这几个人连同提路和他的儿子一起抓了起来。

　　此后，一个叫特力弗的宫廷理发师近乎疯狂地跳出来检举自己。他说："我也参与了。我可以作证，提路曾经让我在替您剃须的时候用剃刀割断您的喉咙，并承诺亚历山大会给我丰厚的报酬！"听说这件事后，希律用酷刑审讯提路及他的儿子和理发师。前两者拒绝承认这一事情，而理发师也没有任何补充。希律便命令继续用更残酷的刑罚来折磨提路。最后，他的儿子终于受不了，便答应希律如果他肯放过自己的父亲，便告诉希律所有的事。希律同意后，他招认自己的父亲是受了亚历山大的唆使，要谋杀希律。有些人认为他这样说只是为了结束自己父亲的痛苦，而另一些人则认为他所说的是事实。

希律召开了一个大型会议，在会上他指控了那些官员们和提路并争取到人们的支持，要处死他们。最终，他们和那个理发师一起被判杖毙。接着，希律把两个儿子送到离恺撒利亚不远的塞巴斯特，并下令绞死他们。命令很快被执行了，他又命令将尸体运往亚历山大底要塞，葬在他们的外祖父亚历山大的墓旁边。至此，亚历山大和亚里斯多布鲁斯的故事结束了。

第五章　希律杀死继承人及希律之死

　　现在安提帕特是无可争议的继承人，但同时也成了整个民族憎恨的人。因为所有人都知道那些指控亚历山大兄弟的罪状都起源于他。当安提帕特看到他死去兄弟的孩子正在慢慢长大成人时，心中充满隐秘而强烈的恐惧。格拉菲拉和亚历山大有两个儿子：蒂格兰尼和亚历山大；塞勒姆的女儿百妮基和亚里斯多布鲁斯有三男两女，三个儿子是希律、阿古利巴和亚里斯多布鲁斯，两个女儿是希罗底（Herodias）和玛里亚尼。处死那兄弟俩后，希律让格拉菲拉带着她的嫁妆回到了卡帕多西亚，又把百妮基嫁给了安提帕特的舅舅。这桩婚姻实际是安提帕特为了安抚塞勒姆的怨气特意安排的。另外，安提帕特还用大批礼物及其他方式拉拢菲劳拉，并且寄了大量的金钱去罗马来拉拢恺撒的朋友。塞特尼努斯和他在叙利亚的手下同样收到了大量的钱财。但是这些礼物让塞特尼努斯更加憎恨安提帕特，在他看来这不是慷慨的表现，而是收买人心以防预见的危险。安提帕特这种拉拢人心政策的最终结果是：收受贿赂的人没有比以前更推崇他，而没接受贿赂的人则比以前更痛恨他。后来安提帕特更进一步加大了每日的赏赐，因为他发现父亲在抵消他努力做的一切。这个时候希律正沉浸在亲手杀死两个儿子的悲痛中，他把所有精力都放在照顾失去父亲的孤儿身上，希望以此来弥补自己的过错。

一天，希律召集了朝臣亲贵，并把那几个孩子带到大家面前，含着热泪说道："这些孩子的父亲们因为邪恶的灵魂离开了我，他们受到我的照顾不仅因为血浓于水的亲情，还因为他们小小年纪就成了孤儿，实在令人同情。尽管我不是个好父亲，但我会尽我所能做个慈爱的祖父。当我撒手人寰时，他们依然是我最亲的孙子孙女。菲劳拉，我决定把你的女儿嫁给亚历山大的长子，这样你自然而然就成了他的监护人。而安提帕特，你的儿子要娶亚里斯多布鲁斯的女儿，这样你就成了她的父亲。而她的妹妹希罗底嫁给我自己的儿子希律，他有一个做大祭司的外公。就这样完成我的心愿吧，任何爱戴我的人都不要伤害他们。我会祈求上帝保佑这些联姻，以促进我的王国和子孙后代的利益，并给予这些孩子比他们父亲更多的恩泽。"说到这里，希律已经泪流满面。他握住孩子们的手，给他们每人一个深情的拥抱，然后就宣布散会了。

希律的决定让安提帕特觉得心寒，他没有掩饰自己对此感到的屈辱。在他看来，父亲对那些孩子的关爱足以令他的希望破灭。如果不光亚基老国王，而且还有菲劳拉君主拥戴亚历山大的儿子，那他登基的梦想就岌岌可危了。此时此刻，安提帕特又想到整个民族对他的痛恨，对那些孩子的热爱；想到犹太人在他们兄弟活着时对他们的推崇，死后他们在犹太人心目中保留的美好回忆。所以安提帕特决定无论如何都要破坏这几桩婚姻。他知道自己不能再在多疑、难对付的父亲面前玩什么把戏，便直言不讳地表示希律不应剥夺早已给他的荣誉；不应给他国王的称号却把实权留给其他人。如果亚历山大的儿子有亚基老这个祖父，又有菲劳拉

97

做岳父，那他是很难控制的。既然王室家庭已经够大，他是不是应该重新考虑指定这几桩婚姻？

　　希律有九个妻子，其中七个为他养育了子女。安提帕特自己是多利斯的儿子；大祭司的女儿米利暗生了希律二世；撒米利亚女人玛瑟斯（Malthace）生了安提帕斯和亚基老；他们的姐妹奥林匹亚斯（Olympias）嫁给希律的外甥约瑟夫。他和耶路撒冷的女人克利奥佩特拉生了希律和菲力普；和帕拉斯（Pallas）生了法赛尔。希律还有两个女儿，罗克珊（Roxane）和塞勒姆，前者是菲德拉（Phaedra）的女儿，后者是俄佩斯（Elpis）的女儿。还有两个没有生育的妻子，一个是希律的表妹，一个是他的侄女。除了这些孩子，希律还跟玛利亚尼生有两个女儿，亚历山大和亚里斯多布鲁斯的姐妹。[①]安提帕特认为王室已经够大，他建议希律重新考虑这几桩婚姻。

　　希律了解安提帕特对这几个孩子的态度后非常生气，他的脑子里不免闪过一个念头：死去的两个儿子或许是被安提帕特诬告的。所以他斥责了安提帕特一番，把他打发走了。然而，希律最终还是在安提帕特的奉承下妥协了，改变了当初的决定。他把亚里斯多布鲁斯的女儿嫁给安提帕特，把菲劳拉的女儿嫁给安提帕特的儿子。安提帕特的谄媚相比较他的姑姑塞勒姆而言显得更为有效。塞勒姆是希律的亲妹妹，而且还有恺撒的妻子朱丽娅[②]做后

98

----

　　① 米利暗不在这九个妻子之列。

　　② 在她丈夫活着的时候一直被叫列维娅（Livia）。根据《犹太古事记》，她是反对这门亲事的。

台。她不断地要求希望能嫁给阿拉伯的塞雷尔斯，可希律就是不答应，并且发誓如果塞勒姆不放弃这个想法的话，那她就是他最大的敌人。最终，希律不顾塞勒姆的意愿把她嫁给自己的一个朝臣埃利克斯，并把她的一个女儿嫁给埃利克斯的儿子，另一个女儿则嫁给安提帕特的舅舅。希律同米利暗生的两个女儿，一个嫁给他妹妹的儿子安提帕特，另一个则嫁给他兄弟的儿子法赛尔。

令那些孤儿们的希望破灭，又安排了自己可以获利的婚姻，安提帕特觉得可以高枕无忧了，这个时候他的自信同他本身的邪恶一样变得让人无法忍受。他没有能力消除别人对他普遍的怨恨情绪，所以依靠恐怖行动来确保自己的安全。安提帕特获得了菲劳拉的帮助，因为在后者看来安提帕特肯定会成为将来的国王。与此同时，有一群女人又开始在宫廷制造新的麻烦。菲劳拉的妻子在她母亲、姐妹以及安提帕特母亲的支持下，渐渐得势，甚至敢公然侮辱希律的两个女儿。这让希律很恼火，但他的反感并没能阻止她的所作所为。唯一站出来对抗这次阴谋的人是塞勒姆，她向希律告状，说这帮人会对希律构成威胁。在听说了塞勒姆的控告并了解了希律的不满情绪后，她们表面上终止了公开碰面和友好的聚会，并假装当着国王的面争吵。安提帕特也假装多次在公开场合表示自己与菲劳拉的意见分歧。但是私底下，他们还是保持秘密往来并多次在深夜把酒言欢。对他们的监视更加强了他们之间的同谋关系。但是塞勒姆对他们的所作所为知道得一清二楚，并逐一告知希律。

希律听后自然震怒，塞勒姆的极力谴责让他对菲劳拉的妻子更是不满。他立刻召集自己的谋士和亲贵们，指责菲劳拉妻子的所作所为，特别是她侮辱他的女儿，而且还给法利赛教派教徒钱，故意造成希律的困扰，另外她还下药使菲劳拉反对希律。最后，希律转向菲劳拉并告诉他只能选择一个，兄弟或者是妻子。菲劳拉表示自己宁愿死也不愿放弃妻子。希律听后不知怎么办，就又转向安提帕特，禁止他与菲劳拉以及他妻子或任何与她有关联的人联系。安提帕特表面上遵从了父亲的意思，但暗地里还和他们保持联系。因为害怕塞勒姆的眼线，安提帕特通过在意大利的朋友的安排出访了罗马。他的朋友写信要求安提帕特马上去见恺撒，希律没有丝毫的犹豫，马上安排大批随从带着大量钱财陪同安提帕特一起去罗马，同时还带着自己的遗嘱，任命安提帕特做继承人，并任命大祭司的女儿米利暗之子希律作为安提帕特的继承人。

　　这个时候去罗马的还有阿拉伯人塞雷尔斯。他不顾恺撒的命令，想要就曾经被尼古拉斯指控的案件同安提帕特争辩一番。塞雷尔斯和他的国王亚利塔斯之间也有激烈的争论，原因是亚利塔斯处死了很多塞雷尔斯的朋友，其中有在佩特拉势力最强大的索阿姆斯（Soaemus）。塞雷尔斯用重金贿赂奥古斯都的司库法巴图斯（Fabatus），想利用他的帮助来打击希律。然而希律用比他还多的钱把法巴图斯拉拢到自己一边，并打算从塞雷尔斯身上捞取要向恺撒缴纳的金钱。塞雷尔斯不肯出钱，在恺撒面前指控法巴图斯已经被希律收买。法巴图斯盛怒之下背叛了塞雷尔斯，他向恺撒揭发塞雷尔斯已经买通了恺撒的保镖考瑞瑟斯（Corinthus），并要他注意恺撒。这很为希律赏识。考瑞瑟斯虽然在罗马长大，但他还是个阿拉伯人。国王很快逮捕了考瑞瑟斯和跟他在一起的两个阿拉伯人。其中一个是塞雷尔斯的朋友，另一个是某个部落的首领。严刑审问下，他们招认考瑞瑟斯用重金收买他们，让他们取希律的性命。接下来，在叙利亚官员塞特尼努斯的详细审问后，这几个人被押送到罗马。

希律不断向菲劳拉施压要他与妻子离婚。虽然希律有许多恨她的理由，却一直没找到用怎样的方式来处罚那个女人，直到他一气之下把她和她的兄弟一起驱逐出境。菲劳拉忍下这口气，回到他的王国，发誓除非希律死，否则他绝不再回来。即使希律病重时，菲劳拉接到紧急通知也没有回去。因为希律认为自己快要病逝，希望菲劳拉回来，给他留些话。没想到希律的身体又恢复了。不久，菲劳拉病倒了。希律没有菲劳拉那般坚定，他跑去看菲劳拉，同情地照顾他。然而希律却不能控制疾病，几天后菲劳拉就死了。直到菲劳拉死希律还是很爱他。但还是有一些谣言说菲劳拉是被希律毒死的。希律把菲劳拉的遗体运回耶路撒冷，命令全国哀悼数日，给他举行了盛大的葬礼。这就是谋杀亚历山大以及亚里斯多布鲁斯其中一人的结局。 100

然而，最终发现菲劳拉的死因另有隐情。几个悲痛万分的自由民沉痛地来见国王，说菲劳拉的确是被毒死的。他的妻子曾给他一道很特别的菜，菲劳拉吃完后就一病不起。之前的两天，他妻子的母亲和姐妹曾叫一个阿拉伯女药剂师给他配一副补药，结果在塞雷尔斯的提议下，她给了菲劳拉致命的毒药。而菲劳拉的妻子和塞雷尔斯早就认识。

希律受到各种各样猜测的困扰，开始审问那些侍女和自由民。其中一个受不了酷刑喊道："统治着上天和人间的主啊，把我们所受的煎熬还给真正应该受惩罚的人吧。把这一切都还给安提帕特

的母亲吧！"得知这个信息后，希律继续追查事实的真相。这个
女人透露，安提帕特的母亲和菲劳拉以及他的女眷有很好的关系，
经常召开秘密会议。根据另一个自由民所提供的信息，侍女还提
到安提帕特和菲劳拉从希律那儿回来后经常聚在一起整晚地喝酒，
而且每次都斥退所有的侍卫侍女。

　　接着希律又单独审讯那些女奴，她们提供的证据和之前那个
女人所说的全部吻合。另外她们还提供了新的线索。安提帕特去
罗马，菲劳拉去彼利亚（Peraea）都是事先商量好的。因为他们
不止一次地说过，除掉亚历山大和亚里斯多布鲁斯后，希律就会
对付他们及他们的妻子了。亲手处死米利暗和她的儿子后，希律
再不会宽恕任何人，所以这个时候最好的办法就是尽可能远离这
个野兽。同时，安提帕特经常向母亲抱怨自己已经不再年轻力壮，
可父王似乎越活越年轻，照这样发展下去，他有可能还没登基就
先死了。就算等到父王逝世，他继任的时间也非常短暂了，而且
亚历山大兄弟俩的孩子们也都长大成人，成为他的心头之患。另
外，他的父王还毁灭了安提帕特孩子的希望，因为在他去世后，
继承王位的不是安提帕特的亲生儿子，而是米利暗的儿子希律。
安提帕特觉得如果希律以为他的遗嘱能得到忠实的执行，就真是
老糊涂了。他会看到所有王室家族无一人能活下来。作为父亲，
希律比任何人都恨自己的儿子，可他似乎更恨自己的兄弟。就在
一两天前，他还给安提帕特十万英镑叫他不要和菲劳拉联系。菲
劳拉问道："我们能给他带来什么伤害？"安提帕特回答："我宁
愿他剥夺我们的一切让我们赤裸地生活，可我们不可能避开这个
野兽。他现在甚至不让我们公开表示我们之间的亲情。除非我们

有充足的武器和勇气，否则只能私下见面。"

重刑之下招了这些后，侍女们还补充说菲劳拉计划同他们一起逃往佩特拉。这个时候希律完全相信她们的话，因为那十万英镑的事他只跟安提帕特说过。希律的怒火直指安提帕特的母亲多利斯。他把之前赏给她的昂贵、奢华的饰品全部收回，再次把她赶走。菲劳拉的女眷因为刚刚经历了一场不幸，希律没有给她们过多的处罚，而是尽量好好安抚了她们一番。但是，此后他变得疑神疑鬼，草木皆兵，抓来更多的人审问，唯恐漏过任何可能犯罪的人。

接下来，希律开始审问安提帕特的主要执行官，一个叫安提帕特的撒玛利亚人。刑审下，他招认安提帕特曾派人去埃及找对付希律的毒药，并通过安提费勒斯（Antiphilus）的手转交给安提帕特的叔叔瑟蒂安（Theudion），再经过瑟蒂安把毒药交给菲劳拉，由菲劳拉负责鸩杀希律。这个时候安提帕特正在罗马，自然而然没有了嫌疑。菲劳拉把毒药交给妻子保管。所以希律派人找菲劳拉的妻子，并要她把她藏的东西一起带来。她装作去取药，却趁人不备从楼顶跳下自杀，避免遭受国王的刑罚和审讯。或许上帝决意要惩罚安提帕特，所以菲劳拉的妻子并没有摔着头，而是身体其他部位着地，所以没有死。摔下来后不省人事的她被带到希律面前。希律把她弄醒后，迫使她招供，并说如果她从实招来，就可以免除一切惩罚，若有隐瞒则五马分尸，死无葬身之地。 102

犹豫了一阵后，她说道："现在菲劳拉都死了，我为什么还要保守秘密？难道为了保护安提帕特，那个毁了我们一家的人吗？听着，陛下，还有我的主，您也听着，我保证我所说的都是真的，什么也瞒不了我们的主！菲劳拉临死前，您含泪坐在他旁边的时候，他把我叫到身边，悄悄告诉我说：'亲爱的，我犯了一个严重的错误。我的兄弟是这么爱我，可我却恨他，并计划要杀死他。我现在是自食恶果，你去把安提帕特留给我们准备毒死我兄弟的毒药拿来，当着我的面毁掉它，否则我死不瞑目。'然后我就把毒药取来，当着他的面把大部分都倒进了火里，但还给我留下了一点以备不时之需，因为我害怕您。"

　　她一边说着，一边拿出一个盒子。里面确实装了一点点毒药。希律接着刑讯安提费勒斯的母亲和兄弟，他们招认安提费勒斯的确从埃及带回一瓶药，而且这药是从亚历山大里亚一个练药的兄弟那儿拿的。亚历山大和亚里斯多布鲁斯的魂魄整日在宫殿徘徊，搜寻那些隐藏的东西让它们大白于天下，还把一些看似远离是非的人拽到审讯者的视野内。就连大祭司的女儿米利暗都被发现与这次密谋有关，这一信息是审讯她兄弟时知道的。希律通过她的儿子对她进行惩罚。她的儿子希律本应是安提帕特的继承人，现在他的名字从希律的遗嘱中删掉了。

　　这场审讯最大的收获是从安提帕特的一个自由民巴瑟勒斯那里证实了安提帕特的阴谋。他那里有另一种调制品，是一种由毒蛇和其他爬行动物的分泌物混合而成的毒药。如果第一剂毒药没起作用的话，菲劳拉和他的妻子就会用这个来对付希律。除了计划除掉自己的父亲，安提帕特同时还在进行别的活动。巴瑟勒斯拿出安提帕特伪造的几封信，诬告希律两个还在罗马念书的儿子亚基老和菲力普有罪。因为这两人现已成年，为了把阻碍他前进的一切障碍都扼杀在摇篮中，安提帕特用他的罗马朋友的名义伪

造了检举信，并贿赂其他人写兄弟俩经常抱怨父亲，公开为亚历
山大兄弟鸣不平，并抵制父亲的召唤，因为希律已派人去召他们
回国，这也是安提帕特最担心的事。

　　早在安提帕特出国前，他就找人伪造了很多从罗马寄来的检
举信，却在希律面前表示信中所说有些是假的，而另一些也仅仅
是那兄弟俩孩子气的一些不检点的行为。他这么做的目的是让希
律不会怀疑自己有意陷害两个兄弟。在花了大笔的钱来请人伪造
信件后，安提帕特现在要做的就是掩盖自己的罪行。他大量添购
奢华昂贵的壁橱、精制的挂毯、金杯银杯以及其他奢侈品，想借
此来掩饰自己的财政开支。他的账目显示总共有二十万英镑的花
销，主要是用于跟塞雷尔斯的庭审争斗。现在他的所有恶行，即
使再小，也跟他的主要罪状一起暴露了。那些受折磨的人都高喊
安提帕特是"弑父者"，而那些信函则再次提到他杀害弟弟们的罪
恶。从发现安提帕特的阴谋到他准备回国期间有七个月的时间，
可是国内的人对他的憎恨与日俱增，没有一个去罗马的人告诉他
国内发生了什么，或许是被他谋杀的兄弟的鬼魂堵住了准备告诉
他真相的人的嘴。不管怎样，安提帕特从罗马写信表示自己会马
上回国，并描述了恺撒在与自己最后一次会面时给予的极高荣誉。

　　希律恨不得立刻惩治这个残忍的恶棍，却又担心他可能会有
所提防，所以回信时压抑了自己的真实情感，违心地表达了对安
提帕特的关心，并希望他快点儿回国。希律还说如果他快点儿回
来的话，就可以饶恕他母亲犯的一些过失。安提帕特现在意识到
母亲已经被驱逐出宫廷了，早些时候他在泰伦底（Tarentum）收
到一封信，信中提到菲劳拉去世的消息。当时安提帕特显得很悲

痛，让别人觉得他在为叔叔的死感到伤心。实际上，他是为计划的失败感到难过，为失去一个可利用的工具而哭泣。当然他也为自己所做的事情感到害怕，是不是毒药被发现了？当他在西利西亚收到父亲的信时，决定快马加鞭赶回去，可到了克兰德里斯（Celenderis）的时候，他满脑子都是母亲的命运，有种不祥的预感。一些深谋远虑的同僚建议安提帕特在弄清母亲被贬的真正原因前不要回到父亲的辖地。他们担心对安提帕特母亲的定罪可能会牵扯到别的事情。可还有一些做事欠考虑的人，他们急于回国的心情远远胜于对安提帕特的关心，强烈建议他马上回国，不要再耽搁时日以免引起希律的怀疑同时也让对手抓住把柄，有机可乘。就算是有人反对安提帕特，那也是因为他不在国内。如果安提帕特回国，没人敢在他面前搞什么把戏。如果因为没有证实的怀疑而损失应有的利益，不尽快回到父亲身边接管完全将由他继承的王国是很荒谬的做法。安提帕特在他自己罪恶野心的驱使下，听取了后者的意见，扬帆起航，在恺撒利亚的奥古斯都港靠岸了。

上岸后，安提帕特吃惊地发现自己被完全孤立了。每个人都在回避他，根本没人敢向他靠近。要说以前就有人憎恨他，那现在这种恨意已经十分明显地表现出来。很多人回避安提帕特也是因为对希律的惧怕，现在每个城市都有关于安提帕特的流言，唯一不知情的大概只有他本人了。他去罗马时，享受的是空前的欢送场面；回来时，迎接他的却是异常的惨境。安提帕特现在开始怀疑国内确实发生了什么事情，但他还是狡猾地掩饰着自己的情绪。尽管内心怕得要死，表面还竭力装出一副狂傲的样子。现在逃跑或置身事外已经是不可能的了，但是因为希律的封锁，他还没有收到任何确切的消息，这样还残存一点希望——或许什么都没被发现。就算发现了什么，他还可以用自己的厚脸皮和诡计来自圆其说，而这其中任何一项都足够保住他的性命了。

侥幸抱着这些希望，安提帕特独自一人进入宫殿。他的随从都被拦在外门。殿内站着叙利亚的大使韦鲁斯（Varus）。安提帕特走向父亲，准备厚着脸皮应付一切。他想拥抱一下父亲。希律用手挡开，把头转向一边，喊道："这样的弑父者，心怀不轨，还想来拥抱他的父亲！去死吧，你这个令人恶心的家伙！别碰我，除非你能证明自己的清白！你会得到公正的审判，韦鲁斯来得正是时候，可以做你的判官。去好好想想明天要怎样为你自己辩护吧，我给你个机会让你准备你那些小伎俩。"安提帕特震惊得一句话都说不出来，等他离开宫殿后，他的妻子和母亲告诉了他所有的事情。他恢复了镇静，开始想办法为自己辩护。 105

第二天，希律召集法庭审理，到庭的有希律的谋士和朝臣，也有安提帕特的同僚们。审判由希律和韦鲁斯共同主持。希律下令把所有证人带到法庭上。其中有安撮帕特母亲的侍从。多利斯被指控企图捎信给她的儿子，信上说："你父亲已经知道一切，不要接近他除非你能得到恺撒的帮助。"安提帕特最后入庭，他一进来就跪倒在希律脚前："求你了，父王。"他说道，"不要先判我的罪，请您听听我的辩护。如果您愿意，我可以证明自己的清白！"

希律专横地打断安提帕特的话，转向韦鲁斯，说道："你，韦鲁斯，以及各位公正的法官将判定安提帕特是个无可救药的混蛋，这点我敢肯定。但恐怕在座的各位会为我的不幸感到厌烦，你们可能认为我教出这样的儿子就该受到这样的惩罚。可是就是因为这个原因，你们才应该更同情我，因为我把作为父亲所有的爱都给了这样的人。之前那两个儿子在他们还年轻的时候我就任命他们为我的继承人，另外还让他们在罗马读书，和恺撒搞好关系。使他们成为别的国王羡慕的对象，结果却发现他们密谋反对我！因为安提帕特的揭发，他们死了。那个时候安提帕特还年轻，而且是唯一的继承人，他的安全就成了我最关心的事情。可是这个混蛋，享受着我的纵容和宠爱，居然反过来背叛我。他觉得我活得太久了，对我不耐烦了，因而等不及要通过弑父的手段来当国王了。我真不该把他驱逐出城后再把他接回来，更不该把公主的儿子撇在一边，立他为继承人。我承认，韦鲁斯，我是一个地道的傻瓜！因为安提帕特，我夺取了本该属于其他几个儿子的东西，以至于他们奋起反抗我。我什么时候给过他们像给安提帕特那样的疼爱？我几乎都快为了他宣布退位了。我公开宣布他成为继承人，并每年给他五万英镑。我从自己的口袋里掏钱给他买礼物。

106 就说最近这次他去罗马，我给了他三十万英镑，并且让他一个人代表我去面见恺撒。其他人犯的罪怎么能和他相比呢？其他人的犯罪证据又怎么能像他的那样令人震惊呢？

"现在，这个人居然还想说话，还想用他的伎俩来掩盖事实。韦鲁斯，要当心！我了解这个畜生，知道他一会儿会用怎样的托词和鳄鱼的眼泪来博得同情。亚历山大还活着的时候就曾经提醒我要提防他，不要过分信赖别人。这个人是陪我回寝宫，并保证我寝宫安全的人；我睡觉时他在旁守卫，我忧虑时他排忧解难，我因儿子的死难过时他安慰劝解，他担保其他兄弟的忠诚，他是我的盾牌，我的保镖！韦鲁斯，每当想起他在这些场合表现出来的奸诈、虚伪，我都惊讶自己居然还活着，我是怎么从这个老谋深算的阴谋者手中逃脱的呢？自从邪恶的精神使我们王室变得凄凉，使我亲爱的孩子一个个起来反对我，我深深地为自己残酷的命运感到悲哀，为自己内心深处的孤独感到难过。但是对于那些想陷害我的人，我是绝对不会饶恕的，即便为此法官要判定我所有的孩子都有罪！"

　　由于情绪过于激动，希律说不下去了，他让自己的一个侍卫尼古拉斯继续陈述。但在这个时候，一直趴在希律脚下的安提帕特抬起头，喊道："父王，您已经为我辩护了。如果就像您所说的那样，我是您的保护者，保护您走过了风风雨雨，那我怎么可能会弑父呢？您说我对您的爱是虚伪、假装的，如果我在其他方面表现得那么奸猾，又怎么会傻得意识不到！想要瞒过众人的眼睛进行这种令人憎恶的事情是极其困难的，想要瞒过在座的法官就更不可能了，因为任何事情都逃不过他们的眼睛。难道我没有看到兄弟们的下场吗？他们因为受邪恶灵魂的驱使反对您而遭到上帝惩罚的惨状我难道不知道吗？是什么驱使我反抗您呢？希望做国王吗？我已经被任命为继承人了啊！疑心您憎恨我吗？难道我不是最受宠的吗？因为其他原因害怕您吗？但是我对您的关心让别人担忧。是缺钱的原因吗？谁比我得到的钱还多呢？假如我是个最没有人性的畜生，父王，难道当您把流放的我宣召回来，当您偏爱我胜于其他的儿子，当您宣布我做继承人并且赋予我各种令人羡慕的荣耀时，我还没有被您的慈爱驯服吗？

　　"可惜我出国了，让那些嫉妒我的人有机可乘。但是我出国也是因为您的原因，父王。我是去替您征战，让塞雷尔斯不敢欺负

107

您年老。整个罗马可以证明我对您的忠诚，世界的统治者恺撒也能证明，他经常夸我是个孝子。这里有一封他寄给您的信，它比这里的诽谤更有说服力。这就是我的辩护，这是我对你忠心、敬爱的证明。要知道这次出行并不是我愿意的，因为我很清楚国内有人鬼鬼祟祟地进行反对我的活动。是您，父王，让嫉妒我的人有机会来中伤我。不过，我来了，来面对这些指控。跋山涉水来到弑父者不会来的地方。不要因为这些证据而对我再有所偏爱，因为我在上帝和您的眼中已经被判了罪。但是我祈求您不要相信那些在重刑下招供的事情。让我在烈火中煎熬，让刑具穿过我的胸膛，不要饶恕这个蠢人。如果我是弑父者，必遭五马分尸！"

听到这些悲痛的陈述，韦鲁斯和其他人都被感动了。只有希律自己非常生气，因为他知道那些指控都是真的。

接着，尼古拉斯站起来，按照希律的指示彻底揭发安提帕特的虚伪，大家对他的同情随之烟消云散了。然后尼古拉斯又对安提帕特进行了一系列的控诉，指控说国内所有的犯罪都与他有关，特别是设计谋杀他的兄弟，他们的死完全是由于他的诽谤和中伤。尼古拉斯又指控他密谋陷害其他有继承资格的人。一个准备鸩杀父亲的人又怎么会放过他的兄弟呢？关于涉及毒杀希律的案子，尼古拉斯给出大量证词；而关于菲劳拉的案件，尼古拉斯已经不能抑制自己的愤怒，想一想吧，安提帕特居然把菲劳拉变成弑兄者！通过贿赂希律最亲近和最亲密的人，使整个王宫充斥着腐败之风！又列举了许多其他证据并证明它们的真实性后，尼古拉斯坐回到座位上。

　接着，韦鲁斯让安提帕特为自己辩护，但他只说了句"上帝

证明我是无辜的"便继续匍匐在地上保持沉默。所以韦鲁斯把毒
药拿上来，让一个被判了死刑的犯人喝，结果马上就死了。接着
韦鲁斯私下和希律讨论了一番，决定把整个审判过程记录下来寄
给恺撒，第二天便离开了耶路撒冷。希律把安提帕特关进监狱，
给恺撒捎信叙述了这些不幸的事件。

　　不久，大家又发现安提帕特同时也在密谋反对塞勒姆。安提
费勒斯的一个侍从从罗马带回朱丽娅的一个名叫艾克姆的侍女的
信。从她那里，希律了解到艾克姆在朱丽娅的信件中发现了塞勒
姆的来信，并把它们寄给希律，希望对他有所帮助。这些信件里
面有很多对希律的辱骂，最恶毒的指控都是由安提帕特伪造的，
他买通艾克姆，让她寄这些信给希律。艾克姆给他的回信证明了
安提帕特的罪行。信中说："根据您的意愿，我把这些信寄给了您
的父亲，我保证他看完以后绝对不会饶恕您的姑姑。事成之后，
别忘了您的承诺。"

　　发现这封信以及那些伪造陷害塞勒姆的信件后，希律意识到
那些证明亚历山大有罪的证据有可能也是伪造的。再想到差点儿
因为安提帕特的诡计亲手杀死自己的亲妹妹，希律心中万分悲痛。
所以他决定立刻处置安提帕特。可就在他准备下旨的时候突然身
患恶疾。不过他还是告诉恺撒关于艾克姆以及安提帕特想要陷害
塞勒姆的事情。同时他也把自己修改后的遗嘱寄给恺撒。新的遗
嘱任命安提帕斯为继承人，没有考虑那两个被安提帕特诽谤的儿
子亚基老和菲力普。除了礼物之外，他还赠给恺撒一百万英镑，
给恺撒的妻子、孩子、大臣和自由民大约五十万英镑，另外给自
己其他的孩子大量的土地和金钱。希律给自己的妹妹塞勒姆留了

丰厚的礼物作为特别的赏赐。这些就是他对遗嘱修改的部分。他的病情越来越重，年老和消沉的意志使得疾病几乎把他击垮。这时的希律已年近七旬，他的精神意志也都被自己孩子的问题击垮了。所以即便是健康的时候，生活中美好的事物跟他也毫无关系。安提帕特还没被判决，这让希律觉得很痛苦，同时也加剧了他的病情。希律决定不让行刑有任何差错，所以一定要等他恢复后再执行。

　　就在希律麻烦不断的时候，国内又出现了一场浩大的起义。有两个德高望重的犹太拉比塞弗勒斯（Sepphoraeus）的儿子犹大和玛格勒斯（Margalus）的儿子马提亚（Matthias），他们作为民族国家传统的倡导者，受到整个民族的敬重。很多年轻的学生都慕名去他们那里讨教有关法律方面的事情。事实上，在他们全盛时期，每天都吸引了很多人去听他们讲学。当他们听说希律的身体和精神都饱受疾病的折磨时，便向来听他们讲学的人暗示，眼下是最好的时机以上帝的名义捣毁那些违背父辈的法律而建造的东西。法律规定在圣堂不允许有任何类似生物的形象或半身像，可希律却在大门上修了一个金鹰的雕像。这两个拉比建议大家把雕像毁掉。他们说道，虽然会有危险，但是为了捍卫父辈法律的尊严而牺牲是一件很荣耀的事情。而这些人也一定会得到永生，并永世享有上帝的恩泽。只有那些意志薄弱、对犹太法师智慧一无所知的人才会无知地选择碌碌无为地度过一生，直到疾病夺去他的生命。

　　正在他们说教的时候，有谣言说希律快不行了，所以那些年轻人对于完成这件事变得更有信心了。正午时分，当大批民众来

109

到圣殿宫院外时，他们利用绳索从房顶下来，开始用斧头砍金鹰。
希律的官员得到消息，马上赶到现场，用武力驱散人群，并逮捕
了大约四十个年轻人，把他们带到希律面前。希律问他们是不是
要捣毁金鹰，他们说是；又问他们是谁让他们这么做的，他们说
是自己父辈制定的法律；再问是什么让他们在临死前还这么高兴，
他们说他们知道自己死后会享受永世的保佑。听闻此言，希律变
得怒不可遏，他忘记了自己患病在身，召开了一次公众集会。会
议上，他怒斥那些人是进入圣殿的强盗，打着捍卫法律的幌子，
实际有不可告人的秘密。他们犯有亵渎神物罪。人们担心又要大
面积地严刑审讯，便乞求希律严惩提出建议的人，再惩罚现场被
抓的人，剩下的那些人就不要追究了。希律勉强答应了。他判定
对那些动手砍金鹰的人和那两个拉比处以火刑，另外那些人就交
给自己的大臣们处置。

　　从这以后，希律的病越发严重，并伴随着多种痛苦的症状。
他持续低烧，浑身难以忍受地发痒，肠子持续疼痛，脚也变得浮
肿，腹部发炎，生殖器坏疽生虫。与此同时，希律还感到呼吸困
难，特别是躺下的时候，四肢也经常痉挛。占卜者说希律有那么
多的病症是因为他对拉比的所作所为遭到报应。不过尽管有这么
多症状，希律却依然顽强地活着，期待着痊愈的一天并且安排自
己的治疗方法。他穿过约旦，到考利哈（Callirrhoe）泡温泉，那
里的水直接流进死海，甘甜可口可以直接饮用。那儿的医生想要
用热油来温暖希律的身体，把他慢慢放入一个盛满热油的浴盆中。
结果希律直接晕了过去，翻着白眼好像死了一样。随从们大声的
呼喊才使他恢复了意识。不过知道自己没希望恢复后，希律给每个

110

士兵分发了十五英镑，给军官和随从更多的赏金。

　　返途过程中到达耶利哥时，希律的意识已经不清醒了，作为对死亡的最后抗争，他策划了一项骇人听闻的暴行。他把犹地亚所有城镇最有名的人都请来，把他们囚禁在竞技场，然后叫来妹妹塞勒姆和妹夫埃利克斯，说道："我知道如果我死了，犹太人一定会欣喜若狂。但是如果你们按照我说的做，肯定会有人因为别人为我感到哀伤，我也会有一个盛大的葬礼。这些被监禁的人在我死后要全部处死，释放里面的士兵，这样犹地亚每个家庭都会忍不住为我哭泣。"

　　就在他下达这些指示时，驻罗马大使的公文到了，通知他，按照恺撒的指令，已经处死了艾克姆，安提帕特也判了死刑。不过公文后面又表示，如果希律愿意只是把他驱赶出境，恺撒也不会反对。希律为此高兴了一段时间，但接着他又饱受饥饿和咳嗽的折磨。这个时候他开始努力为结束自己的生命做准备。他拿了一个苹果，然后向别人要刀子。希律有个习惯，就是吃苹果的时候喜欢切着吃。拿到刀子以后，他环顾四周确定没人能阻止他，便举起刀子刺向自己。但是他的表兄弟阿克博（Achiab）猛冲上去抓住他的手腕制止了他。这个时候整个大殿响起悲痛的哭声，好像国王已经去世一样。很快，安提帕特听说了这个激动人心的消息，他给狱官一大笔钱让他放自己出去。但是监狱长非但没接受，还跑去告诉希律。希律发出一声怒喊，声音大得不像是个重病的人发出的。他让自己的侍卫立刻处死安提帕特，下令将他的尸体埋在哈卡尼亚。之后希律开始修改自己的遗嘱，任命他的长子亚基老为继承人，亚基老的兄弟安提帕斯为四分区领主。安提帕特被处死后的第五天，希律去世了。如果从他处死安提柯纳斯成为整个国家的首领开始推算，他的统治共三十三年，如果从恺撒任命他为国王开始推算，是三十六年。①希律有一般人没有的运气，尽管他曾是个平民，却成为国家的统治者，统治了很长时间，并把王位传给了自己的孩子。不过他的家庭却是世间最最不幸的。

　　在军方知道希律去世前，塞勒姆和她丈夫释放了那些希律命令处死的犯人。告诉他们国王改变主意了，决定放他们回家。当他们安全离开时，塞勒姆才告知士兵真正的情况，并召集他们和百姓一起在耶利哥的一个竞技场开会。会上，托勒密出现了，向大家展示希律给他的图章戒指，并对希律进行了热烈的颂扬和对民众的忠告。接着，他开始大声宣读希律给军队留下的信。希律要求全体国民对于继任者无条件地忠诚。然后他打开文件，念了希律最终的遗嘱：任命菲力普为特拉科尼特斯以及周围地区的继承人，安提帕斯如前所述为四分区领主，亚基老为国王。亚基老将要带着希律的戒指和密封的文件去觐见恺撒，因为恺撒是唯一有权处理并执行希律遗嘱的人。早些时候立的那份遗嘱的其他部分也将具有法律效力。

　　亚基老立刻被大家祝贺的声音所包围。士兵和百姓都来到他身边，表达自己的忠诚，同时也祈求上帝的保佑。接着，他们开始着手举行国王的葬礼。亚基老尽可能地把葬礼办得风光。为了体现对死去国王的尊重，亚基老在整个送葬队列中用了所有王室的装饰品。棺材是纯金的，上面装饰着宝石，盖着最富丽的紫袍。

112

----

① 从公元前40年到公元前4年。

希律穿着深红色的袍子，头戴黄金王冠，右手执权杖。抬棺材的是希律的儿子和亲属，后面跟着身着战袍的长矛手，色雷斯人连队（Thracian Company）、日耳曼人和高卢人紧随其后。在他们指挥官的带领下，军队的其他士兵全副武装秩序井然地在前面开路。跟在他们后面的是五百名运送香料的家奴和自由人。希律的遗体按照他生前的指示葬在离城二十四英里的希律堡。至此，希律的故事也就结束了。

第六章　亚基老的沉浮

　　因为必须要出访罗马，亚基老的生活又一次被打乱。他用了一个星期的时间来哀悼自己的父亲，并且以最慷慨的方式招待参加葬礼的百姓们。这个习俗毁了很多犹太人，因为他们为了避免被指控不虔诚而被迫要设宴款待民众。现在他换上白袍，走向圣殿，在那里接受百姓的欢呼、喝彩。升起的平台上放着他的宝座，亚基老坐在上面向百姓挥手致意，衷心地感谢他们参加父亲的葬礼，并给予他本人国王才能得到的尊敬。然而，目前他还没有获得相应的权力，甚至连国王的头衔也要等到恺撒确认后才能生效，因为根据希律的遗嘱，恺撒是唯一能使遗嘱具有法律效力的人。所以在耶利哥，当军队的士兵要把王冠戴到他头上的时候，亚基老拒绝了。不过他表示会犒赏这些对他忠心的人民。等他正式成为国王后，他会通过各种努力证明自己做得比父亲更好。

　　这一承诺让在场的人兴奋不已，他们立刻提出一些要求。有些人要求减轻赋税，有些人希望取消购买税，还有一些人要求释放囚犯。为了抚慰百姓，亚基老毫不犹豫地答应了每个要求。接着他举行了祭祀，宴请自己的亲贵们。但是到了下午，有一群想要革命的人聚集在一起，在公众哀悼完前国王后，开始哀悼自己的亲人，那些因为砍金鹰事件被处死的人。他们没有隐蔽地哀悼，而是失声痛哭，捶胸顿足，响彻整个城市。用他们自己的话说，那些人是为了他们国家的法律而死，是为了圣殿而死。为了替这些人报仇，他们强烈要求严惩希律那些行刑的官吏，首先要罢免他任命的大祭司，因为他们有责任选取一个更虔诚、手脚更干净的人。

　　这些人的举动激怒了亚基老，但是因为急着去罗马，所以他想先把事情压下来，他害怕一旦激起百姓的敌意，可能会推迟自己的行程。因此亚基老试图通过劝导而不是武力的方式来解决这件事情。他秘密派遣自己的总指挥官去制止那些人。指挥官来到圣殿，还没等开口就被那些人用石头砸了回来。亚基老另派了一些人去，也遭受了同样的待遇。每次劝说总会遭到他们激烈的回应。很明显，如果他们再接受广泛的支持，那场面将会变得不可控制。接下来事情变得更糟，因为除酵节——犹太人称作逾越节，常用大量的祭品来庆祝——快要到了，到时大量的人会从全国各地赶来参加节日庆祝。那些聚集在圣殿，哀悼死去的拉比的人定会散播煽动叛乱的言论。这让亚基老非常害怕，所以他决定在事情没闹大之前把问题彻底解决。他派了一个护民官带着步兵队去武力拘捕这些暴民领袖。军队的靠近激怒了大批暴民，他们用石头砸死很多前去的士兵，护民官也身受重伤，差点儿送了命。打跑军队后，这些人好像什么也没有发生似的又开始了祭祀活动。亚基老意识到只有通过杀戮的方式才能彻底镇压这批暴民，所以他派了整个军队前去，步兵队从城内进入，骑兵队从城外进入。正当那些人进行祭祀时，士兵突然包围了他们，杀死大约三千人，其余的都被围困在附近的山上。这时亚基老的传令官来了，命令所有的人全部回家，他们便暂停了仪式，纷纷回家去了。

　　亚基老和他的母亲及三个亲贵——珀普拉（Poplas）、托勒密和尼古拉斯一起坐船去罗马，留下菲力普管理国家，保管他的财产。和亚基老同行的还有塞勒姆、她的孩子以及希律的侄子兼女婿。后者表面上是为了支持亚基老登基，真正的目的却是为了揭发亚基老在圣殿所做的不合法的事情。

　　在恺撒利亚，他们见到了叙利亚的地方官萨比努斯（Sabinus）。他正要去犹地亚接管希律的土地，却因韦鲁斯的到来耽搁了。韦鲁斯是在托勒密的恳求下来到这儿的。萨比努斯听从韦鲁斯的意见，既不赶往犹地亚，也不剥夺亚基老继承希律财产的权利。在恺撒做出最终决定前，他会一直待在恺撒利亚，不采取任何行动。但是当韦鲁斯一返回安提俄克，亚基老出发去了罗马，萨比努斯的约束就解除了。他便立刻动身去耶路撒冷，占领了宫殿，指派警卫部队的指挥官和审计官清点财产并占领城堡。然而，官员们依然遵从亚基老的指示，继续以恺撒而不是亚基老的名义守卫着所有的东西。

　　与此同时，安提帕斯也在积极地争取自己对王位的继承权。他坚持希律早期的遗嘱才是具有法律效力的，因此他才应该是合法继承人。安提帕斯得到塞勒姆以及其他许多跟亚基老同去罗马的亲戚的支持。他还试图得到他的母亲以及尼古拉斯的兄弟托勒密的支持。作为希律的委托人，托勒密举足轻重，而且还是希律最受尊重的亲贵。不过安提帕斯大部分的信心来自于艾瑞内斯（Irenaeus），一个具有超凡技巧的雄辩家。所以他对于那些劝他让位给哥哥亚基老——新遗嘱的继承人的建议不予理会。在罗马，所有厌恶亚基老的亲属都表示拥戴安提帕斯。最初他们建议在罗马官员的保护下实行自治，失败后便准备推举安提帕斯做新任国王。

他们还得到了萨比努斯的支持。他写信给恺撒谴责亚基老的种种做法，并不遗余力地称赞安提帕斯。塞勒姆和她的朋友们收集了所有的指控，并把相关文件呈交恺撒。亚基老也让托勒密带着他自己的说明、父亲给他的戒指以及官方文件面见恺撒。恺撒拿着双方的全套资料，先是考虑国土的面积、国家税收的价值以及希律孩子的数量等因素，又看了韦鲁斯和萨比努斯关于这件事情的文书。接着，他召集罗马所有地方法官开会，并首次允许盖约（Gaius）——阿古利巴和他自己女儿朱丽娅的儿子，被他收养——出席，鼓励大家各抒己见。

塞勒姆的儿子安提帕特立刻站起来。他是亚基老众多反对者中最有智慧的一个。他指出尽管亚基老刚刚公开要求做继承人，但事实上他已经实际统治了很长时间，所以现在再来要求恺撒接见是很可笑的一件事情，因为关于继承人的决定，恺撒早已预想好了。希律刚死，亚基老就秘密贿赂某些人推举他做国王，他还擅自坐在王位上，像国王一样接见民众。与此同时，他还改动了军队的组织，晋升官员。另外，当百姓像祈求国王似的乞求他时，亚基老答应了百姓提出的所有要求，并且释放了很多因罪大恶极而被希律关押的罪犯。现在，他来要求他的主人给予他已经私下掌控的东西，让恺撒只成为名义上的统治者。安提帕特还说，亚基老哀悼自己的父亲都是做给别人看的。白天他摆出一副伤心欲绝的样子，到了晚上却纵酒宴乐，这激起了人们的愤慨并导致最

终的暴动。安提帕特强调，那些在圣堂被杀的百姓只不过来参加
节日仪式却遭到残忍的杀害，惨死在他们摆的供品旁边。那么多
的尸体堆在圣殿，即使遭到外国侵略者的突然袭击也不过如此。
希律了解亚基老的性格特点，所以从未给过他继位的希望，直到
希律的精神崩溃，不能做出正确的判断也意识不到他到底选了怎
样的人来继承王位时，才将亚基老的名字写进遗嘱。然而，希律
身体健康、头脑清醒时所做的决定，也就是较早那份遗嘱中所立
的继承人才是正确的选择。如果要对希律后一份遗嘱发表意见的
话，亚基老已经通过他的那些违法行为证明了自己不适合当国王。
在他没有正式继位前就杀了那么多人，那等他从恺撒手里接过统
治的权杖时，又会变成什么样呢？

　　在详细陈述了亚基老的暴行，并让大多数亲戚证实他列举的
每条罪状后，安提帕特回到了自己的座位。接着，尼古拉斯站起
来替亚基老辩护。他指出圣殿的屠杀事件是不可避免的，那些被
杀的人不仅是本国的敌人，也是恺撒的敌人。至于其他被指控的
罪状，亚基老当时可是征求了这些检举者的意见！关于后一份遗
嘱，尼古拉斯强调了它的合法性，并给出一个特别的原因，即在
最后的遗嘱中恺撒被认为是最终的执行者，这就说明当时希律有
足够的理智把自己的决定交给最高统治者来判定，因为他不会错
选继承人，而且当时希律也能足够清醒地选出自己认为合格的继
承人。

　　当尼古拉斯发表完意见，亚基老走上前来，跪在恺撒面前没
说一句话。恺撒用最亲切的方式扶他起来，表示他有资格继承父
位，却没正式宣布。那天解散了他的那些顾问后，恺撒私下反复

117

琢磨他们说过的话，考虑是否任命遗嘱中两个继承人之一来继承王位，或者是把权力平分给整个王室的人，因为似乎有必要为这些涉及其亲身利益的人提供支持。

恺撒还没作出决定，亚基老的母亲玛瑟斯就病逝了，韦鲁斯从叙利亚写信来报告犹地亚发生的叛乱。恺撒早就料到会这样，所以在亚基老启程后，他也赶往耶路撒冷来制止叛乱，很明显，百姓们是不会自己安静下来的。在圣城内留下三个从叙利亚带来的军团，恺撒回到安提俄克。然而，他刚离开，萨比努斯就到了，很快人们又有理由散播煽动叛乱的言论了。萨比努斯强迫留守的军队交出要塞，并雇用韦鲁斯留下的士兵以及自己的奴隶，让他们全副武装，作为满足自己贪欲的工具，大肆搜索国王的财宝。五旬节——一个犹太节日，在七星期后庆祝。"五旬节"表示"第五十天"。——前夜，人民聚集起来不是为了庆祝节日而是发泄自己的不满。大批从加利利、以土买、耶利哥和约旦东部彼利亚来的人聚集在一起，更多的是犹地亚本地的人。他们分成三个独立的阵营驻扎，一个在圣殿北部，一个在南部的竞技场旁，另一个在西部宫殿附近。这样就把罗马人包围起来，挡住了他们的去路。

这些人的数量和决心让萨比努斯感到有些担忧。他派了一系列的信使去韦鲁斯处寻求增援，如果迟了，军团可能会全军覆没。而萨比努斯自己则去往要塞最高的塔楼，这个塔楼叫法赛尔，为了纪念被帕提亚人杀害的希律的兄弟而建。萨比努斯站在塔顶给军团发信号要他们向敌人发起进攻。这个时候的他惊慌失措，甚至不敢到塔下和自己的士兵在一起。士兵们根据指示冲向圣殿和聚集在那里的犹太人扭打在一起。刚开始没有人从高处袭击他们，所以士兵们的作战经验让他们处于上风。慢慢地，许多犹太人爬到柱廊的顶上朝士兵的头上扔石块。这个时候军团的伤亡比较惨重，因为对他们来说，既要回击来自头顶的进攻又要应付身边贴身搏斗的犹太人，的确不是件容易的事情。

因承受不了来自各个方向的压力，军团的士兵开始放火焚烧柱廊——这些规模宏大、美丽壮观的艺术品。柱廊顶上的人立刻深陷熊熊烈火中。很多人被烧死了，还有一些从廊顶跳下陷入士兵包围中被杀死了；另一些人转过身来，从墙上跳下；少数人看见没机会逃跑，便选择自杀以摆脱烈焰的折磨。那些从墙上爬下来的人，冲到罗马人中间，却因为惊慌失措很快被制服了。幸存者吓得纷纷逃命去了。士兵们包围了无人看守的金库，夺走了大约四十万英镑的财产，其余的都被萨比努斯弄走了。

犹太人的生命和财产都受到了侵害，于是他们组织了规模更大、装备更好的武装力量来反抗罗马人。他们包围了宫殿，并扬言要杀死里面所有的人，除非他们立刻撤退。犹太人承诺如果萨比努斯准备带领他的军团离开的话，他们可以保障他的安全。这个时候，早些叛逃萨比努斯的皇家军队赶来增援。不过最有战争威胁的一部分是来自塞巴斯特的三千士兵，他们在鲁福斯（Rufus）和格莱特斯（Gratus）的指挥下加入了罗马军团。格莱特斯指挥王室步兵，鲁福斯指挥王室骑兵。即使没有手下的士兵，这两人中的任意一个也足够勇敢和机智来改变整个战争的规模和等级。犹太人发起猛烈的围攻，他们袭击要塞的城墙并大声叫嚷着让萨比努斯和他的军团赶快滚。既然犹太人好不容易才开始赢得他们的独立，决不允许罗马人来破坏。萨比努斯倒是很想安静地撤退，但是他不相信犹太人的承诺。在他看来他们的保证只是为了抓住他而设的诱饵。再说他也在等待韦鲁斯派来的援兵，所以坚持不撤兵。

与此同时，国家很多地区都发生了大规模的骚乱，有些人趁着乱世自立为王。在以土买，两千名希律的老兵全副武装聚集在一起，准备反抗王室军队。他们遭到希律的表兄阿克博的反对。阿克博躲在最坚固的防御工事后面，不肯冒险公开发动战争。在加利利的塞弗利斯，希西家的儿子犹大——他是一个强盗头子，曾经劫掠整个国家，后来被希律王镇压了。——组织了大批武装力量，闯入王室兵工厂，得到武器装备，接着攻击其他夺权的人。在彼利亚有个叫西蒙的王室家奴，他觉得自己俊朗的外貌和挺拔的身材足以登基为王，便召集一伙强盗，烧毁了在耶利哥的宫殿和很多宏伟的官邸，并借着熊熊烈火抢劫了大量的财宝。如果没有王室步兵队指挥官格莱特斯，西蒙会把所有宏伟的建筑化成灰烬。格莱特斯带着特拉科尼特斯的弓箭手和塞巴斯特最强的军队来迎战西蒙和他的同伙。彼利亚人在战争中损失惨重，西蒙本人逃到一个沟壑里面时被格莱特斯挡住了去路，就在他想逃跑时，遭到来自身旁沉重的一击，被砍断了脖子。约旦附近比萨拉马萨（Betharamatha）的宫殿被另一股彼利亚的暴民焚毁了。

第三个想要登基称王的是一个叫阿斯隆戈斯（Athrongaeus）的牧羊人。他长得虎背熊腰，力气过人且不惧死亡，同时他还得到四个跟他一样的兄弟的支持。他让每个兄弟管理一支武装队伍，指派他们在突袭中作为最高将领，而那些重大问题就留给自己作为国王来处理。另外他为自己加冕了皇冠，并且在相当长的一段时间内和他的兄弟劫掠国家财富。他们的主要目标是罗马人及皇家军队，但是如果哪个身上有贵重物品的犹太人落到他们手里的话也不能逃脱。他们曾经在以马忤斯（Emmaus）①附近冒险包围了罗马的一个百人队。当时百人队正在为他们的军团运送粮食和军火。经过一番搏斗后，阿斯隆戈斯和他的部队杀死了百人队的队长阿里尔斯（Arius）以及四十个最有作战力的士兵，剩下那些人要不是格莱特斯带领塞巴斯特的士兵赶来解围，也会是同样的下场。整个战争中，他们就是这样对待当地人和罗马人的。不过后来他们中的三个被打败了。年长的那个是被亚基老打败的，另两个被格莱特斯和托勒密打败，最小的那个被亚基老招安了。当然他们最终以失败收场。这是后话，在我们描述的时候，他们的强盗行径正在扰乱整个犹地亚。

韦鲁斯收到萨比努斯和其他官员的文书后，因为担心整个军团的安危，所以立刻赶去增援。他挑选了两个军团、四队骑兵向托勒迈进发，并下令让各个国王及地方统治者的辅助队伍跟他在托勒迈会合。另外，他在路过贝鲁特城时，又召集了一千五百名重型步兵。到达托勒迈后，韦鲁斯得到很多同盟的增援。其中最重要的有阿拉伯的亚利塔斯。他非常痛恨希律，所以带来大量的步兵和骑兵。韦鲁斯马上把他的一部分军队分到托勒迈附近的加利利，接受他的朋友盖约的领导。盖约击溃那些阻碍他的人，占领并烧毁了塞弗利斯城，俘虏了城内的居民。剩下的那部分武

120

① 不是《路加福音》第24章13节中的以马忤斯，后者只在第378页提到过。

装力量在韦鲁斯的亲自带领下向撒玛利亚进发。但是当听说整个国家都处于骚乱，只有这里还保持着平静时，韦鲁斯改变计划，不再去那里。他在一个叫阿鲁斯（Arus）的村庄附近安营扎寨，这个地方属于托勒密，所以被那些痛恨希律和他朋友的阿拉伯人狠狠劫掠了一番。他们又去了另一个有防御工事的村庄萨夫（Sappho），以同样的方式洗劫了这个村子，劫掠了能找到的所有财产。烈火和鲜血充斥着整个村子，阿拉伯人对这里的破坏和蹂躏是无法估量的。以马忤斯成为弃城后，同样在韦鲁斯的命令下被烧毁了，他这么做是为了给阿里尔斯和那些死亡的士兵们报仇。

然后，韦鲁斯继续前进来到耶路撒冷。犹太军队一看到他和他的军队就纷纷撤退，跑到乡下消失了。然而城内的居民却很欢迎韦鲁斯的到来。他们表明自己跟叛乱没有任何关系，只不过因为节日的到来接受了大量的游客，他们自己并没有动手。他们非但没有参与叛乱，反而像罗马人一样遭到围困和烦扰。在这之前，韦鲁斯见到了亚基老的表兄弟约瑟夫、塞巴斯特军队以及皇家武装的领导者鲁福斯和格莱特斯，还有拥有常规武装的罗马军团代表。但是萨比努斯因为害怕见到韦鲁斯已经离城出海了。韦鲁斯派了一部分军队去乡下抓捕那些发动叛乱的人，他们绝大多数纷纷落网。韦鲁斯把从犯监禁起来，那些主要发动者（大概有两千人）统统被钉死在十字架上。

韦鲁斯接到消息说在以土买还聚集着大约一万名拥有重型武装的人。他还发觉阿拉伯人此行的目的并非是作为同盟军，而是有自己的目的。他们违背韦鲁斯本人的意愿，劫掠犹地亚的乡村主要是为了发泄对希律的仇恨。所以韦鲁斯打发他们回去，派自己的军团去镇压叛乱。这些发动叛乱的人在遭到打击之前，听从阿克博的建议投降了。韦鲁斯没有治他们的罪，只是把主要领导人送回罗马交由恺撒发落。恺撒原谅了其中的大多数，但是有些和希律有血缘关系的人因为反对自己的亲人被判处死刑。韦鲁斯解决完耶路撒冷的问题后，留下以前的军团作为驻军，便返回了安提俄克。

在罗马，亚基老同样陷入和部分犹太人的争辩中。这些犹太人在叛乱前经过韦鲁斯的许可，作为大使来到罗马恳请实行种族自治。他们总共有五十人，在罗马得到了八千多名犹太人的支持。恺撒召集罗马地方官和他的朋友在巴拉迪尼（Palatine）的阿波罗神殿（他自己修建了这个神殿并花重金装饰。）开会。犹太人站在他们的大使身后，面朝亚基老和他的朋友。亚基老亲戚的朋友站在远离两方的位置，因为对他的嫉妒和痛恨使他们不愿跟亚基老站在一起，同时他们也不愿让恺撒看到他们和亚基老的反对者在一起。这群人也得到亚基老的兄弟菲力普的支持。韦鲁斯好心把菲力普带到罗马主要有两个目的：　是可以和业基老合作，另一个目的则是如果恺撒决定将希律的国土分给他的后代，那菲力普能够确保得到属于他的那部分。

当指控人发言时，他们先陈述了希律所犯的罪行，并表示他们归顺的并非是一个国王，而是一个前所未有的野蛮暴君。很多人都被他处死了，侥幸活着的人所受的痛苦使他们生不如死。希律折磨的不仅仅是单个的个人，而是整个城市。他掠夺自己的城市，去装点别的民族的城市。他用本族犹太人的血来取悦异族。在他的统治下，以往的荣耀消失了，曾经的法律没有了，他

带给臣民的是一个贫穷和没有法制的国家。事实上，在希律统
治的这些年里，犹太人遭受的苦难比他们的祖先自摆脱薛西斯
（Xerxes）①的统治，离开巴比伦回到自己家园后整个时期所遭受
的苦难要多得多。但是他们已经变得俯首帖耳，也已经习惯忍受
苦难，所以没有任何反抗地继续在希律继承人的统治下过着他们
骇人的奴役生活。希律去世后，犹太人准备接受这个残酷暴君的
儿子亚基老作为新任国王。他们跟亚基老一起为希律的去世哀悼，
为他顺利继承而祈祷。可是他却迫不及待地证明自己确实是希律
的儿子，用三千人的生命来宣告自己的继任。为自己的登基祭奠
了那么多的祭品，在节日里让整个圣殿堆满了尸体。那些在一系
列灾难后侥幸生存的人，自然回想起他们承受的苦难，并选择像
士兵一样在前线接受对他们的打击。他们恳求罗马人同情剩余的
犹太人，不要把残留下来的人交给会把他们撕成碎片的残忍如野
兽的人。他们希望自己的国家和叙利亚统一在一起，并由他们自
己的官员来管理。这表明现在这些被诬告为煽动叛乱的人其实懂
得如何顺从于理性的权威。

　　说完，这些犹太人的控诉就告一段落了。这个时候，尼古拉
斯站起来，驳斥对国王的指控，并检举那些人无政府主义的企图。
尼古拉斯指出，这些人对国王不忠已经不是一天两天的事情了。
最后，他指责亚基老的亲戚不该依附于那些指控者。

　　听完两方的陈述，恺撒下令休会。几天后，他将一半国土给

---

　　① 据《以斯拉记》（Ezra），这里是指亚达薛西（Artaxerxes）。（亚达薛西，圣经
中的人物，波斯王。——中译者）

了亚基老，赋予他总督的头衔并许诺如果他能够证明自己是个合
格的国王，到时再任命他为国王。另一半的国土恺撒又分成两个
四分领地，给了希律的另外两个儿子。一块给了菲力普，另一块
给了与亚基老争夺君主权的安提帕斯。安提帕斯的领地包括彼
利亚和加利利，有二十万英镑的收入；巴特纳尼、特拉科尼特
斯、奥兰蒂斯和齐诺在伊纳诺（Innano）①附近的部分领地以及
十万英镑的收入归菲力普所有。亚基老的领地包括以土买、整个
犹地亚以及撒玛利亚。撒玛利亚因为没有参与叛乱，被减免了四
分之一的税收作为奖赏。亚基老管辖的城市有斯特拉顿塔、塞巴
斯特、约帕和耶路撒冷。部分希腊城市如加沙、加大拉和西波斯
（Hippos）从原来的国土中分离出来并入叙利亚。亚基老的这些土
地带来的收入有四十万英镑。塞勒姆除了得到希律在遗嘱中留给
她的一切以外，还被任命为扎莫尼亚、阿饶特斯和法赛尔利斯的
女主人。另外作为礼物，恺撒将阿什克伦的宫殿交给塞勒姆管理，
她可以从上述地方得到六万英镑的收入，但是她的领地要接受亚
基老的控制。希律的其他后代都根据遗嘱上的说明得到他们应有
的那一部分。对于希律那两个还未出嫁的女儿，恺撒又多给她们
八万英镑，并安排她们嫁给菲劳拉的儿子们。分封完希律的土地
和财产，挑选了几个没什么价值只不过用来悼念亡者的纪念品后，
恺撒也得到希律留给他的价值一百万英镑的财物。

　　在此期间，有一个年轻的犹太人被一个罗马的自由民在西顿
抚养成人。因为他长得跟被希律处死的亚历山大非常相像，就利

① 可能是抄写员的抄写错误，原词应是"潘尼亚"（Panias）。

用这个优势假扮亚历山大，打算避开侦查前往罗马。他得到一个犹太同胞的帮助，这个人熟知王室发生的一切，还教给他一套说辞，就说原本派去处死亚历山大和亚里斯多布鲁斯的人因为同情他们偷偷把他们藏了起来，找了两具尸体代替。通过这样的伪装，他成功地欺骗了克里特岛的犹太人。他们为他提供了工具，让他用很奢侈的方式去米洛斯（Melos）。在那里他利用自己的善辩得到更多的钱财，并劝诱他的支持者跟他一起去罗马。在普丢利（Puteoli）上岸后，他得到大量当地犹太人贡献的礼物，一路像个国王似的由他"父亲"的朋友护送。因为外表上的相似，见过亚历山大并且还在怀念他的人都发誓那就是亚历山大本人。所有在罗马的犹太人都倾巢而出来看他，他被抬着经过的狭窄的街道上都聚集了大批人群。米洛斯（Melians）人已经完全失去理智，他们用轿抬着这个年轻人，用自己的积蓄把他装扮得高贵华丽。

　　自从希律当着恺撒的面指控亚历山大以后，恺撒对于亚历山大的特点就了如指掌。在还没见到这个所谓的亚历山大之前他就知道是假扮的。不过为了以防万一，恺撒还是指派熟悉亚历山大的克拉德斯（Celadus）带这个年轻人去见他。一见到这个人，克拉德斯就发现他的脸跟亚历山大不同，而且这个人更强壮一些，像个奴隶的身躯。克拉德斯识破了整个阴谋，对这个家伙厚颜无耻编造出来的故事非常愤慨，因为当他问及亚里斯多布鲁斯的情况时，那个人一再声称他也活着，只是因为害怕背叛跑到塞浦路斯去了，而且如果他们两个分开的话会更安全一些。克拉德斯把这人叫到一边说："如果你说出来是谁唆使你撒这种弥天大谎，恺撒可以饶你一命。"这个年轻人答应了克拉德斯，并和他一起去见恺撒。在那里，年轻人指出那个犹太人利用他和亚历山大的相似来谋得好处。他在每个城市接受的礼物比亚历山大一辈子收到的都多。恺撒觉得很好笑，又因为这个年轻人有着健硕的体格，所以他把这个冒充亚历山大的人作为奴隶安排去做苦工，把那个唆使人处死了。米洛斯人为他们的愚蠢付出了金钱的代价。

被任命为总督的亚基老无法忘记旧日的恩怨，残忍地对待犹太人甚至撒玛利亚人。这两族人都派大使去恺撒面前检举他。最终，在统治的第九个年头①，亚基老被流放到高卢的维耶纳（Vienne），财产归入恺撒的国库。有人说，亚基老在接到通知前曾做过一个梦，梦见九个巨大的玉米穗被一些公牛吞吃了。他找来一些先知和卡尔迪亚人解梦，大家给出不同的解释。一个名叫西蒙的艾塞尼派教徒认为玉米穗代表时间，公牛代表政变，因为它们可以通过犁地翻转土层。每一穗代表亚基老可以统治一年，在他死前会经历很多政变。解梦后的第五天，亚基老就被召去接受审判。

我想我应该提一下亚基老的妻子、卡帕多西亚国王亚基老的女儿格拉菲拉做过的一个梦。格拉菲拉先是嫁给亚基老的兄弟亚历山大，也就是被希律处死的那个儿子，关于这些之前已经提过了。亚历山大死后，她又改嫁利比亚国王朱巴（Juba）。朱巴死后，她回到自己家，以一个寡妇的身份住在父亲那里，直到亚基老遇见并疯狂地爱上她。接着亚基老跟自己的妻子米利暗离婚，

---

① 后来约瑟福斯意识到，实际上是第十年。

娶了格拉菲拉。就在格拉菲拉到犹地亚不久，她就梦见亚历山大站在她身旁对她说："你和利比亚人的婚姻已经可以了，但是你还不满足，又回到我们家来选第三个丈夫，你这个厚颜无耻的女人居然嫁给我的亲弟弟。我不能忍受这种侮辱，不管你愿不愿意，我都要把你带回到我身边。"这个梦果然成真了，梦醒后不到两天，格拉菲拉就死了。

第七章　安提帕斯和两个阿古利巴

亚基老的领土直接交由罗马统治，一个罗马市民特权阶层成员克珀尼亚斯（Coponius）被恺撒授权做该地区的代理人，负责施行死刑。在他代理期间，有一个叫犹大[①]的加利利人试图煽动当地居民造反。他表示如果他们顺从地向罗马人交税的话就是一群懦夫。他们只应为上帝服务而不应该接受凡人做主人。这个叫犹大的人是个有自己宗派的拉比，跟其他人很不一样。

犹太人中有三个思想派别，其追随者分别被人称为法利赛派（Pharisees）、撒都该派（Sadducees）和艾赛尼派（Essenes）。艾赛尼派遵循相当严格的修行，天生就是犹太人，彼此感情深厚。他们反对享乐，视其为罪恶，把自我克制和对各种激情的控制奉为美德。他们鄙视婚姻，宁愿挑选别人家的孩子去塑造、教导、培养他们成为自己的信徒。作为种族传承的方式，他们不希望消除婚姻，可是又害怕女人乱交。他们坚信，女人中没有一个会永远忠诚于一个男人。他们蔑视财富，是完美的共产主义者。没有谁比其他人过得更好。他们的规则是：如果新信徒入教，必须先把自己的财产都交给教会，这样他们中间就没有赤贫或豪富的人。

---

① 这是《使徒行传》第5章37节中的犹大。

每个人的财产都被大家共同管理。他们像兄弟一样所有的东西都属于大家。他们觉得猪油是不洁的，如果有谁无意中沾上了油，他得把自己好好擦洗干净。因为他们认为人最好皮肤干燥，常着白衣。他们举手表决谁来管理社区事务，而这些来选举的人也是全民公选出来的。

他们没有统一的城市，到处都有大居住区。当一处的信徒到一个新地方，所有当地的资源都可供他使用，好像就是他自己的一样。那些从来没有见过面的当地信徒也像老朋友一样接待他们。所以无论他们走到哪里，都不带行李，只带上防强盗的武器。在每一个城镇都有一个牧师，专门负责照料外乡人，给他们分发衣物和食品。在衣着和外表上，他们像孩子一般由严厉的老师管教。衣服、鞋穿破了才会更换。他们之间不买卖任何东西，每个人都会给予别人所需要的东西，别人也会给他自己有用的东西作为回报。即使没有回报，他们也可以自由分享别人的东西。

他们以自己独特的方式虔诚地敬神。日出前不说一句关于尘世的话，而是向神进行传统的祈祷，好像是在请求主显身。在这之后，他们的督学就把每个人派回到自己最擅长的行业去。他们勤奋工作，一直到正午前一个小时再次相会：他们腰围亚麻遮羞布，用凉水冲洗身体。这样清洁过了，才聚集在自己的房子里。非此宗教团体的人禁止入内。他们把自己清洗干净，进入食堂，好像是进入一座神庙似的，然后静静地坐下。面包师就给他们轮着发面包，厨子在每个人面前摆上一盘食物。祭司做饭前祷告，祷告之前不准吃任何东西。早餐过后，他又做饭后祷告，因为在饭前饭后，他们都要感谢主，感谢他给人们食物。然后他们庄严地脱掉罩衣，回到自己的岗位上，一直工作到晚上。再以同样的方式回去吃晚饭。要是有来客，就让他们坐在身边。在这里，从没有大声喧哗，不守秩序的现象。要谈话，都是靠人们一个个传话给邻座的。在外人看来，这里静谧、神秘得有点可怕，这源于他们一贯的严肃和简单、限量够吃的饮食自制。

一般情况，没有督学的指令谁也不能有任何行动，但有两件事可以自己决定个人资助和施舍。他们可以自愿帮助任何他们认为值得、也的确需要帮助的人，或者是给身无分文的人食物。但是给自己亲人礼物需要得到正式批准。他们平时很有自控能力，只到万不得已时才会发火。他们倡导讲信用，维护和平。他们的每一句话都比誓言还有约束力。他们拒绝发誓，因为发誓在他们看来还不如伪誓。他们说，要是一个人不提起主，就没有人相信他，那么这个人已经受到谴责了。[①]令人惊奇的是，他们非常热爱古代作家的作品，选择那些对身心有益的书籍。从书中，他们学习各种药用草根和石头的特性，渴望为人除病。[②]

想入教的人不会立刻得到批准。他需要在教外待上整整一年，和信徒一样遵守生活规定。从寺里他得到一把手斧和前面提到的那种缠腰布和白色的外衣。在这期间，如果他能够证明自己的节制，就和寺里的规则更近了。虽然还没有进入他们的公共生活，

127

---

① 在《登山宝训》（*The Sermon on the Mount*）书中有相似的意思。（据《马太福音》，《登山宝训》是拿撒勒的耶稣在公元30年于一处山腰上对弟子和许多民众所作的一次布道。对于许多人来说，《登山宝训》包含了基督教信徒应遵循的基本原则。——中译者）

② 毫无疑问，此处指魔力。

却得到分享圣水净身的允许。在他证明了自己的意志力之后，还得花两年时间去证明他的品质，如果这些考验他都通过了，证明了他的价值，那就可以入会了。但是，在共享饮食前，他必须发下毒誓：第一，他要敬畏神灵；第二，他必须对人公正。不管是因为自己或者是其他人的祈求，都不能做害人的事，要永远疾恶如仇，与善人为友，任何时候跟任何人，尤其是对统治者都要心怀信任，因为所有的权力都是主授予的。①如果他自己掌权，决不能滥用职权，不能比那些比他职务低的人穿戴更好。他要热爱真理，全力去判明说谎者有罪，不偷盗，灵魂不被不洁的获利污染，不向同门隐藏任何东西，不能向任何人透露同门的秘密，即使被暴打致死。然后，他还要发誓，不把他们的教义以异于自己接受的方式传授给任何人，不加入武装抢劫，要保藏本宗的书籍以及天使的名字。这些就是新入教的信徒一定要遵守的誓言。

犯了大罪的人要被逐出教会。这些人的结局常常很惨。因为有誓言和惯例的约束，他不能分享非会员的食物，所以他只能吃草，直到饿死。慈善使教会的人在犯人奄奄一息的时候又把他们带回去，因为他们觉得快被折磨至死的人已经为自己的罪行受到了足够的惩罚。在判案子的时候，他们非常小心，也很公正。给一个人定罪，需要一百人以上的陪审团。这样，案子审完就不会有人不服上诉。除了主，他们第二个敬畏的是立法的人，任何亵渎他的人都要判死罪。服从长者和大多数是原则问题。如果有十

①　参照《圣约翰》（St John）第19章第11节和《罗马书》（Romans）第13章第1节。

个人在一起，其中一个是不能违背余下那九个人的意愿的。

他们小心地不在人群中或向右边吐痰。他们比其他犹太人更严格地遵守第七天安息日的做法。他们不仅在安息日的前一天把吃的都准备好，这样当天就不用生火，也不用碰那些锅碗瓢盆，或者到哪里去方便。在别的日子里，他们就用挖沟工具（这也是他们为什么给新教徒都发一把短斧的原因）挖一个一英尺深的洞，放下外衣罩着自己以免亵渎神的光芒，蹲坐在上面方便，然后把刚掘出来的泥土又推回到洞中。他们选的地方都是很隐蔽的，尽管清清肚子是很自然的事情，但是他们被教导要在之后洗身，好像排泄弄脏了他们似的。

根据在预备阶段达到的水平，他们被分为四等。低等的人和高等的人级差森严，如果后者被前者碰了，后者一定要洗干净，好像是被异类玷污了一样。他们都很长寿，很多人都活过百岁，我觉得这是他们简朴的日常生活和规律的日常事务所致。他们鄙视危险，靠意志力战胜痛苦。他们把光荣的死亡看得比生命还重。他们的精神被罗马人的战争磨砺到极致。罗马人拷打他们，折磨他们，用火烤，用力打，让他们尝尽苦头，想让他们亵渎立法者，或是吃禁忌的食物，但是什么都不管用。从没有一个人乞求这些折磨者或是掉一滴泪。他们在痛苦中微笑，文雅地嘲弄那些把他们置于火刑台上的人。他们的灵魂快乐地退居下去，因为他们坚信，灵魂会再生。

他们毫不动摇地坚信，肉体是会腐朽的，那些组成肉体的物质是短暂的，而灵魂却能永远不朽。灵魂来自于稀薄的大气，被困在肉体这个牢狱中，好像是被自然的魔咒给拖了下来；但是，一旦从肉体的束缚中释放出来，逃出了多年的奴役，它们欣喜万分，越飞越高。像希腊的子民一样，他们讲授同样的教义：他们宣称，海洋那一边有善的灵魂的家。那里没有雨雪，也不会酷热，像西风抚过海洋那般清爽。而恶的灵魂被打到一个阴暗的，有暴风雨的深渊，会受到无穷无尽的惩罚。我认为希腊人也是这样想的。他们说勇者被称为英雄或是小神的人去极乐世界，而恶人的灵魂被打入冥王哈得斯邪恶的地狱，根据他们的罪行，遭受惩罚如西绪弗斯和坦塔罗斯，伊克西翁和提提俄斯等人。他们讲述这些故事，一是因为他们相信灵魂是永生的，二是希望鼓励美德，劝阻罪恶，因为希望死后能有回报，在活着的时候，好人变得更好。而恶人，也因为害怕即使这辈子逃脱了，死后灵魂也得经历没完没了的惩罚，所以恶的倾向也会收敛。这是艾赛尼派关于灵魂的宗教说教，给那些曾经体验其智慧的人提供了无法解脱的诱惑。

　　他们用一生的时间学习宗教圣典，经历各种净化，得到先知的警语，因而有些人声称自己可以预测未来。而他们一旦预言，也很少证明有不准的时候。

　　艾赛尼派还有另一个分支。他们同前教派在生活、习俗和裁决的方式上都一样，只是婚姻观不一致。他们认为不结婚的人放弃了生命中最重要的传宗接代。如果人们都照他们这么做，人类很快就会消亡的。但是，他们对新娘有三年的考验期。一直到她们的月经规律证明她们有生育能力才娶她们。[1]怀孕后，他们就

---

　　① 拉丁文有此意，而希腊文却不清楚。

再也不行房事——以证明婚姻的目的不是享受而只是为了生孩子。妇女洗浴的时候要穿着衣服，就像男子们穿着缠腰布一样。这是教会的规矩。

上文提过的两个学派中第一个，法利赛派被认为是律法最有权威的解释者，是领袖派别。他们把所有的事都归于命运或主。是否行善是人的决定，但是人做什么，命运都有一定程度的参与。每一个灵魂都是不朽的，但是只有好人的灵魂才能进入下一个躯体，而坏人的灵魂会受到永远的惩罚。第二个撒都该派根本不信命，认为主是不会犯罪或者是看不到罪过的。他们说，人自由选择善与恶，每个人都必须作出这个决定。他们完全不信灵魂的持久、地狱的惩处和报应之类的说法。法利赛派彼此之间都是很友善的，也尽力维持大众和谐，而撒都该派，即使自己人之间，也是一种不愉快的气氛，在处理和自己人的关系上，他们像对外人一样无情。

关于犹太思想派别，这就是我想说的话。

亚基老的领地交由罗马统治后，他的兄弟菲力普和希律·安提帕斯继续统治各自的四分领地。（塞勒姆死后留给朱莉娅·奥古斯塔斯的护卫军，她的统治区包括扎莫尼亚和法赛尔利斯的棕榈林。）后来在奥古斯都死后（他统治了五十七年六个月零两天①），帝国交由朱莉娅的儿子提比略（Tiberius）统治，这两人没有受任何影响。菲力普在帕尼亚斯河（Paneas）的约旦源流附近建立了恺撒

①　从公元前44年尤利乌斯·恺撒逝世开始计算。根据苏埃托乌斯（Suetonius），是5个月零4天。（苏埃托乌斯，罗马传记作家，公元71—135年。——中译者）

利亚城，在下高隆尼蒂斯建立了朱利亚斯（Julius）城；安提帕斯在加利利修建了太巴列，还在彼利亚修建了朱莉娅城。

作为犹地亚的代理行政官，提比略派遣彼拉多乔装打扮，趁着夜色秘密向耶路撒冷运送恺撒肖像，称为"神像"。破晓时分，这一事件引起犹太人很大的骚动。附近的人看到这一幕非常震惊，因为这表示对他们律法的践踏——他们不允许城内竖立任何雕刻的肖像。大批从全国涌入的人加入到愤怒的城市暴民中。他们冲进恺撒利亚，恳求彼拉多把"神像"从耶路撒冷移走，尊重他们古老的习俗。彼拉多拒绝后，他们趴在他家周围，五天五夜没有移动。

翌日，彼拉多来到他在大运动场的讲坛，以给人们答复为由把大家召集起来。结果，他给士兵们发了一个提前安排好的信号，命令全副武装的士兵包围那些犹太人。整个军队把他们围了三层。犹太人看到这意想不到的场面都愣住了。彼拉多表示，如131果他们不接受恺撒的肖像就要把他们砍成碎片，接着他示意士兵亮出武器。这时犹太人像是商量好似地一起匍匐在地，露出脖子，叫喊着宁可被杀也不能容忍别人践踏他们的律法。他们那种宗教狂热程度让彼拉多深感震惊，立刻下令把恺撒的肖像从耶路撒冷移走。

这一事件后，他又引发了更大的麻烦。彼拉多用供奉上帝的神圣宝物各耳板（Corban）建了一条五十英里长的输水管道，这激起了百姓的强烈愤慨。当彼拉多去耶路撒冷时，他们包围了讲坛并大声叫喊着要他下来。彼拉多早就预料到会有骚乱，提前派士兵混在人群中，在装甲外面穿上百姓的衣服，并且命令他们不许佩剑只拿着棍棒混在人群中。他在讲坛上给士兵们一个暗示，士兵们便用棍棒击打这些犹太人。很多人死在棍棒下，也有一些逃跑的人被同伴踩在脚下践踏而亡。这些人的下场让整个人群吓得不敢出声。

　　这个时候，被父亲希律王赐死的亚里斯多布鲁斯的儿子阿古利巴找到机会拜见提比略，目的是为了指控领主希律。控诉没被受理，但他还是留在罗马想方设法接近那些达官贵人，特别是格马尼库斯（Germanicus）的儿子盖约（Gaius），尽管他还只是个平民。一天，阿古利巴邀请盖约到他家吃晚饭，盛宴款待后，阿古利巴伸开双手公开祈祷提比略快点儿死，这样他就可以看见盖约成为世界的主人。他的一个家仆把这件事情告诉了提比略。提比略大发雷霆，立刻下令将阿古利巴关起来。阿古利巴在严酷的禁闭里待了六个月直到提比略去世。提比略总共统治了二十二年六个月零三天。

　　登基后，盖约释放了阿古利巴，并指派他接管刚刚去世的菲力普的四分之一领地。阿古利巴得到这个头衔引起了另一个四分之一领主希律深深的妒意。希律对于王位的渴求主要是受他妻子希罗底的激发。她不停地在希律身旁唠叨，埋怨希律不愿意去拜见恺撒所以才没能得到更好的头衔。能把阿古利巴从一个平民提升为国王，皇帝同样应该毫不犹豫地将希律从四分之一领主的位置上提拔起来。迫于妻子的压力，希律去找盖约。没想到盖约斥责了他的野心，把他流放到西班牙作为惩罚。因为希律是在阿古利巴之后面见盖约的，而阿古利巴刚刚在盖约面前检举他，随后阿古利巴获得了希律四分之一领地作为奖赏。希律的妻子同希律　132

一起被流放到西班牙，最终死在那里。

　　盖约·恺撒掌权后变得有些得意忘形，他希望别人认为甚至称呼他为神。他剥夺了国内所有贵族的权利，继续在犹地亚干一些冒犯犹太神灵的事情。盖约命令彼得罗纽斯（Petronius）带领一队人马去耶路撒冷，在圣殿竖立自己的雕像。如果犹太人拒绝的话，就处死反对者并奴役所有剩下的人。但是，上帝显然注意到了这些行动。彼得罗纽斯带着三个军团和一大队叙利亚同盟者从安提俄克迅速向犹地亚进发。有些犹太人不相信爆发战争的谣言，相信的人却又不知该如何防护自己。但是很快所有人都开始战栗、发抖，因为军队已经来到了托勒迈。这是加利利的一个海滨城镇，建在大平原的边缘，被群山笼罩。东边七英里外是伽利略山脉；南边十五英里远是卡梅尔山；北部十二英里有被当地人称作"蒂尔之梯"的最高峰。离镇四分之三英里处流着拜勒斯（Beleus），一条很小的溪流，河岸边是门农（Memnon）之墓。在这附近是一个宽五十码的区域，一个很神奇的地方。它是一个圆洞，能够生产水晶砂。很多船只来到这里把砂子运走，但是因为风的缘故，这个地方再次被填满，就好像故意把外面一些普通的砂子吹到里面，然后立刻就变成了一个水晶矿。我觉得更神奇的是，从这块凹地溢出的砂子又恢复成普通的砂子。这是一个很不寻常的地方。

　　犹太人带着他们的妻儿聚集在城市附近的平原上。他们先是为祖先的律法接着又为他们自己向彼得罗纽斯求助。在如此强大人群的要求面前，彼得罗纽斯选择了让步，把军队和雕像都留在了托勒迈。然后他前往加利利。他把所有百姓以及贵族们都召集到太巴列，详述了罗马的力量和恺撒的威胁，还论证了他们要求的不合理性，因为当其他受罗马统治的民族都把盖约的雕像同城内其他神灵建在一起时，如果只有犹太人拒绝这么做，就等于谋反和有意的背叛。当犹太人以自己的律法和祖辈的习俗为理由，解释说在他们国家里，圣殿甚至是一般的地方都不允许挂有雕刻的神像，更何况是人像了时，彼得罗纽斯反驳道："就算这个样子，可是我也要维护我的君主制定的律法。如果我不遵守律法宽恕你们，将会受到死亡的惩罚。是皇帝向你们宣战，不是我。我同你们一样顺从于自己的权威。"作为回应，人群吼叫着说他们已经准备好为自己的律法承受一切苦难。等人群安静下来后，彼得罗纽斯问道："你们要去跟盖约打仗吗？"犹太人回答他们为盖约和罗马人每天祭祀两次。如果他执意要把雕像建在他们城市的话，必须先用整个犹太民族祭祀。他们同自己的妻儿一起，已经做好牺牲的准备了。这个回答让彼得罗纽斯惊愕万分，那些人体现出来的无与伦比的宗教热情和视死如归的勇气让他深感怜悯。所以最后他遣散了人群，没有做出任何决定。

接下来的几天，彼得罗纽斯私下集合各个领导者并召集群众大会，先是劝诱接着是忠告，但是更多的还是进行恐吓。他不断强调罗马的强大、盖约的愤怒以及他执行任务的必要性。可是他想不出任何有效的办法，而且他发现土地正处于无人撒播的危险状态。这时正是播种的时节，而犹太人却浪费了七个星期，无所事事。最后，他把大家集中起来说道："最好是我来冒险吧。上帝保佑我将劝服盖约而我们都能活下来。如果他被激怒了，那我也很高兴用自己的命拯救大多数人。"说完，他遣散了那些为他祷告

133

的人群，率军从托勒迈撤退返回安提俄克。他从那儿给盖约发去
一封公文，告知在犹地亚发生的事情以及整个犹太民族的请求。
他又补充道，除非盖约愿意把耕种的土地和人民全部毁灭，否则
他必须允许犹太人保留他们的律法并收回成命。盖约言辞激烈地
回复了这封公文，威胁彼得罗纽斯如再不执行他的命令就要被处
死。可是信使被海上的暴风雨延迟了三个月，与此同时，报告盖
约死讯的信使则很快把消息送到。所以彼得罗纽斯收到这一正式
宣告比谴责他的公文要早了四个星期。

在统治了三年零八个月后，盖约·恺撒被谋杀了。他死后，
罗马的军队推举克劳迪乌斯（Claudius）登基。然而元老院根据两
个领事*塞科斯特斯·塞特尼努斯（Sextus Saturninus）和庞朴尼
亚斯·瑟康达斯（Pomponius Secundus）的提议，命令剩余的三
个卫队保护圣城，在主神殿集合。由于盖约的暴行，他们决定用
武力的方式反对克劳迪乌斯。要求要么恢复旧时的贵族统治方式，
要么就用选举的方式选出适合的人来做皇帝。

事件发生时，阿古利巴正出访罗马，元老院邀请他跟他们一
起讨论这个问题。与此同时，克劳迪乌斯也把阿古利巴召至帐中
寻求他的帮助。意识到克劳迪乌斯实质上已经是恺撒了，阿古利
巴先去见他。克劳迪乌斯派阿古利巴作为他的使节向元老院解释
他的意图。首先，克劳迪乌斯也是被士兵们强迫的，但是他觉得
不理睬他们的热情似乎不公平，可是漠视他自己的未来更危险。
事实上，他被任命为帝国的皇帝使他陷入一个很危险的境地。克

---

* 古罗马的两执政官。

劳迪乌斯还补充到他会像一个好的领导人而不是独裁者那样统治国家。皇帝的头衔已经让他非常满意，所以不会有更大的野心，而目前讨论的任何问题他都会遵从大众的意愿。再说就算他不是个稳健的人，也应该从盖约的死中得到足够的启示来约束自己。

阿古利巴把这一信息传达给元老院，他们答复道要看看军队和智囊团的意见，但不会自愿地臣服。克劳迪乌斯听到答复后，又派阿古利巴去告诉他们，他绝不赞成背叛那些曾给过他绝对支持的人。尽管极不情愿，但他必须和那些曾经最好的朋友决战。不过，他们必须在城市外面找一个地方做战场，如果因为他们的愚蠢，有凡人的血污染了祖先的圣地，那将是对神灵极大的亵渎。阿古利巴把这一信息传达给元老院。

这时，和元老院一起的军队中有个士兵拔出佩剑，喊道："听我说，我们为什么要琢磨如何杀死自己的朋友，进攻那些和我们一样只不过碰巧跟克劳迪乌斯在一起的人呢？我们有一个没有任何地方值得反对的君主，我们准备进攻的人和我们有着最亲密的关系。"说着，他大踏步地从元老院中间走过，身后跟着他的整个分队。被舍弃而处于危难之中的贵族们立刻恐慌起来，他们找不到解脱的方式，便同士兵们一样投奔克劳迪乌斯。但是在城墙前，他们遇到了那些比他们抢先一步来到而且手持宝剑准备支持取胜一方的人。克劳迪乌斯还不知道士兵们的武力意图，所以领头的人很可能非常危险。幸亏阿古利巴立刻跑回克劳迪乌斯身边告诉他局势很危险，并指出除非克劳迪乌斯能制止他那些因为气愤而对贵族们动武的士兵，否则他将失去能够让他的统治变得辉煌的人，变成一个被抛弃的统治者。

克劳迪乌斯听后，制止了士兵们激烈的行为，让元老们进入帐篷并对他们表示欢迎。接着和他们一起为自己的继位向上帝表示感谢，供奉祭品。他又马上赐予阿古利巴他父辈全部的国土，以及原来奥古斯都给希律的其他地区：特拉科尼特斯、奥兰蒂斯和一个叫吕散尼亚斯的王国。克劳迪乌斯发布公告向人们通告了此事，并命令地方官将它刻在黄铜匾上，竖立在主神殿里。他还把迦里克斯（Chalics）王国赐予阿古利巴的兄弟，他的女婿，也就是百妮基的丈夫希律。

阿古利巴从众多的领地中得到大量的财富，可是很快就被他花光了，因为他开始在耶路撒冷周遭修建规模巨大的要塞。这些要塞如果修建成功的话，罗马人围城的尝试就只能是徒劳无功。但是城墙还没建好，他就死在恺撒利亚了，总共做了三年四分区领地的领主，三年的国王。阿古利巴跟塞普劳斯（Cypros）生有三个女儿［百妮基、米利暗和朱瑟拉（Drusilla）］和一个儿子（小阿古利巴）。因为小阿古利巴还是个孩子，所以克劳迪乌斯接管了他父亲的领土，继库斯比乌斯·法都斯（Cuspius Fadus）之后又派提比略·亚历山大做代理行政官。这两个人严格保留传统的习俗，维持了整个民族的和平。在这之后，迦里克斯的国王希律也死了，留下两个儿子：他侄女百妮基的孩子［百妮基努斯（Bernicianus）和哈卡纳斯］以及他前妻米利暗的儿子（亚里斯多布鲁斯）。另一个平民兄弟亚里斯多布鲁斯也死了，留下一个女儿约塔璞（Jotape）。我之前提过，这三兄弟是亚里斯多布鲁斯的儿子，希律的孙子。亚里斯多布鲁斯和亚历山大是希律跟米利暗生的儿子，但是被他们的父亲处死了。亚历山大的后代在大亚美尼亚建立了一个王朝。

迦里克斯的希律王死了以后，克劳迪乌斯把王位给了他的侄子，第一个阿古利巴的儿子小阿古利巴。他直接统治的其他地区，代理行政官亚历山大的职位由科曼努斯（Cumanus）替代。后者的统治带给犹太人极大的骚乱和灾难。人们聚集在耶路撒冷准备庆祝除酵节，罗马护卫队站在圣殿的柱廊守卫。节日期间总是有全副武装的部队值勤以防大众有任何骚乱。这时，有个士兵拉起袍子，猥亵地弯下身，屁股朝向犹太人，发出同样猥亵的声音。此举激怒了众人，他们吵嚷着要求科曼努斯惩罚那名士兵。与此同时血气方刚的年轻人和天生喧闹的人们开始混战，他们拿起石块向士兵砸去。科曼努斯害怕人群向他攻击，于是派了很多重型步兵去镇压。当重型步兵涌进圣殿柱廊时，犹太人变得异常恐慌，纷纷从圣殿逃向城里。大家急着逃跑挤在一块儿，超过三万人在混乱中被践踏而死。节日就这样结束了，每个家庭几乎都有人在这次暴乱中丧生。

紧跟着还有更大的灾难——强盗的骚扰。在贝丝-赫隆（Beth-horon）大路上，有个叫斯蒂芬的皇帝的奴隶运送一批家具时突然遭到强盗的突袭，所有家具都被洗劫一空。科曼努斯派人将附近城镇的居民用链子铐着带回总部，斥责他们没能追踪并擒获强盗。在一个村庄里，士兵找到一部犹太人的神圣法典，把书撕成两半，扔到火里。犹太人似乎看到自己的国家被烈焰焚烧，于是疯狂地聚集在一起。是宗教热情把他们凝聚在一块儿，一声召唤就让他们不远万里从各个地方奔赴恺撒利亚。他们恳求科曼努斯不要放过那个侮辱他们神灵和法典的士兵。科曼努斯发现只有给他们一个满意的答复才能平息大众的怒火，便同意处置那个士兵，并且当着众人的面行刑。这样犹太人都解散回家了。

接着，加利利人和撒玛利亚人之间又出现了摩擦。在广阔的撒玛利亚平原坐落着一个叫杰玛（Gema）的小村。犹太人去那里参加节日庆祝仪式时，有个加利利人被谋杀了。这引发了大批加利利人跑到事发地点去攻击撒玛利亚人。但是他们地区的领导人跑到科曼努斯那里，恳求他在局势未到无法控制时，去加利利处罚这次事件的主要参与者。除此之外，没有别的办法可以让人群散去以避免战争。可是科曼努斯因为手头有其他事，没有立刻答应他们的请求，也没给他们任何承诺。

当谋杀事件的消息传到耶路撒冷时，人们再次被激怒。他们停止节日庆典，不顾地方官的劝阻，没有任何将军带领就迅速前往撒玛利亚。他们中的强盗和革命力量由戴内尔斯（Dinaeus）的儿子以利亚撒和亚历山大领导，他们突袭了阿可拉巴提尼（Acrabatene）小国的邻近地区，屠杀了所有人，包括老人和小孩，并放火烧毁了整个村庄。

科曼努斯从恺撒利亚带了一队被称为奥古斯都的骑兵，救出那些遭劫掠的人，包围了许多以利亚撒的追随者，杀死了更多的人。耶路撒冷的地方官们一脸忏悔地急急忙忙跑出来恳求剩余的那些攻击撒玛利亚的人回家，不要因为他们报复撒玛利亚的行为而激怒罗马人，使他们进攻耶路撒冷。他们必须保留国家和圣殿以及他们的妻儿，不能因为替一个加利利人报仇而使他们都陷入被毁灭的险境。这些请求让犹太人解散开来，但是因为没有人阻止，很多人又开始打家劫舍，整个国家陷入劫掠动荡的状态，只有大胆的人起来反抗。在撒玛利亚人这边，统治者前往蒂尔，叙利亚使节纽梅蒂尔斯·库德拉特斯（Numidius Quadratus）处，要求处罚那些劫掠他们国土的人。另一方面，一些有名望的犹太人，如阿纳努斯（Ananus）的儿子、大祭司约拿单，也纷纷站出来表示是撒玛利亚人的谋杀挑起了纠纷，而科曼努斯拒绝采取行动，惩罚真正的凶手，因而造成了后面的骚乱，所以科曼努斯应为此承担责任。

　　库德拉特斯用拖延的方式对待两方代表，他承诺去这些地区访问时一定进行全面的了解和调查。但是他来到恺撒利亚后，把那些科曼努斯活捉的人都钉在十字架上处死了。接着，他又来到吕达，听了撒玛利亚人的说词，派人抓来十八名据说是参与械斗的犹太人，砍了他们的脑袋。另两个有名望的人，大祭司约拿单和亚拿尼亚（Ananias），以及后者的儿子阿纳努斯和其他几个主要领导人，因为地位显赫而同撒玛利亚有名望的人一起被送到克劳迪乌斯那里处理。库德拉特斯又进一步指示科曼努斯和一个叫西勒（Celer）的军队官员一起去罗马向克劳迪乌斯汇报这里发生的一切。安排妥当后，他离开吕达去耶路撒冷，发现那里的人们正秩序井然地庆祝除酵节，接着便返回了安提俄克。

　　在罗马，克劳迪乌斯听取了科曼努斯和撒玛利亚人的陈述。当时阿古利巴也在场，他言辞激烈地为犹太人辩护，尽管科曼努斯也有很多有力的支持者。克劳迪乌斯认定撒玛利亚人有罪，把三个最有势力的人处死了，科曼努斯被判流放，西勒带上脚镣被带到耶路撒冷交由犹太人行刑，拖着绕城一周再被砍头。

　　这次事件后，克劳迪乌斯派帕拉斯的兄弟费利克斯（Felix）

138

做犹地亚以及撒马利、加利利和彼利亚的代理行政官。他把阿古利巴从迦里克斯调任到更大的国土担任统治者。阿古利巴获得菲力普的旧省特拉科尼特斯巴塔尼亚和高隆尼蒂斯以及吕散尼亚斯的国土和韦鲁斯的四分之一领地。克劳迪乌斯在统治了整个帝国十三年八个月零二十天后去世了，把王位传给了尼禄。克劳迪乌斯的妻子阿古利皮娜（Agrippina）曾经设计让他领养尼禄作为自己的继承人，尽管他和他的前妻米萨利纳（Messalina）生有一个儿子布里坦尼克斯（Britannicus）和一个女儿屋大维娅。他把女儿嫁给尼禄。他和比提娜（Petina）还生有一个叫安东尼娅的女儿。

过量的财富使尼禄失去了平衡。他残暴地滥用他的好运，接二连三地杀死自己的兄弟、妻子、母亲，接着又把目标转向最有名望的群臣。他这种疯狂的程度最终把他钉在了历史的耻辱柱上。很多作家已经对这些事情做了记录，这里我就跳过这些，重点讲述在尼禄统治时期犹太人的情况。

尼禄把小亚美尼亚赐予希律的儿子亚里斯多布鲁斯，封他为国王，又将阿古利巴的国土扩增了四个城市包括它们各自的领地。这些城市是彼利亚的阿比拉（Abila）和朱利亚斯，加利利的塔里查伊和太巴列。至于犹地亚其他地区，尼禄任命费利克斯为代理行政官。费利克斯擒获了劫掠国家二十年之久的强盗头目以利亚撒，把他和他的同党押送到罗马。费利克斯处死的强盗、抓住并惩处的与强盗有勾结的当地居民多得不胜枚举。当耶路撒冷的乡村不再有强盗肆虐的时候，又有一个叫"西卡尼"（Sicarii）的组织出现。这些人光天化日在城市中心就敢行凶杀人。他们最擅长的就是混在参加庆典的人群里，把匕首藏在袍子里面刺伤他们的对手。等他们得手后便混在激愤的人群里，靠他们的花言巧语避开侦查。第一个被他们杀害的是大祭司约拿单。在他之后，每天又有很多人被杀害。比这种罪恶更可怕的是它带来的极度恐慌。每个人都好像处于战争中，随时随地都有可能死去。人们向远处注视着，观察可能存在的敌人，即便是朋友靠近也不能得到他们的信任。尽管人们已经做到谨慎、多疑，还是免不了被杀的下场，这正体现了"西卡尼"人突袭和防御的本领之高。

除此之外，还有另外一群恶棍。虽然他们在行动上没有什么更恶毒的举动，但是目的却更加阴险。他们同那些谋杀犯一样给城市的安定带来极大的危害。这些骗子声称自己拥有通灵的能力，意图借此促使那些暴民在他们的鼓动下发动政变。他们借口上帝要展示接近自由的预兆，把那些暴民带到城外的荒郊野地。费利克斯认为这是发动叛乱的第一步，便派了骑兵和重型步兵赶去把那些人全部杀死。

让犹太人承受更沉重打击的是埃及的一个假先知。这个骗子来到他们的国家，摆出一副先知的模样，骗取了三万易受愚弄的人的信任[①]，带领他们沿着城郊来到奥利韦斯山。他们准备从那里强行进入耶路撒冷，制服罗马驻军，夺取最高权力。假先知让他的手下充当自己的保镖来达成他的目的。不过费利克斯预料到他的意图，便带领重型步兵拦截了他们。所有的人集结在一起抵抗。当冲突发生时，这个埃及人在一帮人的保护下逃跑了，但大多数信徒不是被杀就是被擒，余下的个别暴民纷纷散去，偷偷跑回各

---

① 根据《使徒行传》第21章38节，只有四千人。这又是约瑟福斯的夸大吧？

自家里。

　　这次事件平息后，国家政体上又出现一个毒瘤。宗教骗子和强盗头目联合起来，号召人们用武力反抗。他们煽动人民为自由而战，并威胁要杀死那些屈服于罗马统治的人，那些自愿做奴隶的人也被强行释放。接着他们分成几组分布在各个乡村，抢劫那些富裕的人家，屠杀房主，放火焚烧村落直到他们疯狂的举动渗透到犹地亚的每个角落。日复一日，对抗变得越来越激烈。

　　在恺撒利亚附近，又爆发了新的骚乱。犹太定居者和叙利亚居民发生冲突。犹太人宣称这个城市是他们的，因为它是由犹太人，也就是希律王建立的。叙利亚人承认创立者是犹太人，但是他们认为这个城市属于希腊人。如果希律是为犹太人而建，就不会在城里建立雕像和神殿了。双方各执一词，结果争论变成了冲突。双方每天都会有些血气方刚的人冲出来厮杀，因为年老的犹太人不能约束他们的党徒，而希腊人也不能容忍犹太人的欺辱。犹太人在物质资源和人员体力上都占有一定优势，而希腊人得到了军队的帮助，因为那里大部分罗马军队是来自叙利亚，他们乐意帮助自己的兄弟姐妹。罗马长官急于镇压骚乱，不断地逮捕那些好斗的人，把他们先鞭打一顿再关进监狱。然而，被抓人的痛苦并不能使剩下的人感到害怕，他们更猛烈地进行反叛。一天，犹太人获胜了，费利克斯来到广场，威胁他们赶快离开。遭到拒绝后，费利克斯派他的士兵向这些犹太人发起进攻，杀死了很多人。这些人的财产很快被洗劫一空。可是暴乱还在继续。万般无奈的情况下，费利克斯挑选双方的主要领导人，让他们作为大使去觐见尼禄，到那里去争辩事情的是非曲直。

140

第八章　弗洛鲁斯和阿古利巴二世

　　接下来的行政官费斯特斯解决了国家的主要祸根。他杀了大量强盗，又擒获了很多余孽。而他的继任者阿尔比努斯（Albinus），由于自己无恶不作，所以采取了和他截然相反的做法。他对那种抢劫、霸占私人财产或者用赋税削弱国家实力的官方行为很不满意，所以允许那些被当地法庭或是他的前任关押起来的盗贼由他们的亲戚保释出去，至于没能力交保释金的人则留在监狱继续服刑。现在，耶路撒冷的革命党摆脱了一切束缚。他们的领导人贿赂阿尔比努斯，使他对他们那些破坏活动视而不见，同时任何不喜欢和平安宁的人都加入进来成为行政官的手下。每个小团体的头目都像是强盗头子或是独裁者一样站在他的追随者们的中间，让他的党羽去抢劫那些有名望的市民。结果那些受害人也只能是"哑巴吃黄连，有苦说不出"。没有遭到抢劫的人因为担心受到同样的待遇，竟去讨好奉承那些他们本来应该抨击的人。总之，现在是言论得不到自由，暴政统治着每个角落。从那时起，圣城就埋下了毁灭的种子。

　　这就是阿尔比努斯，而他的继任者翟瑟斯·弗洛鲁斯（Gessius Florus）和他相比有过之而无不及。阿尔比努斯在大多数情况下都是隐秘地做坏事并企图掩饰它们，而翟瑟斯·弗洛鲁斯却大肆吹嘘自己对国家犯下的罪行。他仿佛是被派来惩罚犯人的公众刽子手，沉醉于各种形式的抢掠和暴行。面对一些悲惨的事情，翟瑟斯·弗洛鲁斯毫无心肝；而面对一些可耻的事情，他则表现得更令人厌恶。没有人如此践踏真理，或想出更狡诈的犯罪方式。弗洛鲁斯认为从个人身上榨取利益不足为道，他劫掠所有的城市，毁灭全部的社区并实际上向整个国家宣布：只要给他钱，每个人都可以做强盗。他的贪婪导致的最终结果是每个地区都被他榨干了油水，很多人离开自己的旧居逃到外省去生活。

克斯提乌斯·加卢斯（Cestius Gallus）在叙利亚总部管理整个行政区的时候，没有人敢去告弗洛鲁斯的状，但是当他在逾越节前夜来到耶路撒冷的时候，至少有三百万群众[①]围着他，恳求他可怜可怜这个陷入绝境的民族，并控诉毁掉他们国家的弗洛鲁斯。当时弗洛鲁斯也在场而且站在克斯提乌斯旁边嘲笑他们的抗议。然而，克斯提乌斯向群众承诺他将担保弗洛鲁斯在今后的工作中变得更加理智和开明，安抚激动的人群安静下来。接着，他返回了安提俄克。弗洛鲁斯一直陪同他到恺撒利亚。一路上弗洛鲁斯掩饰自己早已打算好的向这个民族开战的念头，把所有心思都放在如何将克斯提乌斯的注意力从自己的罪行上面转移开来。弗洛鲁斯预示到如果和平持续下去，犹太人肯定会在尼禄面前检举他；但是一旦他设计使犹太人发动反叛，那更大规模的暴行就会阻止对他以前罪行的调查。所以为了确保这个民族能够爆发大规模的反叛，弗洛鲁斯使它的苦难日益加深。

---

① 这次约瑟福斯怕是高估了。

同时，恺撒利亚的希腊人从尼禄那里得到了对这个城市的控制权，并带回了成文的决定书。在尼禄统治的第十二年，阿古利巴统治第十七年的5月份，战争爆发了。跟这场战争带来的灾难相比，它爆发的理由就显得微不足道了。恺撒利亚城的犹太人在属于希腊市民的土地旁有一个犹太教会堂。犹太人试图得到这块地方并多次提出以实价补偿。可希腊人却无视他们的请求，在分界线旁边建了一个工厂，只留有很窄的几乎无法通过的过道。很快那些鲁莽的年轻犹太人站了出来，干涉这个工程的完成。当他们的行为被弗洛鲁斯制止后，犹太人的领导者（其中包括收税人约翰）没有别的办法，只得给弗洛鲁斯八千英镑的贿赂让他停止这项工程的建设。只对金钱感兴趣的弗洛鲁斯满口答应下来，但是他收到钱后离开恺撒利亚去了塞巴斯特，任凭冲突自行发展，就好像当初答应犹太人的就是允许他们用战斗来解决问题。

第二天是安息日，犹太人聚集在会堂时，一个恺撒利亚的帕提亚人把一个很大的陶制器皿倒置在入口处，把鸟供奉在器皿上面。这激怒了犹太人。他们认为自己的律法受到亵渎，场所受到玷污。那些较稳重、温和的犹太人建议向当权者投诉，而那些好斗的莽撞的年轻人则渴望通过械斗来解决问题。恺撒利亚的帕提亚人早就站在那里等待着犹太人的反应，因为是他们预先派人摆放了祭品，很快冲突就爆发了。骑兵队长朱康德斯被派来阻止械斗。他走上前捡起器皿想要结束这场冲突。但是显然他不能和恺撒利亚人的暴力相抗衡，所以犹太人拿着他们的法典，撒到距恺撒利亚七公里的一个叫纳巴塔（Narbata）的犹太地区。约翰和其他十二个有影响力的人跟随弗洛鲁斯去了塞巴斯特。他们抱怨发

143

生的事情，想要寻求弗洛鲁斯的帮助并巧妙婉转地提到他们曾经给他的八千英镑，结果弗洛鲁斯却逮捕了这些人，理由竟是他们把法典从恺撒利亚拿了出来！

　　这次新的暴行引起耶路撒冷的不满和愤恨，但大家的情绪还可以控制。然而弗洛鲁斯似乎一定要煽风点火引发战争，他派人到圣殿国库，借口恺撒需要，取走一万七千英镑的财产。这一事件立刻引起了轩然大波。人们聚集在一起冲向圣殿，大声叫喊发出刺耳的吼声，呼吁恺撒把他们从弗洛鲁斯的暴政中解救出来。一些聚众闹事者大声辱骂弗洛鲁斯，同时拿着帽子到处乞讨为挨饿的人讨铜子儿。但这并没能阻止弗洛鲁斯的贪婪，反而使他更加坚定地以更快的速度攫取钱财。所以他非但没有按照犹太人的要求去恺撒利亚压制爆发的骚乱，解决问题的根源，反而带着一支军队跑到耶路撒冷，想借助罗马人的军队得到他想要的东西，并通过胁迫的方式大肆掠夺圣城。人们盼望弗洛鲁斯能为自己的所作所为感到羞愧，所以用友好的方式跟前来的士兵打招呼，准备顺从地迎接弗洛鲁斯。可是他派了五十人组成的骑兵队，在卡皮托（Capito）的带领下作为先头部队，命令犹太人撤退，不要用所谓的诚实、诚恳来戏弄他们曾大肆辱骂诽谤的人。如果他们足够勇敢和坦率就应该当面指责他，用和言词一样的武力来捍卫他们热爱的自由。这使人们很吃惊。他们还没来得及向弗洛鲁斯行礼或是告诉士兵他们已经准备服从，就被冲到自己队伍中间的卡皮托的军队吓得纷纷逃窜，回家后度过了一个担忧、沮丧的夜晚。

　　弗洛鲁斯在宫殿休息了一晚，第二天他命人在外面建了一个露天平台，自己坐在上面。主祭司、政府官员以及有显赫地位的市民列队站在平台前。弗洛鲁斯命令他们交出辱骂他的人，并扬言如果不肯交人就要他们自己好看。犹太领导人坚称那些人没想暴乱，并为曾经不恭的言辞深表歉意。另外在这么一大群人中免不了有些鲁莽的年轻人。现在每个人都很内疚，害怕承认自己的罪行，这种情况下想要确定谁是罪犯是不太可能的。如果弗洛鲁斯考虑民族和平的状态并且愿意为罗马人保护这座圣城的话，那看在那么多无辜百姓的份儿上，原谅几个有罪的人远比因为几个无赖而伤害大批良民的做法要好得多。

这种恳求使弗洛鲁斯变得更加恼火，他大声命令士兵洗劫上集市并屠杀所有遇见的人。士兵们的贪欲在长官的鼓励下彻底膨胀，他们不仅洗劫了上集市而且闯入各个房屋，杀死了里面的居民。接着他们在小巷追逐人群，到处烧杀劫掠，让整个城市陷入极度的恐慌中。很多规矩的市民被抓到弗洛鲁斯面前，先是遭受鞭笞，后被钉死在十字架上。那天死亡的人数，包括妇女和儿童甚至还有婴儿，大约三千六百人。罗马人闻所未闻的残暴性格更加剧了这场灾难的后果。以前从没有人敢尝试弗洛鲁斯做的事：他在审判席前鞭笞那些特权阶级，把他们钉在十字架上。他们是真正的犹太人，却享有罗马人的地位。

这个时候，阿古利巴王正要去亚历山大里亚，恭喜亚历山大得到尼禄的信任被派到埃及做总督。然而，阿古利巴的妹妹百妮基正在耶路撒冷。那些士兵们的暴行让她感到非常难过，她不断地派自己的通信兵和保镖到弗洛鲁斯那里求情，让他停止屠杀。可是弗洛鲁斯既不关心受害者的数量，也不在乎求情者极高的社会地位，他只对从掠夺物中得到的利益感兴趣。所以对百妮基的求情置若罔闻。而疯狂的士兵甚至连他们的女王都不放过。他们不仅当着她的面把囚犯折磨至死而且差点儿就杀了她，幸亏她及时逃到皇宫并且整个晚上和侍卫待在一起。她在耶路撒冷向上帝请愿。那些生病或是绝望的人通常会向神灵请愿，在他们准备祭祀的三十天前就要戒酒、剃头。百妮基向神灵请愿后，赤脚站在审判席前恳求弗洛鲁斯，但是根本没有得到尊重，而她自己的生命也陷入危险之中。

这些事情发生在5月16日。第二天悲痛的人群拥上集市，哀悼那些死去的人并更大声地诅咒弗洛鲁斯。这让那些有影响力的市民和主祭司们感到惊慌。他们撕碎自己的衣服，跪在一个又一个群众面前，恳求他们停止，不要在他们承受苦难后再做出什么事情激起弗洛鲁斯的暴怒，从而导致更加不可挽救的后果。出于对他们的尊重，人们答应了他们的请求，希望弗洛鲁斯不再做伤害他们的事情。

骚乱的结束让弗洛鲁斯很恼火。为了重燃战火，他召集主祭司和公民们集合，表示唯一能够证明人们不再反叛的方法就是让他们出城迎接即将到达恺撒利亚的两支部队。就在当地人准备集合的时候，弗洛鲁斯传令给步兵队长，命令他和他的部下不准回应犹太人的问候。如果犹太人说一些反对他的话，就用武器消灭他们。主祭司集合了很多人在圣殿前，力劝他们迎接罗马人，通过这样的方式避免不可弥补的灾难。可这一请求没能影响那些暴动的人，考虑到陷落的状况，让大多数人倾向于大胆的反抗。

面对这种情况，每个祭司和神父拿出神圣的器皿，穿上自己主持宗教仪式穿的袍子，竖琴师和歌手带着乐器来到圣殿，他们跪下哀求人民保护他们神圣的教堂用品，不要刺激罗马人来劫掠上帝的财产。那些主祭司们头上全是尘土，衣服也破了，露着胸膛，他们用自己的名誉恳求每一个有地位的市民以及所有在场的人，不要因小失大，给那些觊觎他们国家的人以机会洗劫他们的国家，这样其实就是对国家的背叛。那些士兵能从犹太人的问候中得到什么好处呢？现在不去的话又能为过去的错误补偿什么呢？如果他们用正常的方式迎接罗马人，弗洛鲁斯就没有任何借口发动战争了，他们就可以保护自己的国家，也可以免受更多的冤屈。他们这么多人完全可以迫使几个暴力分子行为理智一些。如果他们听这几个人的话，那就实在是太软弱了。

146

祭司们的说辞让人群安静了下来，那些暴力分子最终妥协了。有些人是迫于威胁，有些人则是屈服于权威。接下来他们安静有序地列队出城，迎接罗马军队。当士兵们走近的时候，他们向士兵打招呼问候。可是当他们的问候没有得到回应时，很多人开始辱骂弗洛鲁斯。这就给罗马人以攻击他们的信号。士兵很快冲上去包围了这些犹太人并开始用棍棒击打他们。当他们逃跑时，罗马骑兵对他们进行围追堵截和无情踩踏。很多人倒在罗马人的攻击下，更多人被朋友踩死，城门附近形成可怕的拥塞。每个人都想先挤进去，使整体的速度慢了下来。那些被绊倒的人下场极其惨烈，不是窒息而死，就是被拥挤的人群踩成肉酱。当他们的亲属来埋葬尸体的时候，根本辨认不出他们的样子。士兵们混入逃跑的犹太人中间，袭击他们抓到的每一个人。他们驱逐整个人群穿过比塞塔山（Bezetha）①，想把人群赶至圣殿，然后再占领整个

----

① 在新北城墙内的区域。

圣殿和安东尼亚。弗洛鲁斯率领自己的人马离开皇宫，意图到达要塞，也是为了同一个目的。但是这个尝试失败了，因为人们发现弗洛鲁斯后把他包围起来，挡住他前进的道路，接着爬到屋顶用各种东西砸向罗马人。他们抵挡不了来自头顶的袭击，又冲不出窄巷中群众的包围圈，只能退到宫殿附近的军营。

起义者担心弗洛鲁斯再次发起进攻并借道安东尼亚占领圣殿，所以他们爬到上面把连接安东尼亚和圣殿的柱廊砍出一道缺口。这样就遏制了弗洛鲁斯的贪欲，因为他本来想进入安东尼亚夺取供奉上帝的财产，但柱廊一断，他只得改变计划。弗洛鲁斯召来主祭司们和最高评议会（Sanhedrin），告诉他们他将离开圣城，但是会留下大量的军队留守。他们回应道，如果弗洛鲁斯留下一支军队，他们可以保证遵守秩序，制止任何起义和叛乱，但不能是卷入骚乱的那支部队，因为犹太人对他们做过的事情恨之入骨。因此，弗洛鲁斯根据他们的意愿更改了留守的军队，然后便带着剩余的部队回到了恺撒利亚。

为了再次刺激犹太人的反抗情绪，弗洛鲁斯在寄给克斯提乌斯的公文里故意歪曲这次叛乱的事实，宣称是犹太人挑起了这场战争，言辞激烈地控诉那些事实上是真正受害者的犹太人。耶路撒冷的地方官们没有容忍谎言弥漫，他们和百妮基不止一次写信给克斯提乌斯，揭发弗洛鲁斯在圣城所犯的罪行。克斯提乌斯读过双方的信件后，咨询他自己官员的意见。他们建议克斯提乌斯马上率军去耶路撒冷。如果弗洛鲁斯所说属实，就处罚那些叛乱者；如果他们的确很忠诚，就要强化这种忠贞。但是克斯提乌斯认为最好先派一名官员去耶路撒冷打探消息，并把犹太

人的真实情况作个详细的汇报。所以他派护民官尼普利泰努斯
（Neapolitanus）去执行这个任务，并告诉他执行任务的原因和目
的，此时尼普利泰努斯在扎莫尼亚遇到了从亚历山大里亚回国的
阿古利巴王。

　　犹太人的主祭司跟那些显要的市民以及最高评议会的成员也
来迎接国王。向国王表达完敬意后，他们开始哀泣自己承受的苦
难，控诉弗洛鲁斯的暴虐。这让阿古利巴感到很震惊。虽然内心
对犹太人充满同情，但他却谨慎地责怪他们，希望借此挫败他们
的自尊并通过拒绝关注他们承受的一切苦难来抑制他们反叛的热
情。作为地方和财产所有者以及格外在意和平的人，他们意识到
国王的谴责并没有责难的意思。而城里的居民出城七英里来迎接
阿古利巴和尼普利泰努斯。那些因屠杀变成寡妇的妇女走在队伍
的最前面，边走边哭，整个队伍也被她们的情绪感染，一起哀恸。
她们恳求阿古利巴的帮助，纷纷向尼普利泰努斯诉说弗洛鲁斯对
她们做过的一切。当他们进城后，犹太人指向已经成为废墟的集
市和被劫掠的房屋。在阿古利巴的帮助下，他们劝说尼普利泰努
斯带着一名随从沿着圣城转了一圈一直到西罗亚泉，使他亲眼看
到犹太人是顺从于其他所有的罗马人的，他们只是因为弗洛鲁斯
令人震惊的残暴才一直反对他。穿越圣城时，尼普利泰努斯发现
了足够多的证据证明犹太人是顺从的。所以他来到圣殿，把人们
召集起来，高度赞扬他们对罗马的忠诚，强烈要求他们维护和平。
接着他在圣殿外院向供奉上帝的圣堂鞠躬，然后回到克斯提乌斯
身边。

　　现在犹太人转而求助他们的国王和大祭司，恳求他们派特使　148

去尼禄那里，谴责弗洛鲁斯并且抗议他对犹太人大规模的残杀，从而终止对他们反叛的怀疑。如果他们不能很快地指出真正的攻击者是谁，就会被认为是他们挑起了这种对抗。很明显，任何人如果想阻止派遣大使，他们都不会置之不理的。阿古利巴意识到选人去检举弗洛鲁斯是自找麻烦，但是如果不予理会，一旦犹太人的怒火转为实际行动，那么连他自己都会有危险。所以他召集人们到体育场集合，让他的妹妹百妮基在哈斯蒙尼宫殿屋顶最显著的位置就座。这个地方位于体育场的上方，在上城的另一边。体育场通过一座桥梁和圣殿相连。然后他开始发言：

"如果我发现你们都很想同罗马人打仗，我就不会过来对你们说这些话，也不会冒险来提建议，因为如果听众都一致同意做傻事的话，再有意义的演说也是浪费口舌。但事实上大部分诚实真诚的人都专心于维护和平。你们中有很多年轻人没有经历过战争的恐怖，还有人对独立的前景过于乐观，也有人从个人角度出发想趁火打劫。因为希望这些人可以学会理智并且能改变他们的想法，也希望少数人的荒唐不影响大部分的良民，所以我觉得有责任把你们召集在一起，告诉你们我认为最好的解决办法。如果你们不同意我的观点，也不要打断我的讲话。那些下定决心要反叛的人在听完我的讲话后还是可以坚持他自己的观点，但是除非大家保持安静，不然那些想听我演讲的人就听不到了。

"我知道现在有很多反对弗洛鲁斯的声音，并且狂热地追求自由。但是在探究你们是谁以及你们计划反对谁之前，我必须首先指出你们混乱的借口。如果你们想要为自己遭受的不公复仇，为什么你们空谈自由？如果奴隶制看上去不能忍受，那再谴责你们的统治者也是浪费时间；即便他们是最温和的人，做奴隶也是一件很可耻的事情。

"让我们每次来谈论一个借口，看看你们开战的理由是多么无力。第一，对于行政官的控诉，你们应该奉承而不是激怒当局。一有点小错就不停地责备，这种谴责只能伤害你们自己。他们根本不会暗地里惩罚你们，而是公开地劫掠。没有什么可以阻止侵略者，被迫害的人的屈服只能使迫害者羞愧。我承认罗马官员都很苛刻，但是所有的罗马人包括尼禄都迫害你们了吗？可是你们却要向这些人宣战！他们并没有想派来一个不道德的罗马官员，也没有想隔岸观火。罗马要想第一时间知道这里发生的一切是很困难的。因为一个人的行为不端向整个民族开战是一件很荒谬的事情。而这个民族甚至还不知道发生了什么事情！我们的哀伤很快便会过去，弗洛鲁斯也不会一直待在这里，他的继任者肯定会更加理性。但是一旦发动战争，它就决不会轻易结束，也不可能不带来灾难。

"至于你们对自由的热情就来得太迟了，早些时候你们就该尽全力争取。被奴役是很痛苦的，为了摆脱它而进行的尝试都是正当的，但是人们一旦顺从以后再叛乱就成了难以控制的奴隶而不是自由的捍卫者了。我们应该用尽一切方法把罗马人赶出去的时间是在庞培入侵的时候。我们的父辈和他们的国王无论是在物质、身体还是智力上都优于你们，但是当他们仅仅面对一小部分罗马军队时就已经无力抵抗了。你们，已经从父辈中学会了顺从而且根本不能和他们当初的武装相比，这个时候还要站出来和整个罗马帝国抗衡吗？

"想想雅典人。为了维护希腊的自由，他们曾经焚烧了自己的城市。当傲慢的薛西斯穿越陆地，跨越大海①，率领一支对于欧洲人来说不可抵挡的庞大军队，锐不可当时，雅典人用一只船追赶他，就像追一个逃跑的奴隶一样。在小萨拉米斯（Salamis）附近，雅典人冲破了亚细亚的强权，而今天他们也成为罗马人的奴隶，曾经傲视希腊的城市也由意大利控制了！想想斯巴达人。在塞莫皮莱（Thermopylae）和普拉塔（Plataea）之后，在艾戈斯劳斯（Agesilaus）横扫亚细亚后，他们乐于服从于同样的统治者。想想马其顿人。他们还在梦想着菲力普，希望看到女神和亚历山大一起为他们撒下世界帝国的种子；不过他们还是忍受了彻底的变革，并忠心地服侍命运的宠儿。其他成千个民族有更坚定的信念维护自己的自由，现在他们也不再抵抗了。难道你们想独自拒绝整个世界的主人吗？

"你们的军队在哪里？你们指望的武器在哪里？穿过罗马海域的舰队在哪里？远征的费用在哪里？你们以为你们是要跟埃及人或是阿拉伯人打仗吗？看看罗马辽阔的疆土，再对比一下你们自己的无力。当他们的军队占领整个世界时，为什么我们的武装甚至一次又一次被邻国打败！世界还不能令他们满足。幼发拉底河还不够靠东，多瑙河不够靠北，利比亚和沙漠不够靠南，卡迪兹（Cadiz）不够靠西。但是越过海洋他们发现了一个新世界，进而带着军队已远抵神秘的岛国不列颠。为什么不面对现实呢？你们

① 薛西斯穿越阿瑟斯（Athos）山的地峡开凿了一条运河，可坐船渡过达达尼尔海峡。

比高卢人更富有，比日耳曼人更强壮，比希腊人更聪明还是比世界所有民族加起来的人都多呢？什么给了你们信心来反抗罗马的权威呢？

"被奴役的确很痛苦。可希腊人承受了更多的苦难。他们出身比其他民族更高贵，疆土更辽阔，现在却向罗马官员点头哈腰。至于马其顿人，他们比你们更有权利争取自由！还有亚细亚的五百个城市呢！他们那里难道没有罗马守军，他们难道不用向罗马官员和领事的束棒行礼吗？我还需要再列举赫尼欧基人（Heniochi）、克基安人（Colchians）、克里米亚族人（Tauric races）以及在博斯普鲁斯海峡、黑海和亚速海附近的人民吗？他们甚至不认可自己本土的统治者，可现在也屈服于罗马三千人的军团，以及海上的四十艘战舰。这些战舰牢牢控制着海上霸权，这些海域以前只有海盗才能航行。比提尼亚（Bithynia）、卡帕多西亚、庞菲利亚（Pamphylia）、吕西亚和西利西亚都渴望自由，但他们没有军队，也只能低头。

"还有色雷斯人，他们的国家疆域辽阔，横穿要花五天的时间，纵穿要七天，地理环境比你们的更崎岖、更具防御力，而且仅凭那儿的寒流就能阻止入侵者。可现在仅两千罗马兵就足以维持那里的秩序。他们的邻居伊利里亚人（Illyrians）的国土从达尔马提亚（Dalmatia）一直延伸到多瑙河，却只需两个军团就能让他们保持安静。事实上，伊利里亚人联合罗马人抵挡了达契亚人（Dacians）的突袭。达尔马提亚人为了摆脱束缚一直不断地尝试，屡败屡战，现在罗马一个军团就让他们不再闹事。

"如果有国家因为自己独特的优势可能反叛的话也就数高卢人

151

了。他们国内有很多天然障碍：东边有阿尔卑斯山，北边有莱茵河，南边有比利牛斯山脉，西边有大海。尽管有这么广大的障碍，尽管有三百零五个民族，尽管他们土地生产的东西足够整个世界分享，他们还是成为罗马的摇钱树，并得从罗马人手中获得他们自己生产的东西！他们并不是因为自己的柔弱或是种族的次等而忍受罗马人的统治。他们为了自己的自由抗争了八十年，他们的屈服是因为被罗马强大的力量以及它的定数所威慑。这种威慑力给罗马带来比靠武力更多的胜利。所以高卢只有一千二百名士兵维护，数量几乎不比高卢的城市多。

"然后是西班牙。在争取独立的战争中，它自己国土的金银财宝不能拯救它，把它同罗马隔开的广阔的疆域和大海也救不了它，鲁西塔尼亚（Lusitania）和坎塔布里亚（Cantabria）部落的战斗热情以及让当地人都害怕的临近海域的潮汐都不能保护西班牙人。穿过高耸入云的比利牛斯山脉，越过赫尔克利斯石柱，罗马人同样奴役了他们。而控制这个遥远并且几乎战无不胜的国家也只用了一个军团！

"你们谁没有听说过日耳曼人具有永不枯竭的人力资源？我肯定在许多场合你们都见过他们强健的体魄，因为罗马主人身边到处都有日耳曼奴隶。可是这个民族国土辽阔，自尊比体格更强。他们从心底里鄙视死亡。他们暴怒时，比最凶猛的野兽更危险。然而莱茵河阻止了他们的入侵。罗马人用八个军团制服了他们，使因犯沦为奴隶，迫使整个民族避难逃亡。

"对耶路撒冷的防卫充满自信的你们想想不列颠的防卫吧。他们周围有海洋环绕，住在跟整个大陆差不多大的岛上，然而罗马

152

人还是穿越海洋，奴役了他们，用四个军团就能维持这么一个大岛的秩序。帕提亚人是最好战的民族，统治着那么多的民族并拥有着强大的武装，可他们还不是派人质到罗马去。我们还在意大利的土地上看见东方的贵族为了和平卑下地屈服。这个时候我还用再多说什么吗？

"几乎每个民族都在罗马的淫威下低头。你们要自己去打仗，不想想迦太基人的下场。他们吹嘘自己有汉尼拔和显赫的腓尼基祖先，可还是被西庇阿征服。昔兰尼人（Cyrenians，斯巴达人血统）、马马利达人（Marmaridae，一个延伸到沙漠的民族）、萨尔特人（Syrtes，只是提及都会让人们感到恐惧）、纳斯蒙尼人、摩尔人（Moors）和人口众多的努米底亚人（Numidians），没有一个民族能抵挡得了罗马军队精良的武器装备。其中第三个国家萨尔特有数不清的民族，有大西洋和赫尔克里斯石柱（Pillars of Hercules）作为天然边界，养育着远至印度海的几百万埃塞俄比亚人，但也完全被罗马征服，除去每年八个月时间要提供庄稼给整个罗马城的人食用外，还要进贡各种各样的贡品，并根据帝国的需要自愿地交纳各种赋税。跟你们不同的是，他们从来不违反下达的命令，尽管他们那里只留有一支罗马军队。

"我们为什么要跑到老远去找寻罗马强大的证据？在我们最近的邻居埃及就可以找得到。它的国土一直延伸到埃塞俄比亚和阿拉伯的费利克斯（Arabia Felix），是去印度的港口。根据人头税的数据显示，埃及总共有七百五十万人口（除去亚历山大里亚的市民）。然而埃及并没有抨击罗马的统治。尽管亚历山大里亚的大小、人口和财富使它所受的苦难更容易激起人们的反叛情绪。这个城市有三英里半长，一英里宽，每个月交给罗马的贡品比你们一年交的都多，除去贡品他们每年还有四个月的时间要缴纳粮食。这个城的四周要么是人迹罕至的沙漠，要么是没有港口的海域、河流或是沼泽。然而这一切都不能和罗马的命运相抗衡。罗马人在城里留了两个军团就能够控制埃及最远的地方以及马其顿王国的贵族商贾。

"我问你们，你们在杳无人迹的荒原能找到同盟者吗？所有人类居住的地方都在罗马人的统治下，除非你们把希望寄托于幼发拉底河以外的地方，幻想那里有你们来自阿迪亚伯纳（Adiabene）的兄弟来帮助你们！但是没有好的理由他们是不会参与到这样一场大规模的战争中的。就算他们想干这种愚蠢的事情，帕提亚国王也会制止他们。因为他一直都渴望同罗马人休战，任何他的附庸国有这样的行为都被视作是对休战协议的破坏。

"除非你们能让上帝做你们的同盟，不然是没有避难所的。但是上帝也站在罗马一边，没有他的帮助这么大的帝国是不可能建立起来的。另外就算你跟最无力的敌人打仗，想要保护自己宗教的纯洁性也是很困难的事情。你们怎么能够违背那个给你们希望让你们把上帝作为同盟的律法呢？那样只能使你们远离上帝。如果你们遵守安息日停止一切活动的习俗，很快就会被征服，就像你们的祖辈被庞培征服一样。当被围困者什么都不做的时候，庞培会最积极地镇压围攻。但是你们如果参战，就违背了祖先制定的律法。我看不到你们还能为什么而战，因为你们的一个目的就是你们祖先的习俗不能被破坏。如果你们故意违背应该对上帝履行的义务，凭什么要求神灵来帮助你们呢？

"每个参加战争的人都要依靠神灵或是人的力量，但是当这两方面都没有的话，那进攻者无疑是自掘坟墓。什么能够阻止你们亲手杀死自己的妻儿，阻止你们将祖先托付的这世界上最美丽的家园付之一炬？这种疯狂至少可以让你们避免失败的耻辱。我的朋友们，当船还在港口时就能预见即将来临的暴风雨是最智慧的。不要在飓风中出航，这样绝对是自寻死路。对于那些灾难突然降临到他们头上的人至少还能博得同情，但那些睁着眼睛自取灭亡的人只能得到蔑视。

"或许你们中有些人认为你们发动的战争没有违反达成的协议，罗马人获胜的话会对你们宽大处理，不会来个杀鸡儆猴烧光你们的圣城，毁掉整个民族。我告诉你们，就算你们能够生存下来也找不到一个避难所，因为每个人都知道罗马的权力，都害怕引火上身。这种危险不仅仅威胁着我们自己，也威胁着住在其他城市的人，世界上每个区域都有犹太居住区。如果你们进行战争，所有这些居住区都将会被对手屠戮。只因为几个人的愚蠢行为，每个城市都将流淌着犹太人的鲜血。这场大屠杀也有了借口。如果我们不发起战争，想想对我们这么善良的民族发动袭击将是 154
多么邪恶！可怜可怜你们的妻儿，至少也要可怜你们自己的城市以及它神圣的管辖区域。保护圣殿以及那些供自己使用的圣堂的神圣财物吧。如果这些东西落到罗马人手里肯定不会有什么好下场，因为饶过它们并不能使他们得到感谢。我要让所有你们认为神圣的上帝的天使以及我们共同的祖国作为见证：我已经为了你们的安全毫无保留地说出所有的话。如果你们作出正确的决定，将和我一起享受和平的庇佑；如果你们受冲动的驱使，将会自取灭亡。"

　　说完，阿古利巴和他妹妹都留下了热泪。他的眼泪冷却了听众的狂热。人们表示并非要反抗罗马，而是反对伤害他们的弗洛鲁斯。关于这一点，阿古利巴说道："但是你们表现得好像要跟罗马打仗一样，你们不向尼禄进贡并砍断通向安东尼亚的廊柱。你们要是想驳倒谋反的罪名，就把廊柱再建好并且继续向尼禄缴纳赋税。你们知道，弗洛鲁斯没有要塞，而他也不会得到你们的钱。"

　　人们接受了国王的建议，和他还有百妮基一起到圣殿开始重建廊柱，与此同时各个地方官和大臣到城镇收集贡品，很快就收齐了该交的四万英镑。这样，阿古利巴阻止了这场可能一触即发的战争，但是当他劝说犹太人遵从弗洛鲁斯的统治直到尼禄派来新的代理行政官时，人们很气愤，开始辱骂国王并要把他驱逐出圣城。有些起义者甚至敢向国王扔石头。国王发现起义者的情绪无法控制，他本人也受不了群众的辱骂，便派他们的地方官和有影响力的市民到恺撒利亚去找弗洛鲁斯，希望让他挑选几个人去乡下收贡品。接着他回到了自己的国土。

第九章　战争爆发

155

与此同时，一些好战分子联合攻击一个叫做马萨达的堡垒。他们秘密攻占了这座堡垒，消灭了罗马的驻军部队，将自己的部队安插于此。同时在圣殿大殿，亚拿尼亚的儿子以利亚撒，一位自信的年轻大祭司，掌管着整个圣殿。他说服圣殿里的神职人员不接受任何异族人的馈赠或祭品。他们还取消了所有向罗马及尼禄本人进俸的贡品，这就不可避免地导致了同罗马的战争。尽管一些主祭司和有身份的市民恳切呼吁不要取消日常为罗马政府提供贡品的做法，他们仍不妥协。成员的数量令他们十分自信，何况他们又得到了最坚定的革命者的支持。他们主要把希望和信任寄托在圣殿首领以利亚撒身上。

预见到一场灾难不可避免，所有的领导人、主祭司们以及最有名望的法利赛教派的教徒集中到一起来讨论这次的危机。他们决定呼吁起义者在内圣殿东门入口处的铜门①前召开公众会议。他们严厉指责这次的愚蠢行为，宣称这将使他们的国家完全陷入战争状态，并继续说他们的借口很可笑。他们的先辈主要都是用外国人的钱来装饰圣堂的，从不拒绝非犹太人的馈赠，并且不仅不

---

① 或许是指《使徒行传》第3章第2节中的"美丽的大门"。

禁止任何人献祭（这其实是最不符合宗教教义的事），而且还在圣殿中的显要位置摆放了还愿用的供品。如今，这些人正在邀请罗马人来干预，并且因为对宗教进行外族改革给他们自己招致灾难。除了这一危险之外，如果仅在犹太人中有外国人不得献祭或朝拜的说法，他们还使圣城陷入了反宗教的境地。如果这一法规用于禁止个人行为，那他们会对如此有组织的不人道行为感到愤愤不平。然而，当罗马人甚至尼禄被排斥在外的时候，他们却漠不关心。但是还有一种危险：如果他们取消了对罗马人的供奉，可能就会被禁止为自己供奉，圣城就会被拒绝在帝国之外。除非他们能迅速恢复他们的理智，恢复供奉并在他们侮辱的那些人收到消息之前消除那些具有侮辱性的行为。

如此劝说的同时，他们还带来了拥有专业传统知识的祭司。这些祭司证实了他们的先辈都接受了外国人的进奉，但是没有一位革命者听得进去，甚至圣殿里的祭司也不愿意站出来——他们正忙着让战争成为不可避免的事情。那些最有影响力的民众看到这次暴动已经超出他们控制的范围，而罗马人又会首先报复他们的时候，决定派使者分别去弗洛鲁斯和阿古利巴那里，以证明他们的清白。去弗洛鲁斯那里的人由亚拿尼亚的儿子西蒙率领，去阿古利巴的人则聚集了国王的亲戚索尔（Saul）、安提帕斯和科斯托巴。他们恳请双方带重兵来圣城，并在暴动失控前镇压起义军。弗洛鲁斯对此十分高兴。由于急于挑起争端，他没有给来访者任何的答复。然而阿古利巴则同样关心起义者和他们的对手。因为他急切地要在罗马人面前保护犹太人，为犹太人保护圣殿和首都，并且知道这场纷争自己肯定会失利，于是他从奥兰蒂斯、巴塔尼亚和特拉科尼特斯处派了两千骑兵去帮助他们，由骑兵指挥官大流士和亚齐姆斯（Jacimus）的儿子菲力普指挥。

因此，受到鼓舞的有影响力的市民、主祭司们以及所有热爱和平的人们占领了上城，而下城及圣殿则在起义者的掌控之内。接下来的一整天只见人们用手和投石器互相攻击，石头不断在双方阵营间穿梭。有时，他们勇猛出列，赤手空拳比拼。起义者显示了更大的勇气，而国王的军队则显示了过人的作战技巧。后者主要目的是攻下圣殿并赶走那些亵渎圣堂的人；而以利亚撒和起义者想要巩固其占领的地盘并夺取上城。结果，经历了七天的厮杀，双方都没有离开他们原来的位置。

第二天是献柴节（Feast of Wood-Carrying）。按照惯例，这一天每个人都要为祭坛献上木头以便使常明火永远不会因为缺少燃料而熄灭。犹太人不让他们的对手参与仪式。但是当不带武器的人群和大量的匕首党西卡尼人（他们是些土匪，名字取自他们胸前别的匕首）一起涌入时，犹太人的对手加入了土匪的阵营，更信心十足地攻击了。国王的军队，如今在人数和士气上都不占优势，因此被赶出了上城。对手冲进来烧毁了亚拿尼亚大祭司的居所以及阿古利巴和百妮基的宫殿。接着他们放火烧了档案库，急切地要毁掉借贷者的债券，这样就使追讨债务变成不可能的事情，从而可以获得一大批债务人的支持，并让穷人理直气壮地反抗富人。保管档案记录的人逃走了，整座建筑被火烧了。当圣城的控制中心燃起了大火，起义者也加入进来追击敌人。一些领头的居民和主祭司逃入地下管道，消失不见了。还有的跟随国王的部队逃至上皇宫，关上门，不再出来。在这些人中有亚拿尼亚的大祭司，他的兄弟赫齐卡亚和一些作为使者被派去阿古利巴的人。敌手们很满意取得的胜利和破坏，停止了追击。

然而第二天，8月15日*，他们袭击了安东尼亚。经过两天的围攻，他们抓获并消灭了驻军，火烧了堡垒。接着他们去了国王的人马避难的王宫，分作四路攻击围墙。没有一个守卫的人敢于正面迎击一群群的攻击者，但是他们在防护墙和塔楼上排好了阵势，向靠近城墙的人连续投掷石块。结果许多武装土匪倒在墙根下。战斗日日夜夜不间断地进行着。起义者希望饿死守城人，而守城人则希望打击围攻者攻城的力量和决心。

这时有一位叫米拿现（Menahem）的人，他是加利利人犹大的儿子，是个十分聪慧的拉比。在奎利纽斯（Quirinius）时代，他曾谴责犹太人独自信奉上帝以后仍然屈从于罗马人的行为。他带领着一帮朋友前往马萨达，打开了国王希律的军械库，并将武器分给了同乡及其他武装土匪。有了这些武器，他像个国王一样回到了耶路撒冷，自封为起义首领并接管了整个围攻。但是他们没有攻城锤，不可能一方面承受来自上方连续不断的攻击，另一方面在敌人的眼皮底下对城墙进行破坏。所以他们开始在离城墙远一点的地方挖坑道一直挖到一个塔楼下，然后将塔的全部承重转移到木制架上，将木架点上火就撤离了。当支撑物被烧掉时，高塔突然之间倾塌了，但是他们却发现塔后面还建有另一堵墙。这是因为守护卫兵及时发现了他们的阴谋（可能塔基被挖时塔身动了），所以修筑了第二道屏障。这意想不到的一幕对这些进攻的

---

* 关于月份，可以参阅本书附录的"日历"。

人来说是一个致命的打击，他们本来已经对自己的胜利胸有成竹。然而，抵抗者却派人来见米拿现及起义的首领，请求允许他们出来停战。只有国王的军队和犹太族人被允许出来了。这些罗马人没有了任何支持，信心全无。他们没有办法在这样一群人中强行打开一条通路，也耻于再谈交换条件。另外即使得到允许，他们也不能留下。所以他们迅速撤离了营地，不再抵抗，并逃到国王的塔楼、希皮库斯（Hippicus）、法赛尔和米里亚尼等地。米拿现和他的人占领了这块地盘，将所有那些没来得及逃走的人都抓起来杀掉，并掳走他们的辎重，烧掉他们的帐篷。这一切都发生在9月6日那一天。

第二天，藏在王宫运河边上的大祭司亚拿尼亚被捕，同他的兄弟赫齐卡亚一起被强盗杀害。然后叛乱者转身围困高塔，加紧守卫，保证没有一个士兵能逃出。但是米拿现被如此坚固的堡垒和大祭司的死冲昏了头脑，开始施行暴政。他认为现在做什么都没有了对手，于是变得暴虐得令人发指。以利亚撒和他的人开始起来反抗米拿现。他们认为当时出于对自由的热爱而反叛罗马人，将自由转交到一个犹太独裁者的手中是很荒谬的。他们所臣服的主人即使不残暴也肯定比他们自己的身份低微。如果他们必须将一切放到一个人手中的话，任何人都会比这个人要好！所以他们制订了严密计划，趁米拿现穿着帝王的长袍，在一群全副武装的狂热信徒簇拥下进入圣殿举行隆重的膜拜典礼的时候袭击了他。以利亚撒和他的人冲向米拿现，其他的民众也拿起石头扔向他，大家认为只要推翻他就可以为叛乱画上最终的句号。米拿现和他的人抵抗了一会儿，但是当他们看到所有民众都向他们涌来时，只能四散逃跑。那些被抓到的都死于大屠杀，那些藏起来的都被搜捕出来，只有非常少的人逃到马萨达去。在这些成功逃跑159 的人中，与米拿现有关联的有亚伊勒斯（Jairus）的儿子以利亚撒。他在后来成为马萨达的独裁者。米拿现自己逃到了奥菲尔斯（Ophales），很不光彩地躲藏着，但最终被活捉，拖到众人面前，经过长期的折磨致死。他的副官们也遭受了同样的厄运，其中包括他执政时期的左膀右臂阿布萨隆（Absalom）。

正如我所说的，民众参加了这次大屠杀，希望同时能镇压叛乱。那些阴谋者却不急于结束双方的敌视。他们是为了更自由地实施阴谋活动才将米拿现送上断头台的。事实上，民众越是催促他们放弃对士兵的围禁，他们越是强有力地加紧围攻，直到罗马将军米提利亚斯（Metilius）没有能力坚持下去了，派军官到以利亚撒那里请求只要保证他们的生命安全，他们就会放下武器投降并交出所有的财产。犹太人欣然接受了提议，派尼克梅德斯（Nicomedes）的儿子戈里恩（Gorion）、佐多克（Zadok）的儿子亚拿尼亚、约拿单的儿子犹大前去，答应一定保证他们的安全。鉴于此，米提利亚斯命令士兵们住手。罗马人全副武装的时候，起义者没有轻举妄动并且丝毫不露反叛的迹象，但是当他们遵照协议放下盾和剑，没有丝毫戒心准备启程的时候，以利亚撒和他的人马冲向罗马人，将他们围住并砍杀。罗马人这时既没有反抗也没有乞求饶恕，而是大声地呼吁他们遵守协议以及彼此间的誓词。但是除了米提利亚斯，他们都被残忍地杀害了。米提利亚斯乞求犹太人饶恕并且发誓信仰犹太教及实行割礼，救了自己一命。这场挫败对罗马人是微不足道的，这种小的损失丝毫不会对他们庞大的数量有任何影响，但是对犹太人而言，这似乎是他们走向毁灭的序幕。犹太人找不到方法去阻止由这场叛乱而引发的战争。圣城被这样的罪恶玷污，他们即使免于罗马人的报复，也会受到上帝的惩罚。整座城市都处于悲哀之中，路上的行人都心事重重。每一个老实诚恳的市民一想到要为起义者对罗马人的孽行付出代价，都非常恐慌。那场屠杀正巧发生在犹太教的安息日，而那天按照宗教教义，即使正义的事也是不允许做的。

就像是神的旨意一样，在同一天的同一时刻，恺撒利亚人对犹太聚居地进行了大屠杀，在不到一个小时的时间里杀害了两万多犹太人，清洗了恺撒利亚城里的所有犹太人，那些可能逃走的犹太人也被弗洛鲁斯逮住，铐上铁链送往造船厂做苦役。这一打击使整个犹太王国怒不可遏，一些党徒洗劫了叙利亚的村庄以及邻近的城市，如古费城、瑟布尼提斯（Sebnitis）、杰拉什（Gerasa）、佩拉以及塞索波利斯。接下来，他们又突袭了加大拉，西波斯以及高拉尼提斯（Gaulanitis），毁坏了很多地方，到处放火。然后他们又向蒂尔附近的科达萨（Kedasa）、托勒迈、戈巴（Gaba）以及恺撒利亚进军。无论在塞巴斯特还是阿什克伦，他们的攻击都没有遇到反抗。他们把这些地方夷为平地，并且继续蹂躏安瑟顿和加沙。在这些城邦中大量的村庄被洗劫一空，成年俘虏们被无情地屠杀。

叙利亚人那边也屠杀了同样多的犹太人。他们同样将大量俘虏来的犹太人杀掉，这不仅是像以前一样出于仇恨，而且要避免自己的危险。大叙利亚充斥着无助的混乱。每一个城市都分裂为两个阵营，每一个阵营的存在都建立在消灭另一个阵营的基础上。

160

每天白天血流成河，夜晚变得更加恐怖，因为每个人都提心吊胆。虽然他们认为自己已经杀完了犹太人，但是每一个团体都怀疑有犹太人的同情者。当他们在犹豫是否要当场消灭他们之中的任何可疑的人时，他们就像害怕完全陌生的人一样对那些立场不明确的人充满了恐惧。对于屠杀他们的敌人，即使是被认为最善良的人也会被人性的贪婪所引诱，因为他们可以泰然自若地抢劫战利品，占有他们受害者的财产，就像是从战场回来的勇士一样将被害者的财物带回故乡。谁夺取得最多谁就会受到特殊的荣誉，就像是打败了战场上无数骁勇的敌人一样。城中到处可见未被掩埋的尸体，老年人与婴儿的尸体被横七竖八地抛在路边，妇女甚至没有一块破布去遮羞，整个城市充斥着难以形容的恐惧。与这种不停发生的暴行相比，更加可怕的是恐怖威胁的到来。

迄今为止犹太人一直只袭击外国人，但是当他们攻占塞索波利斯的时候，他们发现那里的犹太人竟然反对他们。因为那些犹太人已经与塞索波利斯人联合在一起，并认为他们自己的安全比血缘关系更加重要，于是加入到同自己同胞的战斗中。但是，这种过度的热情引起了别族的怀疑——城市中的人担心这些犹太人会在晚上的时候从城内偷袭他们，给他们带来巨大的灾难，以弥补不能帮助犹太人同伙的遗憾。所以他们告诉城中的犹太人，如果想展示和表明自己对其他外国人的忠诚，就要跟自己的家人到格勒乌（Grove）去。这些犹太人遵守命令，丝毫没有起疑。头两天，塞索波利斯人并没有做出什么举动，以此来骗得犹太人相信自己很安全。但是到了第三夜的时候，塞索波利斯人趁着有些犹太人不站岗，另一些人睡觉的机会，对犹太人进行大屠杀，杀死一万三千多人并抢走了整个犹太聚居地的财产。

这里有一段关于西蒙命运的故事必须要说来一听。西蒙是一个不平凡的人索尔的儿子，他体力过人并且具有非同一般的勇气，但是他滥用了自己的体力和勇气去伤害自己的同胞。西蒙每天都出去当着塞索波利斯人的面杀害很多犹太人。他在几乎没有援助的情况下就能击败犹太人的军队并取得胜利。但是他为屠杀同胞受到了应有的惩罚。当塞索波利斯人包围格勒乌并开始攻击里面的犹太人的时候，西蒙抽出了剑却没有向敌人刺去，因为他看到在数量占绝对优势的敌人面前，这种反抗是没有用的。相反，他激动地大声疾呼："我现在所得到一切都是罪有应得。为了向塞索波利斯表示忠诚，我和其他的犹太人杀害了太多自己的同胞。无怪乎当我们背叛祖国的时候，才发现外国人也是这样背叛我们的。所以让我们耻辱地死在自己人的手中吧，我们不应该死在敌人的刀下。这同样是对我自己邪恶的行为罪有应得的惩罚，也是对我勇气的一种考验。这样我的敌人就不会因为杀死我而自吹自擂或者是对于我的死而幸灾乐祸。"西蒙说着，眼中带着一种复杂的遗憾和愤怒看了看周围自己的家人——他的妻子、孩子和年迈的父母。然后他先抓住父亲灰白的头发，一剑刺入他的身体，接着杀死了没有反抗的母亲、妻子和孩子。他们每一个人几乎都是自己倒向剑锋，急切地在敌人面前先求得一死。在杀死所有家人以后，西蒙站在他们的尸体上看了看每一个人，高高举起右手，让每个人都清楚地看到他，然后将整个剑锋深深刺入自己的喉咙。我们都会为拥有如此力量和勇气的年轻人的死感到惋惜，但是正是他对外国人的信任才不可避免地酿成了今日的悲剧。

　　发生在塞索波利斯的大屠杀使得其他城市纷纷拿起武器对付本国的犹太人。在阿什克伦，两千五百名犹太人被杀；在托勒迈，两千人被杀，还有更多的犹太人被投进监狱；在蒂尔，大量的犹太人被杀害，更多的人被枷锁囚禁着。同样的事也发生在西波斯和加大拉。勇敢者被杀害，而胆小一些的则被关押。视人们对待犹太人憎恨或害怕的程度，叙利亚的其他城市也发生了类似的事情。只有在安提俄克、西顿和阿帕米亚的犹太居民幸免于难，那里没有任何杀害或关押犹太人的倾向。也许他们人口众多，使他们对犹太人起义的可能性漠不关心，但是在我看来主要原因似乎是出于对那些他们没有察觉出有起义迹象的犹太人的怜悯之情。在杰拉什，不仅犹太人毫无麻烦地留在那里，而且那些想离开的人还会被护送到国家边界。

　　而在阿古利巴的王国里甚至形成了反对犹太人的一个阴谋。阿古利巴到安提俄克去看望克斯提乌斯·加卢斯，他把国家大事交给自己的一个朋友，索阿姆斯国王的亲戚诺茹斯（Noarus）打理。从巴塔尼亚来了七十个出身显贵、能力突出的人。他们要求派一支军队，假如他们的行政区域有任何动乱，就有足够的兵力来镇压起义。诺茹斯连夜派出国王的步兵残杀了这七十个人，没有经阿古利巴允许而犯下了卑鄙的罪行。诺茹斯通过自己无止境的贪欲背叛了自己的国人，对国家造成了灾难性的影响。而他继续在国内横行肆虐，直到他的行为传到阿古利巴那里。尽管阿古利巴不愿处死诺茹斯伤害而索阿姆斯的感情，但还是剥夺了他的摄政权。

　　起义军夺取了俯瞰耶利哥的要塞塞普劳斯，消灭了那里的驻军并把防卫设施夷为平地。在同一天，马卡鲁斯的一群犹太人催促罗马驻军离开要塞并把权力移交给他们。罗马人怕这些犹太人会以武力夺取要塞，便同意签订休战协定撤退，接受了保证书之后移交了要塞，而这个要塞被市民们很快占领并驻守起来。

在亚历山大里亚，亚历山大发现犹太人乐意帮助他反对埃及人，就奖赏了他们积极的支持行动，许诺让他们在城里居住并享有跟希腊人同等的权利。而从那之后，亚历山大里亚当地人和犹太居住者之间就开始了无休止的冲突和斗争。亚历山大的继任者保留了犹太人的特权，还另外分配给他们一块地区让他们独享，使得他们可以保留自己的生活方式，不会因为通过和其他种族不必要的接触而受到影响，并且准许他们把自己称为马其顿人。当罗马人成为埃及的统治者后，恺撒一世和他的继任者都没有允许减少犹太人先前从亚历山大那里享有的特权。但是犹太人和希腊人之间的冲突还是继续存在，统治者因此而惩罚双方，而双方的斗争反而愈演愈烈。这个时候，不管什么地方出现混乱，任何小的火焰在亚历山大里亚也会被煽动成熊熊烈火。一天，市民们举行一个公开会议，考虑派大使夫见尼禄的建议。这时一群犹太人和希腊人一起涌进了举行会议的竞技场。希腊人看到犹太人后马上喊道："敌人的奸细！"然后他们纷纷跳起来拼命去抓犹太人。大多数犹太人都逃跑并且散开了，但是有三个人被抓并被带了回去，希腊人准备活活烧死他们。整个犹太居民区奋力反抗，他们首先用石头击打希腊人，然后夺取火把闯进竞技场，威胁要烧死那里的每一个人。如果不是总督提比略·亚历山大制止，他们是会做出这种事来的。提比略在第一次努力劝说中没有动用武力，而是客气地派遣一些德高望重的人物到犹太人当中呼吁他们停止

163

斗争，不要激起罗马军队来袭击他们。但是犹太起义者对这些请求嗤之以鼻，大骂提比略。

意识到只有一场大的灾难才能平定这次叛乱，提比略派出两支罗马军团以及正巧从利比亚来的两千士兵，这给犹太人带来了可怕的后果。提比略不但准许他的士兵杀害犹太人，而且同意他们抢劫犹太人的财产，烧毁他们的房屋。士兵们冲进犹太人聚集的叫做德尔塔（Delta）的地区，执行长官的命令。不过他们这边伤亡也不小，因为犹太人同前面全副武装的战士齐心协力战斗，坚决地守卫他们的领地。但是一旦战线被击溃，犹太人便被大规模地消灭。死亡以各种方式降临在他们头上：有的人在野外被杀死；有的人被赶进房子，先遭罗马人抢劫然后被烧死。罗马人对婴儿毫无怜悯之情，对长者毫无尊重之意；老少都遭杀戮，所以整个街区鲜血横流，五万具尸体堆积在一起。如果不是剩余生还者向亚历山大请求宽恕，而他又因对这些人的怜悯而命令罗马军撤退，剩下的人也不会幸免遇难。惯于听命的罗马士兵马上停止了屠杀，但是亚历山大里亚因仇恨而饱受煎熬的希腊平民不愿服从命令，很难把他们从犹太人的尸体上面给拉下来。

这就是发生在亚历山大里亚犹太居民区的灾难。克斯提乌斯感觉有必要现在采取行动，因为四面八方的犹太人都已投入战斗。所以他亲率全副武装的罗马第十二军团，又从其他军团精选了两千人、六支步兵队、四个骑兵团以及国王派遣前来增援的分遣队，从安提俄克启程。安条克①提供了两千骑兵和三千步

---

① 叙利亚北部科玛根的国王。

兵，他们都是弓箭手；阿古利巴供应了同样数量的步兵，还有
接近两千的骑兵；索阿姆斯紧跟着给了四千人，三分之一是骑
兵，而大多数人都是弓箭手。带着这支军队，克斯提乌斯向托勒
迈进发了。他在城市中得到了很多援军。尽管援军的作战技巧是
逊于士兵们的，但是对犹太人的仇恨可以弥补他们生疏的作战技
巧。阿古利巴在那里亲自指导克斯提乌斯并给他当参谋。克斯提
乌斯率领一小部分军队向加利利一个叫做塞布隆（Zebulon）的
要塞进军，这是一个位于犹太人领地和托勒迈边界的小镇。到达
时，他发现犹太人抛弃了这个小镇，逃进了山里，但是这里有各
种各样的贵重物品，克斯提乌斯让士兵们洗劫一空。尽管克斯提
乌斯看到这个小镇非常漂亮，建筑风格同蒂尔、西顿和贝鲁特的
建筑群很像，他还是放火烧了它。接着他又踩躏了整个地区，抢
劫了任何他所碰到的东西，烧毁了周围的村庄然后返回了托勒
迈。但是当叙利亚人，特别是那些从贝鲁特来的人忙于抢劫掠
夺时，犹太人意识到克斯提乌斯已经离开了，就鼓起勇气毫无
预兆地突然袭击了克斯提乌斯留在那里的部队，消灭了大概两
千人。

　　克斯提乌斯离开了托勒迈向恺撒利亚行进，并派他的一部
分军队先行至约帕。如果他们能够奇袭这个城市，就在那里驻
守；如果他们的行踪暴露，就要等克斯提乌斯率领剩余的军队前
来。然而，先行军队兵分两路，从海路和陆路不同的方向快速前
进，轻易就夺取了城市。城里的居民没有时间逃跑，更没有做好
准备进行战斗。因此罗马人闯入后屠杀了他们及其家人，劫掠并
烧毁了这个城市。被杀的有八千四百人。同样地，克斯提乌斯派

165　　一支强大的骑兵队进入纳巴提恩（Narbatene）王国①，掠夺了这片土地，杀死了大量的居民，抢劫他们的财产，然后烧毁了他们的村庄。

　　克斯提乌斯派遣十二军团的指挥官格桑纽斯·加卢斯（Caesennius Gallus）进入加利利，给他自己认为足够的兵力让他对付那个地区。加卢斯在加利利最强大的城市塞弗利斯受到了热情的招待，那里所表现出来的良好气氛，使得其他城镇都保持了安静。起义者和土匪们都逃到了位于加利利中部，同塞弗利斯相对的名叫阿萨蒙（Asamon）的山里。加卢斯率领他的军队向他们进攻。一旦加利利人占据有利的地势，他们就轻易地击退前进的罗马人，杀死了两百余人。但是当罗马人转而到达一个更高的高地时，加利利人就很快溃败了。轻装上阵的人们同全副武装的步兵在肉搏战中占不到一点便宜，溃败后也躲不过骑兵的追捕，所以除了几个人利用险恶的地形逃脱了捕获外，大约有两千人被杀害。

　　加卢斯在加利利不再看到反叛的迹象，便率领军队回到了恺撒利亚。克斯提乌斯接着率领全部兵力进入安提帕特斯。在那里他听说很多犹太人聚集在一个叫阿菲克（Aphek）的小城镇，所以他派了一个分队去袭击。但是打击还没有开始，犹太人就惊恐地四散而去，把他们的营帐留给了袭击者。罗马人便把营帐同周围的村庄一起烧毁。克斯提乌斯从安提帕特斯继续向吕达进发，发现那是个空城。整个城里的居民都到耶路撒冷去庆祝结茅节了。露面的五十个人都被杀害了，城镇也被付之一炬。接着克斯提乌

---

　　① 在恺撒利亚附近。

斯继续他的征程，翻过贝丝－赫隆山，在离耶路撒冷六英里一个叫做吉比恩（Gibeon）的地方安营扎寨。

看到战争正在向首都逼近，犹太人放弃了圣餐，拿起了武器。由于对自己的人数满怀信心，他们没有任何组织便狂暴地投入到战斗中，完全忽视了第七天要休息。尽管这是平时他们最注意遵守的安息日。激情使他们抛开了自己的虔诚，也为他们赢得了战场上的胜利。他们狂怒地进攻罗马人，在队列中冲开一个缺口，通过缺口冲锋，造成了敌人的巨大伤亡。如果不是骑兵团，和那些没有介入战斗的步兵队绕路来到了有缺口的战线帮忙，整个克斯提乌斯的军队就危险了。罗马丧失了五百一十五人，其中四百名步兵，其他是骑兵；而犹太人损失二十二人，其中包括最英勇的阿迪亚伯纳①国王莫诺巴瑟斯（Monobazus）的两个亲戚莫诺巴瑟斯和瑟尼戴尔斯（Cenedaeus）。紧跟其后的是彼利亚的尼格尔（Niger）和巴比伦的瑟拉斯（Silas），后者从他服役的阿古利巴王的犹太军队中脱离出来归向了犹太人。正面的攻击停止，犹太人返回圣城。当罗马人爬向通往贝丝－赫隆的斜坡时，焦拉斯（Gioras）的儿子西蒙从后面突袭他们，打伤了后面的侍卫，截获了许多辎重牲畜，然后把它们驱赶到圣城里。克斯提乌斯三天没有动静，与此同时犹太人占领了高地并派军留守，确保一旦罗马人开始行动，他们能够迅速作出反应。

这个时候，阿古利巴发现有这么一群敌对武装力量盘踞在山上，哪一支罗马军队都不可能安全，所以他决定试着恳求犹太人，

166

----

① 在底格里斯河上游附近。

要么劝说他们不要再有敌意，要么就把和平的力量从他们对手中分离出来。因此，他从自己的随从中选出两个犹太人最熟悉的，鲍瑟斯（Borcius）和法波斯（Phoebus），派他们前去游说犹太人，承诺克斯提乌斯愿意和他们达成协议，如果犹太人放下武器归顺罗马的话，罗马人对他们的冒犯可以不予追究。可是起义者担心所有的犹太人会希望得到赦免而接受阿古利巴的条件，便疯狂地杀害了他的特使。法波斯还没说一句话就被杀死了，鲍瑟斯受了重伤但是侥幸逃了出来。那些反对这种暴行的市民受到石块和木棍的攻击，被驱赶到圣城里。

　　克斯提乌斯看到他们内部存在分裂，并非无懈可击，于是率领全部的军队一路驱赶着犹太人迫使他们来到耶路撒冷。他在离圣城四分之三英里的瞭望山①安营扎寨，但是三天都没有发动进攻，或许是在期待他们能够投降。与此同时他派士兵去周围的村庄夺取粮食。第四天也就是10月30日，克斯提乌斯组织起军队，向圣城进军。人们受制于起义者，起义者危惧于训练有素的罗马人而变得士气低落，他们放弃了圣城的外围，撤退到内城和圣殿。克斯提乌斯一到就放火烧了比塞塔②和木材集市。接着前往上城在167 王宫前驻扎。如果他在这个关键时刻选择破城而入，圣城很快就会成为他的，而战争也会结束。但是他的主将泰岚讷斯·普利斯克斯（Tyrannius Priscus）以及大部分骑兵队长都被弗洛鲁斯重金贿赂劝说放弃这种尝试，所以这场战争拖延了很长时间，而犹太

---

①　斯科普斯山（Mt Scopus）。

②　也被称为"新城"。

人也承受了不能挽回的苦难。

在这个当口，很多地位显要的市民听从约拿单的儿子阿纳努斯的建议，向克斯提乌斯发出邀请，保证将为他打开城门。可克斯提乌斯听说后却深感怀疑，一直都没当回事，直到起义者发现有人背叛他们，然后把阿纳努斯和他的同伙从墙上扔下去，向他们扔石块，驱赶着他们回到自己家里，接着排成长队向那些试图翻越城墙的人扔石块。连续五天罗马人从各个方向发动进攻却没取得什么效果。翌日，克斯提乌斯亲率一队挑选的精兵强将和所有的弓箭手开始从北部向圣殿发动攻击。犹太人在廊柱的屋顶顽强抵抗，不断击退那些接近城墙的人，但最后他们受不了枪林弹雨般的攻击，开始撤退了。前列的罗马人用盾牌斜搁在城墙上，第二列也同样这么做，然后是第三列、第四列，直到他们组成一个龟壳似的防御覆盖物。再有投掷物落下来，防御物下的人也一点事都没有。所以他们在下面挖掘墙基准备放火烧圣殿的大门。叛军感到无比恐慌，很多人因为担心圣城随时会陷落而开始往外逃。这使人们的希望再次燃起。当那些恶棍撤退时，良民们马上打开城门将克斯提乌斯视为恩人般迎接进来。如果他能够让围攻的时间再长一点，便可以立刻占领圣城。但是我想就是因为那些恶棍，所以上帝已经抛弃了圣堂，不允许在那天结束战争。

不管怎么说，克斯提乌斯既不清楚被围攻者的绝望也不了解人们的感受，突然召回他的人马，放弃了希望。尽管他没有承受失败，却公然违抗理智退出圣城。看到这种转变，那伙强盗的希望重新燃起，冲出来猛攻克斯提乌斯的后卫，杀死了很多步兵和骑兵。当晚，克斯提乌斯命令他的军队在瞭望山过夜。第二天，他们继续撤退，又遭到更多的攻击。敌人残忍的追击使他殿后的部队损失惨重。叛军从路两边向前赶，从各个方向用矛掷向克斯提乌斯的部队。后面的部队以为有大批叛军在后面追赶，不敢掉头面对那些进攻的敌人；又因为自己装备沉重，不敢出列，也不敢回击那些从各个方向进攻他们的人。而犹太人却是轻装上阵，易于发动突然袭击。这就意味着他们自己受到了重创，而对方却几乎没什么损失。罗马军队整个行军过程一直遭到不断打击，掉队的士兵都被杀死了。最后在众多士兵将领牺牲，放弃大部分的辎重后，整个军队到达他们在吉比恩的旧军营。死难的人中包括第六军团的统帅普利斯克斯、护民官隆基努斯（Longinus），还有一个叫阿米里亚斯·朱康德斯（Aemilius Jucundus）的骑兵队长。在旧军营的头两天，克斯提乌斯不知所措，但第三天他看到大量的敌人聚集在一起，每个方向都涌出很多犹太人，这时候他意识到几天的延迟已经造成了一定损失，如果再待下去的话，会出现更多的敌人。

为了加快行军速度，克斯提乌斯命令将所有延缓速度的东西减到最少。除了那些运输石弹和石炮的马匹、骡子和驴，甚至一些拉车的马都被宰杀了。这些运输石弹和石炮的马匹罗马人决定还是留着自己用，主要是因为他们害怕武器被犹太人截获转而进攻自己。接着克斯提乌斯率领他的军队向贝丝-赫隆进军。在空旷的地方，犹太人进攻的势头稍减。但是当罗马军队来到一个下坡的隘口时，一队犹太人拦在他们面前，挡住了出口，还有一些人把最后的部队逼进峡谷，大部分犹太人在高处俯视下面的隘口山腰处，朝罗马人投下雨林般的石块。这个时候罗马步兵根本不能进行防御，而骑兵的处境就更危险。他们在遭到袭击后根本不能保持阵型继续前进。陡峭的斜坡使那些罗马骑兵不可能进攻敌人。两边不是悬崖就是峭壁，罗马人遭到毁灭性的打击。他们找不到逃跑的路也不能自我反抗，无奈之下他们悲伤不已，痛苦呻吟。犹太人继续反击并大声吼叫着，既兴奋又愤怒。他们肯定有可能捕获克斯提乌斯和他的全部军队，但这时黑夜降临，罗马人可以再在贝丝－赫隆暂避一时。而犹太人将其团团围住等着他们再次露面。

不可能继续公开行军，克斯提乌斯便决定卑劣地逃走。他挑选了四百名最勇敢的士兵，把他们安置在屋顶命其喊军营守卫的口令，让犹太人以为他们还停留在那里。而他自己率领剩余的部队悄无声息地前进了三英里半。准备战斗的犹太人发现罗马人的驻地已经空了时，冲向戏弄他们的四百名罗马士兵，用标枪杀死他们，接着去追赶罗马人。克斯提乌斯趁着夜色率队行进了很长一段距离。天一亮，为了提高行军速度，罗马人慌乱中丢弃了攻城锤和快速装弹机以及其他的武器。这些武器立刻都被犹太人掠夺走并在稍后的战争中用来打击它们最初的拥有者。犹太人一路追击罗马人，直到安提帕特斯也没能追上他们。所以他们掉转马头，带着罗马人放弃的武器，劫掠死尸身上的财物，并收集留下的战利品，唱着胜利的歌曲回到了首府。他们自己的伤亡人数微不足道，可罗马人和他们的同盟损失了五千三百名步兵和四百八十名骑兵。这次战争发生在尼禄统治第十二年的11月8日。①

---

① 显然，约瑟福斯是指公元66年11月，不过尼禄统治的第十二年在10月就结束了。

第十章 加利利总督约瑟福斯

自从克斯提乌斯惨败之后，很多地位显赫的犹太人从圣城逃出来，犹如遇难的人逃离沉船。科斯托巴和他的兄弟索尔，以及国王阿古利巴的部队司令官亚齐姆斯的儿子菲力普，偷偷溜出城与克斯提乌斯会合。但是，他们的同伴，被围困在王宫里的安提帕斯拒绝和他们一起逃走，结果被叛军判了死刑。这些我以后再描述。在索尔和他的朋友们的要求下，克斯提乌斯派他们去见亚该亚的尼禄，让他了解他们目前的困境，并把战败的责任推给了弗洛鲁斯。他希望尼禄对弗洛鲁斯的不满可以缓解他自己的危险处境。

这时大马士革的人们听到罗马军队惨败的消息，便渴望彻底消灭他们中间的犹太人。现在他们已经被困在体育场很久了，如果因为怀疑就采取这种措施，那么这个任务就异常简单了。但是他们惧怕自己的妻子，因为几乎所有的女人都皈依了犹太教，因此他们焦虑的是怎样不让她们知道。于是，他们把对那些密集的、手无寸铁的犹太人发动了突袭。虽然犹太人的数量多达一万零五百人，他们在一小时内就不费吹灰之力地把这些人全部杀掉了。

那些追捕克斯提乌斯的人回到了耶路撒冷，依靠武力或者劝说把那些仍然支持罗马的人争取了过来。接着在一次圣殿举行的公众集会上又任命了几名将军。他们决定由戈里恩的儿子约瑟夫和大祭司阿纳努斯全权负责城市的管理，特别要负责筑高城墙。西蒙的儿子以利亚撒获得了罗马人的战利品和从克斯提乌斯那儿缴获的钱财，以及大笔的公共基金。但他们没给他分派职务，因为看出他有独断专行的倾向，而且他的狂热的拥护者们表现得就像全副武装的保镖。可是资金的短缺和以利亚撒的伪装驱使人们渐渐地完全屈从于他了。他们为以土买挑选了另外两个将军：大祭司约书亚［Jeshua，塞法司（Sapphas）的儿子］和以利亚撒［大祭司诺伊斯（Neus）的儿子］。原来的以土买总督，来自约旦河东部的彼利亚，因此被称为彼利亚人（Peracan）尼格尔，将听令于他们两人。他们没有忽略国内的其他地方。西蒙的儿子约瑟夫被派去管理耶利哥，玛拿西（Menasseh）去了彼利亚，艾塞尼派信徒约翰去了桑那（Thamna）的小邦国，包括吕达、约帕和以马忤斯。高夫纳和阿可拉拜塔（Acrabetta）的一些地区都由亚拿尼亚的儿子约翰管理。加利利的两部分和那一地区最坚固的城市迦马拉都由马提亚的儿子约瑟福斯管理。

171

每个将军都使出浑身解数，去执行分派给他们的任务。一到加利利，约瑟福斯首先考虑的就是如何赢得当地居民的好感。他明白，万一出了什么事的话，这对他是有百利而无一害的。他心里清楚，想要获得当地领导人的支持，就得和他们一起掌权，而想要得到民众的拥护，就得让自己的指令经由那些有声望的居民发布出去。因此，他从全国挑选了七十名最有智慧的长者参与管理加利利的所有事务，同时还在每个城镇任命了七名法官来处理日常纠纷，而那些较大的争执和谋杀案则要交由他自己和那七十名智者处置。制定好这些处理国内事务的法规后，他转而集中精力防御外敌。他意识到罗马人会首先侵略加利利，于是在最宜于防守的几个地点修筑了防御工事，包括约塔帕塔、波萨伯（Bersabe）、色拉姆（Selame）、加法里可（Caphareccho）、扎法（Japha）和西高夫（Sigoph）、塔博尔山、塔里查伊、太巴列，然后是下加利利的革尼撒勒湖（Lake Gennesareth）附近的山洞和上加利利被称为阿可查巴龙（Acchabaron）、塞弗（Seph）、詹姆尼斯（Jamnith）和梅罗（Mero）的石山。在高拉尼提斯，他加强了塞勒西亚、索加纳埃（Soganaea）和迦马拉的防守。只有塞弗利斯的公民自己负责筑起一道城墙：约瑟福斯认为他们财力物力雄厚，热心于战争。同样，在约瑟福斯的要求下，列维的儿子约翰负责在基斯卡拉设立防御工事。所有其他堡垒的修筑都在约瑟福斯的亲自监督和指导下完成，甚至自己动手帮忙。他还在加利利建立了一支由十万多名青年组成的军队，并且用他搜罗来的旧式武器武装了所有士兵。

172　　约瑟福斯知道，罗马军队之所以战无不胜，靠的是他们坚决服从的纪律和严格的训练。他知道没有办法作出类似的规定，因为这需要长时间的训练。但是，他发现服从的习惯取决于军官的数量，于是按照罗马人的模式改编了自己的军队，任命了更多的下级军官。他把士兵分为不同的等级，每十人一个队长，十人队长听命于百人队长，百人队长听命于护民官，而护民官从属于更高一级的指挥官。他教授这些军官如何传递信号，如何发出前进和撤退的指令，如何从侧面进攻和包围敌人，以及取胜的团队如何解救遇到麻烦的团队，帮助受到强大火力压迫的团队。他告诉他们怎样才能锻炼出强健的体魄和不屈不挠的精神。最重要的是，他在训练他们作战时不断强调罗马的军纪，因为他们将要面对的是凭借勇猛的身躯和坚定的信念几乎征服了全世界的军队。如果能够抑制自己，远离令人苦恼的窃贼和强盗行径，不去欺骗国人，不把自己的利益建立在最亲近的朋友的痛苦之上，那么甚至在他们作战前他就能肯定他们身上的那种军人气质。因为一个军人如果拥有善良的天性，那么胜利必将属于他；反之，那些私生活龌龊不堪的人不仅是全人类的敌人，而且天理难容。他孜孜不倦地告诫他们这一点。由他培养和训练的军队包括六万名步兵和二百五十名骑兵，以及他最信任的四千五百名职业军人。他自己还精选了六百名保镖。除了职业军人以外，军队的给养很容易就能从城中获得，因为从各个城镇招募的士兵中只有一半人需要上战场，其他的负责在后方为他们供应粮食。因此，一部分人被派去上战场，另一部分人则留下干活，而那些上战场的士兵则保证了供应粮食的人的安全。

正当约瑟福斯忙着组织加利利的防御时，一名来自基斯卡拉的阴谋家登上了历史舞台，他就是列维的儿子，臭名昭著的最卑鄙的骗子约翰。他白手起家，由于缺钱曾经长时间无法展露自己的天性。不过，作为一个撒谎的老手，他轻易就能赢得他的牺牲品的信任。他自创了一套欺骗的哲学，然后在最亲近的朋友身上实践，他的天性就是随时准备为了钱财杀死任何人。他的野心永无止境，而他卑劣的行径滋养着他的欲望。他一开始是单干，后来就为他的冒险事业找到了合伙人，最初只有一小撮，随着他越来越成功，他的伙伴的数量也越来越庞大。他很小心地不让那些

173

容易屈服的人加入进来，而是根据他们的体格、耐力和从军的经验挑选人才，最终足足集结了四百人，主要是一些来自蒂尔和邻村的不法之徒。在这些人的帮助下，他扫荡了整个加利利，并从已深受迫在眉睫的战争烦扰的人民手中掠夺钱财。

他已经把自己描述成了一个将军甚至更伟大的人，只不过资金的短缺阻止了他取得更高的成就。当他发现约瑟福斯很欣赏他的能力时，便首先说服他把重建家乡城墙的任务交付给自己，并借此利用富人的钱中饱私囊，接着他又策划了一个高明的骗局。他假装希望把所有在叙利亚的犹太人拯救出来，使他们不再依赖非犹太区的石油，从而获得了在边境向他们运输石油的许可，然后囤积居奇，付给蒂尔人每五加仑两先令，接着再以八倍于此的价格转卖出去。加利利以盛产橄榄而闻名，他利用自己的专卖权向紧缺的地区大量出售，聚积了巨大的财富，并迅速利用这些财富打击了带给他这桩交易的人。假如他打倒了约瑟福斯，自己就会成为加利利的统治者，于是他命令同伙制造更多的混乱。在接踵而至的骚乱中，如果约瑟福斯来救援，他们就可以伏击并干掉他；如果他不能平息这场混乱，就会遭到国人的中伤。最后，他一直散布谣言，指责约瑟福斯是罗马人的奸细，还谋划了很多类似的临时事件损毁他的名誉。

这时，一群来自达巴里塔村（Dabarittha）的青年，驻扎在大平原的卫队成员，伏击了托勒密，阿古利巴和百妮基的首席大臣，抢走了他所有的辎重，其中包括大量昂贵的服装，若干银制高脚酒杯和六百枚金币。因为无法秘密处置赃物，他们将它交给了正在塔里查伊的约瑟福斯。他责备他们竟对国王的仆人施以如此的暴行，并将赃物交给了塔里查伊的主要领导人安内乌斯（Annaeus）保存，打算尽快还给它的主人。这是他所做过的最危险的事情。那些强盗因为没有分到赃物而恼怒不堪，意识到约瑟福斯将会用他们的劳动成果在国王和王后面前邀功，于是他们匆忙连夜跑进村子，指责约瑟福斯是个叛徒。他们还煽动起了附近城里百姓的怒火，所以天刚破晓时，十万人拿着武器，聚集起来准备讨伐约瑟福斯。塔里查伊的竞技场挤满了人，空气中充斥着愤怒的叫嚷声。一部分人叫嚣着要用石头砸死叛徒，另一部分人则要求把他活活烧死。暴民们的怒火在约翰的煽动下越烧越旺，而且还受到了当时太巴列的统治者萨普法斯（Sapphias）的儿子约书亚的支持。那些要求血债血偿的大批暴民吓得约瑟福斯的朋友和保镖四散而逃，只有四个人留了下来。约瑟福斯自己当时正在睡觉。当他从睡梦中醒来时，房子马上就要烧着了。留下来的四个人催促他快点儿逃走，虽然他自己单枪匹马处于一群咆哮的暴民中间，却丝毫没有表现出任何害怕的样子。他衣服撕破了，头上落满了灰尘，双手背在身后，脖子上挂着剑，走上前去。看到这些，他的朋友们，尤其是那些塔里查伊人都为他感到难过，而那些村民，那些憎恨他统治的周边百姓则不断地辱骂他，要求他立刻交出公共资金，承认他的叛国行为。他们打量着他那副样子，猜测他一定会承认所有罪行，他之所以这样卑躬屈膝，一定是为了求得宽恕。

其实约瑟福斯这样自贬身份不过是想分化被他激怒的人群，让他们自己争吵起来。他承诺会就激怒他们的行为给出一个详尽的解释。得到说话的许可后，他说道："我根本没打算把这笔钱交

174

给阿古利巴或是装进我自己的口袋。我保证从来没有通过敌，也不会为了一己之私损害祖国的利益。我知道你们塔里查伊城比别的城市更需要防御，但却因为缺钱而无法修筑城墙。我担心太巴列和其他地方的人觊觎这笔钱，所以打算自己保管，在修好城墙之前不告诉任何人。你们如果不满意，我可以把钱拿出来让你们平分。我完全是为你们的利益着想，你们为什么要惩罚自己的恩人呢？"

听到这些，塔里查伊人表示赞同，但太巴列和其他城市的市民则大声辱骂和威胁。这时两派人撇下约瑟福斯互相争执起来。他对他的支持者——四万名塔里查伊人非常有信心，于是继续大胆地对人群发表演说。他用肯定的语气谴责他们鲁莽的行动，接着宣布手头的这笔钱将用于修筑塔里查伊的防御工事，而且还会给其他的城市同样的安全保障。只要他们选对讨伐的对象，而不是攻击给他们提供资金的人，那么就决不会出现缺乏资金的状况。

听到这些，受骗的人群虽然仍旧怒气未消，但却开始退缩了，不过仍有两千人手拿武器冲向他。他及时退回房子，可是人群包围了大门，威胁地大声呼喊。面对这种危机，约瑟福斯决定使用第二个计策。他爬上屋顶，示意人群平静下来，声明他根本不明白人们到底想要什么，他们这样一起大吵大闹，他什么都听不清楚。不过，如果他们愿意派代表和他平静地谈判，他将答应他们的所有要求。听了他的话，领头的几个人和几个法官走了进来。约瑟福斯把他们拖到房子里最隐秘的地点，关上外面的大门，把他们揍得血肉横飞。同时，等在外面的暴民还以为代表们正在详细认真地争辩。正在这时，约瑟福斯猛然打开门，将浑身是血的代表推出门外。恐怖的景象吓呆了示威的人群，他们纷纷丢下武器，四散而逃。

这次胜利使得约翰愈加嫉妒，于是策划了第二个阴谋。他假装生病，派人给约瑟福斯送信，请求去太巴列的温泉疗养。约瑟福斯并没怀疑这又是一个阴谋，于是写信给城里的代表，让他们好好招待约翰，并且提供各种必需的物品。约翰让自己过得舒舒服服的，两天后便开始实施他的计划。他通过欺骗和贿赂，努力要使市民们反对约瑟福斯。这件事传到了城中警卫瑟拉斯的耳朵里，他一刻都不敢延误，立即向上级报告了这个阴谋。一收到这个消息，约瑟福斯便星夜兼程，黎明时分到达了太巴列，在那里，除了约翰，所有的人都出来迎接他。约翰相信约瑟福斯这次来一定是针对他的。尽管如此，他还是派一个朋友前去，借口说自己身体不舒服，卧病在床，不能拜见他。约瑟福斯在体育场集合市民，试图告知他们自己收到的消息。与此同时，约翰悄悄地派出了一支全副武装的部队，准备暗杀约瑟福斯。这时有人看见那些杀手拔出剑来，于是大叫起来。听到喊声，约瑟福斯转过身，看到锋利的剑锋离他的喉咙不过只差几英寸而已，于是飞身跳向沙滩（他演讲时已经站在一个九英尺高的土堆上），然后跳上一艘停在岸边的小船，他的两个保镖立刻把船划向湖心。

176

他的士兵马上拿起武器，惩治了叛逆者。约瑟福斯担心如果由于少数人的忌恨而爆发内战会毁掉整个城市，所以他给部下下达命令，要求他们只保护好自己的安全，不要伤害任何人，也不要审判罪犯。士兵们听从他的命令，约束自己的行为。但当附近城市的人们发现了这个阴谋以及幕后主使者时，马上聚集起来讨伐约翰。可他已经适时地溜走，逃往他的家乡基斯卡拉了。人们从加利利的各个城市来声援约瑟福斯，最后支持者们增加到了成千上万名武装市民。他们宣称要去找整个国家的敌人约翰算账，然后把他活活烧死。哪个城市敢收留他，就把那个城市烧毁。约瑟福斯对于他们的忠诚表示感谢，但是压制住了他们的怒火，决定以智取胜而不是杀掉他的敌人。他找出了各个城市里和约翰一起叛乱的人的名字，因为那些城市的居民都很乐意向他提供信息，然后宣布五天之后，凡是没有和约翰脱离干系的人，将失去他的财产，他的家人和房子将被一起烧掉。这个决定立刻见效了，三千人抛弃了约翰，扔掉了武器，投奔约瑟福斯。同时约翰和剩下的两千名叙利亚的亡命之徒秘密地找到了藏身之处，不再公开敌对约瑟福斯。他秘密派使者去耶路撒冷，声称约瑟福斯的势力已经过于强大，如果不抢先打乱他的企图，他随时都可能把自己变成首都的独裁者。

　　人们对此都有了防范，所以没有理会这件事。但是领头的几个人，包括一些法官，在嫉妒心的驱使下秘密地送钱给约翰，这样他就可以组织一支雇佣军向约瑟福斯宣战。接着他们利用自己的权力发出命令，要求约瑟福斯立刻奉召回来。但是由于他们担心它的效力，因此派出了由四名身份高贵的市民带领的两千五百名武装士兵，他们分别是诺米科斯的儿子约斯德鲁斯、佐多克的儿子亚拿尼亚、约拿单的儿子西蒙和裘德。他们都能言善辩。他177们的任务就是使约瑟福斯失去民众的支持。如果他顺从地跟他们回来，他们将给他一次解释的机会；如果他坚持留下，就把他当作敌人。约瑟福斯收到了朋友的警告：一支军队正朝他这里行进，原因不明，因为他的敌人是秘密作出的决定。结果约瑟福斯没有采取相应的对策，有四个城镇立刻归顺了敌人那一边，分别是塞弗利斯、迦马拉①、基斯卡拉和太巴列。但他很快又毫不费力地收复了这几个城市，接着他用计谋抓住了部队的四个指挥官，然后让他们军队中最有能力的士兵把他们送回耶路撒冷。耶路撒冷的人们对他们充满了敌意，如果逃得不够快，他们和那些把他们派出城的人很可能会被群众杀死。

从那时起，由于惧怕约瑟福斯，约翰一直藏匿在基斯卡拉城中。几天后，太巴列人又一次叛乱，市民们已经邀请了国王阿古利巴。阿古利巴没能在约定的日期赶到，但那天却出其不意地出现了一些罗马骑兵，约瑟福斯被拒之门外。他当时正在塔里查伊，有人向他汇报了这次叛乱。可是他已经把所有的士兵派出去寻找食物，总不能一个人夺回失地，但又不能坐以待毙。他担心如果再滞留在这儿，御林军就会在他之前进城。此外，第二天就是安息日，他哪儿都不能去。于是他想出了一个计策来遏制叛乱。他命令关上塔里查伊的城门，以免他的计策传到敌人耳朵里，然后搜集了湖中所有的二百三十条船，每条船上不超过四个船员，全速向太巴列前进。他命令和城市保持距离，让城里的人没法看清他们，下令船只在深水中行进，而且无人把守。他自己只带了七个保镖，没带武器，②一直向前行驶，直到城里人发现他们为止。那些从没停止诽谤他的人从城墙上看到了他，吃惊地以为那些船

① 其他书上也写作加大拉（Gadara）或加巴拉（Gabara）。
② 所有手稿中都是这样写的，或许把"全副武装"写错了。

员都全副武装，于是扔掉武器，挥舞着橄榄枝请求他赦免这个城市。

约瑟福斯对他们又是威胁又是责备。首先，他们在着手准备跟罗马人交战的过程中先跟自己人打了起来，消耗了实力，正中了敌人下怀；其次，他们奋力丢弃了他们防御敌人的堡垒，还厚颜无耻地把整个防御的建设者拒之门外。尽管如此，他还是宣布将接受他们代表的道歉，今后共同致力于保卫城市的安全。太巴列十个最重要的人立刻上了船。他把他们带到一艘船上，驶向大海。他让另外五十名元老院成员也上了船，理由是希望和他们订立誓约。然后，他凭借各种各样的借口，把他们一组一组地叫到船上。当船上人满时，他命令船长全速驶回塔里查伊，将所有人投入了监狱。这样，整个元老院整整六百名元老，加上两千名市民被逮捕，然后用船运回了塔里查伊。剩余的人大叫叛乱的真正策划者是一个叫克利特斯（Clitus）的人，请求约瑟福斯找他算账。约瑟福斯不想杀死任何人，所以命令他的一个保镖列维上岸砍掉克利特斯的双手。但是胆小的保镖不愿一个人回到愤怒的人群中。看到这些约瑟福斯怒火中烧，差点儿自己跳上岸执行判决。这时克利特斯在岸上看到了这些，他请求约瑟福斯给他留下一只手。约瑟福斯答应了，条件是让他自己砍下一只手，于是克利特斯右手拿剑砍下了左手，这次约瑟福斯已彻底吓坏了他。通过这个计策，约瑟福斯用空船和七名保镖俘获了大批人，并使太巴列人恢复了他们的忠诚。但是几天后他发现这个城市在塞弗利斯的联合下又一次叛乱，这次他派军队洗劫了整个城市，然后却把战利品交还给了市民。在塞弗利斯也是如此，因为他也征服了那个城市，并决定用抢劫给他们一个沉重的教训，然后再把财物还给他们，以此获得他们的拥护。

加利利又恢复了平静。人们放弃了内部纷争，转而准备与罗马人的战斗。耶路撒冷的大祭司阿纳努斯和所有憎恨罗马的领导人都在修筑城墙，堆积军火。全城都在制造弹药和锻造盔甲，大部分年轻人得到了临时训练，到处都一片忙乱。但在平静的人们中间，也有一些人沮丧到了极点。很多人非常清楚即将到来的灾难，公然大放悲声。这时也出现了一些征兆，对于爱好和平的人来说，它们预示着灾难，但另一些已经燃起了战争之火的人们很容易就对此作出了乐观的解释。实际上在罗马人到来之前，城市的整个现状都预示了即将来临的毁灭。其实阿纳努斯怀抱着这样的希望：如果可以逐渐放弃对战争的准备，他将说服那些暴徒和"狂热分子"采取更明智的举措，但他屈服于他们的暴行，后面的章节①将提到其悲惨结局。

最后，阿可拉巴提尼的统治者，焦拉斯的儿子西蒙召集了一伙反叛者，开始洗劫整个城市。他霸占了富人的房子，还亲手虐待他们。从一开始他的目标就很明确，那就是专制。当阿纳努斯和法官们派兵攻打他时，他和他的团伙投奔了马萨达的强盗，直到阿纳努斯和其他敌人死去时，他还留在那里，参与了对以土买的洗劫，并迫使当局考虑到被谋害的人数越来越多和连续不断的袭击而派兵守卫那个村子。关于以土买，就说到这里。

179

---

①　见第十五章。

第十一章　韦斯帕芗和提多的到来

当尼禄得知发生在犹地亚的叛乱时，心中自然充满了惊恐和警惕，不过他小心地隐藏起这些，在公开场合表示了对这件事的愤怒和鄙视。他宣称造成这次灾难的原因是指挥官的失误，而不是敌人的勇敢。毫无疑问，他觉得帝国的皇帝要求他对所有坏消息表现出高傲的鄙视，显示自己根本不在乎任何不测。尽管如此，紧蹙的眉毛还是显示了他内心的混乱。他不知道到底可以委托谁去管理混乱的东方，这个人将负责惩罚暴动的犹太人，并且防止这种骚乱延续到其他国家。他发现只有韦斯帕芗能够担当这个重任，并负责这次规模巨大的战斗。韦斯帕芗打了一辈子仗，现在退伍了。[①]多年前他平定了西方，镇压了日耳曼人发起的反对罗马的叛乱。他利用军队的力量征服了当时还一文不名的大英帝国，使尼禄的父亲[②]克劳迪乌斯不费吹灰之力就获得了胜利。

如此显赫的战功，再加上韦斯帕芗的年龄和经验，很明显，这样一个人绝对值得信任。另外，他的儿子是他的忠心的最好保证。他的儿子正值盛年，只要父亲出谋划策，他作战是把好手。

---

① 他那时五十七岁。

② 养父。

也许上帝也已经开始设计未来的世界了。不管出于什么原因，尼禄把叙利亚军队的指挥权交给了此人，并用他能想到的各种甜言蜜语恭维他。他曾在尼禄在亚该亚的部队中服役。他把自己的儿子提多从亚该亚派去亚历山大里亚，带领第十五军团从那里出发；他自己则穿越达达尼尔海峡，再从陆路到叙利亚。在那里他集合了罗马军队和邻国派来的大批联盟军团。

自从打败克斯提乌斯后，犹太人兴奋异常。这出乎意料的胜利和好运使他们激动得忘乎所以，开始有些飘飘然，竟决定让军队继续向远处推进。他们最好战的人都不失时机地加入了部队，向阿什克伦行进。这个老城距耶路撒冷有六十英里，但是犹太人对其恨之入骨，所以当他们把它作为攻击的对象时，它已近在咫尺，唾手可得。三名英勇无比的人领导了这次远征，分别是彼利亚的尼格尔、巴比伦人瑟拉斯和艾塞尼派信徒约翰。阿什克伦的防御工事非常坚固，可不幸的是防守的士兵人数太少。防守这个城镇的只有安东尼亚斯（Antonius）领导的一支步兵队和一支骑兵队。

愤怒的犹太人以快得惊人的速度前进，一下子就来到了这个城市跟前，就好像他们的出发点离这里特别近。但是安东尼亚斯已经清楚地知道他们的到来：他不顾敌我人数的悬殊和敌人的强大，带领他的骑兵队出城迎战，英勇地抵抗敌人的第一次猛攻，击退了敌人对城墙的进攻。当新兵对抗经验丰富的部队，步兵对抗骑兵，缺乏纪律的乌合之众面对同心协力的常备军，武器参差不齐的士兵对抗全副武装的军团，意气用事的部队对抗理智地服从指挥的部队，结果是可想而知的。一旦前排的侵袭者被冲散，他们便被骑兵击溃了，而且正好冲撞到从后面冲上来攻打城墙的士兵。就这样，犹太人自己打了起来，直到骑兵攻上前来，驱散了抵抗的人群。他们四散而逃，满山遍野。这样的局势对骑兵作战非常重要而且极为有利，于是罗马人掌握了整个战场的优势，对犹太人进行了骇人听闻的大屠杀。逃跑的人又被赶了回来，当他们聚集在一起时，骑兵直接冲向他们中间，数以百计的犹太人倒了下去。无论他们往哪里跑，都被罗马人分割包围。罗马人骑着马转圈，准确地用标枪射杀他们。

　　尽管犹太人人数众多，但当他们处于绝望的境地时仍然觉得孤立无援。罗马人奇迹般地胜利了。虽然他们人少，但他们从没有怀疑他们实际上能在数量上压倒敌人。犹太人激烈地厮杀着以图挽回败局。他们为自己这么快就失败了而感到羞愧，希望可以时来运转。罗马人毫不留情地乘胜追击。战斗一直持续到黄昏时分，此时已有一万名犹太士兵和他们的两名指挥官约翰、瑟拉斯阵亡。幸存者大多受了伤，同剩下的一名指挥官尼格尔一起逃到了以土买一个叫查阿利斯（Chaallis）的小城。而罗马人在这次战斗中只有少数几个人负了伤。

　　犹太人并没有因为这次可怕的灾难而伤心，这次惨败反而刺激他们变得更加坚定了。他们不顾脚下堆积的尸体，仍得意于早期的成功而走向了第二次大灾难。他们不等伤口痊愈便聚集了所有兵力，以更加昂扬的斗志和更多的兵力打回了阿什克伦。但由于他们缺乏经验和其他军事力量上的不足，以前的厄运仍然如影随形。安东尼亚斯在隘口设下了伏兵，犹太人毫无防备，落入了圈套。他们还没站稳脚跟就已经被罗马人的骑兵包围了，又损失了八千人。幸存者都逃走了，其中包括尼格尔，他在逃命时的表现堪称英勇。最后敌人的火力迫使他们逃进了拜尔塞戴克村（Belzedek）的要塞。安东尼亚斯和他的士兵们不想把实力消耗在攻占这个坚不可摧的堡垒上，但是又不想放过敌人的指挥官，所以就在城墙下放了一把火，堡垒很快就烧着了。然后罗马人就撤退了，满以为尼格尔一定被烧死了，所以很高兴，可他们却没想到尼格尔已经从里面跳了下来，逃到了中间的一个山洞里。三天后他的朋友们恸哭着来寻找他的尸体，想要把他安葬，正在这时，却听到了一个低沉的声音。尼格尔出现了，这个意外使犹太人惊喜异常：难道这不是上帝要他活下来继续指挥他们的战斗吗？

　　叙利亚的首都安提俄克辽阔而繁荣，无疑是罗马帝国的第三大城市，在那里韦斯帕芗发现国王阿古利巴的军队正等待他的到来。他率领部队赶在其他所有的军队之前，飞快地向托勒迈前进。在那里，他遇到了塞弗利斯的居民——加利利唯一渴望和平的人民。考虑到他们自己的安全和罗马的至高无上，在韦斯帕芗来到前，他们就已经向格桑纽斯·加卢斯保证愿意接受他的承诺并允许军队驻扎在那里。现在他们兴高采烈地招待最高指挥官，催促他接受他们的帮助，对抗自己的国民。应他们的要求，韦斯帕芗暂时分给他们一支包含步兵和骑兵的防御部队，觉得这已经足够应付犹太人的任何进攻。因为他认为如果失去了塞弗利斯这个加利利最大的城市，这个理想的防御外敌的天然壁垒和维持整个地区和平的关键，将会大大增加即将开始的战争的危险。

　　有两个加利利，称为上加利利和下加利利，夹在腓尼基和叙利亚两国之间。西边与托勒迈和迦密山接壤。此山过去属于加利

183

利，如今属于蒂尔；迦密毗邻加巴，被称为骑兵城，因为希律王的骑兵退役后都在此定居；南面是撒玛利亚和塞索波利斯并一直延伸到约旦河；东面是西波斯、加大拉和高隆尼蒂斯地区，直到阿古利巴的王国的边界。在北边境线以外是蒂尔人的领土。下加利利南北跨度从太巴列到塞布隆，海岸线与托勒迈接壤。东西从大平原上的萨劳斯村（Xaloth）到波萨伯。从这里分了上加利利，东西一直延伸到蒂尔边界的巴卡村（Baca），南北从密若斯（Meroth）纵深到约旦的塞拉村（Thella）。

这两个加利利虽然很小，四周强国林立，但他们总能打退敌人的进攻。加利利人生下来就是斗士，而且一直人口众多，从来没有人说他们怯懦，人口也从来没有减少过。地产、牲畜、林木品种都很丰富，所以连最不愿意劳作的人也有兴趣在这里耕种。每一寸土地都被居民们耕种，没有一个荒废的角落。小镇很多，幸亏有丰富的自然资源，无数的村庄都是人口密集，连最小的村子人口都超过一万五千人。①

简而言之，虽然加利利可能比彼利亚面积小，但物产丰富，所有的土地都被很好地开垦，一年四季谷满仓。而彼利亚虽然大得多，却大部分是石头荒野，难以种植庄稼。然而有些地方有可以耕种各种作物的土地。平原上生长着各种树木，主要是橄榄树、松树和棕榈树。供水来自于山洪。即使天太热，山里没有了水，这里的泉水也四季够用。南北从马卡鲁斯到佩拉，东西从古费城

＊　约公元前73年至公元前4年。
①　这一数字可信吗？

即今天的安曼到约旦。①刚才说过，佩拉是北边境线，西邻约旦。南边界是摩押，东边与阿拉伯半岛、西伯尼提斯（Sibonitis）、古费城和杰拉什毗邻。

撒玛利亚位于加利利和犹地亚之间。从大平原上叫基那伊（Ginaea）的村庄开始到小国阿克拉巴提尼结束。它和犹地亚的地貌特性完全一样，都是山地和平原。这里有易于耕种而且又高产的土地，植被覆盖很茂密，盛产水果，既有野生的，也有种植的，没有贫瘠的地方，雨水也总是充沛。所有的泉水都是甜的，草木茂盛，所以牛奶的产量也特别高。他们的高产最好的证明就是两国如此密集的人口。

在两国边境上，有一个叫阿努阿斯·鲍斯奥斯（Anuath Borceos）的村庄，是北面犹地亚的边界线。从南区到另一边，尽头是接近阿拉伯边界的一个当地犹太居民称为扎丹（Jardan）的村子。它成十字状贯穿约旦河到约帕。正中间是耶路撒冷城，所以有些人非常贴切地称它为国家的肚脐。犹地亚也没有同海边隔绝，因为它有一条一直延伸到托勒迈的海岸带。该国有十一个区，以圣城耶路撒冷为首，耶路撒冷作为国家的首都，比其他地区都有更高的地位。其他地区或者小王国都不会受到人们那么高的尊敬。高夫纳列第二，往下是阿克拉巴塔（Acrabata）、萨姆纳、吕达、艾莫斯、佩拉、以土买、恩戈蒂（Engedi）、希律底和耶利哥。我们也得算上扎莫尼亚和约帕，它们控制着他们的邻邦，最后是迦马拉区的巴特那尼和特拉科尼特斯，尽管这两个地方在阿古利巴

---

　　①　佩拉和古费城都在彼利亚的边界之外，在德卡波里斯（Decapolis）。

领土上。它们开始于黎巴嫩山以及约旦河源头，横向延伸到太巴列湖（即加利利湖），纵向从阿拉法（Arpha）延伸到朱利亚斯，人口组成主要是犹太人和叙利亚人。

上述内容是对犹地亚及其邻邦的最简明的描述。

韦斯帕芗分给塞弗利斯的军队包括一千名骑兵和六千名步兵，由护民官普拉奇德斯（Placidus）统一指挥。军队在大平原扎营后便兵分两路，步兵进城防守，骑兵留在城外扎营。两支队伍都策划了一系列突袭，打遍了整个地区，使约瑟福斯和他的手下受到极大损失。如果他们继续被动地留在城里，周边的村庄就会遭到掠夺；如果他们冒险出城就会被打回来。约瑟福斯确实抱着获胜的希望袭击过塞弗利斯，但是在它脱离加利利以前，他曾把它建得非常坚固，甚至罗马人也觉得它几乎是坚不可摧的，所以这个尝试失败了，因为不论是在军事力量还是在说服力上，他都很难让塞弗利斯人回心转意，而且还给自己的国家招来了更猛烈的攻击。为了报复他的进攻，罗马人夜以继日，不停地在旷野作恶，抢劫村民的财物，杀死所有适合参军的人，奴役毫无抵抗力的人。加利利遍地大火肆虐，血流成河。没有比这更恐怖的灾难了。逃亡的居民唯一的避难所就只有约瑟福斯防守的城镇。

与此同时，提多在比冬季通常的过河时间还要短的时间内坐船从希腊来到亚历山大里亚过冬。在那里他接管了分派给他的军队，以最快的速度到达了托勒迈。他在那里见到了他父亲，把和他父亲一起来的世界闻名的第五军团和第十军团以及他自己的十五军团合并起来。有十八个小队附属于这个军团，又加上从恺撒利亚来的五个小队和一队骑兵以及叙利亚的五支部队。所有这些小队中有十个包括整整一千名步兵，另外十三个有六百名步兵和一百二十名骑兵。另外，国王安条克、阿古利巴和索阿姆斯每人提供两千名徒步弓箭手和一千名骑兵，组成了一支联军；同时阿拉伯人马里卡又派来了一千名骑兵和五千名步兵，大部分都是弓箭手。总之所有军队，骑兵和步兵，包括国王们提供的士兵，一共六万人①，这其中还不包括人数众多的随从，他们也接受了军事训练，所以和士兵差不多。平时他们总是和主人一起训练，在战场上同主人并肩作战，因此无论技巧还是勇气都仅次于他们的主人。

罗马人颇具远见，他们不仅使国内的部队为日常生活服务，而且在战时也会起作用。任何大致看过罗马军队组成的人都会意识到，罗马人把他们羽翼丰满的帝国看做是英勇的奖赏，而不是运气的礼物。他们不是等着战争开始才拿起武器，也不是闲坐着享受和平时代，危急来临时才采取行动。他们好像一生下来就准备战斗，从未停止过训练或等待宣战。他们的练兵和实战是没有区别的，每个人在平日的训练中都非常卖力，好像在作战似的。这就是为什么一旦事态紧张，他们马上可以起来作战：他们没有停止训练，打乱编队，没有因恐慌而失去作战能力，没有他们吃不了的苦。战胜那些没经过怎么训练的人是理所当然的事。把他们的练兵说成没有鲜血的战场，把战争说成流血的训练是毫不过分的。

186

----

① 士兵数量如此之多令人难以置信。就像前面给出的犹太人在阿什克伦的伤亡人数一样，这个数字很难令人相信。

他们不会疏忽大意给敌人任何机会。无论什么时候进攻敌人的领土，他们都一直到修好了自己的营房才打仗。他们不是杂乱无章地建营房，也不是用尽所有的人力或者没有组织的部队去完成这项工作。如果地面凹凸不平，就把地面完全平整一次，这样修建出来的营地就完全成为矩形。①里面分成小房间。从外面看，防御带好像是墙体一样，等距离配有塔楼。在塔楼中间的空隙，他们放置快速装弹机、弹射车、投石器、各种军械器材，随时可供使用。周围一圈有四个大门，每一扇都跟墙一样高，可以进出辎重动物，宽度足够武装突围，以防万一。大街把营地划分得很明了，中间是军官的帐篷，这些帐篷最中央是司令官的司令部，好像一座神殿一般。总体上看来像是蘑菇城，有集市，劳动工人区，有低级高级将领解决纠纷的传令兵室。因为有大量技艺高超的建筑工，外墙的建设和内部的建筑都完成得很快。如果必要时，还可以挖一个六尺深、六尺宽的环营壕沟。

防御工事完工，人们安静地有秩序地、一队队进入他们的住处。所有其他的任务也认真地按纪律和安全原则执行。所需的木材、食品和水都由分配的小队负责带进来。他们不能根据个人的意愿吃或不吃早、晚饭，而是一种集体行为。就寝、站岗、起床都要吹号，做什么都是依照命令而行。清晨列兵按照编制向百人队长（古罗马的军官，指挥百人）报到，百人队长去向护民官致意，护民官陪着高级将领去司令部。在那里，司令官按照惯例下达口令和其他指示，传达给下属。他们在战场上也表现得如此有

---

① 外出随军有大量的工程师，他们配备所有建筑需要的工具。

序。如果需要，部队立刻调头，无论是进攻还是撤退，都跟一个人似的。

如果营地遭到攻击，号角一响，每个人都各就各位。他们根据信号马上拆帐篷，做好出发的准备。听到"准备出发"的号令，他们就会立刻把行李装上骡车，好像赛跑的人列队，等不及"开始"的口令一样。然后他们就烧掉那些他们若是需要，随时可以重建的营房，以防被敌人利用。第三次吹号的意思也是出发，催促那些因什么事耽误了的人，所以没有一个人会掉队。然后，传令官站在最高指挥的右侧，用母语三次询问士兵是否准备好了迎战。没等到提问，战士们就举起他们的右臂，大声激昂地三次回答"准备完毕"，充满了一种战争的狂热。然后他们就开拔了，安静有序地前进，每个人像平时训练一样各就各位。

步兵都穿甲戴盔，左右手都持大刀。左侧的刀要长一些[1]，另一侧的不足九英寸。精选出来的将军卫兵持长矛和小圆盾，其他的保镖用标枪和长盾，还有大锯和提篮、斧头和锄头以及皮带、镰刀、锁链和三日的配给，所以，一个步兵看起来和载重的骡子没什么区别！骑兵右腰上别着长剑，手持长矛，一只盾斜挎在马侧，吊着的箭袋里还并排插着三四个矛一样大的宽头箭。整个部队都佩戴头盔和步兵式样的胸牌。将军马背上的卫兵的装备跟其他骑兵部队的装备是完全相同的。时常要抽签决定哪个军团做先头部队。对罗马人日常的行军、住宿和各种装备就介绍到这里。

战场上，没有任何行动是没有事先安排或者是突发奇想的。

188

---

[1]　这一说法和以往的证据相悖。

任何行动之前都经过了深思熟虑，而且一旦作出了决定，所有行动都必须服从这个决定。这样，他们就很少遭遇挫折。即使出了什么差错，也很容易解决。同依靠运气的成功相比，他们更欣赏有计划但却失败的行动，因为不请自来的成功让人们把一切交付给运气。而事先的考虑，尽管偶然也会失败，但却会避免下一次犯同样的错误，是一次有益的实践。找上门的好事不会带给受者任何荣誉；而不幸的突发事故打乱了计划，却至少能给人安慰：因为你明白，计划是合适的。

军事行动不仅让罗马人有强健的体魄，更会赋予他们坚强的意志。训练方法部分是基于恐惧，因为军事法规定，不仅擅离职守要判处死刑，连小的行为不端都会招致死刑。而将军们比军事法在军士心中激起的恐惧更多。对好兵的奖赏使他们看起来在惩罚士兵时没有那么严酷。他们完全听命于上级。在和平时期，对罗马来说，这是一种美德；在战场上，整个部队好似一个整体。他们的军士相互之间紧密团结，策略机动灵活，将士随时待命，观察信号，反应机敏。他们行动迅速，不肯屈服。在战场交锋中，他们从来没有因兵士数量、作战技巧，或者地形不利，甚至不如胜利有把握的运气而处于劣势。计划之前从不妄动；有了计划，马上有这样一支军队高效地完成。如此看来，帝国疆界广泛到东临幼发拉底，西到大海，南接非洲最富饶的平原，北邻多瑙河和莱茵河，也就不足为奇了。人们完全可以说，被征服的地区远远不及征服者卓越。

上述记叙的目的不是为了颂扬罗马人，而更多的是安慰他们所战胜的敌人，使意图造反的人三思。也许没研究过这个问题的好奇人士会发现这样的文字对他们了解罗马人的军事组织有所帮助。这就是我在这一部分的所有提议了。

当韦斯帕芗和他的儿子提多在托勒迈组织军队时，普拉奇德斯正横扫加利利，消灭了大量落入他手中的敌人，这些都是加利利社会中的老弱病残和胆小鬼。他发现那些勇敢的士兵都逃进了约瑟福斯负责防守的城镇，便打算攻打其中最坚固的约塔帕塔，觉得这次突袭很容易就能取胜。这是个在上司跟前立功的好机会，而且可以大大提高他们在即将到来的战争中取胜的几率。一旦最坚固的防守失败，其他地方就会吓得投降了。可是他的希望彻底破灭了。他一接近约塔帕塔，市民们就发现了他，并在城前设置了伏兵，接着袭击了毫无防备的罗马人。他们首先在数量上占优势，而且又迫不及待地想要消除威胁着他们的家园、妻子和孩子的命运的危险，所以很快就制服了罗马人。幸亏罗马人撤退时严守秩序，受的伤都不严重（他们全副武装），而且犹太人的石弹是从远处发射过来的，他们因为没穿盔甲不敢靠近武装的步兵，所以虽然一些罗马人受了伤，但只死了七个人。只有三个犹太人被杀死了，另外少数几个人受了伤。普拉奇德斯认为自己无法攻破这个小城，因此以最快的速度逃跑了。

韦斯帕芗迫切希望自己侵占加利利，于是带领他的军队按照罗马兵通常行进的秩序从托勒迈出发了。轻装上阵的援军和弓箭手充当前锋，他们的任务是击退突然袭击的敌人和侦查可能藏有敌人伏兵的树林。接着是携带重型武器的步兵和骑兵，每一百人后面跟着十个人，除了自己的行装，他们还抬着部队扎营的用具。接着是工兵，他们负责把弯路变成直路，铲平崎岖的路面，清除

189

挡路的树林，避免部队由于辛苦的行进而疲惫不堪。他们后面是
骁勇善战的骑兵保卫的重心——指挥官自己和他的高级军官的私
人装备。接下来才是韦斯帕芗自己带领着他的骑兵和步兵的精
英，以及一队持矛者。紧接着是军团的骑兵。每个军团都拥有一
支一百二十人的骑兵部队。随后是驮着石弹机和其他机械装置的
骡子。再后面是将军、队长和护民官，后面跟着精挑细选的保镖。
190 接着是每个军团上方都飘扬着的带有鹰徽的军旗，象征着百鸟之
王和无所畏惧的精神：不论谁来反对他们，他们都把这看做帝国
的象征和必胜的征兆。神圣的徽章后面是号手，紧随其后的才是
主力部队，他们肩并肩，六个人一排，照例由百人队长带领保持
队形。每个军团的随从都整齐地跟在步兵之后，照料骡子和其他
牲畜驮着的行李。所有兵团后面是大量的雇佣兵，随后是负责防
卫的后卫部队，保护携带轻型和重型武器的步兵以及一队强悍的
骑兵。

　　就这样，韦斯帕芗带领部队到达了加利利的边境，在那里安
营扎寨。他抑制住士兵们对战争的渴望，先向敌人展示了部队的
实力，目的是引起他们的恐惧，给他们重新考虑的时间，希望他
们在战争爆发之前改变主意；与此同时他已做好围攻敌人堡垒的
准备。总司令的出现确实使许多人开始重新考虑，而且激起了所
有人的恐惧。在塞弗利斯不远处驻扎的约瑟福斯的军队，看到战
争临近而且罗马人即将攻击他们，没等战争开始便四散而逃了。
约瑟福斯与少数人留在了后面，他知道自己已经无力阻止敌人，
犹太人的斗志已经崩溃了，而如果他们能获得罗马人的信任，大
多数人只会更愿意投降。他已经隐约看到即将来临的灾难，但是

目前他决定暂时尽可能远离灾难，和那些忠实于他的人去太巴列避难。

韦斯帕芗来到加巴拉，发现那里几乎已经没有守卫者了，因此第一次进攻就占领了它。他进入城中，杀死了所有人，只留下了小孩，不论是对青年还是老人都毫不手软，因为他们憎恨这个民族，憎恨他们对待克斯提乌斯的方式。他不仅烧毁了小城，而且烧毁了周围所有的村落。他发现其中有些村庄已经空无一人，在其他有人的村落，他把他们全都带走为奴。

约瑟福斯突然来到太巴列避难，引起了城里人的惊慌。太巴列的人们相信，要不是他写信要放弃战争，他根本用不着逃跑。在这一点上他们对他的意见了解得很清楚，因为他明白等待着犹太人的是不可避免的灭亡，而唯一能拯救他们的途径就是改变心意。他相信只要他向罗马人投降，一定可以获得宽恕，但是他宁可死无数次也不愿为了和自己的敌人在家乡共存而背叛祖国，或者愚弄国人对他的信任。因此约瑟福斯决定写信给耶路撒冷的权力机构，详细地报告了战争形势。他既没有夸大敌军的实力，以免日后被当作胆小鬼；也没有轻视它，以免他们重新考虑，再一次燃起希望。他在信中表示，如果他们愿意和敌人谈判，就请立即回信告知他；如果他们决定和罗马人决一死战，那么请立即派足够的军队支援他。写好这些建议后，他让通信员火速把信送去耶路撒冷。

韦斯帕芗迫不及待地想要毁灭约塔帕塔。他听说在那里避难的敌人数量最多，另外那里还是他们作战的坚固基地。因此他派步兵和骑兵在前面铺路，这是条布满石子的山路，步兵已经很难

191

走，骑兵就更无法通过了。他们只花了四天时间就完成了任务，
为后面的军队开辟了一条宽广的大道。第十五天，也就是5月21
日，约瑟福斯离开了太巴列，及时地溜进约塔帕塔，在犹太人沉
沦的心中重新唤醒了他们的勇气。韦斯帕芗从一个逃兵口中听说
了约瑟福斯到达约塔帕塔的好消息，这促使他立刻向城里发起进
攻，因为只要占领了那里，俘虏了约瑟福斯，所有的犹地亚人都
将屈服。韦斯帕芗把这个消息当成了天大的运气。他最大的敌人
自己送上门来，这一定是神的旨意。他马上派普拉奇德斯和骁勇
善战的十人队长埃布提尔斯（Aebutius）带领一千名骑兵包围了约
塔帕塔城，以免约瑟福斯秘密逃走。第二天他自己带领所有士兵
在黄昏时分抵达了约塔帕塔。他命令部队在北面离城四分之三英
里的高地上扎营，尽量让自己显眼些，试图以此瓦解敌人的斗志。
效果真是立竿见影，犹太人吓坏了，谁也不敢出城。但是行进了
一整天之后，罗马人并不打算马上发起猛攻，而是在城外设置了
两层步兵，外面第三层是骑兵，这样就封锁了敌人的一切出口。
犹太人没有了任何逃跑的希望，反而变得更加勇敢，因为没有比
背水一战更能激发斗志的了。

　　第二天早晨，罗马人发起了总攻。开始犹太人还坚守岗位，
留在城墙前扎营的地点与罗马人对抗。韦斯帕芗于是命令弓箭手
和投掷手以及其他所有携带远程武器的士兵向敌人进攻，形成一
个火力网，掩护他自己和步兵靠近容易爬上城墙的斜坡。这时约
瑟福斯看到灾难威胁着这个城市，立刻首当其冲，率领所有犹太
人的驻军进行了一次猛烈的突袭。他们全部冲向罗马人并把他们
从城墙压了回去，表现出了无与伦比的勇气和果敢。但是他们的

192

损失和敌人相当。犹太人因绝望的处境而激奋，罗马人则因耻辱而变本加厉。一边的士兵全副武装，有勇有谋；另一边手无寸铁，却有野兽般的勇气，没有指挥，只有盲目的不顾一切的愤怒。战斗一直持续到晚上。罗马人伤亡惨重，一共死了十三人；犹太人有十七人阵亡，六百人受伤。①

第二天，罗马人又一次发起进攻，犹太人出城迎战，他们因为前一天颇有成效的对抗而勇气倍增，因此这次罗马人遇到了比前一天更加勇猛的阻击。可是他们发现罗马人也比以前更疯狂了，因为耻辱激怒了他们。他们认为不能很快打赢这场战争就等于失败。罗马人连续五天不断进攻，而守卫者的出击和城墙上的战斗也愈加坚定；犹太人没有被敌人的火力吓倒，而罗马人也没有因为攻打小城的艰难而放弃。

约塔帕塔几乎完全位于一个悬崖上，三面都是深不见底的山谷。唯一的入口就是北面，那一边建在最低的山坡上。约瑟福斯修筑城墙时把它圈在了城里，这样敌人就无法占据可以俯视城里的山脊。这一圈山脉很好地遮住了整个城市，从外面根本看不到里面的人。这就是约塔帕塔的天然屏障。

韦斯帕芗绝不会被这个天然屏障或者是犹太人英勇的反抗打败。他决心以更猛烈的火力把围攻进行到底，于是召集高级军官们开会，商量围攻的对策。他们决定在可以靠近的城墙旁修建一个平台，因此韦斯帕芗派所有的士兵去寻找材料。他们砍光了城周围的山上所有的树木。在木材旁边又堆起了小山般的石子。接

193

---

① 这一比例确实难以置信，但是第十二章也有类似表述。

着第二队人竖起了一排栅栏，由支柱支撑，用以遮挡上面发射的
石弹，然后把平台建在遮蔽物的下方。这样一来，城墙上发射的
石弹就算造成什么伤亡，损失也不会很严重。第三队人铲平了附
近的小山丘，为建筑者提供足够的泥土。这样，所有人分成三队
进行劳作，没有一个人闲着。与此同时，犹太人从城墙上向敌人
的屏障投下大量石头以及其他各种投掷物。虽然他们无法射中目
标，但噪音还是很恐怖，起到了一定的阻碍作用。

　　韦斯帕芗于是架起投掷器围成一圈，一共有一百六十门石炮，
然后下令向城墙上的敌人进攻。同时，他们用弩炮向空中发射长
矛，投石手发射了重约一英担的石头以及火把和一阵箭雨，不仅
击退了城墙上的犹太人，而且还使里面的犹太人不能接近石弹所
及之处，因为一群阿拉伯弓箭手、标枪手和投掷手在发射大炮的
同时一起发射。但是守卫者虽然无法从堡垒中反击，不过也绝对
没闲着。他们按照游击队的作战方式，迅速出击，打破了掩护工
兵的屏障，在毫无防备的情况下袭击了他们。他们趁罗马军队后
退时毁掉了平台，烧毁了支柱和栅栏。这种情况一直持续着，直
到韦斯帕芗意识到，引起麻烦的原因是建筑平台的工程缺乏连续
性，这给犹太人提供了进攻的机会。于是他连接起了遮蔽物，同
时集中了部队，使犹太人无法再长驱直入。

　　平台越建越高，几乎碰到了城垛。约瑟福斯觉得如果自己找
194 不出反击的方法来拯救这个小城，实在有损自己的声名，因此召
集了泥水匠，指挥他们加高城墙。可他们声明在石林箭雨下根本
无法工作，于是他想出了保护他们的办法。他命令人们在城墙上
钉上横木，然后在上面展开生牛皮，这样石头射到上面牛皮不会

裂开，其他的投掷物也会掠过牛皮，而火把遇到潮湿的牛皮就会熄灭。在保证了安全后，泥水匠们开始了夜以继日的工作。他们把城墙加高到三十英尺，并每隔一段建起了瞭望塔，最后建起了一道结实的胸墙。这时候，曾经幻想已经占领了城市的罗马人陷入了深深的失望。约瑟福斯的足智多谋和守护士兵的坚定令罗马人非常震惊。韦斯帕芗被约瑟福斯高超的计谋和城里人的英勇无畏激怒了。这些新的防御工事激励了守护的士兵，他们又恢复了夜间对罗马人的突袭，而白天就分组攻击敌人。他们用上了所有游击队的作战方式，见东西就抢，还烧毁了敌人的工事。最终韦斯帕芗从战场上撤回了部队，决定封锁整个城市，直到饥饿迫使敌人投降。守城者要么因为缺乏给养而投降，要么坚持到最后被饿死。他自信等到敌人筋疲力尽时再发动猛攻要比现在赢他们容易得多，因此命令看守出口。

　　除了盐，城里的粮食储备和其他必需品都非常充裕，但是因为城里没有泉水，人们只能依靠雨水，可是夏天这里雨量极少或是根本就不下雨，所以城里水量不足。现在正是缺水的季节，城里人想到最后会渴死，所以非常沮丧，大家已经开始烦躁不安了，好像现在就已经没水了。约瑟福斯看到城里各项储备都很充足，士气也很高涨，便想尽量多维持一段时间，所以从一开始就给手下人定量发放饮水。可是他们觉得这样节俭用水比真的缺水更令人难以忍受。越是没办法满足自己，他们就越是渴望得到更多，因此变得无精打采，好像马上就要渴死了。他们的处境没有逃过罗马人的眼睛。在高地上，他们的视线可以越过城墙看到犹太人集中在一个地方领取定量的饮水，所以把此地作为发射石弹的目

195

标，结果犹太人损失惨重。韦斯帕芗希望不久之后水池就会见底，那么犹太人无论如何都得投降了。约瑟福斯决定粉碎他的希望，于是让一部分人把外衣浸湿挂在城垛上，所以整个城墙上忽然流下水来。罗马人本以为敌人缺水，结果却看到他们这样开玩笑似的浪费，又是失望，又是吃惊。总司令本人看到用围困的方式攻城无望，便决定重新发动武力进攻。没有什么事比这个让犹太人更开心了，因为他们早就放弃了拯救城市和自己的想法，觉得与其饿死渴死，还不如战死沙场。

　　约瑟福斯又想出了一个计策来获得更加充裕的给养。城市的一边是一个几乎无法通行的峡谷，因此被罗马人忽略了，于是他派信使沿着山谷西边送信给城外的犹太人，希望和他们取得联系，并带回城里缺乏的给养。他指挥信使披上羊皮匍匐前进，越过敌人的哨兵，这样，晚上万一有人发现他们，就会误以为是狗。但是没过多久哨兵就识破了这个计策，因而封锁了这个山谷。

第十二章　约瑟福斯成为韦斯帕芗 的囚犯

　　这时约瑟福斯意识到他们没法坚持太久了，如果再待下去，恐怕他自己都性命难保，所以和领头的市民商量怎么逃走。人们发现了他的计划，簇拥在他身旁苦苦哀求他不要忘了他们只能信赖他一个人了。如果他肯留下，他就是城市得救的唯一希望；如果城市沦陷了，他就是他们唯一的安慰。如果他从敌人身边逃跑，抛弃他的朋友——当风平浪静时登上船，但遇到暴风雨时却弃飘摇的船于不顾而上岸——他们永远都不会原谅他。因为如果他放弃了这个城市，他们信念的唯一来源一旦消失，就没有人会再冒险继续抵抗敌人了。约瑟福斯隐藏起对自己安全的焦虑，宣布自己是为了他们才计划离去。如果他们幸存下来，他留在城里给不了他们多少帮助；如若他们落到敌人手里，也只不过多了一个牺牲品而已。但是另一方面，如果他逃出敌人的包围圈，他就可以在城外给他们最大限度的帮助；他可以马上从加利利集结一支部队攻打敌人，引开围困这个城市的罗马军队。他看不出来在目前的情况下自己再留在这里对他们有什么好处。最有可能的结果就是促使罗马人加大围攻的火力，因为他们的主要目的就是抓住他。

另一方面，如果他们发现他逃跑了，就会大大减轻对城里的压力。

没人肯听他的解释，这反而使人们更想留住他了。孩子、老人以及怀抱孩子的妇女，哭着跪在他面前。他们抓住他的脚，紧紧抱住他，哭着哀求他留下和他们并肩作战。我想这并不是因为嫉妒他逃走，而是为了他们自己的希望，因为只要他肯留下来，他们就觉得非常安全。约瑟福斯意识到如果他答应这些请求也就罢了，但如果他拒绝，就会受到监视。另外，对他们的同情也动摇了他抛弃他们的决心。所以他决定留下来，化绝望为打败敌人的武器，他宣布："我们已经没有退路了，是开战的时候了。以生命的代价赢得这场世人皆知的战争，或者用一件壮举使自己流芳百世是非常光荣的。"说完这些他便投入了战斗。他带领自己最强壮的士兵展开了进攻。他冲散警卫，一直冲进了罗马人的军营。他把遮挡平台的皮质帐篷撕成了碎片，然后放火烧了他们的工事。第二天和第三天他还是重复进行这样的进攻，而且在此后的很多天不眠不休地同敌人作战。

韦斯帕芗发现，反复的进攻严重挫伤了罗马人。他们因为被犹太人打败而痛心疾首，而当犹太人战败时沉重的盔甲又妨碍了他们乘胜追击。敌人又一次发动突袭后，像往常一样在罗马人反击之前就退回了城里。因此，他命令士兵避开犹太人的进攻，尽量避免和那些不怕死的敌人正面交锋。没有什么能比绝望的情绪产生更多的英雄主义，可是就像缺少燃料的火一样，如果找不到攻击的新对象，他们的热情也会燃尽的。而且罗马人并不是为了生存而作战，而是为了扩大版图，所以即使要取得胜利，也应该避免不必要的冒险。他让阿拉伯弓箭手和叙利亚投石手顶住犹太

人的进攻，不断使用大部分攻城的石炮。这些武器的杀伤力使得
犹太人不得不望而却步，可是一旦进入了远程飞弹的最小射程，
他们便疯狂地进攻罗马人，根本不顾及自己的生命，不断用新一
轮的攻击手代替疲倦的士兵。

时间不断拖延下去，进攻仍在继续，韦斯帕芗觉得好像是他
自己被围困了。随着平台不断靠近城墙，他决定把撞铁锤拿出来。
这是一根像船上的桅杆一样巨大的横梁，尾部装有一个羊头形状
的大铁块，因此也叫公羊锤。它像天平的横梁一样，中部由一条
穿过另一根横梁的绳子支撑，而这根横梁固定在两边地上的柱子
上。很多人一起把撞铁锤往后拖，然后合力把它往前抡，用装有
突出的铁块的一边撞向城墙。第一次撞击也许没有效果，但是再
厚的城墙也经不起连续的撞击。这是罗马指挥官在百般焦急中决
定采用的办法，试图一举拿下这个城市，因为犹太人的进攻大量
消耗了罗马军队的力量，而且犹太人还掌握了主动权。所以为了
让城墙上试图阻止他们的犹太人进入射程，罗马人把他们的弩炮
及其他石炮向前推进，开始炮轰犹太人。同时弓箭手和投石手也
在向前推进。结果没人敢再登上堡垒了，这让罗马人可以在覆盖
着牛皮的重叠横木的掩护下把撞铁锤搬过来保护士兵和机器。第
一次撞击震动了城墙，城里的人发出了尖锐的叫喊声，好像城市
已经被攻破了。

约瑟福斯看到城墙的同一处不断遭到撞击，随时都有可能倒
塌，所以想出了一个计策可以暂时对抗撞铁锤的威力。他叫人用
绳子把装满草料的袋子吊在下一次撞击的地方，这样锤头就会偏
斜，撞击就没有力度了。这个计策完全阻止了敌人的进攻。不论

198

罗马人用铁锤撞到哪里，上面的守卫者都会把袋子放在那儿拦截，所以它的撞击根本起不了作用。最后罗马人把镰刀接在长杆下面，割断了绳子。撞铁锤的作用又恢复了，刚建好的城墙开始摇撼了。所以现在约瑟福斯和他的帮手开始用火攻。他们点燃了手头所有干燥的木材，分三个纵队冲出城，点着了敌人的投石器、栏杆和平台。罗马人却什么都做不了：他们被犹太人惊人的勇气吓呆了，忙着救火。木材是干的，而且混合着沥青、投掷物和硫磺，所以火焰很快窜得到处都是，罗马人花费很长时间建起的工事在一个小时内就毁于一旦了。

在这次战斗中，一个犹太人引起了大家的注意。他父亲名叫萨米亚斯（Samias），他名叫以利亚撒，出生于加利利的塞巴（Saba）。这个人用极大的力量从城墙上举起了一块巨大的石头砸向撞铁锤，砸坏了公羊的头部。接着他跳下来在敌人眼皮底下把头部抢回了城里，连一根头发都没伤着。他现在成了所有敌人的靶子，身上又没穿盔甲，结果在石林箭雨中中了五箭，可他却毫不在意地爬上城墙，站在上面让所有人欣赏他的勇气，最后由于
199 伤口疼痛浑身扭曲着倒在了地上，手里还紧握着公羊的铁头。紧跟着他引人注目的英勇行为的是一对兄弟，来自鲁马村（Ruma）的内拉斯和菲力普，他们和以利亚撒一样是加利利人。他们勇猛地冲进第十军团中，冲破了他们的防线，消灭了所有挡路的敌人。

约瑟福斯和其他人受到了榜样的激励，又一次抓起火把点燃了敌人的发射炮、遮蔽物以及第五军团和被打败的第十军团的防御工事。其他军团赶紧用土覆盖了所有的工具和木材。到了晚上，罗马人竖起公羊锤，对准上次城墙上已经被撞松的地方，又撞了

起来。在这千钧一发的时刻，一个城垛上的卫兵一箭射中了韦斯帕芗的脚底。箭从远处射过来已经减弱了威力，所以伤口并不深，但却引起了罗马军队的极度恐慌。看到韦斯帕芗流血了，他身边的人大为震惊，消息很快传遍了整个部队。沮丧和恐惧使大部分人都忘记了自己在围攻敌人，而向他们的指挥官跑过来。因为担心父亲的安危，提多最先赶来。军官和战士们一来担心他们尊敬的指挥官，二来被他儿子明显的沮丧情绪所感染，所以整个军队骚动起来。但是做父亲的很容易就消除了儿子的担心和整个部队的恐慌。韦斯帕芗做出毫不在乎他的伤口的样子，立刻出现在他领导的军队面前，号召他们发动更勇猛的进攻。每个迫切要为他们的指挥官报仇的战士都冲锋在危险的最前端，他们互相呐喊着激励对方，猛烈地朝城墙冲过去。

虽然约瑟福斯和他的士兵们在密集的长矛、石块的攻击下成批地倒下，但剩余的人仍然顽强地坚守在城垛上，不断把火把、矛和石头砸向那些借着横木的掩护晃动公羊锤撞击城墙的人。可是他们在明，敌人在暗，所以几乎没什么战绩，而且自己人也不断倒下去。他们自己的火把到处都是，照得城墙和白昼一样，使得自己成了敌人的靶子。而由于距离太远，他们根本看不清敌人的发射炮，也就很难避开敌人的炮火攻击。快速装弹机和投矛机威力巨大，一个投射物就能打倒一排人，而且石头借着惯性击破了城垛，撞坏了塔角。事实上再强壮的人也会被那些大石击倒。那天晚上的形势很好地显示了这种武器的威力。在堡垒中，一个站在约瑟福斯附近的人头被打掉了，他的头颅像一个投石器发射过来的石头一样飞出了六百码。黎明时一个怀孕的女人从房子里

200

走出来，结果被射中了肚子，没出生的胎儿被抛到了一百码外。可见，投石器的威力是多么巨大。比攻城的石炮和飞弹更可怕的是人飞出去和最后坠地的声音。人们一个接一个地被石头射出堡垒，死尸落地声接连不断。城里不断传出女人的尖叫声，同外面将死的男人的呻吟声遥相呼应。战场周围的地上血流成河，甚至踩着成堆的尸体就能爬上城垛。周围群山反射的回声使这些声音显得更加恐怖了，那天晚上，人们听到、看到了世界上最恐怖的一幕。那些在约塔帕塔殊死搏斗的人中，成百上千的人像英雄一样倒了下去，还有很多人受了伤。第二天早晨，城墙终于被公羊锤撞开了。罗马人还没来得及冲过来架起云梯，犹太人就用自己的身躯和武器填上了裂口。

黎明时分韦斯帕芗集合了部队，在夜晚的辛劳后稍事休息，接着进行了最后的进攻。他想把裂口上的守兵调开，于是让最勇猛的骑兵下马，分成三队站在城墙的裂口处，全副武装，举着长矛等着，确保一旦架好云梯，这些人可以最先冲进城去。他们后面紧接着是年轻力壮的步兵。然后他把剩下的骑兵布置在城墙对面，布满整个山坡，阻止占领城市后往外逃的敌人。再后面是排成曲线的弓箭手，他们时刻准备射箭；投石手和炮兵也接到了同样的命令。其他人把梯子竖在没有受损的城墙边，希望一部分犹太人会为了赶走他们而离开裂口，而另一部分可能会受不了石林箭雨而离开，放弃守卫。

201　　约瑟福斯意识到了将要发生什么，于是把老人和疲惫的战士安置在城墙还完好的地方，在那里他们不会受到任何伤害。他派手下最强健的士兵守在城墙裂口处，每队由六个军官带领，为了更好地参与战斗，他自己也在其中。他吩咐士兵在罗马人呐喊时把耳朵捂起来，以免惊慌失措；箭落下来时使劲弯下身子，躲在长盾下面，并后退一点，直到弓箭手射空箭囊。不过一旦敌人架好云梯，他们要先跃出去，利用自己的武器冲击敌人。每个人都要进行殊死搏斗，这并不是为了拯救自己的家乡，而是为了给已经沦陷的家乡报仇。"你们可以想象这样一幅场景，"他说道，"现在敌人随时都可能屠杀老人、妇女和儿童。这种逼近的灾难在你们心中激起的愤怒将驱使你们用双手拿起武器，刺向那些即将带来这种灾难的人。"

这就是约瑟福斯给两类守城者所做的安排。但当没有抵抗力的女人和孩子看到城外的三道防线（先前派出的卫兵没有一个投入战斗），看到敌人手握长剑站在倒塌的堡垒前，上面的山坡上闪烁着盔甲的寒光，还有阿拉伯弓箭手持箭蓄势待发时，他们一起发出了被俘前最后的一声嚎叫，好像毁灭已不再是一种威胁，而是一种现实了。约瑟福斯害怕他们的恸哭会削弱男人们的决心，所以把他们都锁在各自家中，还吓唬他们如果不管住自己的舌头就会受到惩罚。做完这些，他大步走到裂口处，挺立在命运为他指引的阵地上。他没有管在别处搭梯子的人，而是把注意力集中在即将洒落的箭雨上。

所有罗马军团在同一时刻吹响了号角，一万名敌人一起爆发出了令人毛骨悚然的呐喊声，紧接着铺天盖地的箭雨向犹太人飞过来。战士们没有忘记约瑟福斯的命令，他们在敌人呐喊时捂住耳朵，藏在盾牌后躲避箭头。云梯一架好，他们未等架云梯的人登上梯子便抢先一步扑向敌人，与敌人肉搏时他们展现出了惊人

202 的勇气和战斗精神，在彻底毁灭前做最后的挣扎，证明与那些没有这么大的危险却异常勇敢的罗马人相比，他们一点也不逊色。没有人放弃搏斗，直到一方死去。不过，犹太人因为不停地战斗而筋疲力尽，却无法替换前线的军官；与此同时，罗马人却不断用精力充沛的军队更换疲乏的士兵，一批人退下来，另一批人立刻换上去，他们彼此互相鼓励，在长盾的掩护下肩并肩站在一起，形成了一道攻不破的人墙，他们齐心合力整队向前推进，把犹太人逼上了山坡，眼看就要登上城墙了。

　　在这危急的时刻，约瑟福斯急中生智（他总能在危急时刻想出办法），命令用滚烫的油泼向盾牌后的敌人。他们准备好后，大批人从四面八方向罗马兵泼下了大量的热油，接着还扔下了被火烧得嘶嘶响的容器。被烫伤的罗马人队形大乱，从城墙上痛苦地滚了下去。这些油很快流入了他们的盔甲，流遍了全身，像大火一样残酷地灼伤了他们的肉体，而且由于自身的多脂性，它们热得快，却凉得慢。罗马人的身体被牢牢地禁锢在胸甲和头盔里，无法逃脱热油的摧残。他们跳向空中，身体因为痛苦而扭曲，一个接一个地从木桥上跌落下去。原来休息的罗马兵在往前推进时撞上了自己人，轻而易举地成了敌人的箭靶。

　　悲痛的罗马人同往常一样坚毅，犹太人也一如既往地足智多谋。虽然罗马人同情地看着浑身浸满热油的同伴痛苦地呻吟，却依然不屈不挠地向那些伤害他们的敌人进攻，每个人都诅咒着继续阻挡他们前进的敌人。犹太人又想出了打退敌人的第二个策略：他们把煮沸的葫芦巴泼在云梯的木板上，使敌人失去平衡而失足。不管后退还是前进，他们都无法保持平衡。一些人倒在梯子上被践踏致死，许多人跌落到平台上，成了犹太人的牺牲品。因为一旦罗马人无法站直，犹太人就不必跟他们短兵相接，这样就可以仔细地瞄准他们。罗马人在这次进攻中伤亡惨重，所以傍晚时分指挥官撤回了部队。很多罗马人战死了，更多的人受了伤。约塔帕塔的守兵中只有六个战死了，但是从战场拖回了三百多名伤兵。这场战斗发生在 6 月 20 日。

　　韦斯帕芗想要安慰不幸的战士们，却发现他们极其愤怒，根本不需要他的安慰，需要的只是工作。于是他吩咐他们架高了平台，竖起了三座塔楼，每座五十英尺高，四面都包着铸铁，这样就不容易被推翻，还可以防火。他让人把这些塔楼推到平台上，派投矛手、弓箭手、轻型炮兵和最厉害的投石手登上塔顶。这些人借助高高的塔楼和防壁的掩护，向暴露在堡垒上的敌人投射。犹太人发现几乎无法躲避射到头上的武器或者向隐蔽的敌人还击，而且用手投出的武器根本到达不了塔顶，同时塔外的铸铁也不怕火攻，于是他们放弃了城墙，冲出来迎击可能的进攻。就这样，虽然每天都有很多人牺牲，而且幸存者无法对敌人进行任何反击，只能冒险阻挡敌人的前进，但是约塔帕塔还是在坚守。

　　发生这些事的时候，邻近的一个小城扎法（Japha）听说约塔帕塔令人惊异地坚守了下来，受到极大鼓舞，于是也谋反了。因此韦斯帕芗派第十军团的指挥官图拉真（Trajan）[①]带领一千名骑兵和两千名步兵前去平叛。图拉真发现很难占领这个城市：它不仅地理位置优越，而且环绕着两面独立的城墙。但是城里的居民却

---

① 他的儿子后来成了皇帝。

迫不及待地出城迎战，图拉真发动进攻很快就打垮了敌人，把他
们逼回了城里。他们跑进外墙躲避，结果罗马人也跟着他们涌进
了城。于是他们又奔向内墙，却被惧怕敌人进城的同伴关在了外
面。这无疑是上帝的旨意，把不幸的加利利人作为礼物送给了罗
马人：是上帝让城里人把自己的伙伴关在外面，给嗜血成性的罗
204　马人屠杀。他们一边用身体撞向城门，发疯般地恳求放他们进去，
一边被敌人杀死了。敌人关闭了外墙，同伴们关闭了内墙。他们
被夹在两层堡垒之间动弹不得，很多人被同伴的剑刺穿了身体，
还有很多死于自己的剑下：他们一方面被敌人吓怕了，另一方面
因为被同伴抛弃而悲痛欲绝，因此大批人还没来得及想如何保护
自己就被罗马人杀掉了。他们死时不仅诅咒罗马人，而且也诅咒
自己的同伴，直到一万二千人全部被杀害。

　　图拉真认为城里已经没有英勇善战的人了，即使有几个，他
们也不敢再抵抗了，所以他决定把占领小城的工作留给总指挥，
于是派人送信给韦斯帕芗，请求派他的儿子提多来打赢最后一
仗。韦斯帕芗担心战争还没结束，因此派他儿子带领五百名骑兵
和一千名步兵前去。提多迅速赶往小城，派图拉真指挥左翼部
队，自己指挥右翼，发动了进攻。士兵登上梯子从四面八方爬上
城墙，开始加利利人还试图把敌人打下去，但是他们很快就放弃
了抵抗。提多的士兵立刻涌上城垛，一会儿工夫就占领了这个城
市。但是城里的人集合起来抵抗他们，一场激战爆发了：手持武
器的男人在狭窄的街道上猛扑向敌军团；女人从房顶上把所有能
找到的东西砸向敌人。他们整整顽抗了六个小时，但是当战士们
筋疲力尽的时候，其他人都被杀害了，有的死在街上，有的死在

房里，有年轻的，也有年老的。男人们都牺牲了，剩下的都是抱在怀里的孩子，他们和女人一起被卖掉，成了奴隶。牺牲的人，包括城里的和死于先前的交战中的，一共一万五千人，其中奴隶两千一百三十人。加利利人的这场浩劫发生在6月25日。

撒玛利亚人也没能幸免于难。他们聚集在神圣的盖里济姆山（Mount Gerizim），虽然没什么动作，但是由于集中的兵力和好战的姿态，这里笼罩着战争的威胁，甚至他们的邻邦加利利的灾难也没能让他们清醒。面对罗马人的胜利，他们对自己的弱势却有一种不合常理的骄傲，并且因为即将和罗马人正面冲突而兴奋不已。尽管撒玛利亚的每个角落都有卫兵防守，军队的规模和组织却很令人担忧，所以韦斯帕芗觉得最明智的做法就是先发制人，把撒玛利亚人的企图扼杀在萌芽状态。因此他派第五军团的指挥官斯里尔硫斯（Cerealius）带领六百骑兵和三千步兵前去迎战。斯里尔硫斯认为为数众多的敌人仍然占据着高地，所以上山作战并不安全，因此他让军队包围了整个山脚地区，一整天都只是观察敌人。碰巧这时正是撒玛利亚人缺水的时候，炎热的天气侵袭着他们——那时正是夏季，而且他们人数众多却供给不足。结果那天有些人渴死了，很多人觉得与其这样渴死还不如当奴隶，所以逃到了罗马人那边。斯里尔硫斯从他们的情况推断：那些仍然坚持的人一定也被痛苦折磨得衰弱不堪了，于是下令爬山，让士兵围成一圈包围了敌人。接下来，他首先引诱敌人投降，劝他们保命要紧，答应只要他们肯缴械投降，一定保证他们的安全。当敌人拒绝他的提议后，他立刻下令进攻，杀死了所有一万一千六百名敌人。撒玛利亚人遭受这场巨大灾难的日子是6月

27 日。

在约塔帕塔，守兵们仍然坚持着，他们忍受煎熬的时间比预计的要长得多。但在第四十七天，罗马人的平台超过了城墙。就在那天，一个叛徒密告韦斯帕芗：城里剩下的人已经不多了，而且都虚弱不堪，并向他保证，由于缺少睡眠和连续作战，城里人已经不堪一击，一个计谋就能使他们落入陷阱。在黎明时分，他们会短暂地休息一下以缓解疲劳，疲惫的人们很容易在清晨睡着。据叛徒说，哨兵通常会在这时打个盹儿，所以这时是突袭的最好时机。韦斯帕芗不相信叛徒的话，因为他知道犹太人彼此之间是多么忠实，他们是多么轻视刑罚。早些时候他们俘虏了一个约塔帕塔人，他忍受了最恐怖的折磨。甚至当敌人用火刑逼供时，他也拒绝说出城里的情况，最后被钉上了十字架，死时脸上还带着微笑。另一方面，告密者的话又听起来非常合理，不得不信。他觉得此人有可能说的是实话，而且即使这是个陷阱，后果对罗马人来说也不会非常严重。于是司令官一面命令把告密者严密监视起来，一面让他的军队准备好向城里进攻。

到了约定的时刻，他们悄悄地向城墙移动。在护民官多米提尔斯·萨比努斯（Domitias Sabinus）的陪同下，提多率先爬上城墙，后面跟着几个十五军团的战士。他们迅速杀死了哨兵，然后溜进城。紧接着护民官塞科斯特斯·加尔瓦里尔斯（Sextus Calvarius）和普拉奇德斯也带领他们的军队进城了。很快他们就占领了堡垒，横扫了城市的中心地区，这时天已经大亮了，可是被征服的守兵们还没意识到城市已经失陷了。他们大多因为劳累睡着了。即使有人叫醒他们，他们也什么都看不到，因为关键时刻一场浓雾恰巧笼罩了整个城市。最后大批敌人呐喊着冲了进来，他们才惊跳起来，却发现什么都完了：大屠杀已经开始，他们这才意识到城市已经陷落了。

　　罗马人记得围攻让他们付出了多大代价，所以没有对城里人表现出丝毫的怜悯和同情。他们把俘虏从堡垒中赶下山坡，杀死了他们。连那些仍有抵抗能力的人也由于不利的地势而丧失了防御的机会。他们在狭窄的街道上互相推挤，从陡峭的山体正面滑落下来。从堡垒上席卷而下的屠杀浪潮彻底打垮了他们，甚至很多约瑟福斯的精兵也被迫自杀：他们意识到自己已经无力杀死任何一个罗马兵，但觉得至少可以不用死在罗马人的刀下，因此聚集在城市最远的一边自杀了。

　　一些首先意识到毁灭已经降临的哨兵及时逃脱了。他们逃到城北的一座塔里坚持了一段时间，被大量敌军包围后，便伸出双手英勇就义了。罗马人本来可以得意地宣称这最后的猛攻是一次不流血的胜利，但是在占领的最后关头有个人却倒下了。这个人就是白人队长安东尼亚斯，一个诡计的牺牲品。许多犹太人在山洞里避难，其中一个恳求安东尼亚斯把手伸给他，发誓保护他并帮助他爬出去。这个罗马人便粗心大意地伸出手来，犹太人猛地刺中了他的腹股沟，他立刻毙命了。

207

　　那一天罗马人杀死了所有在露天的人。在接下来的几天里他们搜遍了所有可以藏身的地方，抓住了所有藏在阴沟和山洞里的犹太人，不论老幼，一律杀死，只留下了妇女和婴儿。一千二百名俘虏被关进了囚笼。死去的犹太人，包括之前战死沙场的，总共四万人。韦斯帕芗命令毁掉整个城市，烧光所有堡垒。这就是约塔帕塔的结局：在尼禄统治的第十三个年头的 7 月 1 日，罗马人占领了这个城市。

罗马人四处搜寻约瑟福斯，一方面因为他们自己情绪高涨，另一方面这也是他们司令官的迫切希望，因为只有逮捕了约瑟福斯，战斗才算真正结束了。因此他们彻底检查了死尸，还去搜寻那些躲起来的人。但当罗马人占领城市的时候，约瑟福斯在天神的庇佑下，偷偷从敌人中间溜了出去，跳进了一个深沟，沟的一边与一个宽敞的山洞相连，从上面根本看不见。他找到了躲在那里的四十名重要人物，那里的给养足够维持好几天的。他白天藏在洞里，因为到处都是敌人，晚上出去寻找逃跑的路径和查看哨岗。可是由于他的原因所有路径都被封锁了，根本没办法逃出去，所以他又回到了洞里。前两天他都逃过了敌人的搜查，可是第三天他们中的一个女人被抓获了，她出卖了他。韦斯帕芗一刻也不肯耽误，马上派出两名护民官保利努斯（Paulinus）和加利卡努斯（Gallicanus）去劝说约瑟福斯：只要他肯出来，一定保证他的安全。

这两个护民官到了那里，先用甜言蜜语引诱他，保证他的安全，但是毫无作用。一个给过敌人这么多打击的人，他的命运是可想而知的，因此他不会相信那些招降的人会这么好心，因此充满戒心。而且他一直担心他们引诱他出去是为了惩罚他，直到韦斯帕芗又派来了一个约瑟福斯认识的护民官尼卡诺尔（Nicanor）——其实他们是老朋友了。他来到那里，详细地讲述罗马人通常是如何善待俘虏的。将军们不仅没有记恨约瑟福斯，还钦慕他杰出的才能，而且总司令自己也急切地想见到他，并不是为了加害他——即使他不肯出来总司令也可以这么做——而是因为想要拯救这样一个杰出的人才。他还说韦斯帕芗如果要设圈套，就不会派约瑟福斯的朋友来，把最丑恶的罪行——不忠，藏于最高尚的美德——友谊背后，而且如果罗马人要求他欺骗朋友，他是绝对不会来这儿的。

但是尽管尼卡诺尔向他保证，约瑟福斯仍在犹豫。愤怒的士兵们迫不及待地想用火把他逼出来，但是护民官阻止了他们。他决心要活捉他。这时尼卡诺尔更加急切地催促他出来，士兵的威胁态度也越来越明显。于是约瑟福斯记起了那些深夜的梦中，上帝曾经预先警告过他，犹太人即将遭受的灾难和罗马帝国的好运。此外，在释梦时，他能够预测出上帝模棱两可的话中所包含的意义。作为一个祭司和祭司的后代，他熟悉《圣经》中的预言。就在这时，他忽发灵感，明白了那些话的意义，于是就他最近梦境中恐怖的意象，向上帝秘密地祷告："既然您愿意把愤怒发泄在您亲手创造的犹太人身上，而把所有繁荣的前景都赐给了罗马人，而且，因为您确实选择了我的灵魂来把这些公之于众，所以我自愿把自己献给罗马人，这样也许我就可以活下来，但我庄严地宣布，我并不是作为一个叛徒出去的，而是作为您的仆人。"

说完这些话，他准备向尼卡诺尔投降了。但当和他一起避难的犹太人意识到他即将接受敌人的劝降时，他们围在他身边大喊道："以我们祖先的律法的名义，痛哭声将传到天堂。上帝自己制定了这法律，他赋予了我们蔑视死亡的精神！约瑟福斯，你就这么热爱自己的生命，忍受像奴隶一样生活吗？这么快你就忘记自己是谁了！你曾经劝服了多少人为了自由而献身啊！虚伪，彻头彻尾的虚伪，这就是你用勇气和智慧赢得的名誉。如果你真的希望你曾沉重打击过的那些人赦免你，并且相信他们的保证是真的，你就匍匐着接受吧！但是如果你被罗马人的胜利吓昏了头，我们将会保护祖国的名誉。我们会借你一把剑和一只执行的手。如果你愿意自杀，你将作为犹太人的司令官而死；如果你不肯，你就是一个叛徒！"他们说着这些话的时候，把剑对着他，威胁说如果他向罗马人投降，他们就刺穿他。

209

约瑟福斯害怕他们充满威胁性的进攻，而且相信如果在把这些启示公之于众之前就死去，他就违背了上帝的意旨。在这千钧一发的时刻，他开始用富有哲理的话解释他的行为。"为什么，我的朋友，"他说道，"我们就这么迫不及待地想要自杀吗？为什么我们要让最好的朋友肉体和精神分离呢？你们是说我已经改变了。是的，罗马人知道所有这些事情。据说战死沙场是一件光荣的事。的确如此。但是按照战争法则——就是要死在胜者的手中。如果我在罗马人的剑下退缩了，我完全应该死在自己手中；但是如果他们愿意赦免一个敌人，那么我们自己赦免自己是不是更合理呢？我们奋力阻止他们做的事情，自己却对自己做，那未免也太荒唐了吧！你们说为了自由而死是光荣的，我也这么说，但这是在战场上和落入敌手时，对那些想要夺去我们自由的人说的。可是现在他们不会再和我们打仗或是要我们的性命。该死而不想死的人和不该死却想死的人一样不是懦夫。是什么阻止我们向罗马人投降？难道不是对死亡的恐惧吗？那么我们因为惧怕可能死于敌人手中，是不是就应该自己杀死自己呢？'不，是害怕成为奴隶。'有些人会这样说。好像我们现在是自由人似的！'自杀是一种勇敢的行为。'另外一些人会这样说。根本不是如此！这是最懦弱的行为。我认为一个惧怕坏天气的领航员，如果不等暴风雨来临就故意把船弄沉，他就是一个十足的懦夫。

"另外，自杀违背了一切生物共有的天性，而且对赋予我们生命的上帝是不敬的行为。所有的生物都不应自杀；我们都应该希望活着，这是不可抗拒的自然法则。就是因为这个原因，我们把公然要夺走我们生命的人视为敌人；如果他们用诡计欺骗我们，我们就惩罚他们。你们以为上帝不会因为我们轻视他的礼物而生气吗？是他给了我们生命，我们也必须把夺走生命的权力留给他。所有人的肉体都会死去，所有的器官都不会持久；但灵魂是永恒的，上帝的一部分存在于我们身体之中。如果一个人毁坏或滥用别人托付给他的东西，他就是个没有信用的混蛋，难道不是吗？那么，如果一个人抛弃了上帝交给他保管的生命，他以为被他欺骗的上帝会不知道吗？人们认为应该惩罚逃跑的奴隶，即使他们逃离的主人是个流氓；如果我们自己从真正的主人——上帝身边逃走，难道不算不虔诚吗？那些按照自然法则放弃生命的人，在上帝愿意把债务收回的时候，偿付从上帝手中获得的借债会获得永恒的荣誉；他们的家园和家人会很安全；他们的灵魂还保持着纯洁和虔诚，能在天堂中最神圣的地方安息；投胎转世时还会被送往纯洁的肉体中。难道你们不知道是这样吗？但是如果疯人自杀，冥王哈得斯会把他们的灵魂变成鬼魂，天父上帝会让祖先的罪行报应在后代身上。因此，上帝痛恨自杀，最明智的法律制定者曾宣布这是一项该罚的罪行。按照我们的法律，即使我们敌人的尸体也有权被埋葬，但自杀的人，尸体却应被曝晒在阳光下直到日落。其他国家规定自杀的人必须被砍掉右手，因为他们杀死

210

了自己，使得肉体脱离了灵魂，所以右手也应该脱离身体。

"所以，兄弟们，我们的责任是选择光荣的道路，不要在我们的痛苦之外再加上对造物主的不恭。如果我们认为应该接受上帝赋予的生命，就让我们接受它。接受敌人给予的生命并不是一种耻辱，因为我们在对他们的奋力抵抗中已经证明了我们的勇气。如果我们选择死亡，能比落入敌人手中好多少呢？我不会为了成为出卖自己的叛徒而向罗马人投降，如果我这样做，就比逃到敌人一边的那些人傻得多；因为对他们来说，逃跑意味着生存，对我却意味着死亡——我自己的死亡。但是，我祈祷罗马人能违反许诺：如果在给我承诺之后把我送上断头台，我会愉快地受死，因为我将从这些背信弃义者的身上找到比胜利本身更大的安慰。"

约瑟福斯希望苦口婆心的这些话能说服他们放弃集体自杀。但是绝望使他的听众们根本听不进去。他们很久以前就已经把生死置之度外，现在都被他触怒了。他们握着剑从四面八方向他冲过来，骂他是胆小鬼，每个人似乎都想刺死他。但是他叫了第一个人的名字，像将军一样怒视着第二个，和第三个握手，恳求第四个，直到这种危急关头的矛盾情绪使他感到羞辱和烦乱。他避211　开所有指向他喉咙的剑，像困兽一样轮流面对每一个进攻者。即使他奄奄一息，他们也仍旧把他尊为指挥官。他们的臂力变弱了，刀锋从他身边掠过，很多人刺向他时下意识地降低了刀锋。

困境中的约瑟福斯依然足智多谋。他相信上帝的庇佑，决心做最后一赌。"你们已经选择了死，"他大声说，"那么我们就来抽签轮流杀死对方吧。抽到2号的人将杀死1号，以此类推，一切听天由命。这样，谁也不用亲手杀死自己——如果别人都死了，只有一个人改变主意活下来，那对别人是不公平的。"大家不知是计，都同意了，于是约瑟福斯开始实施他的计划，和其他人一起抽签。每个人都毫不犹豫地让第二个人杀死，因为他们相信接下来自己的指挥官也会死去。生命是美好的，但只要约瑟福斯和他们一块儿死，死亡就比生命更甜美。但是约瑟福斯和另一个人留了下来，我们应当把这归因于上帝的庇佑还是幸运？[①]他并不想被另一个人杀死，也不愿为了活下来而让双手沾上犹太同胞的鲜血。因此，他劝服了那个人，他们达成了协议，一起存活了下来。

这样，约瑟福斯在两场战争之后安全地存活了下来（一场是与罗马人的战争，一场是与自己同胞的战争），尼卡诺尔将他带到了韦斯帕芗面前。罗马人都冲上来观看他，喧闹的人群簇拥在他们的指挥官周围，发出了不一致的呼声。有的对着他们的俘虏欢呼，有的威胁他，有的想要挤到近处。后面的人吵着要处死敌人；前面的还记得他的功绩，感叹他命运的不济。至于那些军官们，一看到他就完全忘记了自己先前的愤怒。提多比其他人更深切地感受到约瑟福斯勇敢承受厄运的精神，为他这么年轻而感到惋惜。[②]他还记得过去约瑟福斯是如何英勇作战的，现在却落入自己之手，成了阶下囚。他忽然开始思考命运的力量，战争的天平随时都有可能倾斜，世事瞬息万变。所以这时他使很多罗马人像他自己一样为约瑟福斯感到惋惜，而且他觉得自己负有极大的责任劝说父亲赦免囚犯的性命。但是韦斯帕芗命人严密地看守他，

212

---

① 或者归因于约瑟福斯的诡计？见附言中引用的斯拉夫语版。

② 约瑟福斯当时三十岁，提多只有 26 岁。

打算尽快把他交给尼禄。听了这些，约瑟福斯要求单独和他说几句话。韦斯帕芗命令所有人退下，只留下了他的儿子提多和两个朋友，于是约瑟福斯开始说话了：

"先生，您以为抓住我只不过是得到了一个俘虏，其实我是上帝派来等待您的使者。我清楚犹太人的律法，也知道一个将军应该怎样去死，要不是上帝亲自派我来见您，我早就死了。您要把我交给尼禄吗？那又怎么样？尼禄和在您之前的继承人能保住王位吗？您，韦斯帕芗，您将成为恺撒大帝，您的儿子将成为您的继承人。所以，用您的锁链锁住我，把我留在您身边，因为您不仅是我的主人，还将是陆地、海洋和整个人类的主人。如果我徒然以上帝的名义行事，作为惩罚，请让我处在最严密的监禁之下。"

开始韦斯帕芗看起来好像没把这些话当真，他觉得约瑟福斯只不过是为了活命而说谎。但是他渐渐相信了，上帝已经开始唤醒他称帝的野心，并用其他征兆预示了王权。另外，其他一些事情也证明了约瑟福斯的预言是正确的。因为当那天在秘密见面现场的一个朋友表示很奇怪，约瑟福斯为什么没有警告约塔帕塔的守兵们这个城市将会失陷或者预言他自己的被捕，而他现在说的这些胡话只是为了转移罗马人对他的愤怒时，约瑟福斯回答说，他已经向人们预言了城市将会在四十七天之后失陷，他自己会被罗马人活捉。韦斯帕芗把他的俘虏们叫到一边，向他们证实是否确有此事。他发现约瑟福斯所说的都是实话，这才开始重视这些关于他自己的预言。所以，虽然他把约瑟福斯关在监狱里，却经常送给他衣服和其他贵重的礼物，一直对他关怀备至，提多对他也同样殷勤有加。

第十三章　韦斯帕芗的征服之旅

7月4日，韦斯帕芗带领军队向托勒迈进发，然后从那里前往犹地亚最大的城市之一——沿海城市恺撒利亚，它同时也是希腊人口最多的城市。军队和将军们受到了热烈的欢迎和最友好的接待，一方面出于对罗马人的好感，更多的则是由于对犹太人的憎恨，人群咆哮着要求处死约瑟福斯。因为这样的要求来自无知的大众，韦斯帕芗轻蔑地以沉默拒绝了。他觉得恺撒利亚气候宜人，所以安排两个军团在这里过冬。为了避免整个军队给恺撒利亚带来的负担过重，他派第十五军团去了塞索波利斯。那里位于近海的平原地带，所以夏季闷热，冬季却温暖宜人。

与此同时，那些起内讧的人被逐出了各自的城市，和在新近这次败仗中幸存下来的人们会合后，组成了一支规模相当大的军队，并开始重建约帕（最近被克斯提乌斯毁坏了），把它作为根据地。由于陆地被敌人阻隔了，他们决定利用海洋。他们建立了一支庞大的海盗舰队，开始在叙利亚和腓尼基的海域以及通往埃及的航线上袭击来往的船只，致使其他人都无法通过这些海域。韦斯帕芗听说这个组织后，派骑兵和步兵去约帕平定叛乱。犹太人毫无防备，这支军队便在夜里进城了。居民们预先收到了警告，但恐惧使他们完全放弃了对罗马人的抵抗，而是逃到他们的船上，连夜离开了。

　　约帕没有天然港口，起伏的海滩笔直延伸开去，两边在尽头成弧形。它们由峭壁和礁石组成，一直延伸到海里。安德洛墨达*的椅子标志依然显示着传奇的古老。北风猛烈地拍打着海岸，海浪撞击着岩石，溅起高高的浪花。因此，在这里停泊简直比在无边无际的大海更加危险。从约帕逃出来的人们在这里抛锚了，黎明前他们遭受了一场大风暴，这一带的海员都知道这是黑北风。当时，有的船彼此之间相互撞击，另一些撞在了岩石上。很多迎着浪头的船只被打入了更深的水中。人们极其惧怕这片岩岸，又害怕敌人追上来。即使逃到海里，他们也会被排山倒海的巨浪淹没。他们已经无路可逃，但停下来就等于送死：暴风的威力使他们不敢驶入大海，罗马人的军队又使他们无法在岸上停留。船只碰撞时人们发出痛苦的尖叫声；船只破裂的声音震耳欲聋。船上的许多人被大浪淹没，溺死了；还有很多人和船的残骸一起沉没了；有的人觉得死在剑下还舒服些，于是为了躲避海浪自己结束了生命。但大部分还是被海浪抛起来，撞在崖壁上成了碎片，鲜血染红了大片的海水，海滩上铺满了尸体；因为有些人被抛到了岸上，罗马人又追上来杀死了他们。冲上岸的一共有四千二百具尸体。罗马人不费一兵一卒就占领了这个城市，然后毁掉了它。

　　就这样，在短时间内，罗马人两次占领了约帕。为了防止海

---

　　* 安德洛墨达是希腊神话中巴勒斯坦的约帕王国的国王克甫斯和王后卡西奥佩娅的女儿。由于王后炫耀自己的女儿比海神更美而得罪了波塞冬的妻子。波塞冬于是派海怪灭国，神谕说只有献上安德洛墨达才能拯救国家。于是安德洛墨达一直被绑在海边的岩石上，直至宙斯之子珀尔修斯将其解救并娶她为妻。

盗再次回到那里，韦斯帕芗在它的卫城建立了军营，派骑兵和一小部分步兵驻守。骑兵出去掠夺并捣毁附近的村庄和小城时，步兵就留下来看守军营。他们尽心执行了这个命令：一天接一天，村庄被洗劫一空，然后毁掉了，最后完全荒废了。

当消息传到耶路撒冷，开始很少有人相信——灾难是如此巨大，而且没有目击者能够证实这个消息。虽然没有幸存者能说出发生了什么，但谣言却不胫而走（谣言偏爱悲剧），宣告了城市的陷落。但是，人们慢慢知道了真相，再也没有怀疑的余地了。不过，真相中掺杂了人们的杜撰。例如，据说城破时约瑟福斯也被杀了。听了这个消息，耶路撒冷的人们万分沮丧。对每个死者的哀悼仅限于各自的家人和亲属，但指挥官的死却让全国陷入了悲痛之中——有的哀悼熟人，有的哀悼亲人，有的哀悼好友，有的哀悼兄弟，但是失去约瑟福斯却使所有人悲痛不已。一个月之中，215 圣城里的人都泪流不止，很多人甚至雇了职业哀悼者来表达他们的哀痛。不过没过多久人们就发现了真相，知道了约塔帕塔发生的事情。当人们发现约瑟福斯的悲剧命运是被杜撰出来的，知道了他还活着，而且和罗马人在一起，还听说罗马军官对他的招待是一个囚犯所无法想象的，人们先前对他的死有多悲痛，这时对他活着就有多愤怒。有的骂他是懦夫，有的骂他是叛徒。耶路撒冷因为愤怒而沸腾了，人们用最恶毒的字眼辱骂他。人们被这些打击逼疯了，为自己遭受的灾难愤怒不已。挫折可以让明智的人更小心，从而避免再发生类似的情况，但对耶路撒冷人来说，却引导他们走向了新的灾难。一场灾难的结束往往是另一场灾难的开端。所以他们仍然渴望攻打罗马人，希望毁灭他们就可以报复约瑟福斯。这种迫切的情绪使耶路撒冷人蓄势待发。

　　韦斯帕芗决定去阿古利巴的王国。他已经收到了国王本人的邀请，后者则迫切希望尽其所能款待总司令和他的军队，同时利用他们解决自己国内的麻烦。因此他从海边的恺撒利亚出发到达了恺撒利亚的腓利比。他让军队在那里休息了三个月，自己出席了一些宫廷宴会，并向上帝供奉了祭品，感谢他让自己成功。但这时他听说太巴列发生了叛乱，而塔里查伊已经叛乱了，这两地都是阿古利巴的领地。他决心坚决消灭所有的犹太人，因此他认为是平定叛乱的时候了。他打算帮助阿古利巴征服他的城市，以回报他的殷勤款待。因此，他派儿子提多去恺撒利亚，把那里的军队带到塞索波利斯，那是德卡波利斯最大的城市，离太巴列不远。他自己在那里等他。他带领三个军团在距太巴列三点五英里处一个叫森纳布里斯（Sennabris）的地方安营扎寨，从那里可以清楚地看到叛乱者。接着他派十人队长瓦列里安（Valerian）带领一队骑兵去和城里人讲和，劝他们保证不再叛乱；因为他听说这里的人们渴望和平，但却被一次大规模的内讧卷入了战争。

　　瓦列里安骑马来到了太巴列，在城墙附近下了马，并让他的216　士兵也这样做，这样城里人也许就不会认为他们是来打仗的了。可他们还没来得及说话，领头的叛军就在恐怖组织的头目萨普法斯的儿子约书亚领导下，手拿武器冲向他。瓦列里安认为即使他们一定会胜利，违背将军的命令作战仍是不安全的，而且小队人马没有防备，与拥有主动权的大量军队作战也是非常危险的。另外，犹太人出乎意料的勇敢也让他措手不及。所以他徒步逃走了，另外五个人和他一样丢下了战马。约书亚和他的士兵们兴高采烈

地把马匹带回了城里，好像它们是在战场上获得的，而不是意外
得到的。这使年长的居民和大家公认的领导者们警觉起来，他们
逃到了罗马军营，请求国王帮助他们，并匍匐在韦斯帕芗脚下，
恳请他不要拒绝他们的请求，或者把少数人的疯狂行为归罪于整
个城市，求他赦免一直对罗马人非常友好的居民，只惩罚那些领
头叛乱的人。至于他们自己，早就想向罗马俯首称臣了。虽然被
夺走了战马让将军非常生气，但他还是同意了他们的请求，因为
很明显阿古利巴非常在乎他的臣民。代表们以所有居民的名义向
罗马臣服后，约书亚和他的支持者们觉得再待在太巴列已经不安
全了，便匆忙赶往塔里查伊。

　　第二天，韦斯帕芗派图拉真骑马来到山脊上察看城里人是否
都希望和平。他一确定居民们一致拥护他们的代表，便带领军队
进城了。人们打开大门欢迎他，称他是他们的救世主和大恩人。
狭窄的入口延误了军队的进程，于是他命令打破南墙，开辟了一
个宽广的入口。他尊重国王的意思，严禁军队抢劫和使用暴力，
国王还请他不要毁坏城墙，以保证居民今后的忠诚。这样一来，
这个城市在痛苦地经历了内部分裂后，开始了新生活。

　　然后韦斯帕芗将军队驻扎在太巴列和塔里查伊之间的一个地
点，建立了异常坚固的军营，以防作战时间延长。不断有叛军进
入塔里查伊，因为那里城墙坚固，而且还有当地人称为革尼撒勒
湖的保护。这个城市与太巴列一样位于山脚下，除了湖边的区域，217
约瑟福斯在其他地方都修筑了防御工事，但并不像太巴列那么坚
固，因为太巴列的工事是在叛乱初期修筑的，那时他有无数的钱
财和巨大的权力，而塔里查伊却是用最后剩下的资金修筑而成的。

这里的居民在湖上准备了大量船只，如果战败了，就立刻撤退，必要的话可以在海上作战。罗马人修建军营时，约书亚和他的支持者们毫不惧怕人数众多、纪律严明的敌人，发动了一次突袭，而且第一次进攻就打散了工兵，摧毁了一小段围墙。等他们发现敌人排好了队列，为了避免任何损失，立刻迅速退回了自己的防线。被追兵逼上船后，他们离开了湖岸，但和罗马人的距离保持在弓箭的射程内，然后他们把船像步兵一样并列排好后抛锚，在海上与陆上的敌人打了起来。

同时韦斯帕芗听说大批敌军在城前的平原上列队待发，于是派他的儿子带领六百名精兵应战。提多发现敌人的数量远远超过了自己，便请求父亲增援。这时，大部分士兵等不及援兵到来便想进攻，少数人无法掩饰地表现出对犹太人数量上优势的惊愕，看到这种情况，他站在所有人都能听到的地方，说道：

"罗马人，从提醒你们自己的声名说起真是再好不过了，你们可能已经意识到自己同我们将要攻打的那些人有多么不同。迄今为止，大千世界中没有什么是我们得不到的。我们必须承认，犹太人至今还没有因为失败认输过。如果他们还没有在灾难中低头，我们却在成功时无精打采，那将是非常令人震惊的。我很高兴看到你们表现出的热情，但是我怕敌人数量上的优势会导致一些人内心的恐慌。如果是这样的话，他们应该再思考一下自己与对手的不同。而事实是，虽然犹太人极其勇敢而且不畏死亡，却毫无纪律和战斗经验，不过是一群乌合之众，根本称不上军队。我们自己的经验和纪律就不用说了。但我们作为唯一一个在和平时期进行军事训练的民族，目的就是在战争中可以用较少的兵力打败大量的敌人。如果我们需要相同的人数才能对抗对方的新兵，我们不断进行积极训练还有什么用呢？

"再想想，你们是穿着全副盔甲与什么都没有的犹太人在战斗；你们是骑兵而他们是步兵；你们有指挥官而他们却无人指挥。这些优势使你们的实际战斗力远远超出你们的数量，而敌人的劣势使他们在数量上的优势根本起不了多大作用。想要赢得一场战争，就算士兵技术非常娴熟，仅靠数量多也是不行的；而不论现有的军队人数多么少，只要有勇气，就可以赢得战斗。少量的士兵可以迅速散开，并随时互相帮助，而拥挤的军队给自己带来的危害比敌人造成的还要大。激励犹太人的是莽夫之勇、绝望和激情，这些在战争顺利的时候的确有效，一旦遇到一点小小的挫折，效果立刻就会消失。而激励我们的是训练有素的勇气和刚毅，在顺境中可以发挥到极致，在逆境中鼓舞我们坚持到底。你们是为获得比犹太人更大的奖励而战。虽然他们为了维护祖国的自由而面临危险的战争，但是什么样的奖励能比荣誉，能比主宰整个世界之后犹太人根本不是我们对手的保证更伟大呢？让我们认识到我们根本不用担心遭受任何无法挽救的灾难吧。强大的后援随时都会到来，但是我们有能力自己夺取胜利，不必等到我父亲派兵支援：如果没有人与我们分享胜利的果实，我们的胜利就更伟大。

"我认为此时我父亲正在经历磨难，我也是，你们也是。过去的胜利是他应得的吗？我有资格成为他的儿子吗？你们有资格成为我的战士吗？对他来说胜利已经成了惯例。如果打了败仗我可没脸回去见他。如果你们的指挥官身陷险境，而你们不跟随他，自己不会感到羞耻吗？可以肯定的是，我将在前面带路，也将先攻击敌人。所以，不要令我失望，或有一刻怀疑上帝与我同在，我的努力一定会成功。我预先明确地告诉你们，在这里，城墙外面的这场战斗，我们将赢得影响深远的胜利。"

提多发表了这样一场演讲之后，一阵突如其来的热情使所有人振奋起来。图拉真带领四百骑兵在战斗前赶来时，他们因为将有人分享他们的荣誉而懊恼。韦斯帕芗还派安东尼亚斯·西罗 （Antonius Silo）带领两千名弓箭手占领城对面的小山，压制城墙上的守兵。士兵们很快执行了这些命令，使得敌人无法从城里获得任何帮助。同时提多飞奔到前线攻打敌人，其他的部队呐喊着紧随其后，它们漫山遍野，把战线一直拉到敌人前方，所以看起来好像比实际人数多。虽然犹太人对他们的纪律和勇猛感到吃惊，但是有一阵却在坚守阵地迎击敌人的进攻。可是排山倒海的骑兵和士兵冲过来，枪刺中了他们，战马践踏着他们，到处都是死尸。幸存者四散逃回城里，能跑多快就跑多快。提多紧追不舍，杀死掉队的人，从密集的人群中穿过，越过其他队伍，从前面进攻敌人。他还冲进互相推挤的人群，杀死许多人，在他们朝城墙方向逃跑时，把他们拦截住赶回平原上，但最后他们凭着人数众多，还是杀出一条路来，安全回到了城里。

一回到城里，他们又卷入了一场内讧。居民们坚决不肯放弃他们的财产和这座城市，从一开始就反对战争。现在战败了，他们就更不愿意战斗了。但是这些外来者为数众多，比居民们更坚决。两派人都愤怒到了极点，叫嚷着，咆哮着，眼看斗争一触即发。城里的骚乱声传到了城墙附近的提多耳中，他喊道："兄弟们，现在是你们的好机会。还犹豫什么？现在犹太人马上就要成

219

为我们的囊中之物了。抓住你们的机会！你们听到那些争吵声了吗？那些从我们手边逃走的人正在自相残杀！如果我们立刻行动，这城市就是我们的了。但我们仍然要奋力进行艰苦的作战。不冒险，就不会有收获。我们不能等到敌人停止争吵，因为紧急的局势很快就会让他们和解。我们也不能等到援兵到来再动手。我们已经用少数人打败了整整一支军队，现在我们要靠自己的力量攻占这个城市。"

他一边说一边跳上马，带头骑向湖边。他涉过湖水，带头进入了城中。他的勇敢吓倒了守城的卫兵，没人敢留下来抵抗。约书亚和他的追随者们放弃了营地，四散而逃，其他人逃向湖边，却迎面碰上了敌军。有的在上船时被杀死了，其他的在试图游向那些先逃出来的人时被杀死了。城里的街道上血流成河，同样的命运也降临到那些没能及时逃走、现在又试图抵抗的外来者身上，以及没有进行任何抵抗的居民身上，他们希望罗马人接受他们的投降，了解他们本来就反对战争，拒绝作战。最后，提多处置了犯人，因为可怜居民，结束了大屠杀。藏在湖里的人看到城市沦陷了，立刻以最快的速度逃走了。

提多派人骑马送信给他父亲，告诉他这个好消息。韦斯帕芗自然为他儿子的勇敢和这次决定性的胜利而万分高兴，觉得战争已经翻过了重要的一页。他立刻赶到那里，命令士兵包围了整个城市：如果有人想逃走，格杀勿论。第二天他来到湖边，命令集中所有木筏追赶逃跑的人。这里有丰富的木材和不少船匠。

革尼撒勒湖的名字来源于毗邻的地区。尽管湖面长只有十六英里，宽四英里半，它的景色却美不胜收。水比混浊的沼泽清澈得多，因为两头的沙滩把湖水过滤得非常纯净。汲上来的湖水温暖宜人，比河水、泉水都更舒适。人们通常想不到这么小的一个湖，湖水能这么凉爽。当湖水汲出，接触到空气时，和雪一样凉，因而当地居民常常在夏夜这样做。湖里的鱼，无论味道、样子，都和其他地方的鱼不同。约旦河贯穿其中。人们说约旦河起源于帕纳底，实际上，河水来自于碗湖（Phiale），人们看不见的地下。所有去特拉科尼特斯的人都会在距恺撒利亚①十四英里处发现这泊水，因为它离公路的右边不远。从形块看，它像轮子一样圆，因此称它为"碗湖"是很形象的。湖水至湖的边缘既不下沉也不溢出。很长时间，人们都不知道约旦河起源于此。特拉科尼的四分之一领主，菲力普，证实了这个事实。他往碗湖里扔了些谷壳，结果发现它们漂浮在帕纳底河的表面，而人们传统上认为帕纳姆是约旦河的源头。帕纳姆自然风光秀丽，后阿古利巴慷慨
221 出资，对它又做了进一步修饰。可见的约旦河河道始于这个岩洞，劈开赛米沙尼提斯湖（Lake Semechonitis）平静的沼泽水域②，延伸十四英里，穿过朱利亚斯城，直达革尼撒勒湖中央，然后穿越广阔的沙漠地带，最终流入死海。

　　沿着革尼撒勒湖的是同名的一片村野，美丽而特别。肥沃的土壤，让每一棵植物都能在这里茂盛地成长。居民们种植着各种东西：这里气候温和，适宜各种生物种群。最喜冬的树——胡桃树，在这里枝繁叶茂；而喜热的棕榈树和适宜温和气候的无花果、

---

① 恺撒利亚·腓利比。
② 米伦水域（The Waters of Merom），呼勒湖（Huleh）。

橄榄树并肩生长。人们把这归功于大自然的鬼斧神工：自然界的天敌都聚集在这一个地方，让四季健康竞争，仿佛都在声称自己对这个地区的权利。这里不仅盛产品种多得惊人的水果，而且一年四季源源不断。它连续十个月提供葡萄和无花果这些宫廷水果，其余的水果四季挂满枝头，因为除了温和的气候外，这里的泉水富含营养，浇灌着土地，当地人称之为"迦百农"（Capernaum）*。有些人认为这里是尼罗河的支流，因为这里产的鱼和在亚历山大湖里的鲈鱼非常相像。沿着湖边的是同名的地区，长三英里半，宽两英里半。以上就是本地的地理特征。

　　一切就绪，他让足够对抗船上敌人的士兵上船，开始了追击。这样，被包围的犹太人既不能逃到完全被敌人控制的陆地上，也无法在水上战斗中取得胜利。他们的船很小，是为海上抢劫制造的，也没有木筏结实，而且船上人数很少，不敢与攻击他们的大批罗马人搏斗。但是，他们绕着木筏转圈，有时甚至靠近木筏，从远处向罗马人扔石头，然后划过小艇从近处攻击敌人。这两种方法都不见效：它们扔过来的石头只打到了罗马人的盔甲，而且自己倒成了敌人的箭靶；当他们冒险靠近敌人时，还没来得及做什么就遭到了敌人的攻击，人和船都沉没了。有的人试图突围，222可是罗马人近得可以用长矛戳穿他们，其他人被跳上船的罗马人用剑刺死了。木筏靠近时有的人被罗马人从中间抓住，和他们的船一起被消灭掉了。如果任何一个落水的人冒出水面，他们就会被箭射死或者被木筏上的敌人捉住。如果他们情急之中试图爬上

---

　　*　以色列加利利海西北岸古城。

船，他们的头和手就被罗马人砍掉了。大量犹太人在各处被敌人用各种方式杀死了，直到剩余的人被赶回了岸边，船完全被罗马人包围了。他们从船上跳下来，很多人在水里就被打倒了；很多爬上岸的也被岸上的敌人杀死了。一幅骇人的景象呈现在眼前：整个湖泊都被鲜血染红了，湖里到处漂浮着尸体，无一生还。随后的日子里，一股恶臭笼罩着这个区域。海滩上到处是船只的残骸和膨胀的尸体，在烈日的炙烤下，空气污浊不堪，这景象不仅吓呆了犹太人，甚至罗马人自己也感到恶心。这就是这次海战的结局。算上死在城里的人，这次死亡的人数达到了六千七百人。

　　战争结束后，韦斯帕芗在塔里查伊举行了一次军事审判。他区分了居民和他认为应对战争负责的外来者，让他的部下考虑是否也要赦免后者。判决结果是，赦免他们会违背公众的利益；要是放了他们，这些无家可归的逃亡者恐怕是不会和罗马人和平相处的，他们只会煽动收留他们的人叛乱。韦斯帕芗认为他们不值得赦免，要是他们得到了自由，一定会伤害释放他们的人，但是他不知道该用什么方法处置他们。如果当时在那里杀了他们，他怕会招致居民的敌意，他们也许会因为俘虏中间有很多苦苦哀求的人也被杀死了而愤愤不平，但他也想不出用什么办法可以先安全地放走他们，然后再杀死他们。但是，他的谋士们却自行其是，认为犹太人根本没有任何权力，双方冲突时权宜之计总好过通常的伦理道德。所以，他含糊地向那些注定要灭亡的人保证他们的安全，允许他们只能从通往太巴列的路上离开。他们马上毫不怀疑地落入了陷阱，公然带上自己的财物，踏上了指定的路线。同时罗马人在通往太巴列的整条路上都设好了埋伏，所以没有人可以逃脱，所有人都被关进了城里。韦斯帕芗把他们集中在露天体育场。他下令处决了一千二百名年老的和没用的俘虏，挑选了六千名最强壮的青年派人送给伊斯姆斯（Isthmus）的尼禄。[①]剩余的三万零四百人，除了送给阿古利巴的那些，其他的都被拍卖了。韦斯帕芗让阿古利巴随心所欲地处置从他王国里来的人，国王把他们也拍卖了。其余的暴民分别来自特拉科尼特斯、高隆尼蒂斯、西波斯和加大拉地区（Gadarene district），大部分是臭名昭著的反叛者和逃亡者，在和平时期总想煽动战争。9月8日，灾难降临到了这些人头上。

约塔帕塔失陷后，一些加利利人仍然坚持抵抗罗马人。但是当塔里查伊也失陷后，他们屈服了，除了基斯卡拉和塔博尔山的要塞，罗马人接管了所有要塞和城市。这两个地方都在迦马拉控制之下，这个城市位于湖对面，与塔里查伊遥遥相望。这个城市和索加奈（Sorgane）、塞勒西亚一样，属于阿古利巴的领地。迦马拉和索加奈都属于高隆尼蒂斯。据说，索加奈是上高兰的一部分，迦马拉是下高兰的一部分。塞勒西亚位于塞米沙尼提斯湖附近。这个湖三英里半宽，七英里长。沼泽地一直延伸到达夫妮，一个从各方面来讲都很讨人喜欢的地方。泉水流入金牛圣殿（位于丹恩）下面流淌的小约旦，然后注入约旦河。索加奈和塞勒西亚在叛乱初期就被说服向阿古利巴投降了，但是迦马拉依靠比约塔帕塔更坚不可摧的防御工事，一直拒绝投降。从高耸的山峰顺坡而下的，是一条像长长的毛发蓬松的脖颈的山鼻子，后面是一个两

---

① 尼禄刚刚割下第一片草地，正需要人开凿科林斯运河（Corinth Canal）。

边对称的山丘，所以外形很像骆驼。因此它确切的名字由于当地的口音而变得含混不清了。骆驼的脸部和两侧是无法穿越的峡谷。尾部与山体分离，容易通过一些，但居民们在这里挖了战壕，所以很难通过。房子就建在几乎与地面垂直的山的侧翼，一个坐落在另一个上面，整个城市看起来像是飘浮在空中，马上就要从陡峭的山上跌落下来了。城市朝南，南面高耸入云的山顶作为要塞栖息在陡峭的悬崖之上，下面是深不见底的峡谷。城里最远一边的墙上有一眼泉水。

就这样，大自然造就了这个几乎坚不可破的城市，约瑟福斯又在周围修筑了城墙，另外还挖了防御的战壕和地道。由于这里险恶的自然条件，居民们比约塔帕塔人更为自信，但是守城的士兵要少得多，他们自信不需要更多的士兵就可以守住这个城市。因为这里接受难民，所以聚集了大量逃亡者，而且先前阿古利巴派来的军队围攻了七个月也没能攻进城里。

韦斯帕芗曾经在攻打太巴列前在阿莫瑟斯（Ammathus）①扎营。现在他从那里出发，向迦马拉进发。由于城市的地理位置，他们无法形成连贯的包围圈，他在可能的地方都设置了哨兵，占据了可以监视城里的小山。军团像往常一样在山坡上扎营后，他开始让人在山的尾部建立平台。山的东部有最高的塔楼，第十五军团负责在这里建平台。第五军团在城市中部对面的山上展开了工作，第十军团负责填平战壕和峡谷。

在这个时刻，阿古利巴国王靠近城墙，试图同城里的守兵谈

---

① "阿莫瑟斯"意思是"温泉"：这个城镇有一眼颇有疗效的温泉。

投降的条件，这时一个投石手用石头砸中了他的右手肘。他的卫兵立即围了上去，罗马人攻城的决心由于国王所受到的侮辱和对自己安全的焦虑而更加强烈了。因为他们既然可以对替他们利益着想的族人表现出如此的野蛮行径，就可以更加凶残地对待外国人和敌人。

技术娴熟的工兵很快就把平台建好了，投石器也准备就绪。城中最厉害的将领卡雷斯（Chares）和约瑟夫，把他们的军队排成一列。其实他们已经失去了信心，因为缺乏水和其他必需品，他们对长期与敌人作战根本不抱任何希望。但是他们的首领嘲笑他们的恐惧，带他们来到城墙上。开始他们还能打退那些搬上来投石器的敌人，可是很快就成了弩炮和投石手的靶子，于是退回了城里。接着罗马人搬过来公羊锤，从三个地方撞击城墙，击穿了城墙，蜂拥着从裂口冲进了城，喇叭声和武器的撞击声震耳欲聋。他们嘶哑地呐喊着冲向城里的守兵。开始时守卫者们还能支持第一拨攻击，不屈不挠地与敌军战斗，使他们不能再前进一步。但是在各方密集的火力攻击下，他们不得不退到了城市较高的地方。他们和追上来的敌人兜圈子，奋勇反击。罗马人从山坡上滚下来，被堵在狭窄的山谷中，无法摆脱，伤亡惨重。他们既不能抵抗上面的攻击，又无法从攻上来的大批同伴中找到出路，于是爬上屋顶，以免滚下山坡。拥挤的人们失去了平衡，很快就掉下来了。掉下来的人又撞上了下面的，一直滚落到底部。罗马人伤亡惨重。完全乱了阵脚的罗马人甚至看到屋顶掉下来，他们还往上爬。很多人被埋在了瓦砾堆里，还有许多人在逃走的时候发现一只手或脚被压住了，更多人在灰尘中窒息了。迦马拉人从中看到了上帝

225

对他们的帮助，便毫不在乎自己的损失，加强了进攻。他们把在
陡峭、狭窄的山路上跌跌撞撞的敌人逼上了屋顶，从上面用雨点
般的武器投射那些掉下来的人。瓦砾堆给他们提供了大量的石块，
敌人的尸体提供了冰冷的钢铁：他们掉下来时折断了手里的剑，
然后用它们结果了那些还没死的人。很多人在房子倒塌时死去了，
甚至连那些逃出来的人也不能幸免。由于不熟悉路径，被灰尘窒
息的他们甚至认不出自己人，只是在混乱中攻击彼此。最后，幸
存者花了很长时间才找到出口，逃到了城外。

　　韦斯帕芗尽量和他的战士保持较近的距离，亲眼目睹了这个
城市给他的军队造成的创伤，悲痛万分。他不顾自己的安全，没
意识到已经逐渐来到了城市的最高处，这时才发现自己已经处于
极度危险的境地，而且几乎是独自一人。此时，甚至连他的儿
子提多也不在身边，因为他刚刚派他去了叙利亚的慕西阿努斯
（Mucianus）。逃跑看起来既危险又丢人。他记起了自己的戎马生
涯和勇敢的声名，忽然受到了鼓舞，让士兵把盾牌连起来遮盖身
体，阻挡上方的火力。他不顾敌人的数量和密集的石弹，坚守着
阵地，一直坚持到敌人在他的勇气下畏缩了，放松了进攻，才松
了一口气，慢慢地退回来，直到出了城墙才转身。罗马人在这次
战斗中伤亡惨重。其中，十人队长埃布提尔斯牺牲了，他不仅在
这次战斗中英勇杀敌，而且在之前的战斗中都表现出了大无畏的
英雄气概，给犹太人造成了重创。一个名叫加卢斯的百人队长，
在激战中和其他十个战士一起被阻隔在了城里，爬到了某个屋子
里。他和他们一样都是叙利亚人。他无意中听到几个居民吃饭时
谈到他们怎样对付罗马人，怎样拯救自己。夜里，他从藏身之处

溜出来，割断了这几个人的喉咙，和他的手下一起安全地回到了罗马人的营地。

罗马人的士气受到了重创。他们从未尝过失败的滋味，这样规模巨大的损失是前所未有的。战士们想到他们竟然离开了司令官而使他差点儿丧命时，羞愧不已。但是韦斯帕芗安慰他们，对这件事闭口不提，没有对他们表现出丝毫的谴责。"别人要面对的事，你们也要面对，"他说，"像个真正的男子汉一样。记得吗？战争的本质就是没有不流血的胜利，任何人也躲不过反复无常的命运。你们已经杀死了成千上万的犹太人，而命运女神只是给了我们一个象征性的惩罚。胜利时欢呼是粗俗的，而失败时哭泣也是怯懦的表现。你们永远不知道哪个会更长久。一个优秀的战士从来不会记得成功，也不会被失败打垮。就像现在，我们战败了并不是因为我们懒怠或是犹太人更勇敢。他们的胜利和我们的失败都是因为复杂的地形。想到这点，你们就应该责备自己的鲁莽和冲动。当敌人退到高处时，你们不应该鲁莽地跟上去，把自己置于危险的境地。你们在低处占优势，所以就应该把敌人引到低处，在平地上安全地和他们作战。但是，你们却不顾自己的安全，一味轻率地急功近利。我们罗马人从来没有在战争中如此鲁莽和冲动过，之前我们之所以赢得胜利，靠的是效率和纪律。鲁莽和冲动是落后民族的恶习，也是犹太人失败的主要原因。那么，好吧！让我们再一次发挥自己的优势取得胜利，振作起来，不要因为这次不幸的失败垂头丧气。你们的右手会给每个人最好的鼓舞，那就是你们怎样为死去的同胞报仇，如何惩罚凶手。而我自己，会在这次和今后的所有战斗中第一个和敌人作战，最后一个离开

227

战场！"

　　韦斯帕芗的这番话使军队的士气重新振奋起来。与此同时，迦马拉人正为他们的胜利而欢呼，因为这次压倒性的胜利是如此出乎意料。但是后来，他们意识到自己已经没有任何谈判的希望了，而且心里很清楚他们是逃不出去的——给养已经不足了——他们变得异常沮丧，再也没有勇气了。但是，他们尽力去做以保证自己的安全：胆大些的士兵守卫着城墙上的裂口，其他人在城垛上一字排开。可是当罗马人的平台建得越来越高，又发动了新一轮的攻击时，大部分犹太人开始逃到城外，跳进几乎无法通过的战壕（那里没有哨兵把守），或者钻进地道。少数人害怕被俘虏，留在了城里，忍受着饥饿，因为所有的食物都给士兵了。

　　然而，尽管物资缺乏，迦马拉人仍然在坚守。韦斯帕芗调走了一部分士兵去解决塔博尔山的守备队，那里位于塞索波利斯和大平原之间。这座山高足有两万英尺，北部几乎无法攀越。山顶是一个三英里长的高台，周围有城墙保护。[①]当初约瑟福斯修建这个规模巨大的堡垒一共花了四十天时间，材料是从山下拖上来的，甚至连他喝的水也是从山下运来的，因为这里的居民只有雨水。很多人聚集在这个高原上，所以韦斯帕芗派普拉奇德斯带领六百名骑兵赶去那里。普拉奇德斯发现想要爬上山是不可能的，于是让士兵保持安静，提出可以为他们说情，谈条件。他们下山了，打算以毒攻毒。普拉奇德斯用各种甜言蜜语劝说他们，想把他们骗到平原上，然后俘虏他们；而他们顺从地从山上下来，打算出

---

　　①　约瑟福斯把它的长度夸大了五倍，高度夸大了十倍。

其不意攻击他。但是，普拉奇德斯用智慧赢得了这场战斗。犹太人进攻时，他佯装逃跑，把敌人引到远处的平原上，然后掉转头杀回去，消灭了大量敌人，阻断了其他人的退路。犹太人放弃了塔博尔，逃往耶路撒冷。当地居民的安全得到了保证，而且他们的水也用完了，于是就向普拉奇德斯投降了。

在迦马拉，大胆的人还悄悄溜走，战士们还在围困中坚持作战，居民都在饿死。10 月 22 日，黎明值守，十五军团的三个战士爬上了对面的塔楼，暗中破坏了它的根基。黑暗中堡垒里的哨兵既没发现他们来，也没发现他们在干什么。这几个士兵悄悄挖走了组成地基的五块大石，然后立即跳开。在一阵轰鸣声中塔楼倒塌了，里面的哨兵也跟着倒下了。其他哨兵惊慌地逃走了。很多人大胆地尝试突围，结果被罗马人截住了，其中就有约瑟夫，当他试图从墙上的裂口逃走时被一发流弹射死了。听到巨响，大家不知所措，所有人都失去了理智，像无头苍蝇般到处乱跑，好像所有的罗马军队都冲进来了一样。就在那时，躺在床上的卡雷斯在医生为他治疗时死去了，他的死一部分是因为疾病，一部分是由于恐惧。但是罗马人还对上次的失败心有余悸，不敢冲进城里，一直到 23 日提多回来，看到罗马人所受的重创时，愤怒不已。他挑选了两百名骑兵和一些步兵悄悄溜进了城。哨兵发现时他已经在城里了。他们发出了警报，匆忙回到各自的岗位。罗马人进城的消息立刻传到了城市的中心。一些人抱起孩子，拖着老婆，哭喊着逃进堡垒。其他的人遇上了提多，无一例外地被杀死了。很多人没能爬到高处，在绝望中落入了敌人手中。从各个方向传来他们被杀时凄惨的叫声，整个城市血流成河，鲜血顺着山坡流下来。

　　韦斯帕芗亲自带领所有军队来对付那些退到堡垒里的人。山
顶到处崎岖不平，从各个方向都难以通过。这座山高耸入云，四
面都是悬崖和大量敌军。犹太人就在那里重创了进攻的敌人，他
们从山顶推下岩石，用力投下各种弹药，而他们自己的栖身之所
229 却高不可攀。但是，好像是为了消灭他们，一场神奇的暴风雨正
面袭击了他们，罗马人的箭射中了敌人，而犹太人自己的箭却受
阻转了向。狂风令他们无法在狭窄的岩石上站稳脚跟，简直没有
立足之地，而且也看不见靠近的敌人。罗马人爬上来截住了他们：
无论是抵抗的还是求饶的，他们都得到了同样的命运，因为罗马
人记起那些在上次战斗中牺牲的人，愤怒到了极点。他们看见到
处都是敌人，已经没有任何逃跑的希望，便和妻子儿女一起跳进
了堡垒下面的战壕。事实上，这些愤怒的胜利者的杀伤力还不如
那些绝望的人们疯狂的自杀行为。四千人倒在了罗马人的剑下，
但是自杀的人却超过了五千。唯一的幸存者是两个女人，即亚齐
姆斯的儿子菲力普的两个侄女。亚齐姆斯曾经指挥过国王阿古利
巴的军队，是个很有名望的人。她们没死是因为逃过了罗马人最
愤怒的时刻，那时他们连怀里的婴儿也不放过，抓住所有找到的
犹太人，把他们从堡垒里扔了下去。就这样，10月23日，迦马拉
沦陷了，而叛乱是从9月24日开始的。

第十四章　耶路撒冷的党派之争

　　只有加利利的小城基斯卡拉没有受到侵略。这里的居民急切地渴盼和平。他们大部分是农民，只关心收成的好坏，但是一伙势力颇大的强盗潜入了他们当中，影响了一些市民。他们煽动市民在列维的儿子约翰领导下发动叛乱，而约翰是个不择手段的骗子，野心很大，而且有能耐让他们成功。任何人都看得出来，他一心一意想打仗只不过是为了把自己推上独裁者的地位。他是基斯卡拉公认的叛兵头子。由于他们的煽动，本来愿意派使者求和的居民现在都开始准备和罗马人打仗了。为了粉碎这股敌对势力，韦斯帕芗派提多带领一千名骑兵前去平叛，把第十军团移交给塞索波利斯。他自己和另外两个军团回到了恺撒利亚，打算在连续作战之后休整部队，相信城市中的舒适生活会让他们更强壮，从而更尽心地为即将到来的战斗做准备。他明白攻打耶路撒冷的任务非常艰巨，因为那里不但是国王的所在地，而且是整个犹太民族的首都，另外一群从战争中逃出来的亡命之徒也去了那里。它易守难攻的自然条件和坚不可摧的城墙令韦斯帕芗异常焦虑。他意识到即使没有城墙，也很难让城中勇敢的士兵屈服。所以他操练士兵时就像在赛前训练运动员一样严格。

　　提多骑马来到了基斯卡拉，发现攻下这个城市并不难，但是他知道如果城市遭到猛攻，军队会屠杀大批普通百姓，而他已经对流血的场面感到反感，并无一例外地为所有人感到悲痛，因为他们的命运将会同罪人没有任何分别。因此，他渴望劝服市民们接受投降的条件。很多人聚集在城墙上，大部分是强盗团伙的成员，所以他问他们，在所有城市都已经陷落的情况下，是什么给了他们这么强烈的自信，使他们可以孤军作战。他们已经看到比这坚固得多的城市都承受不住一次袭击，而所有向罗马投降的人们却都得到了财产安全的保证。现在他也可以接受他们的投降，无条件地宽恕他们的一切罪行。渴望自由很正常，但在没有取胜可能性的情况下顽抗是不可饶恕的。如果他们拒绝他的慷慨提议和诚挚的给予，他们将经受军队残酷的血洗，并得到一个可怕的教训：对罗马人的石炮来说，这座给予他们这样的信心、使他们认为自己是加利利人中唯一表现得同那些囚犯一样好斗的城墙，只不过是一个玩具而已。

市民们无法对这些劝降的话做出任何回应，因为他们甚至无法登上城墙。强盗团伙已经整个占据了这里，而且还有哨兵把守城门，防止有人溜出去接受提多停战的建议或把敌骑兵放进城来。可是约翰回答说他本人欢迎这些建议，而且会劝说大家，并排除任何异议。但是提多那天必须放过他们，因为依照犹太人的律法，那一天，也就是第七天，打仗或是投降都是触犯律法的。甚至罗马人也很清楚，第七天那天他们从来不做任何工作。如果他们强迫犹太人打破这个规矩，那他们自己也和犹太人一样有罪。这样的推迟对提多来说没有任何损失。除了逃跑，一个晚上还能做什么呢？而只要他围困着城市，逃跑就是不可能的。能够不违反祖传的风俗对他们来说是件好事；赐予人们意想不到的和平以尊重他们的律法以及赦免他们的性命是高贵的行为。约翰用这些恳求欺骗了提多，因为他对安息日的担忧远不如他担心自己的性命。他惧怕城破时会降临在自己身上的命运，所以把希望寄托在夜晚的黑暗和逃跑上。但是显然上帝是要留下约翰给耶路撒冷带来毁灭，也是上帝让提多不仅接受了推迟的借口，甚至还在离这里较远的赛多萨（Cydoessa）扎营。蒂尔人坚固的内陆村庄，他们经常在这里与加利利人开战。人口众多，工事坚固，足以维持与周边国家的战事。

　　夜里，约翰看见城周围没有罗马士兵，便抓住时机带着他全副武装的保镖和大批拖家带口的同党趁夜逃到了耶路撒冷。虽然害怕被抓住和杀死，他快马加鞭，在刚走出两三英里时还尽量带着大批女人和孩子。但是又走了没多远，他们就落在了后面，那些被抛弃的人们也就只有痛苦悲伤的份儿了。他们离自己的亲人越远，就觉得离敌人越近。他们觉得敌人正马不停蹄地追赶他们，于是失去了理智，每当听到自己同伴的脚步声便马上转过身去，好像他们的追捕者正紧逼而来。很多人迷了路，即使在大路上也为了走到最前面而互相厮打。最惨的是女人和孩子。有些甚至冒险高声呼叫他们的丈夫和亲人回来，尖叫着恳求他们等一下，但是每个人都必须服从约翰的命令。"每个人管好自己就行了，"他喊道，"如果他们落入罗马人手中，你们逃到可以给他们报仇的地方就行了。"所以每个人都是能跑多快就跑多快，队伍拖得很长。

　　当黎明来临时，提多来到城墙前缔结条约。市民们为他打开了大门并偕同家人一起欢迎他，就像欢迎一个把他们从压迫下解

232

放出来的救世主。他们告诉他约翰已经逃走了，恳求赦免他们，惩罚余下的叛党。提多决定迟一点再执行市民们的要求，首先派一队骑兵追赶约翰，可是他们没追上，他已经平安到达了耶路撒冷。但是，同约翰一起出发的他的党徒，大约六千人都被杀死了，将近三千名妇女和儿童也给追回来了。提多为自己听信了他的谎言而没能及时惩罚他而气恼不已。但是他的挫败感和愤怒已经在大批的俘虏和成堆的死尸上得到了补偿。所以他在欢呼声中进了城，命令士兵毁掉一小段城墙，算作占领的标志，对于那些被征服的和平的破坏者们，威胁的成分多于惩罚。因为，如果他要找出那些应该受到惩罚的叛党，很多人出于个人恩怨可能会诬蔑无辜的人，所以还是让罪人处于担忧和焦虑之中而不让他们连累无辜的人们更好。况且这些罪人还可能因为惧怕惩罚而转变为对所受宽恕的感恩。但是对那些不需要被处决的人来说，这样做对他们没有任何补偿。反正不管怎么说，他驻扎了一支军队保证了城市的安全，这样就可以压抑一些人的不满，让热爱和平的人们更安全。

就这样，罗马人征服了整个加利利，为攻打耶路撒冷做好了艰苦磨炼的准备。

约翰一到，所有人都倾巢而出。他每个逃回来的同伴身旁都有一大群人围着，打听外面的消息。逃亡者满头大汗气喘吁吁，无法掩饰他们的紧张情绪，但在这样的厄运中仍然还在吹嘘，宣称他们并不是为了躲避罗马人而来，而是为了在较好的条件下给他们以重击。很明显，为了基斯卡拉或是其他小城，冒着生命危险打一场毫无胜算的仗是不明智的，也是徒劳无功的，他们应该保存实力和精力，联合起来为保卫首都而战。然后他们轻描淡写地提到基斯卡拉的失陷，但是他们对自己撤退的委婉描述被普遍地看作是一次溃败。但是，当听说俘虏们的命运时，一种极度惊慌的情绪笼罩了所有市民，从中他们看到了自己的厄运。约翰本人根本不关心那些落在后面的人，他到处虚假地编造希望，督促所有人准备战斗。他编造出谎言说罗马军队多么脆弱，又夸大其词地说犹太人多么强大，还嘲笑没见过罗马军队的人们的无知。说罗马人在攻打加利利村庄时遭受了如此的痛击并在攻打脆弱的城墙时用光了弹药，除非他们长出翅膀飞进来，否则根本无法打进耶路撒冷。

他的这些胡说八道让大多数年轻人落入了他的圈套，刺激了他们对战争的欲望，但是那些明智的、年长的人都非常清楚地意识到了等待他们的是什么。他们为圣城哀悼，好像耶路撒冷已经毁灭了。这就是当时人们混乱的状态，但是，在耶路撒冷的内讧出现之前，国人就已经被各种纷争搞得筋疲力尽了，因为提多已经离开基斯卡拉去了恺撒利亚，韦斯帕芗从恺撒利亚赶到了扎莫尼亚和阿瑟特斯。他缩减了这些城市并派兵驻守，还带回了一大批按照条件投降的人。每个城市都充斥着暴动和内讧。一旦罗马人给他们喘息的机会，他们就开始把矛头指向自己人。战争的拥护者与和平的热爱者之间起了一场激烈的冲突。首先，各个家庭内部掀起了党派之争；接着，最亲近的亲戚断绝了血缘关系，与同自己持相同政见的人联合起来成了反对派。到处都在内讧，年轻勇敢的革命分子和好战分子压制住了年长、明智的人们。他们无一例外开始抢劫邻居，然后又结成团伙，把抢劫扩大到了全国各地。在这种目无法纪的暴行当中，罗马人甚至不比受害者自己的同胞更糟糕——事实上，那些被抢得一贫如洗的人们倒宁愿被罗马人逮捕。

234

守城的卫兵一方面想避免麻烦，另一方面又对犹太人心存恶意，所以根本保护不了或不去保护遭到攻击的居民。最后各个土匪团伙在村庄扫荡完后，聚集在一起形成了一个强盗帮派。接着他们潜入了耶路撒冷，这里既无军事指挥，又由于古老的风俗允许所有犹太种族进入，而且在这个关键时刻所有人都以为前来的都是善意的盟友。除了党派之争，这种情况最终导致了圣城的毁灭。这些没用的、懒惰的暴民消耗了本来足够战士们使用的给养。除了战争，他们还带来了派系斗争和饥饿。其他从农村来的强盗也混进了圣城，加入了城里暴徒的军队，犯下了各种可以想象得到的罪行。他们的罪行并不仅限于偷盗和抢劫，还犯下了谋杀的罪行，而且不是晚上偷偷地拿普通人开刀，而是大白天公然找最显赫的人下手。他们先是抓住并囚禁了安提帕斯。他不仅是皇室家族的成员，而且是圣城里最有影响力的人物之一，管理着城里所有的公共资金。接着同样的命运也降临到两位拥有王室血统的人——杰出的莱维亚斯（Levias）和拉格尔（Raguel）的儿子索帕斯（Sophas）以及国内其他所有声名显赫的人身上。人们内心充满了恐惧，所有人都只顾自己的安全，好像城市已经陷落了似的。

恐怖分子还不满足于仅仅因禁他们的俘虏。他们认为把这么多影响力颇大的人囚禁时间太长并不安全，因为他们的家族非常庞大，足以把他们救出来，而且市民们也可能会被他们残暴的行为激怒，从而发动叛乱。所以他们决定杀死所有囚犯，于是从他们中间挑选出了最残暴的刺客，一个叫约翰的人，他的父亲当地方言称为多尔卡斯（Dorcas）。他和另外十个人手握长剑来到监狱，杀死了所有犯人。他们用一个恶毒的谎言来解释这项残暴的罪行：他们声称这些人已经答应罗马人让耶路撒冷投降，所以被当作叛徒处决了。事实上，他们夸耀着自己的罪恶行径，好像自己是耶路撒冷的恩人和救世主。结果人们变得胆小而且可怜，恐怖分子却如此残暴，他们实际上掌握了主祭司的任命权。他们把那世袭继承其职位的人家放在一边，而任命了一些身份低贱、没有家族继承资格的人作为同党。那些身份不配的人发现自己坐上了最高的职位，自然就不可避免地成了任命他们的人的傀儡。他们又一次利用各种诡计和可耻的谎言在他们的统治者中播下了冲突的种子，把那些本来可以遏制住的小冲突转移到对他们有利的方面。用腻了这些玩弄人的伎俩之后，他们又把目标转向了对上帝的不敬，用他们污秽的脚践踏了圣所。

235

　　在最老的主祭司安纳努斯的鼓动下，现在普通民众群情激愤。安纳努斯是一个极有见识的人，假如能逃脱阴谋家的毒手，他本来是可以拯救圣城的。上帝的圣殿成了恐怖分子的大本营和逃脱民众暴动的避难所，圣堂成了他们进行非法活动的中心。他们用颇具讽刺意味的假象来掩饰自己的暴行，这比他们的暴行本身更令人愤怒。为了测试人们是否顺从并证实自己的实力，他们试图通过抽签来任命主祭司，虽然我们以前讲过主祭司都是世袭的。他们借口说这样的安排是根据古老的习俗，从上古时期起，主祭司就是通过抽签选拔的。事实上这和惯例正好相反，只不过是通过专横的任命巩固他们自己势力的一个计策罢了。他们召集了产生主祭司的一个部落埃尼亚辛（Eniachin），然后抽签选出一个主祭司。从抽签的几率可以清楚地看出他们堕落得有多深。这个职位落在了一个叫法尼亚（Phanias）的人头上。他是阿夫萨村（Aphtha）的撒母耳的儿子，他不仅不是主祭司的后代，而且愚笨到对主祭司一职根本没有清楚的概念。总之他们把他从家里不情愿地拉了过来，把他从头到脚装扮起来，活像一个舞台上的演员，让他穿上神圣的祭司服，教给他怎么做。这种可怕的亵渎神灵的行为使这些厚颜无耻的恶棍非常得意，而那些祭司们远远地看着他们嘲弄律法，大哭起来，看到神圣的仪式变得如此滑稽，他们伤透了心。

　　这种厚颜无耻的行径简直令人无法忍受，所有人都决定打倒独裁者。现在，天生的领导者约瑟夫的儿子戈里恩和迦马列（Gamaliel）的儿子塞蒙（Symeon）召开公众大会，强烈呼吁并挨家挨户游说，号召人们起来行动，惩罚自由的破坏者，把罪恶深重的人从圣堂中清除出去。最受尊敬的主祭司，迦马拉斯（Gamalas）的儿子约书亚和安纳努斯的儿子小安纳努斯召集人们开会，严厉地谴责了人们的冷漠，鼓动他们反对奋锐党人（Zealots）。那些恶棍称自己为"奋锐党人"，听起来好像他们献身于正义事业，而不是热心于各种罪行——超乎想象的罪行。市民聚集起来开会，所有人都控诉他们侵犯圣所，掠夺和制造流血事件，但是大家都还没做好反抗的准备，因为，很明显，奋锐党人是很难对付的。所以安纳努斯站在中央，不时地转身面向圣殿，眼中满含泪水，开始说道：

　　"上帝的圣殿已经被数不尽的恶行玷污，这无比神圣的地方聚集了手上还滴着鲜血的恶人！要是在看到这一切之前死去，那该多好啊！但是我身穿主祭司的服饰，有着最尊贵的名字，我还活着，并且热爱生命，无法面对死亡，虽然对我这样的年纪来说，死是光荣的！所以，我要一个人走，好像其他人都不存在般，把自己的生命献给上帝。活在一群对灾难视而不见，无法靠自己的力量对付磨难的人当中有什么意义呢？恶人抢劫你们，你们却毫不反抗；殴打你们，你们却不敢吭声；你们是谋杀的目击者，却不敢大声呻吟。多么难以忍受的暴行！但是为什么要指责暴君呢？他们的存在不是应归功于你们自己和你们的懦弱吗？不是你们在帮派刚形成的时候视而不见吗（那时只有一小撮）？不是你们的沉默助长了他们的壮大吗，不是你们在他们把武器对准你们时还悠闲地站在一旁吗？当他们毁谤你们的同胞时，你们应该把这种罪行扼杀在萌芽状态；但是你们极度的冷漠却让这些恶棍变本加厉地去抢劫。没人在乎房屋被洗劫一空，所以他们才敢抓住财产的所有者，拖着他们穿过圣城，却没人伸出手保护他们。接着他们把你们置之不理的人投进监狱——我不想说有多少人或是些什么人。没经过审判他们就被关进了监狱，却没有一个人来救他们。结果自然就是这些囚犯都被杀害了。我们也看到了这些——他们就像是一群沉默的动物，让人从中依次挑选出受害者拖出去，但他们却一言不发，没有一个人反抗！

　　"那么，当你们看到圣堂被人践踏在脚下，就平静地面对，平静地面对吧。这里的每一级台阶都是你们亲手修筑的，可亵渎神圣的小人却无耻地爬了上来。不要抱怨他们爬到了顶端。为什么？如果还有比圣所更伟大的东西可以糟蹋，他们无疑已经爬到了更加炫目的顶端！

　　"他们已经占据了圣城最坚固的地方——从现在起圣殿就成了一个堡垒或是要塞。他们已经牢固地确立了专制统治,敌人高高地凌驾于你们之上。但是你们打算怎么做?如何平息你们的恐惧?真的要等到罗马人来解救我们的圣地吗?圣城这么快就变了样,我们深陷苦难之中,以至于变成敌人怜悯的对象吗?你们这些懦弱的东西,为什么不反抗?为什么不去面对敌人的痛击?就像你们看到的,野兽也会痛击你们的敌人。你们为什么不记住自己的痛苦,让自己所受的灾难在脑海中重现,来刺激你们打倒他们的决心?你们真的已经失去了深植于我们天性中最高贵的东西——对自由的渴望吗?难道我们热爱奴隶制并要献身于我们的主人,好像我们的祖先教过我们怎样成为逆来顺受的可怜虫吗?为什么他们一次又一次地为了独立而艰苦奋战,反抗埃及和波斯强大的势力,不愿听命于任何人呢?但是为什么要谈论我们的祖先?目前我们与罗马激战——不管对我们有利还是有害——目的是什么?不是自由吗?那么我们是否应该拒绝向世界的主宰低头,忍受自己族人的专制?向外国势力屈服可能会被命运的重击压倒,可是屈从于自己国内最无耻的人却说明了我们自甘堕落。

　　"提到罗马人,我要坦诚地说出我讲话时的想法以及我对他们态度的改变。即使我们落在罗马人手上(我并不是说我们一定会),他们对待我们的方式也不会比这些奴役我们的人差。敌人留在圣殿的祭品竟被自己的族人抢走,他们抢劫并屠杀圣城的贵族,杀死了那些罗马人在胜利时都愿意赦免的人,有什么比看到这些更令人伤心呢?罗马人从来没有超越为不信神者设立的界限,从来没有践踏过我们任何一项神圣的风俗，而是恭敬地从远处望着圣所的墙壁；可是我们自己的国人，在我们的风俗下成长起来的犹太人，却在圣堂内部随心所欲地悠闲漫步，双手还滴着族人的鲜血！敌人对待我们比自己的族人还要仁慈得多，面对这些，还有谁会惧怕和外敌的战争呢？为什么，如果我们按照正确的名字称呼他们，按照我们的律法应该称罗马人为勇士，而律法的敌人却在圣城内部！

　　"但是，这些破坏我们自由的阴谋者才是这世界上的渣滓，他们犯下了滔天罪行，却没有人能想出他们应得怎样的惩罚。我确信当你们离开家时都很满意，我还没说话，你们就已经异常愤慨了，因为他们所做的事给你们带来了痛苦。可能你们大部分人被他们的数量、蛮勇和有利的阵势吓住了，可这都是你不反抗的结果，而且你们如果再耽搁的话情况会继续恶化。的确，物以类聚，他们的数量正在日益增长；他们的胆子也因完全没遇到反抗而越来越大了。如果我们给他们机会，他们自然会利用他们发号施令的地位，而且还会加强它。但是我们确信，只要我们愿意反抗，他们就会被自己的负罪感打败，位高权重的优势也会被焦虑取代。也许被他们激怒的神灵也会让他们将矛头指向自己，那些不虔诚的家伙会死在自己的武器之下。我们只需站出来，他们就完蛋了！即使有些危险，在神圣之门前面死去也是一件光荣的事，即使不是为我们的妻儿，也是为了上帝和他的圣殿牺牲我们的生命。我将全心全意地支持你们的事业，做我所能想到的一切来保证你们的安全，我身上的每一分力气都任由你们支配。"

　　安纳努斯这一雄辩的呼吁激起了民众对奋锐党人的反对，但是他们也充分意识到很难镇压这些人，因为他们数量多、年轻、勇猛，而且已经犯下了可怕的罪行，他们一定会顽抗到底，因为他们的所作所为不可能被原谅。但是他已准备好承受任何事，而不会在这种危险的处境下袖手旁观。赞成他们的人们呼喊着要他领导他们与他谴责的敌人进行战斗，每个人都迫切地想处于战斗的最前线。但是当安纳努斯正在征募合适的人选参军并组织他们参战时，奋锐党人觉察到了他们当前的行动，因为他们严密注视着人们所做的一切。他们非常愤怒，立即组织了大批人冲出圣殿，239 不放过任何一个遇见的人。市民的军队很快被安纳努斯集聚起来，他们虽然在数量上占优势，但在装备和训练上远逊于奋锐党人。但是，激情弥补了双方的不足。那些圣城的市民用比武器更有力的愤怒武装自己，而从圣殿中冲出的人具有野兽般的胆量，任何人都不是他们的对手。前者相信不把恐怖分子赶出去，他们就无法在圣城立足；后者明白不能取胜就要受到惩罚。所以他们都用激情统率自己，展开了厮杀。开始时，他们在街道上和圣殿前向对方投掷石块，对付远处的敌人就投掷长矛。一方退却时，胜利的那方就开始用剑了。两方的相互屠杀非常可怕，伤者无数。市民中的伤亡者被他们的亲属搬到家中。若是一个奋锐党人被击中，他就退到圣殿中去，血迹留在了神圣的地板上。的确可以说是他们的血污染了这座圣堂。

在这些遭遇战中强盗的突袭总能成功，但是为愤怒所燃烧的市民的军队，数量一直在增长，所有那些想投降的人都被唾弃，想逃跑的人也无法溜走，因为后面的人推搡着他们向前。这样他们所有的力量都用来对付敌人了。奋锐党人无法继续抵抗这种冲击，慢慢地退到了圣殿里。安纳努斯和他的士兵们也与他们一起冲进去了。因为失去了外面的大殿，他们惊慌地跑到了内院去避难并且立刻锁上了门。安纳努斯无法让自己去袭击那些神圣之门，而且敌人正从上方投掷箭矛。他相信即使进攻成功，将不纯净的人群带进圣殿也是不合法的，所以派遣了六千名武装士兵去看守柱廊。其他人轮流换班，每个人都必须轮流站岗，但是很多上层阶级的人得到他们上级的允许，可以雇用下层的人代替他们去站岗。

后来，整个市民军队都被消灭了，而这一切都是因为约翰，如读者所知，那个背叛基斯卡拉的人。

第十五章　圣城中的暴行与韦斯
帕芗的干预

　　约翰像狐狸一样狡诈。对专制权力狂热的追求已经将他的整个灵魂吞噬殆尽。长期以来，他已经深陷叛国的行为中不能自拔。在当前的危机中，他装作站在市民的一边，跟随安纳努斯，或是在白天同领导人讨论当前形势，或是在晚上查岗，然后把秘密出卖给奋锐党人。这样，还没有达成共识，市民们所讨论的每一个问题就都被他泄露给了他们不共戴天的敌人。为了避免被怀疑，他竭尽全力地对安纳努斯和其他领导人阿谀奉承。但是他处心积虑的努力却造成了相反的后果。他献媚的行为引起了人们更大的怀疑，他不请自到的做法也让人觉得他在泄露什么机密。因为很明显，敌人对他们的意图了解得一清二楚，而没有人像约翰这样值得怀疑。然而要除掉他却又是另一回事了。他已经通过他的残暴行为巩固了自己的地位，而且无论在什么情况下，他都不是那个可以被忽略的人，更何况他在核心班子中已经拥有了一大群追随者。因此，最后大家决定让他发誓效忠。约翰很乐意地立刻发誓对公民忠诚，决不把他们的行动或意图泄露给敌人，而且竭尽全部体力和精力以消灭敌人。安纳努斯和他的朋友们对这些誓言表示满意，立即忘记了他们对约翰曾经持有的怀疑，并邀请他加入他们的讨论。他们甚至委托他同奋锐党人谈判以达成停战，因为他们担忧他们的行为会亵渎圣殿，也不愿意有犹太人倒在圣地。

然而约翰好像并不是发誓要反对而是要效忠奋锐党人。他进去站在他们中间，宣称他为了让他们了解安纳努斯和他的朋友们所要采取的针对他们的所有秘密措施，自己经常陷入危险的境地。现在，除非有神灵相助，否则他自己和奋锐党所有的人都面临着最大的危险。安纳努斯正在行动，他已经劝服了他的人民，派一个代表团去见韦斯帕芗，要求他火速赶来，接管圣城。为了击败 241 奋锐党人，他已宣布翌日将举办一个净化典礼，这样一来他的人就可以作为膜拜者进入或使用武力，近距离袭击他们。他不知道他能够撑多久或者怎样才能抵挡如此庞大的军队的进攻。他还补充道，他被派来协商停战，这是上帝的旨意。安纳努斯希望通过做出这样友好的表示以在他们放松警惕时趁机进攻。所以他们或者卑躬屈膝地乞求围攻者饶他们一命，或者寻求外援。任何遭受失败后希望得到原谅的人一定是忘记了他们自己曾有的历史，或者是想象着一旦侵犯者表现出悔恨，受害者就理应立即原谅他们。而在现实中，做坏事的人遭受屈辱，往往换来的仅仅是让人更加厌恶；而那些曾经被迫害的人们一旦发现他们的手中握着鞭子，可以随意惩罚做坏事的人时，便变得更加狂暴。等待着奋锐党人的是被害者的亲戚朋友，是被律法和法庭的压迫激怒的人民大众。即使是这些人中极少的一部分对他们表示遗憾，愤怒的人群也会蜂拥而上，将他们淹没。

这就是约翰想象出来的用来吓唬他们的故事。然而他没有冒险说出他所指的外援具体是指谁，但他暗示是以土买人。为了激起奋锐党领导人极大的愤怒，约翰旁敲侧击地把安纳努斯比作一个对他们有极大威胁的野蛮的禽兽。领导人中有西蒙的儿子以利亚撒，他最善于设计可行的方案并将其付诸实施，还有安菲卡勒斯（Amphicalleus）的儿子撒迦利亚（Zachariah），两个人都是神职人员家族的成员。当这两个人在主要的威胁之外听到直接针对他们的挑衅，并被告知安纳努斯和他的朋友们决心成为独裁者，而且召集了罗马人前来时（约翰的又一个诽谤），他们感到不知所措。时间这么紧，市民们很快就会来袭击他们。这么快的速度使他们无法寻求任何外援，因为在他们的联盟来到之前，他们早已经全军覆没了。尽管如此，他们还是决定召集以土买人前来，于是他们写了一封简短的信，信里写到，安纳努斯欺骗了人民，正在将圣城出卖给罗马人。他们自己为了保卫自由而起义，结果却

242 被囚禁在圣殿里。他们的命运正处于千钧一发的境地，除非以土买人火速前来相助，否则他们很快就会落入安纳努斯和他们的宿敌手中，整个圣城也会落入罗马人的手中。还有一些进一步的细节问题是由信使口述给以土买首领的。为了送这个消息，他们挑选了两个身强体壮的人，这两人语言流利，在公共事宜上颇具说服力，而且更重要的是他们两个都跑得很快。他们知道以土买人会立即同意，因为他们是一个容易冲动而又鲁莽的民族，他们总是期待纷争，对革命有着极大的胃口，向他们寻求援助的人只要稍微一奉承，他们就会立刻拿起武器，像参加宴会一样投入战斗。消息必须以最快的速度传递到位，而这两个信使（都叫亚拿尼亚）也非常渴望去做，他们很快就到达了以土买人的总部。

统治者们看了来信，听了信使的描述后既惊奇又兴奋，他们像疯子一样号召动员全国上下的人。部队在指定的时间还没到之前就已经集合完毕，每个人都拿起了武器准备捍卫首都的自由。这支足有两万人的队伍在索萨斯（Sosas）的儿子约翰和詹姆斯、凯瑟拉（Cathla）的儿子西蒙、克卢索（Clusoth）的儿子菲尼亚斯（Phineas）这四位将军的领导下，浩浩荡荡地开往耶路撒冷。

安纳努斯和哨兵都没有注意到信使的离开，但是他们都观望到了以土买军队的到来。及时地意识到这一点后，安纳努斯令人插上大门抵挡敌人，并在城墙上设立了岗哨。然而因为惧怕彻底惹恼敌人，他决定在诉诸武力前先试着说服他们。所以地位仅次于安纳努斯的大主教老约书亚，站在城堡上向他们呼吁：

"这个城市正陷入无秩序的状态中，但是没有什么比恶棍们用如此卑劣的手段得到意外的援助这件事更让我感到震惊。比如说，你们来帮助这些人类的败类对付我们，那乐意劲儿要超过响应首都的号召来抵抗外敌。如果在你们和那些让你们来的人之间有什么相同之处的话，那就是你们的热情都足够自然，没有什么联系比性格的相似更紧密。但事实上，如果一个一个地审视他们，他们当中没有一个应该在这世上再多活一刻。这些整个国家的残渣败类，他们挥霍了自己的财产，疯狂地劫掠周围的城市村庄，最终鬼鬼祟祟地溜进圣城。他们都是亵渎神灵的强盗，他们令这圣地蒙羞。他们现在可能正不知羞耻地烂醉于圣堂，用从受害人那里掠夺来的钱财满足他们永无止境的贪欲。但是你们庞大而齐整的队伍在这里真是一个很奇怪的景象。若是首领同意邀请你们来援助我们抵抗外敌的话，你们会受到我们的欢迎；但是如果整个

243

民族的人们拿起武器是来支持最卑鄙的恶棍，那么除了把这称为命运最低劣的把戏，我们还能说什么呢？

"好长时间我一直问自己，究竟是什么使你们突然行动起来。如果没有理由的话，你们是不会全副武装打击你们自己的同族而支持那些强盗的。从刚才你们的喊声中，我们听到了罗马和背叛，知道了你们为什么来保卫首都的自由。我要告诉你们的是，没有比这些无耻的恶人捏造的谎言更令我们吃惊的事了。那些天生热爱自由，时刻准备抵御外敌、为自由献身的人，只能是因为听信了我们已背叛他们所热爱的自由这个谎言而被煽动来反对我们。想一想谁才是诽谤者，谁才是受害者。要从已知的事实中获得真相而不是轻信那些花言巧语。什么会让我们把自己出卖给罗马人呢？我们根本不需要从一开始就反抗，即使这样做了，也可以在我们的疆土被践踏之前就投降。现在，即使我们想这样做，也不能轻而易举地争取停战，因为罗马人因我们丢掉了加利利而鄙视我们，而对我们来说，向站在门前的敌人卑躬屈膝比让我们死还要令人难以忍受。拿我自己来说，我更希望和平而不是死亡，但是一旦战争爆发，我宁愿英勇地战死沙场也不愿做亡国奴。

"他们说什么？是我们作为市民的领导偷偷派人和罗马人私通，还是市民们投票同意我们当权者实施这一计划？如果是我们，那么请让他们说出我们所派遣进行这一邪恶勾当的人的名字！有人在来回私通的路上被当场捉住吗？他们手里拿着信吗？在每天与市民们朝夕相处的情况下，我们怎么能鬼鬼祟祟地做这些事情而不被人发现？而那些被困住甚至无法离开圣殿到达圣城的人是怎么被告知这些发生在国家中的秘密的呢？这个消息是他们必须

要为自己的罪行遭受惩罚时刚刚传到他们耳朵里的吗？是不是如 244
果他们不为自己的生命担忧的话，我们就不会被怀疑背叛了？另
一方面，如果是市民投票让我们这么做的话，那么所有的事情都
要被公开讨论，不是吗？所有人都参加会议，所以在你们得到消
息之前，谣言早该公开地传到你们的耳朵里了。然后还有，如果
他们投票决定停战的话，那他们不是会派遣一些使者吗？谁被选
中了？让他们说他是谁？先生们，这显然是那些害怕死亡、挣扎
着逃避即将到来的惩罚的人编出的借口。是的，如果圣城注定要
被出卖的话，只有诽谤者会可耻到做出这样的事情。加上这个背
叛行为，他们罪恶的清单已经写完全了。

"但是现在你们拿着武器站在这里，你们主要的职责是保卫首
都，帮助我们赶走践踏我们的法庭，藐视我们的法律，用武力解
决一切的篡位者。他们没有任何理由地把那些有名望的人铐上脚
镣，百般羞辱，从市场中央拖来，不顾人们的抗议和哀求，杀害
了他们。你们可以自由进入圣城（虽然不是以战争的名义）亲眼
见证我所说的一切：被抢劫一空的房屋，身着丧服的受害者的妻
儿，圣城中到处弥漫的眼泪和恸哭。没有人没受过这些贪婪的恶
魔的迫害。他们如此疯狂和残暴，不仅放肆地抢劫了从农村和周
边的城镇到犹太世界中心的地方，而且他们的强盗行为甚至还从
圣城转移到了圣殿！他们把圣殿当成他们自己的总部和堡垒，作
为进攻我们的基地。为整个世界所敬仰的，被地球另一端的外国
人所尊敬的圣地正被我们当中的一些禽兽所践踏。现在在绝望中，
他们蓄意让地区对抗地区，县城对抗县城，从全国上下征召军队
来摧毁自己的国家。所以正如我前边所说，你们正确的道路是来

帮助我们消灭这些恶棍，为他们竟敢欺骗你们来做他们的同盟却不惧怕你们成为复仇者而惩罚他们。

　　"如果你们不愿无视他们的请求，你们还可以放下武器，作为我们的同族进城来，作为双方的仲裁者。想想在你们无可辩驳的极为严肃的审判面前他们会得到什么。他们不会听到为无罪的人所做的辩护；让他们从你们的到来中收获一些利益吧。但是如果你们既不愿和我们同仇敌忾，也不愿当裁判的话，还有第三条路，就是保持中立，既不反对我们，雪上加霜，也不支持他们毁灭圣城。不管你们多么怀疑我们当中的一些人和罗马人私通，你们只需要关注事态的发展。如果你们发现这些诽谤的说法是实情的话，就可以来保卫圣城并惩罚那些有罪的人。在你们这么靠近圣城的时候，敌人是不会在你们毫无防备的时候捉住你们的。如果这些建议你们都觉得没有道理而不能接受的话，那么毫无疑问，只要你们佩带武器，大门就会一直紧闭。"

　　约书亚的演讲没起到任何作用。以土买的士兵们因没能被立即放进城而激愤，而他们的将军因为被劝说放下武器而狂怒。这样强迫他们还不如让他们做囚犯。其中的一个将军，即凯瑟拉的儿子西蒙成功地安抚了骚动的士兵，然后站在主祭司能听到的地方作出了以下答复：

　　"毫无疑问，自由的勇士被囚禁在圣殿，而我们的人则被拒之于本属于我们大家的城市门外。这些把我们关在门外的人也许正用花环装饰大门准备迎接罗马人的到来，却在城堡上与以土买人讲话，并命令他们放下他们捍卫自由的武器；他们不相信自己的族人是来保卫首都的，却期望对他们之间的分歧作出裁决；他们

指责别人不经过审判就将人置于死地，而同时他们自己却令整个
城市蒙羞。圣城的门永远是向来膜拜的外族敞开的，而现在你们
却筑起了高墙，将自己的同胞拒之门外。我们急切赶到这里就是
要割破你们的喉咙，当然了，这也是攻击我们自己的同胞——其
实我们只是来维护你们的自由的！毫无疑问，你们所封锁的人也
以同样的方式误解了你们，而你们也对他们怀有同样的怀疑。你
们把耶路撒冷城里所有关心国家大事的人们禁锢了起来，不问青
红皂白将血脉相连的人民拒之门外，用这种侮辱的方式命令他们
做这做那，而与此同时，你们还抱怨说自己是在篡位者的魔爪下，
控告自己篡位的受害者实施暴政！看到你们言行不一的事实，谁 246
又能容忍你们的虚伪？除非是你们被那些你们不允许参加祖先盛
典的以土买人关在都城之外。人们也许会理所当然地责备被围困
在圣殿里的人，因为虽然他们足够勇敢，去惩罚和你们同样有罪
的被你们称为'有名望，但没有任何犯罪的理由'的叛徒，但他
们却没有从惩罚你们开始，将这一背叛行为的罪魁祸首绳之以法。
但是如果他们表现出愚蠢的慈悲的话，我们就会为保卫圣城而战，
为我们的国家而战，坚决将外敌内奸一网打尽。在城墙前，我们
会一直手握武器，直到罗马人厌倦了，不愿再理你们了，或者你
们自己走到自由的这边来。"

　　这段讲话在以土买士兵震天动地的呐喊中结束了。看到他们没
有丝毫被说服的余地，城市遭到双面夹击，约书亚绝望地退下来，
而以土买人也极不满意。被拒之城外使他们感到愤怒和屈辱，看似
强大的奋锐党人没有给予他们任何援助，这让他们迷惑不解，许多
人后悔来到了这里。但是就这样空手而归给他们所带来的羞辱要比

他们的悔恨严重得多，所以他们极为不安地在城墙外安营扎寨。夜里，暴雨袭来，狂风呼啸，大雨倾盆，电闪雷鸣，大地在这震耳欲聋的咆哮声中不断地震颤。整个自然秩序的破坏显然是人类浩劫的预演，没有人怀疑这一切可怕的现象预示着史无前例的灾难。

以土买人和城里的人得出了相同的结论。前者认为上帝对这次远征表示谴责，他们必定会因武力对抗都城而受到惩罚；安纳努斯和他的朋友们确信他们已经不战而胜，上帝正昭示着他们是胜利者。然而事情却不是他们想象的那样，他们所预测的敌人的下场却正好是自己的结局。因为以土买人相互簇拥着取暖，把他们的盾牌搭在头顶以遮挡风雨，所以大雨对他们的影响只是轻微的；而奋锐党人比关心自己的安危更关心以土买人的危险，他们聚在一起讨论怎样去帮助他们。性急的人主张以武力强行冲出防卫，然后到城中为他们的同盟军打开大门。卫兵们会被这毫无防备的进攻给搞糊涂了，特别是他们大都没有携带武器，没有经历过战争，而市民军队又无法马上集合起来，因为他们各自躲在自己的屋里避雨。如果这意味着危险的话，他们有责任忍受一切后果，而不是看着如此庞大的军队因为他们而泯灭却袖手旁观。但明智一些的人则反对动用武力，他们认为不仅仅是因为他们周围的岗哨都戒备森严，而且因为以土买人，城墙也被牢牢地守卫住了。他们还推测安纳努斯随时随地都在查哨。在往常的夜里，也许的确是这样，但是那个晚上却例外，并不是因为安纳努斯的疏忽，而是命运注定他和他的卫兵会一起被消灭。是命运女神在夜幕降临、暴雨倾盆的时候让守护柱廊的岗哨睡去，给了奋锐党人以可乘之机。他们从圣殿拿走一些锯，锯断了大门上的横木。因为有狂风和持续不断的雷声掩护，没有人听到他们锯横木的声音。

他们悄悄地从圣殿出来，走向城墙，然后像先前那样用锯打开了以土买人面前的大门。以土买人一开始有些惊惶失措，以为安纳努斯和他的人来突然袭击，所以每个人都抓起武器来保护自己，但是很快他们就意识到是谁来了，于是便穿过大门。如果他们冲进城去，没有市民会有生还的机会，他们就是这么狂怒；但是他们希望首先将奋锐党人从禁锢中解救出来，因为放他们进城的这些人恳求他们不要忘了前来帮助他们的人正处于可怕的危险之中，他们不愿再陷入更加危险的境地。当他们轻而易举地消灭岗哨之后，他们可以轻松地进攻圣城；但是如果他们惊动了这个城市，他们就永远不能击败岗哨。因为一旦意识到这个情况，市民们就会集合起来，堵住每一条通往圣殿的路。

这番道理说服了以土买人。他们穿过圣城，沿着斜坡走向圣殿。当他们出现在里面的时候，一直提心吊胆的狂热派人从内殿里满怀信心地出来，和以土买人混成一支队伍，一起攻击警戒队，趁他们熟睡时，除掉了一些武器精良的哨兵。醒来的人的惊叫声 248
吵醒了整个军队。惊惶失措的人们抓起武器冲出去防守。开始他们以为攻击他们的只有奋锐党人，所以自信能以人数上的优势取胜，但是当他们看到另一批人尖叫着从外面冲进来时，才明白以土买人也闯进来了。大部分人失去了信心，他们丢下武器失声痛哭起来；但是一些年轻人拿起盾牌，组成一道墙壁，与敌人展开了肉搏，在相当长的一段时间内保护了弱者。圣城里的人们听到哭喊声，知道了他们现在的危难处境。可是当他们得知以土买人已经破城而入时，没有一个人敢冒险出去帮助他们。他们能做的仅仅是徒劳的哭喊和呻吟，那些守卫士兵中有亲人处于危险中的女人们发出大声的尖叫。奋锐党人的呐喊声与以土买人遥相呼应，暴风雨使得四面八方的喧哗声更加恐怖。生性野蛮、嗜杀成性的以土买人没有放过任何人，暴风雨的吹打使他们把怒火发泄在将他们拒之门外的卫兵身上，不论是求饶的还是顽抗到底的，一律格杀勿论。很多人提醒敌人，他们身上流着相同的血，恳求他们尊敬共同的圣殿，也被他们一剑刺穿了身体。他们没有逃跑的余地，也没有生还的希望。他们整个被打垮、砍倒，大部分人开始后退，但已全无退路，前面是大量凶残的敌人，绝望之下，他们一头跑进了城里，为自己选择了一条在我看来比他们刚刚逃离的命运更可怜的路。整个圣殿外院鲜血横流，初升的太阳照耀着八千五百具死尸。

　　这次的大屠杀并没有满足以土买人嗜血的胃口。进城后，他们洗劫了所有的房子，见人就杀。考虑到普通人不值得费劲，他们便去寻找主祭司们，大部分人都去攻击他们了。所以祭司们很快就被抓起来处死了，而刽子手还站在他们的尸体上嘲笑安纳努斯为犹太人所做的牺牲和约书亚在城墙上的演说。虽然犹太人对葬礼极其重视，甚至连钉死在十字架上的罪犯也会被放下来，在日落前埋葬，但他们却不顾礼仪，把死尸扔出来不肯埋葬。如果我这样说应该也不会错到哪里去：圣城的失陷是从安纳努斯的死开始的，而城墙的倒塌和犹太国家的灭亡则可以追溯到他们看到大祭司同时也是他们的勇士在市中心被暗杀的那天。因为他是一个各方面都非常受尊敬的人，他极为诚实，虽然出身高贵，地位声望都极高，但即使最卑微的人他也愿意平等对待。他献身于自由，热爱民主，总是把公众利益放在个人利益之上，把和平作为自己一生的目标，因为他知道，罗马人是难以战胜的。但是他没有选择，只能精心备战，以保证犹太人不能消除敌视时，他们会继续高效地战斗。总之，如果安纳努斯还活着，敌视可能真的已经结束了。他是一个雄辩的演说家，能够影响公众的观点，而且已经让对手平静下来了。如果要进行战争，在这样一个将军的领导下，犹太人会在相当长的时间内阻止罗马人的向前推进。

和大祭司一起死的是约书亚，也许他不能和大祭司相提并论，但是其能力却远远高出其他人。但是，我想上帝已经给这个肮脏的城市判了死刑，并希望圣堂受到大火的洗礼，所以阻隔了那些依赖并深爱着他们的人。所以，那些刚才还身穿圣服主持世界闻名的圣事、被来自世界各地的游客景仰的人，转眼间就被剥光衣服扔出来，在光天化日之下任野狗和野兽噬咬。我相信道德天使也会为他们落泪，哀悼她在邪恶面前彻底的失败。但这就是安纳努斯和约书亚的结局。

清除了这两个障碍，奋锐党人和大批以土买人开始对付普通人了，像屠宰肮脏的牲畜一样把他们都杀掉了。普通人被就地处决；年轻的贵族被抓起来，戴上脚镣，锁在监狱里：他们希望有人加入反叛的队伍，这样死刑就会延后了。但是没有一个人这样做——他们不愿与毁灭祖国的恶棍为伍，宁愿选择死亡。他们为自己的拒绝付出了严重的代价。敌人鞭打他们，折磨他们，直到他们的身体经受不住任何折磨了，才用剑杀死。那些早晨被捕的晚上就死去了，尸体被扔出去为下一批囚犯腾地儿。人们被这景象吓得麻木了，没人敢公然为死去的同胞哭泣，或者埋葬他们，

250　但是他们在紧锁的门后偷偷地哭泣，哭前还要确保敌人听不到，因为一经发现，哀悼者立刻就会受到和被哀悼者相同的待遇。夜里，他们手里抓点土，撒在尸体上；白天，有些特别胆大的人也这样干。一万两千名年轻贵族就这样被杀害了。

　　现在，奋锐党人厌烦了这样随意杀人，便装模作样地设立了法庭，进行审判。他们决定除掉一个身份最高贵的市民，巴鲁克（Baruch）的儿子撒迦利亚，因为他对恶势力的痛恨和对自由的热爱惹恼了他们，而且他们打算掠夺他的财富，并除掉这个有能力毁灭他们的人。因此他们明确发布了命令，召集了七十名公众人物到圣殿，让他们充当陪审团，进行了一场非官方的审判。最后，撒迦利亚被判向罗马人出卖国家，曾经投靠韦斯帕芗。这个宣判既无物证，也无人证，但是他们说他们确信他犯有这项罪名，并且宣称这就可以服众。撒迦利亚意识到他的命运已经决定：他被人用诡计骗进了监狱，而不是法庭。虽然必死无疑，但他还有言论自由——他站起来，嘲笑这个宣判是多么荒唐，几句话就推翻了整个控诉。接着，他反守为攻、条理清晰地详细论述了他们的各种非法行径，无情地揭露了他们的处世不公。奋锐党人愤怒地咆哮着，几乎马上就要拔出剑来。他们决定结束这场闹剧，结束这个伪法庭，而且迫切地想知道陪审团是否敢冒着生命危险维护正义。但是七十名陪审团成员全体一致判决撒迦利亚无罪，他们宁愿与被告一起死，也不愿成为杀死他的罪人。奋锐党人怒吼着抗议这个无罪判决。他们对陪审团没有意识到官方赋予他们的只不过是个伪法庭而震怒。其中两人最放肆地扑向撒迦利亚，在圣殿中央杀死了他，还嘲弄他的尸体："现在你已经得到了你的判决，对你的审判结束了。"说完就把尸体从圣殿扔到了下面的山谷里。接着他们用剑柄痛击陪审团，以示轻蔑，然后把他们赶出了圣殿区。他们没有杀陪审团成员只有一个目的：他们会走到圣城 251 的各个地方告诉所有市民他们已经是奴隶了。

　　现在，以土买人为他们来这里感到难过，觉得发生的这些事情令人作呕。一个奋锐党人私下来见他们，和他们开了一次会，指责他们同召集他们来的人一起做的事太过分，还列举了他们对都城的破坏。他们借口主祭司们向罗马人出卖都城而诉诸武力，但是却没有找到其叛国的证据。可是它所谓的卫兵却为了作战或者个人权势倾巢而出了。一开始就应该阻止这些行为，但他们却一度同流合污，让国人流血，现在他们至少应该限制这些人的恶行，而不是帮助他们毁灭自己心爱的东西。如果有的人愤怒是因为曾被拒之门外，没能拿着武器马上进城，可那些应对此负责的人已经为自己的敌对态度付出了代价，不是吗？安纳努斯死了，一夜之间几乎所有人都遭了殃。这令很多他们自己的人民表现出明显的反感，但是召集他们来的人却表现出空前绝后的野蛮，对帮助他们的人没有丝毫尊重。当着盟友的面，他们犯下了无耻的暴行。如果没有人结束或者遏止这种行为，那么他们就会打到以土买人的家门口。因此，叛国的罪名已经被推翻了，目前罗马人也没有侵犯这里，而且耶路撒冷的统治权已落在了这样一个赶不走的党派手中，那么他们唯一能做的就是回老家去，和这些蠢人就再也没有关系了，然后，慢慢淡忘他们曾经被欺骗犯下的罪恶。

　　以土买人接受了他的建议，首先释放了监狱里的两千名市民。他们马上离开圣城逃到西蒙那里去了（关于西蒙的事我们以后慢

慢介绍），接着离开耶路撒冷回家了。他们的离去在两方面都造成
了相反的效果：市民们还没意识到他们心情的剧变，暂时松了一
口气，好像摆脱了一个敌人；而奋锐党人们却变得更傲慢，不像
是被盟友抛弃了，倒像是摆脱了对他们的行为有异议和干涉他们
的人。奋锐党人对自己的暴行不再有任何犹豫和顾虑：他们以最
快的速度作出了决定，并且更快地执行了这些决定。他们残害的
对象是勇士和贵族，前者是他们恐惧心理的受害者，后者为嫉妒
的牺牲品：他们认为只有所有重要的人物都死了，自己的安全
才能得到保障。他们和别人一起合谋杀害了古里安（Gurion）。古
里安很有声望且家世良好，在犹太人中受民主思想影响最深，对
自由的热爱最狂热。他的死因主要在于他说话坦率，以及他优越
的条件。彼利亚人尼格尔也未能逃过他们的毒手。尼格尔在和罗
马人的战争中表现出过人的胆识；可是现在却被他们拖过圣城中
心，他大声抗议着，向人们展示累累的伤痕。当被推出门外时，
他知道已经没有生还的可能，便祈求他们给他留下一块葬身之地，
但是他们却残酷地表示，他不会得到他渴望的坟墓，接着就将他
杀害了。尼格尔死去的时候，祈求灾难降临：罗马人的复仇、饥
荒和瘟疫、战争和杀戮以及他们与同胞的自相残杀。上帝降祸于
不信奉上帝的恶毒之人，对他们的惩罚是公正的，因为不久之后，
起内讧的他们将会面对自己国民的疯狂和愤怒。

　　尼格尔的死减轻了奋锐党人被倾覆的忧虑，但是这些人不可
能不为他们的毁灭编造出一个理由。那些与他们中任何一个有过
争吵的人很早就被杀死了；对那些在和平时期与他们无冲突的人，
他们也巧立名目进行指控：不投靠他们的人有傲慢之嫌，冒昧接

252

近又是对他们的大不敬，顺从则会被怀疑有阴谋。最严重的和最轻微的罪状都会被判处死刑，只有出身低微和贫困的无名小卒才能幸免于难。

在罗马军营中，将领们普遍认为敌人内讧是上帝的旨意，因此急切地请求大将军韦斯帕芗立即下令向圣城进军。他们说神圣的上帝支持他们的大业，使敌人自相残杀，但是事态会很快扭转，当犹太人对自相残杀感到疲倦或产生厌烦情绪时，会随时重新联合起来。韦斯帕芗回答说他们说得太离谱，他们的样子像演戏的武装斗士（这是一种危险的姿态），没有考虑安全和常识。倘若即刻就向圣城进军，只会让敌军很快集结起全部的力量将矛头指向他。如果他等待下去，会看到敌军因为内讧而数量减少。他可以放心地把领导权交给上帝，上帝会把犹太人当作胜利的礼物拱手交给罗马人，而他们自己根本用不着动手，这样对军队没有任何伤害。这样很好，他们的敌人会由于内讧而变得四分五裂，毁灭在自己手中。他们要做的事情就是在一个安全的距离之外静观敌人的争斗，而不是与那些自寻死路的疯子一起投身到殊死的斗争中。他继续说道："倘若有人认为没有经过战争的胜利就不甜蜜，他最好认识到等待有利时机取得胜利好过奋战沙场招致杀身之祸。再者，擅长作战者获得的荣誉不会多于通过严于律己和靠智慧取得胜利的人。"而且，敌军在日益衰弱的同时，他的军队可以在长期的跋涉后恢复力量，变得比现在更加强大。

最后，目前还不是摘取胜利果实的时机。犹太人并没有忙于打造武器、建筑城墙以及招兵买马。在这种情况下，拖延时间会对赞成进攻的人造成伤害；而在纠纷和内战中流血而死，他们所

253

遭受的日益深重的灾难会比罗马人攻打和占领圣城带给他们的苦难更为严重。如果为了安全起见，就让那些人继续自相残杀。假如他们要问哪种胜利可以赢得最多的声望，那么攻打一个重病缠身的国家并非明智之举，因为毋庸置疑这种胜利并非在于个人的功劳，而是由于犹太人的分裂。

韦斯帕芗的言论让所有军官折服，很快就消除了对他的英明决断的怀疑。不断有逃亡者背叛奋锐党人。但是逃走并非易事，每个出口都有人把守，逃亡者一旦被捕获，无论何种原因，都会被认为是通敌叛国，将被处以死刑。然而倘若能付得起钱收买他们，逃亡者就可以逃过这一劫，付不起钱的人会被定罪为叛国者，就这样，有钱人花钱买得一条出逃之路，而穷人则遭到杀害。沿路的尸体堆成了小山，因此那些本来急于逃亡的人决定死在耶路撒冷城中，希望可以被埋葬，这使在自己的圣城中死去的罪孽会减轻一些。但是他们的敌人异常残暴，不允许任何在路上或者城中被杀害的人死后占有一席之地。他们在向人类犯下滔天罪行、亵渎上帝的同时，好像发誓要破坏国家的律法和自然法则，就让死尸在光天化日之下慢慢腐烂。如果有人埋葬了他们当了逃兵的亲人，等待他们的将是死刑。埋葬了他人，很快自己就要被埋葬。简而言之，在充满恐怖的时代里，没有哪种高尚的感情比怜悯消失得更彻底了。值得同情的事情正是激怒那些混蛋的事情。他们把对活人的怨恨转移到他们谋杀的人身上，又从死人转移给活人。幸存下来的人由于恐惧而不知所措，他们羡慕那些死去的人，因为死去的人已经得到了和平。监狱里那些备受折磨的囚犯宣称，同他们自己相比，甚至那些死去但是没有被掩埋的人也是幸运的。

迫害他们的人践踏人类的法令，嘲笑上帝的规则，嘲弄先知的预言是骗子的把戏。然而那些先知们清楚地区分了正义和邪恶的法则，奋锐党人们触犯了这一法则，使不利于他们国家的预言得以实现。因为神灵附体的人有句古老的谚语，说一旦市民自己相互动起手来，犹太人的手最先污染了上帝的圣殿，那么圣城将被占领，圣殿将由于战争而被烧成平地。对此奋锐党人们毫不怀疑它的真实性，但是他们自己成了实现它的工具。

到目前为止，约翰并不满足于和他人平等，一心一意想要独裁，一批支持他的狐朋狗党逐渐形成并与叛乱组织分开。约翰毫不理会其余人的决定，像统治者一样下达命令，很明显是想搞独裁。一些人因害怕而向他屈服，一些人是忠实的拥护者，因为他很擅长利用雄辩的伎俩来赢得支持。很多人认为要是罪恶的矛头只是指向一个人而不是很多人，那么他们的生命将会更安全。约翰靠智慧和双手打拼，赢得了大批忠实的追随者。然而，大量的持不同政见者离他而去，在某种程度上是由嫉妒心和不愿屈从于一个以前和自己平等的人的心埋所驱使，但主要还是因为害怕独裁统治者而逃走。因为一旦约翰成为统治者，他们就没有希望轻易拉他下来。因为他们一开始就反对约翰，所以他一定会对付他们。面对战争，每个人看到的只是战争的凄惨，而不是要放弃自由和像奴隶一样死去。这就是叛军阵营不和的原因，约翰就像君王一样面对他的对手。然而，他们只不过是观察对方的行动而已。几乎没有真正意义上的战斗。他们的争斗是以人民为代价的，问题的关键是谁会带回家最多的战利品。既然飘摇于暴风雨中的城市必须经历三个最大的灾难：战争、独裁统治和党派争斗，相比

255

之下，人们觉得战争几乎还可以忍受。但不管怎样，他们还是逃离了自己的同胞，到外国人那里避难，在罗马人的营地里他们感到了在自己的家园根本没有希望找到的安全。

现在第四种灾难降临到这个注定要毁灭的国家。距耶路撒冷不远有一个几乎坚不可摧的堡垒，这是很久以前一个国王建立的，在面临战争危险时用来储存宝藏和保护个人安全。这个被称作马萨达的要塞在西卡尼人的统治之下。至今他们只不过为获得补给侵略过附近的地区：恐惧感阻止了他们进一步掳掠，但是当他们听说罗马军队按兵不动，而耶路撒冷的犹太人又备受党团争斗和独裁统治之苦，他们就制订了一项更具野心的计划。除酵节（自从犹太人从埃及的奴役中解放出来，回到了祖祖辈辈居住的家乡，他们就为了纪念自己的逃亡而过这个节日。）期间，他们避开反对他们的人，夜间偷袭了一个叫恩戈蒂的小镇。那些本来可以反抗的人在拿起武器和形成队伍前就被驱散并赶出了小镇，而那些不能逃跑的人，超过七百名妇女和孩子，都被屠杀了。然后他们入室抢掠一空，夺取了成熟的庄稼并把战利品带回了马萨达。他们继续抢掠要塞周围的村庄，蹂躏了整个地区。他们的队伍由来自各地的恶棍扩充而日渐扩大。

在犹地亚的所有地区都爆发了类似以前从未有过的恐怖行动。就像人的身体一样，要害部位发炎，其他部位也跟着感染。所以当首都爆发了混乱和争斗，村庄里的无赖们便毫无顾忌地抢劫。抢完自己的村庄后就消失在荒野里。在那里他们组成集团军，规模比军队小，但比持有武器的团伙要大。他们对圣所和城市进行了突然袭击。他们攻击的那些人遭受到巨大的痛苦，如同输了一场战争。他们无法向袭击者复仇，因为这些抢劫者就像所有的强盗那样，一得到他们所要的东西就溜之大吉。事实上，犹地亚的每个地区都和圣城的遭遇一样。

　　所有这些情况都由那些逃亡者报告给了韦斯帕芗。因为尽管起义者们看守着所有的出口并且杀死了那些靠近的逃兵，但是，不管是什么原因，仍有一些人躲开他们逃到罗马阵营去了。在那里，他们请求罗马的总司令保卫耶路撒冷并拯救剩余的人：他们许多人因为对罗马的忠诚已经失去了生命，而且幸存下来的也面临着危险。已经为他们的不幸所震动的韦斯帕芗立即出发，好像是围攻耶路撒冷，而实际上是结束目前的围攻。他首先不得不进攻那些剩余的还没投降的地方，确保圣城以外没有什么力量妨碍他的围攻计划。于是，他来到严密防守中的彼利亚的首都加大拉，并于3月4日进入了这个城市。当权者们避过起义者的耳目，派了一个代表团带着投降书来见他，一部分是出于对和平的渴望，一部分是出于保护他们财产的目的。很多加大拉人都很富有。对于这个投降书他们的对手们一无所知：在他们发现之前，韦斯帕芗几乎已经到达了那里。他们对自己的防守感到绝望，因为城中敌人的数量远远超过了他们，而且罗马人离此地也不远了。所以他们决定逃跑，但是又不甘心白白放过那些让事情发展到这个地步的人，不复仇就这样逃走。他们抓住了代表团中的多勒瑟斯（Dolesus）——不论出身还是名望，他都是最尊贵的市民，但据说是代表团的负责人——并杀死了他，他们在逃走前还出于不可抑制的愤怒砍碎了他的尸体。现在，罗马军队来到了。加大拉的人们热烈地欢迎韦斯帕芗。他答应保护他们并派骑兵和步兵驻守，

256

以防范逃亡者的突然袭击。无须罗马人下令，他们就自己推倒了城墙来表明对和平的热爱，因为墙被推倒后，即使他们再想发动战争，也无能为力了。

　　为了对付从加大拉逃跑的那些人，韦斯帕芗派遣普拉奇德斯率领五百名骑兵和三千名步兵进行追赶。他自己则带领着其他的士兵回到了恺撒利亚。逃亡者突然看到追兵，还没进行正面冲突，他们就挤进了一个叫作贝桑那布里斯（Bethennabris）的村庄。在这里，他们找到一大批年轻人，不管他们愿意与否就把他们武装起来。然后，他们非常鲁莽地冲出去攻击普拉奇德斯。开始进攻时，他的士兵故意后退了几步，计划将敌人从墙边引走。当他们将敌人引到他们的预定地点后，包围了敌人并射死了他们。那些想从骑兵身边逃走的被截住了，被步兵堵住的也被无情地杀掉了。在垂死的挣扎中，犹太人展现了他们的无畏。因为当他们进攻人数众多、身穿坚不可摧的钢制盔甲的罗马人时，找不到任何可以让他们的武器穿过的缝隙或者可以突破敌人队列的方法。而他们自己却成了罗马人的靶子，像疯狂的动物一样冲向敌人的钢刀，然后被消灭了。有的在与敌人的冲突中被刺刀穿透，有的被骑兵驱散了。

　　普拉奇德斯决定阻止他们逃向村庄，所以他让骑兵从侧翼移动到他们前方，然后转回身迅速地瞄准发射了一批箭弹，射死了那些近距离的士兵，吓跑了其他的，直到那些最勇敢的士兵强行突围，逃到城墙后寻求掩护。岗哨们发现他们自己进退两难：他们无法忍受把从加大拉逃出来的人关在门外，这些人中有他们自己的朋友；但是如果他们让这些人进来，他们自己也会与这些人一块儿死。这就是当时的情形。因为当犹太人冲进城墙时，虽然城门恰好在普拉奇德斯发动袭击时关上了，但罗马骑兵几乎也和他们一起冲进来了，激战一直持续到傍晚，城墙和整个村庄都被占领了。没有战斗力的人被全部消灭，能逃跑的人都跑了。房子里被士兵们洗劫一空，村庄被放火焚毁。那些逃跑的人召集起所有的国人，大肆渲染自己的不幸，说整个罗马军队已冲他们而来，吓得大家都战战兢兢地从各个地方出来了，然后一起逃向耶利哥。这是剩下的唯一一个足够坚固、有希望让这么多人活下去的城市。普拉奇德斯凭借他的骑兵，为他刚才取得的胜利所鼓舞，追击他们到了约旦，杀死了抓到的所有人。因雨水而暴涨的河水阻挡了他们的去路。当他将所有的犹太人堵在河岸上时，让部队分散包围了他们。现在无路可逃了，他们必须战斗。所以他们将战线沿河岸尽量拉长，勇敢面对乱箭和骑兵的冲锋。许多人受伤被扔到了下面的河里。罗马士兵大约杀死了一万五千人；那些自愿跳到约旦河中的人更是无数，大约两千二百人被俘虏。他们还缴获了大量的驴、羊、骆驼和牛作为自己的战利品。

犹太人从未经历过比这更惨重的打击，而这一打击看起来比 258 实际的更为惨烈。因为不仅他们的整个逃亡路线是一条漫长的屠杀之路，而且约旦河也为尸体所阻以致无法通行了。河流冲下来的成千上万的尸体把死海也填满了。普拉奇德斯乘胜追击，对周围的小乡村和城镇发动了进攻，攻占了阿比拉（Abila）、朱利亚斯、贝西摩斯（Besimoth）和远及死海的其他地方，把最合适的投诚的人安排到每一个地方。然后，他派兵驾船围捕那些逃到湖上的人。这样一来，远至马卡鲁斯的整个彼利亚地区都屈服了，或者说被镇压了。

第十六章　韦斯帕芗皇帝

　　这时，传来了高卢起义，文德克斯（Vindex）和地方酋长反叛尼禄的消息，对此其他作者已有详细的描述。韦斯帕芗决定加快作战步伐。他已经预见到即将到来的内战及其对整个帝国的危害，认为如果迅速平息东部地区的话，就会减轻意大利的困境。因此，尽管时值隆冬，他还是增加了驻军，保护已占领的城镇和农村地区，在城镇和农村分别布置了百人队长和十人队长，并重建了被破坏的多个要塞。早春时节，他携军队大部从恺撒利亚出发行进到安提帕特斯，在那儿停留了两天以解决城镇事务，然后第二天继续前进，沿途破坏并烧毁了周边村落。削弱桑那王国及周边地区后，大军继续前进到吕达和扎莫尼亚。这两个地区已经被征服，于是他把许多已归顺的人安置于此，继续行进到以马忤斯。在那里他控制了通往该地区首府的要道，构筑了营地，留下第五军团防守，带领剩余军队行进到贝塞普特法（Bethleptepha）王国。他火烧了该城及其周边地区和以土买边远地区，并在战略位置设了岗哨。然后他占领了以土买正中央的两个村落贝塔瑞斯（Betaris）和卡发拓跋（Caphartoba），杀戮了一万多人，捕获了一千名战俘，驱逐了余下的平民，把自己的大部分军队安顿在那里。整个丘陵地被蹂躏得一片荒凉。然后他带领剩余军队回到了以马忤斯。然后继续行进，穿过了撒玛利亚及那不勒斯［当地人叫作玛巴萨（Marbartha）］。①大军于6月2日在柯瑞亚（Corea）安营扎寨。第二天，他到达耶利哥，与从彼利亚带来军队的图拉真将军会合。这时约旦河以外的地区已经悉数被征服。大部分当地人在他们到来之前已经逃离到耶路撒冷对面的丘陵地区，但是留下来的多数人均被处死。罗马人看到整个城市一片荒凉，没有了人迹。 260

耶利哥位于一片平原上。草原上横亘着一座光秃秃，没有树的山脉，向北延伸到塞索波利斯地区，南至所多玛（Sodom）地区和死海的尽头。山脉突兀不平，由于土壤贫瘠而没人居住。约旦那边也有座平行的山脉，从北部的朱利亚斯一直向南伸延到索默尔宏（Somorrhon），与阿拉伯的彼得拉接壤。在这个范围内，就是所谓的伸到摩押国的爱罗恩山（Iron Mountain）。两山之间的地区叫做大平原，从基那波润村（Ginabrin）延伸到死海，长一百四十英里，宽十四英里。该地区被约旦一分为二，形成死海和太巴列湖两个湖泊，特性迥异。前者含盐量高，没有生物，而后者水质甜美，生物种类繁多。夏日降临，平原上灼烤干旱，令人窒息。除了约旦，其他所有地方都没有一滴水。这也是河岸边上的棕榈树往往比远处的更加枝繁叶茂，能产出更多的果子的原因。

但是，在耶利哥附近有一眼很旺的泉水，特别适宜于灌溉。奔涌的泉水附近有一座老城，是迦南地区第一座被希伯来人将

---

①　现在的纳布卢斯。

领，嫩（Nun）的儿子约书亚所摧毁的城市。传说，这眼泉水不仅会使果木凋零，要是女人喝了，还会小产，对任何东西都不仅无益而且有害。但是，以利亚（Elijah）的朋友和继任者，先知以利沙（Elisha）使它变甜了，成了一眼最有益健康的，最能给人活力的泉水。以利沙在耶利哥受到当地人的欢迎和热情款待。以利沙对他们和他们的国家的报答就是这不尽的赐予。他来到泉边，把一个满装盐的陶土罐掷到汩汩的流水中，抬起他圣人的右手指向天穹，给大地敬上弥补的奠酒，祈求大地来净化泉水，打开甜脉，祈求上天能用赋予人生命的空气来调和这泉水，让附近的树木多结果，让当地人丁兴旺，只要这里的人总是这样正直，就再也不会让他们缺少生命之水。伴着这样的祈祷和很多建立在悉心深研的（宗教）仪式，他把水变甜了，因此，曾经让这里缺少子嗣和饥荒连年的水变了，从那以后，它给人们带来后代和所有的好东西。这眼泉水的灌溉能力非常强。它只要和陆地接触，就比渗透土壤的水更益于作物。所以尽管其他的河流可以尽情流淌，但却没有什么益处，而这细细的泉水却如此的滋养。实际上，它比其他的水源浇灌更多的土地，可以覆盖八点五乘二点五平方英里的灌溉面积，满足了许多漂亮园林的需要。那些受益于它的棕榈树口味和名称各异。最浓郁的那种，要是被踩在脚下，能产出大量"糖蜜"，就好像是真的蜜一样。这个地区的蜜蜂也很多。另外这里还盛产当地最重要的作物香脂以及柏树和辣木①。

261

---

① 辣木是产自热带地区、营养价值和经济价值极高的植物，有"奇迹之树"和"母亲之友"的美誉。

这里到处是世所罕见、美丽至极的东西，所以把这里称为仙境一点也不过分。说起其他的作物，在这广阔的世界，很难再找到一个跟这里一样能如此高产的地方。我认为，这得益于温暖的空气和水的肥力。暖日让植物快快抽芽长大，潮湿有助于根茎成长，为夏日积聚力量。在炎热的日子里，当地人尽可能待在家里。要是日出前打水上来放在那里，接触空气，它会特别凉，同周围热烘烘的空气完全不同。相反，在冬天，水很温暖，洗澡非常舒服。这里的气候也很温和，在当地人穿亚麻衣服的时候，犹地亚的其他地方正是白雪皑皑。耶利哥距离耶路撒冷有十八英里，离约旦有七公里。①这两座城市之间的土地是乱石荒漠。耶利哥和约旦河及死海地势更底，也像沙漠一样荒芜。

耶利哥及其不寻常的自然优势上文已经说了很多，而死海的特点也值得一提。死海水质苦涩，没有生物。由于扔进水中的东西比重相对较轻，所以都会浮起来。实际上，即使用很大的力气，想下到水的深处也不容易。所以当韦斯帕芗到此地考察时，他下令把一些不会游泳的人手捆到背后，扔到深水处，但是发现他们都浮上了水面，好像被一阵大风吹上来一样。除此之外，水的颜色变化也很神奇。湖水每天三次改变自己的颜色，反射太阳的各色光泽。在很多地方，从湖水里还会泛起黑块的沥青②，沥青漂浮在水面上，大小和形状好像是没头的牛群。湖边的工人就会划船过来，把沥青一块一块地捞到船上。要是船装得太满了，想再把 262

---

① 两个数据都有所夸大。
② 因此死海有一个希腊名字——沥青湖（Asphaltitis）。

沥青弄出去，可就没那么容易了。船被这黏糊糊的东西粘住动不了，只能用女性的经血和尿液来解决问题，这是唯一的办法。这种沥青不仅对船只填补防漏有用，还能够治疗很多身体上的疾病：在许多医院处方里都有这味药。

从阿拉伯的兹奥阿（Zoar）小城丈量，湖面长六十七英里，宽十七英里，[①]紧挨着湖就是所多玛[②]的领地，曾经也是物产丰富，城市兴旺，如今只剩下尘埃灰烬。人们说，这是由于当地人对神不敬，城市被雷电焚毁。的确，现在这里还可以看到天火留下的痕迹和五座城市的轮廓，那时正在生长的水果如今仍然有可食用水果的外形，可待用手去摘时，它就变成了灰烬，飘散而去。我们关于所多玛领地的故事至此都得到了证实。

为了达到完全包围耶路撒冷的目的，韦斯帕芗在耶利哥和阿迪达（Adida）两地构筑了营地，并令罗马及其盟军的联合部队把守。同时，他派遣路西斯·安尼斯（Lucius Annius）带一骑兵中队和足够多的步兵进攻杰拉什。安尼斯突袭了该城，处死一千名未能成功逃离的年轻男性，奴役了妇女和儿童，并允许士兵抢掠任何有价值的物品。放火烧了房屋后，他们继续向周边村落前进。身强力壮的都逃了，体弱病残不能逃的都被杀死了，剩下的全都被烧死。这时，战火已经包围了整个山地和平原，要逃离耶路撒冷已不可能，因为想叛逃的被奋锐党人们看守着，尚未归顺罗马的人被布置在城外各个角落的大军团团围住。

---

① 数据偏大。
② 湖的南边。

　　韦斯帕芗回到恺撒利亚，整装待发，准备向耶路撒冷前进。正在这时，他忽然收到统治了十三年零八天[①]的尼禄意外死亡的消息。在此我可以叙述尼禄是如何滥用职权，把国事管理委任给两个彻头彻尾的无赖——一文不值的自由民尼姆福地乌斯（Nymphidius）和提格利努斯（Tigellinus）的；他是如何在这伙人密谋反对他时被他的卫兵抛弃，与四位效忠的自由民逃走，自杀身亡，遗尸城郊的；以及把他拉下台的人不久之后又是如何被绳之以法的。我也可以描述高卢战争，讲讲它的结束过程；描述加尔巴（Galba）在接受继承王位的邀请之后如何从西班牙回到罗马，如何被士兵们指责过于尖刻，如何在罗马集会上被暗杀以及奥托（Otho）是如何继任的。我还可以描述奥托和维特利亚斯（Vitellius）的将军间的战争及他的垮台，维特利亚斯统治下的危机，围绕主神殿（Capitol）的争斗以及安东尼亚斯·普利摩斯（Antonius Primus）和莫西阿努斯（Mucianus）是如何消灭维特利亚斯和日耳曼军团从而结束内战的。但是，在此没有详细描述任何一个事件的必要，因为这些常识在许多希腊、罗马作者的作品中都有详尽的论述。为了保持本书叙述的连续性及连贯性，我对各种事件进行了概述。

　　接到尼禄垮台的消息，韦斯帕芗的第一反应就是推迟向耶路撒冷的远征，焦急地等待看谁会接替尼禄。然后，当他得知加尔巴登基后，他决定在新的指示到来之前不进行任何军事行动，同时派遣他的儿子提多去参拜皇帝，接受皇帝对于解决犹太问题的

263

――――――――――

　　①　这里可能少算了八个月。

命令。阿古利巴出于同样的目的，与提多一道启程回罗马。因为是冬季，他们乘坐战舰沿着希腊海岸前进。正在这时，统治了七个月零七天的加尔巴被暗杀，奥托接任了他的职务，宣布自己为国家的领袖。阿古利巴决定完成他的航行，仿佛任何事都没发生一样；而提多像是受到神灵的驱使一样，经希腊到叙利亚，全速返回恺撒利亚，与父亲会合。这两位指挥家急切关注着国内局势，一时不知如何是好。考虑到罗马帝国根基动摇，前途未卜，这个时候侵略他国不合时宜，于是对犹太人的侵略计划就暂时搁浅了。

可是，耶路撒冷还是没有和平可言。有个很容易冲动的人叫西蒙，是焦拉斯的儿子，生来就是格拉森人。他虽不及耶路撒冷的首领约翰有谋略，但在体格、胆量方面有优势。为此，他被大祭司阿纳努斯驱逐出阿可拉巴提尼王国，被迫投入了控制着马萨达的强盗的怀抱。起初，他们对他抱有戒心，只允许他和他带来的女人进入要塞的下层，他们自己则占据上层。后来，他们发现他和自己臭味相投，是一路人，看起来值得信赖，他们就带着他一同参与远征抢掠，突袭马萨达附近地区。然而，他的口才没能说服那些强盗进行更具野心的活动，他们已经习惯了要塞，不敢在离窝太远的地方活动。但是西蒙已经下定决心篡夺至高无上的权力。得知阿纳努斯的死讯，他回到了丘陵地区。在那里，他宣称给奴隶自由，给自由人犒赏，集中了整个地区的渣滓。他的力量刚刚有所壮大，就迫不及待地占领了该地区的村落，直到源源不断的新兵促使他向平原地区扩展。很快，城镇里的人无不谈其色变，甚至身居高位的人也被他的势力和不断得势引入歧途。这样，军队里面不再只有奴隶和强盗，还包括了许多有身份的市民。他们都服从他的命令，把他看做国王。随后，他控制了阿可拉巴提尼王国以及远至大以土买的整个地区。他在一个叫奈恩（Nain）的村庄附近建了一座围墙，以保护自己不受攻击。在法兰（Pharan）山谷，他发现了一些有用的山洞。他扩建了另外许多这样的山洞，用于保护其财富，储藏战利品和豪夺的谷物，以及安置他大部分的武装匪徒。显而易见，他正在训练军队，准备攻击耶路撒冷。

　　奋锐党人对西蒙的图谋非常吃惊，决定把这个日益强大的势力扼杀在襁褓中，因此他们全副武装带着大军对其讨伐。西蒙出来迎战，痛击敌人，造成敌人伤亡严重，并把幸存者赶回圣城。当时西蒙还没有足够的把握攻城，所以先带领两万精兵，向边境进发，踏上了征服以土买的征程。以土买当局迅速召集了国内最勇猛的斗士约两万五千人在边境等待西蒙，其他人则留守家园，防备来自马萨达的西卡尼人的袭击。两军交战整整一天不分胜负。西蒙撤兵回到奈恩，以土买人也回到自己的家园。不久之后，西蒙扩增了大军，再一次攻打以土头的领土，并在附近一个名为泰克阿（Tekoa）的村庄安营扎寨。同时他派遣他的一名军士以利亚撒到附近的希律堡诱降。不知就里的卫兵们立即把以利亚撒带进城里。当以利亚撒挑明来意时，他们拔出箭指责他。发现自己插翅难飞，他纵身从城墙上跳进下面的峡谷，当即毙命。这时，以土买人彻底被西蒙的力量威慑住了，他们决定在把敌方的情况搞清楚之前不鲁莽行事。 265

　　其中一个叫雅各的军官主动提出去敌营探探情况，实际上却是打算叛逃。从以土买军队集中的村庄奥鲁若斯（Olurus）出发，他径直去见了西蒙并与他签订了条约。西蒙庄严承诺会赏他一个官位，而作为交换，雅各必须首先把自己的家乡交出来，然后协助西蒙征服整个以土买。达成这个共识后，西蒙盛情款待了雅各。雅各深受鼓舞，回到了自己的阵营。他把西蒙军队的人数谎报为实际数目的好几倍，从而大大破坏了军官的士气，渐渐影响了整个军队的斗志。见此情形，他极力主张把全部权力交给西蒙，不战而降。在谈判期间，他派信使去邀请西蒙，并许诺要疏散以土买人。他确实做到了这一点。当敌方大军驶近时，他第一个跳上马，和他的同伴畏罪而逃。整个防卫的军队慌了手脚，没等双方开始交战纷纷离开各自的岗位逃回家中。西蒙就这样出人意料地没有流一滴血开进了以土买，然后突袭并占领了小城希伯伦（Hebron）。按当地居民的说法，希伯伦是这个国家最古老的一个城市，甚至比埃及的孟斐斯还要古老，被认为已有两千三百年的历史了。他们说此地是犹太人的祖先亚伯拉罕自从美索不达美亚迁走后的居所，然后他的后代又从这里迁往埃及。在这个小城，他们用上等大理石修建的精美坟墓即使在今天也很显眼。离该城四分之三英里处有一棵巨大的针叶树，据说自上帝创造世界之日就已存在。在那里，他抢夺了大量的战利品及充足的谷物，然后他率大军横扫了整个国家。他不仅劫掠了村庄和城镇，而且还有农村地区，因为除了重步兵外，他还有四万军队，因此他甚至难以给他们提供最基本的生活。除此之外，他的残暴性格以及对以土买人的报复心理也是他踩躏这片土地的主要原因。正如蝗灾过后整个森林一片荒芜一样，西蒙的军队过后只留下荒漠了。他们放火烧了一些地方，把一些地方夷为平地。这个国家任何地方生

长的所有东西，要么被践踏，要么被侵吞，统统都被毁灭了。他
们的铁蹄把耕田变得比贫瘠的土地还要坚硬，简言之，没有留下
任何表明他们曾经存在过的印迹。

　　所有这些激起奋锐党人新的反抗。他们不敢公开与西蒙对阵，
于是在隘口处设埋伏，捉住了西蒙的妻子和许多奴仆。随后他们
像是捉住了西蒙本人一样高兴地回到圣城。他们认为西蒙会立刻
缴械投降，乞求归还其妻。然而他们的行动没有引起西蒙的同情，
反而激起了他的满腔怒火：他抵达耶路撒冷城下，像只抓不着猎
人的受伤的野兽，把气出在所有碰到的人身上。所有出城采集草
药或柴火的手无寸铁的老人都被他折磨至死。他暴怒时，随时都
会要他人的命。他把一部分人的手剁掉，然后把他们送回去，以
此来恐吓对手，煽动人们反对对此事负有责任的那些人。他命令
他们转告说，他对至尊的上帝起誓，如果不立即归还其妻子，他
将摧毁城墙，对城里的每个人都施以相同的惩罚，无论是老的少
的、有罪无罪的，无一会幸免。不仅平民甚至奋锐党人都被这种
威胁惊吓得不得不把其妻送回。暂时平息了怒火后，西蒙借机从
长期的流血冲突中喘了口气，休整了一番。

　　煽动叛乱和内战不仅在犹地亚时有发生，在意大利也是如此。
加尔巴在罗马集会场所被暗杀。其继任者奥托与作为日耳曼兵团
提名候选人的维特利亚斯争夺王位。在意大利北部的贝德里克姆
（Bedriacum），奥托与维特利亚斯的两名将军瓦朗（Valens）和凯
尔希纳（Caccinna）率部交战。第一天奥托占上风，第二天维特利
亚斯的军队居上。战场上血肉横飞，让人毛骨悚然。当奥托在布
里塞勒姆（Brixellum）得知其大势已去时，自杀身亡，在位仅三

个月零两天，其剩余部队转至由维特利亚斯的将军管理。维特利亚斯自己则率军向罗马行进。

　　同时，韦斯帕芗离开恺撒利亚，于6月5日对尚未归顺的犹地亚的一些地区发起了进攻。他进入丘陵地带，征服了两个小王国（高夫纳王国和阿可拉拜塔王国）和两个小城［贝瑟尔（Bethel）和埃弗拉伊姆（Ephraim）］。在这些地方设了驻军之后，他一路行进到耶路撒冷，途中见人就杀，捕获了许多战犯。其中有一个叫斯里尔琉斯的军官率领一小部分骑步兵，洗劫了以土买高地，毫不费力地攻取并放火烧了自诩为城市的凯弗瑟拉（Caphethra）。一系列初步的袭击后，大军包围了卡法拉宾（Capharabin）。城墙确实很坚固，他不得不做长期包围的打算。这个时候，突然城门大开，大批的城中居民手持橄榄枝跑出来投降。接受了他们的妥协后，斯里尔琉斯向希伯伦进发。希伯伦也是一座非常古老的城市，正如我们所看到的那样，它坐落在离耶路撒冷不远的丘陵地带。强攻进城后，他屠杀了所有被发现的人，老的少的无一幸免，然后放火把这座城市夷为平地。除了被强盗控制的希律堡、马萨达和马卡鲁斯外，所有的地方都已被攻占。此时罗马人的目标是耶路撒冷本身了。

　　在奋锐党人把他的妻子放回后，西蒙回到尚存的以土买地区。他对该地区的蹂躏迫使大部分人逃到了耶路撒冷。他追到耶路撒冷并包围了该城，杀死任何一个被逮住的去往乡村的工人。人们发现城外的西蒙比罗马人还让人毛骨悚然，而城内的奋锐党人更野蛮，其中加利利人分部更是以独一无二和厚颜无耻的恶行著称。是他们把大权交给约翰，位居权力顶峰的约翰为了奖赏他们，给予他们每个人随心所欲的权力。他们劫掠的贪欲永无止境：他们洗劫富人的房屋，杀死男人，强暴妇女，用鲜血庆贺他们获得的赃物。他们还因为无聊和厚颜无耻，做出了女人化的举动：他们戴上头饰，穿上女人的衣服。为了更引人注目，他们把全身泡在香精里，眼睛下面涂上眼影。他们不仅模仿了女人的衣物，甚至仿效女人的激情，极为龌龊地寻欢作乐。他们做尽最肮脏的勾当，把整个城市变成了妓院，污染生灵。然而，尽管有着女人的脸面，他们却有着恶魔般的双手。他们迈着小碎步缓缓走来，可是即刻之间就从染了色的披风下面拔出利剑向行人刺去，一副杀人狂魔的姿态。从约翰手里逃出的人在西蒙那里受到更惨无人道的待遇，侥幸逃离城内暴君的人无一不被城门外的暴君杀戮。因此，对于那些想投靠罗马的人，所有逃跑的路都被切断了。

268

　　但是约翰的军队内部也发生了暴动。由于痛恨约翰的残暴、嫉妒他的大权，整个以土买分部独立了出来并与篡位者开战。他们除掉了一部分奋锐党人，把其余的一直追赶到伊萨（Izas）的皇宫，这宫殿是由阿迪亚伯纳国王的女性亲属格利普特（Grapte）建造的。以土买人涌进宫殿，把他们从那里赶到圣殿，然后开始劫掠约翰的财物。约翰自己原来就住在这个宫殿，横征暴敛来的财物也放在这里。同时，散布在城市各个角落的奋锐党人与圣殿里的逃亡教徒联合起来。约翰决定带领他们共同反对市民和以土买人。以土买人要比奋锐党人更加勇猛，可是与进攻比起来，他们更害怕奋锐党人的疯狂，因为他们或许会半夜偷偷从圣殿里溜出来，杀死对手，把整个城市夷为平地。因此，以土买人召集主祭司开会商讨对付奋锐党人进攻的最好方案。但似乎是上帝把他们的思维引入了愚蠢的境地，为了逃命，他们竟然选择了比死亡更可怕的办法：为了推翻约翰，他们一致同意让西蒙进来，手里拿着橄榄枝让另一个暴君进城。这个决定很快就实施了，他们派大祭司马提亚去请西蒙，请这个他们惧怕的人进城！许多市民为了逃脱约翰，保护自己的家园和财产，纷纷支持这个决定。西蒙傲慢地表示愿意做他们的主人。他带着一种要把奋锐党人扫荡出城的神气进城，市民欢呼他是救世主、保护神。但进了城后，他的唯一目的就是要建立自己的霸权地位，他把邀请他来的人与要镇压的人都看成他的敌人。

因此，在战争第三年的四月，西蒙成了耶路撒冷的首领。约翰和奋锐党人因为无法离开圣殿，他们所有的财产被西蒙的人一扫而光而损失掉了，他们的安全也毫无希望得到保障。在市民的帮助下，西蒙开始进攻圣殿。敌人守着柱廊和城垛，打退了他们的进攻。由于奋锐党人居高临下，很容易就把箭瞄准了他们，效果惊人。因此，西蒙的人死的死，伤的伤，损失惨重。在有利地形的基础上，他们又建造了四座塔楼，以便从更高处发射武器：一座位于东北角，一座在竞技场上方，第三座在下城对面的另一个角落里，而第四座塔楼建在祭司的房顶上。在每个第七天的前一天傍晚，就会有一个祭司一成不变地站在屋顶上用喇叭告诉人们该停止工作了；第二天晚上用同样的方式宣布这一天的结束，号召人们继续工作。他们把快速装弹机和投石器搬到塔楼上，配备了弓箭手和投石手。此时，西蒙的进攻变得犹豫不决，其军队大部都失去了斗志。西蒙在人数上有优势，尽管远程石炮占用了许多人手，但是他仍然坚守着。

与此同时，罗马也受到了严重的冲击。维特利亚斯携大军及一大帮食客从日耳曼归来。由于安排给士兵的住房不够，他把每家每户都安排了武装士兵，整个城市都变成了营地。这些人从没见过周围这么多闪闪发光的金银和罗马人的财富，很不习惯。他们抑制不住贪婪的欲望，开始抢掠财富，杀戮任何阻拦他们的人。这就是意大利的情况。

韦斯帕芗消灭了耶路撒冷周边地区的反对势力后回到了恺撒利亚。在那里，他得知罗马动乱、维特利亚斯登基的消息。他不仅知道如何指挥，也懂得如何服从。但是这个消息还是惹恼了他。他不能接受一个将帝国视作废墟、对其进行疯狂攫取的人做主人。他对于所发生的事情万分悲伤。想到自己的故土正在被洗劫，他却关注着其他地区的战争，他真忍受不了这种折磨。但是尽管愤怒驱使他去保护故乡，可是遥远的距离抑制住了他：想到在抵达意大利之前，特别是如果他在冬季航行的话，命运中不知有多少阴谋诡计在等着自己，他控制住了无法遏制的愤怒。

但是他的非正规部队的军官们及士兵已经在公开谈论革命，义愤填膺了。"罗马的士兵整天荣华富贵，谈战色变，把他们自己喜欢的人推上王位，完全依时势任命皇帝。我们呢，成年累月在战场上拼杀，流血流汗，却让他们占了便宜。何况在我们营中还有更有权利继承王位的候选人。如果我们错过这个回报他给我们恩情的大好机会，还会有比这更好的机会吗？正像我们比那些推举维特利亚斯的士兵要好得多那样，韦斯帕芗比他更有权利得到王位。我们所进行的战争与在日耳曼进行的战争比起来毫不逊色。作为军人，我们经得起与把那个暴君带回国的士兵的比较！

270

但竞争是没有必要的，元老院和人们不会放弃一位像韦斯帕芗那样严于律己的人而忍受一个像维特利亚斯那样肮脏的笨蛋，不会拒绝一位慈爱的领袖而选择一个残忍的暴君，不会选择一个无嗣之徒而放弃一位父亲。因为和平的最好保障是拥有出类拔萃的王子。那么，如果需要长年累月的经验才能成就好的政府，我们有韦斯帕芗；如果需要年轻人的活力，我们有提多。这样两个年龄的优势就结合起来了。不仅我们会带着国王分配的三个军团和分遣队全力以赴支持我们所推选的人，并且，除了韦斯帕芗的弟兄和另一个儿子的支持之外，所有东部地区，维特利亚斯势力以外的大片欧洲，意大利盟军都会支持他。无论他们中间哪一位，都会得到许多地位显赫的年轻人的加盟。另一位已经被托管掌控圣城，这对要得到皇室荣誉的候选人来说是一笔巨大的财富。总之，如果我们错过了这个良机，那么极可能出现的情况是士兵们帮助元老院任命的人守住帝国，然后再把他推翻。"

这就是一群士兵之间的交谈，然后他们联合起来，相互鼓励，宣布韦斯帕芗为皇帝，希望他去拯救摇摇欲坠的帝国。韦斯帕芗确实一直为整个国家的前途担忧，但从未想过要追求皇权。尽管他意识到论贡献他可以要求皇权，但是与地位上升带来的危险相比，他更喜欢私人生活的安全感。当他拒绝他们的邀请时，军官们却愈发坚定。士兵们手拿利剑围着他，威胁说如果他拒绝本该得到的生活，他们就杀了他。他认真地陈述了自己拒绝皇位的多个理由，但他无法说服他们，只好接受了他们的任命。

慕西阿努斯和其他军官催促韦斯帕芗尽快登基，普通士兵却疾呼让他带领他们扫平一切障碍。韦斯帕芗首要的忧虑是要控制

亚历山大里亚，因为他知道埃及是帝国最重要的地区，因为它供　271
应粮食。曾经做过埃及领袖的他深知，如果敌对状况拖得过长，
他就能让维特利亚斯的局势变得不可收拾，因为罗马人不会甘愿
挨饿。其次，他想得到亚历山大里亚两军团的支持。最后他打算
把这个国家变成他抵御不可估算的命运的屏障。埃及是一个很难
从陆地进入的国家，而其海岸线上几乎没有港口。在西面它受到
利比亚干旱地区的保护，南面是阿斯旺（Assuan，埃及和埃塞
俄比亚的分界）和不可通航的尼罗河瀑布，东面是延伸到科普托
斯（Coptus）的红海，其北方的壁垒是连接巴勒斯坦和埃及海的
地区，该地区甚至没有泊处。因此，埃及四面都是屏障。贝鲁辛
城（Pelusium）距阿斯旺约二百三十英里；从普林辛（Plinthine）
到贝鲁辛城的海路是四百多英里。①尼罗河可通航的最远处是象岛
城（Elephantine），过了该城，航行被上面提到的瀑布所阻隔。即
使是在和平时期，靠近亚历山大里亚的港口也不是一件容易的事，
因为其入口很窄，并且水面下的暗礁让航线曲折难行。其左首用
人工防波堤封闭着；右首离海岸不远是法罗斯岛，岛上有个十分
巨大的灯塔，其灯光在三十五英里以外也清晰可见，用来提醒来
船夜间在远离海岸处停泊，因为入港很困难。该岛屿周围是巨大
的人工防护墙。海水使劲拍打着它们，冲击着对面的屏障，使得
水道波涛汹涌，狭窄的入口处危机四伏。然而，三点五英里长的
港口内部非常安全。这个国家所缺乏的所有必需品和奢侈品都被
运送到该港口，同样，这个国家所生产的盈余必需品也是通过该

-----

① 这些数字不是很准确，第一个似太小，第二个又太大。

港口出口到世界各地。

韦斯帕芗自然急于控制那里以确保整个帝国的稳定。因此，他立即发信给埃及和亚历山大里亚的总督提比略·亚历山大，告诉他军队的决定使他不得不承担帝国的重任，并寻求他的合作与协助。亚历山大大声朗读完这封信后，迫不及待地召集士兵及市民宣誓效忠韦斯帕芗。他们从韦斯帕芗在非洲战役的指挥中了解到他是一位出色的人物，所以都乐于服从。因此，被邀请为登基铺平道路的总督为将军的到来做好了一切准备。顷刻间，消息就传到了东部地区，各个城市张灯结彩庆祝这个好消息，并代表韦斯帕芗供奉了祭品。美西亚（Moesian）和帕诺尼亚（Pannonian）军团仍然对维特利亚斯的莽撞心怀不满，所以更乐于效忠韦斯帕芗。韦斯帕芗从恺撒利亚出发来到贝鲁特。在那里，来自叙利亚及其他多个行省的代表团接待了他，送来了各个城市送来的王冠、祝贺信函。该行省的总督慕西阿努斯也赶来了，并且给他带来了大家普遍拥戴他、各个城市都宣誓效忠他的消息。

对于韦斯帕芗来说，一切都很顺利。除了极少例外，一切都在推动他达成目标。现在他感觉到神在帮助他取得政权，公正的命运选举他做世界的君主。在一个又一个地方，一系列的征兆都预示着他的统治。他尤其记得约瑟福斯的话。约瑟福斯在尼禄仍在位时，就胆大包天地称呼他为帝王。想到他仍然是自己手下的一名俘虏，他就痛心起来。因此他召集慕西阿努斯和其他军官及朋友，先是详述了约瑟福斯超人的精力以及他在约塔帕塔给罗马人创造的困境，接着描述了自己当时怀疑约瑟福斯是出于惧怕而捏造的、但是经时间和事情的进展而证明是真正受到启示的预言。

他说："这个预言了我掌权的上帝旨意的传达者仍然被当作俘虏对待是多么让人震惊！"然后他让人把约瑟福斯召来，命令把他放了。看到一个外国人就能得到这样的报偿，这些军官们自信地认为他们会得到更好的礼遇。但是，在场的提多喊道："父亲，我们应该把他的耻辱同他的脚镣一同取下。如果把镣铐砍断，而不是把它解开，这就相当于是特赦。"这是对一个被不公正地囚禁的人的普遍做法。韦斯帕芗同意这样做，于是一个拿着斧子的人走过来一下子把镣铐砍断了。约瑟福斯就这样凭借以往的预言重新获得了公民权，现在大家都相信他具有预测未来的能力。

回复了代表团以后，韦斯帕芗精心挑选了各个行省的总督，然后向安提俄克行进。在那里，他考虑该采取何种行动。考虑到亚历山大里亚已经归顺他了，而罗马因为维特利亚斯还处于动乱之中，他最后决定在罗马驻兵而不再去亚历山大里亚。因此，他派遣慕西阿努斯率大批步骑兵向意大利挺进。慕西阿努斯不愿在严冬季节航行，于是经卡帕多克亚和佛里几亚沿陆路行进。

同时，安东尼亚斯·普利摩斯带领第二军团从他掌管的美西亚正全速前进，准备与维特利亚斯交战。维特利亚斯派遣凯基那·阿列努斯（Caecina Alienus）率大军去迎战。维特利亚斯鉴于他在同奥托斗争中的出色表现，对他抱有充分的信任。凯基那全速从罗马出发，在位于刚过意大利边境线的高卢城市克雷默那（Cremona）附近与安东尼亚斯相遇。当他看到大量训练有素的敌军时，他突然不想作战了。考虑到撤退很危险，他决定投降。于是他召集了百人队长和护民官，力劝他们向安东尼亚斯投降，同时贬低维特利亚斯的力量，夸大韦斯帕芗的兵力。他说，其中一

个皇帝只是徒有虚名，另一个才是大权在握，因此他们最好还是
识时务并适应它。如果交战必输无疑，那么他们必须依靠智慧逃
脱劫难。即使没有他们的帮助，韦斯帕芗也能赢得现在还不属于
他的天下；而维特利亚斯即使在他们的帮助之下，也不会保住已
经获得的东西。

说了这样一席长话，凯基那说服了整个大军向安东尼亚斯倒
戈。但是，就在当天晚上士兵们改变了主意，惊恐地意识到派他
们来的君主才可能是赢家。因此他们拔出宝剑冲上来要杀了凯基
那，要不是护民官下跪乞求他们不要那样做，他们的图谋就实现
了。他们把他绑起来，准备带到维特利亚斯面前。得到这个消息，
安东尼亚斯·普利摩斯立即召集人马，全副武装讨伐暴乱者。他
们排成阵式反抗了一会儿，但不久就向克雷默那方向逃去。普利
摩斯带领骑兵阻止他们进城，在城前包围并歼灭了敌人大部，与
幸存者一同冲进城里，借机劫掠了该城。结果除了维特利亚斯整
个三万两千军队被消灭外，许多外国商人及本地居民也丢了命。
其中从美西亚来的士兵损失了四千五百人。安东尼亚斯放了凯基
那，并派他去向韦斯帕芗报捷。他一到达就受到意想不到的优待，
他本人骇人听闻的变节不久也被遗忘了。

在罗马，萨比努斯得知安东尼亚斯正步步进逼，更加自信了。
他召集拥有武装的夜巡步兵队夜间占领了主神殿。黎明时分，许
多贵族加入进来，其中有他兄长的儿子图密善，他是成功的主要
希望。维特利亚斯对普利摩斯不屑一顾，但是对支持萨比努斯叛
乱的人大动肝火。与生俱来的凶蛮使他决定拿贵族的血做代价。
他命令同他一起回到罗马的那部分军队立即攻打议会。攻守双方

都英勇无比。最终，人数多的获胜了，从日耳曼来的军队夺取了山头。图密善和许多领头的市民逃跑了，而余下的驻军遭到全歼。萨比努斯被押到维特利亚斯面前被处死了，士兵们抢劫了神殿的财物之后把它放火烧了。第二天安东尼亚斯率大军赶到，双方在该城三个地区交战。维特利亚斯的军队几乎损失殆尽。维特利亚斯从宫殿里出来，他酩酊大醉，酒足饭饱，只是这是他最后一次行乐了。他被人从人群中拉出来，受尽各种侮辱和折磨，在统治了八个月零五天后于首都中央被凌迟处死。我怀疑要是他活得再长一些，帝国是否能满足他的欲望。其他确切的伤亡人数多于五万。所有这一切发生在12月3日。①

　　第二天，慕西阿努斯带大军到达，阻止了安东尼亚斯的士兵继续屠杀。当时，他们还在搜查民宅，屠杀维特利亚斯的士兵及其市民中许多所谓的追随者，盛怒使他们根本不去仔细鉴别。然后慕西阿努斯向聚集的民众推荐图密善在他父亲到来之前担任该城邦的首领。终于摆脱恐惧的人民拥戴韦斯帕芗为皇帝，并且庆祝他的登基和维特利亚斯的垮台。

　　到达亚历山大里亚之后，韦斯帕芗收到来自罗马的佳音。来自世界各地的使节纷纷前来祝贺，使仅次于罗马的亚历山大里亚城区拥挤不堪。既然此时整个帝国已经稳定，罗马的霸主地位也惊人般地重建了，韦斯帕芗把他的注意力转移到犹太之战的最后阶段。但是，他急于在冬季结束之时亲自动身去罗马，因此他集中精力处理亚历山大里亚诸事宜，并派遣提多率精兵摧毁耶路

275

---

　　① 按照罗马历法是21日。

撒冷。提多经陆路行进到离亚历山大里亚两英里半的尼可伯里斯。在那里,他登上海军舰艇,向尼罗河上游前进,途经门德斯(Mendes)地区到达瑟姆斯城(Thmuis)。从那里下了海军舰艇,他行进到一个叫塔尼斯(Tanis)的城镇扎营过夜。第二个停留处是赫莱克利欧伯里斯(Heracleopolis),第三处是贝鲁辛。这里大军歇息了两天,第三天早晨他穿过帕鲁先河口。他又行进整整一天穿过了沙漠,在卡西安宙斯神殿附近安下营来。第二天行进到达奥斯塔坎(Ostrakine)停留,因为该地没水,居民不得不从别处运水。然后,他向瑞考鲁拉进发,从那里到达位于巴勒斯坦边境的第四个停留处拉菲亚。他把第五个营地建在加沙,从那里前进到阿什克伦、扎莫尼亚、约帕,最终抵达他事先决定集合其他军队的恺撒利亚。

第十七章　围困耶路撒冷：第一阶段

　　提多依照我们已经描述过的方式经沙漠地带从埃及行进到巴勒斯坦，到达了恺撒利亚。在那里他决定集合他的所有军队。当他还在亚历山大里亚帮助父亲建立上帝刚刚托管给他的王权时，耶路撒冷地区已经爆发了党派之争。现在是三方之争，因为其中一方分裂成了两派，这是在这种悲惨的情况下出现的最幸运的转机。奋锐党人对市民的攻击及其起源和可怕的进程已详细描述过了，而这只是该城劫难的开始。要是我们把这场派系内部之争描述成因为缺少食物而发疯的野兽吃同类的肉，那不会错到哪儿去。

　　以利亚撒（西蒙的儿子）从开始就把奋锐党人和市民区别对待。他把他们集中到圣殿围地，声称对尚未满足嗜杀欲的约翰每天犯下的暴行深恶痛绝。事实上，他是不能容忍后他而到的篡权者的控制：他下定决心得到绝对权力和独裁统治。因此，以利亚撒带着两位有影响力的人物——犹大［凯尔斯阿（Chelcias）的儿子］和西蒙［艾子龙（Ezron）的儿子］以及一位很有名气的人物——希西家［晁巴利（Chobari）的儿子］脱离了约翰。因为这三个人中的每个人都有一帮数目不小的奋锐党支持者，所以他们控制了圣殿的内院并占领了圣门上方神圣的三角楣饰的位置。供给很充足，这一点上他们毫不担心：对于那些肆无忌惮的人来说，神圣的物品源源不断。但是他们因为自己人数太少而深感恐惧，所以大部分时间保持静默，没有采取行动。约翰虽然在人数上有优势，可他所处的位置很尴尬：因为敌人在头顶上，所以他没有信心攻击他们。但如果他不采取行动，又会气死。所以虽然比以277　利亚撒损失要大，但是他不会就此罢手：突围反击和弹雨攻击接连不断，鲜血玷污了圣殿的每个角落。

　　人们在苦难绝望中召进来的焦拉斯的儿子西蒙，没有像他们希望的那样带来救助，反而被证明是一个更大的暴君。他控制着上城及下城的大部分地区。现在，他对约翰发起了更猛烈的进攻。因为约翰同时受到来自上面的进攻，西蒙不得不像约翰从下面进攻以利亚撒那样从下往上攻击敌人。约翰上下受敌，不输不赢，因为他在战略位置上低于以利亚撒而损失的和他在位置上高于西蒙而得到的相抵消。他使用轻武器就能轻易对付来自下面的进攻，但他使用石炮等器械来抵御从圣殿上面射下来的矛雨。他拥有足够多的快速装弹机、石弩和投石机。这些武器使他不仅击退了进攻的人，也杀死了许多提供祭品的人。尽管他们疯狂至极亵渎神明，但仍允许那些想要捐献的人进入圣殿。这些人中有抱有疑虑、谨慎小心的本地人，也有不怎么思忖的外国人。但是，尽管这些人使奋锐党人羞愧于自己的残暴，所以被允许进入，但他们往往成为暴乱的牺牲品。沉重的石弹以惊人的速度往圣坛和圣堂上打来，打在祭司和祭品上。那些从遥远的世界各地急急忙忙赶来游览这个被众人认为是圣地的人们，在自己所献的祭品面前被击倒，鲜血洒满了被希腊人和野蛮人所敬重的圣坛。本地人和异族人、祭司和普通人的尸体堆积如山，人和野兽在圣殿内血流成河。

不幸的城市啊！与这相比，罗马人给你们的苦难算得了什么啊？
他们进了城门用大火清洗你们的污垢：你已经不是上帝的城市了；
既然你已经是自己子女的坟场，已经把圣殿变成了互相残杀的人
的共同坟墓，你就不能继续存在下去了。要是你能让毁灭你的人
向上帝赎罪，那么即使现在你也可以恢复生机。可是为了遵循历
史法则，即使是最深厚的感情也要抑制。这不是个人哀叹的时候，
而是要记录事实。下面我要解释一下叛乱随后发生的事。

　　反对圣城的阴谋者现在分成了三帮。一帮是以利亚撒和他的
人。他们掌握着神圣的作为祭品的第一批果实，每天喝得醉醺醺
的，把愤怒撒在了约翰头上。第二帮是约翰和他的人。他们洗劫
了市民，并对西蒙发起了进攻。最后是西蒙帮。他们在同敌对派
系战斗的过程中得依靠这个城市的供给。无论何时受到来自上下
两方的攻击，约翰都会让众人两面迎敌。他一面从柱廊上发射弹
雨攻击从城里上来的人，一面使用大炮击退圣殿上发射箭雨的人。
来自上方的压力稍有减轻——通常这是由于醉酒和体力耗竭造成
的——他都会向西蒙的阵线发动更胆大妄为的、更大规模的进攻。
无论在城市的哪个地方，他都把储存着粮食和各种供给品的房子
烧成灰烬。他一松手，西蒙便接踵而至，如出一辙。仿佛是在帮
罗马人的忙，他们正在破坏这个城市为反围困而囤积的一切，不
断消减自己的力量。无论如何，最终圣殿周围的所有建筑物都被
烧毁，夷为平地了。整个圣城成为一片荒芜的无人管辖区，在那
里他们互相残杀，几乎所有的足以支撑多年围困所需的粮食都化
为灰烬。是饥饿打败了他们。要不是他们自己作孽，这样的事情
是无论如何不会发生的。

　　整个城市变成了这些密谋者及其追随者的战场。在他们的争
斗中，人们像一个巨大的尸体被撕成碎片。老年人和妇女在城内
受尽了苦难，祈祷着罗马人的到来，翘首以待能够使他们摆脱内
部苦难的城外战争。忠诚的市民心中充满了恐惧与绝望：他们没
有机会改变政策，没有希望和解或逃跑，即使他们有这样的愿望。
到处都是护卫队。土匪头子们虽然因为其他事情而争吵，但却在
一件事情上达成了共识：他们把所有赞成与罗马人和解或被怀疑
有倒戈意向的人当作共同的敌人统统处死，即杀害那些值得生存
的人。厮杀的人没日没夜地大声叫喊；更为可怕的是那些丧失亲
人的人出于恐惧而发出的呻吟。灾难导致了他们永无休止的悲伤，
可是压倒一切的恐惧抑制了他们的哭喊：他们不敢大声说出自己
的悲伤，只能痛苦地呻吟，忍受让人窒息的煎熬。活着的人对本
族的人也不再关心，死了的人没人费劲去埋葬。这两种情况的原
279 因是每个人都对自己的生命绝望了。那些不属于任何派系的人对
任何事情都失去了兴趣，反正不久都是要死的。而那些党徒们践
踏着成堆的尸体疯狂地争斗着，脚下尸体上的鲜血使他们变得更
加野蛮。他们不断发明出新的自我毁灭的方法，残忍地付诸实施。
没有哪一种暴行或野蛮的方式他们没有尝试过。实际上，约翰还
盗用了圣材去造打仗的器械。这些木材是大祭司和人们曾经决定
支撑圣堂用的，想把它的高度提高三十英尺。它们是阿古利巴国
王花大力气和重金从黎巴嫩运送过来的笔直、体积巨大的梁木。
但是战争打断了这项工程。约翰发现它们的长度可以够到上面圣
殿上的敌人，就把它们锯断用于建造塔楼。他竭力把塔楼往前建
在圣庭后方西面凹处的上方，这里是唯一可能的地方，因为其他

各个面完全被楼梯切断了。

就这样亵渎神灵，建造好了进攻的器械后，约翰希望能打败敌人，但他还没来得及把任何人送上塔楼，上帝就把罗马人带进城来，打乱了他的如意算盘。这时，提多已经聚集了一部分军队，命令剩余部分在耶路撒冷会合。他率领受其父王之命已扫平犹地亚的三大军团和第十二兵团从恺撒利亚出发。在克斯提乌斯带领下的十二军团曾经失利过，但是一直以其勇气著称于世。一直没有忘记耻辱的他们更加急切地前进，想一雪前耻。他命令其中的第五军团途经以马忤斯，第十军团向上途经耶利哥与他会合。他本人亲率余下的大军及更多来自皇家同盟军和叙利亚的助军前进。韦斯帕芗从第四军团挑选了一部分士兵跟随慕西阿努斯去了意大利，剩余的人与提多带来的部队会合。提多从亚历山大里亚挑选了两千名精兵，从驻守幼发拉底河的部队中选了三千名士兵。与提多一道的还有经受住时间考验的忠诚和智慧的友人提比略·亚历山大。他最近一直为罗马人效力，管理埃及，作为对其成为第一个欢迎新皇室的人的奖赏，他被委以掌管军队的大权。他忠心耿耿，在前途未卜的时候，把自己的命运同军队的命运紧紧联系在一起。阅历和经验使他成为应对战争中出现不确定因素的最出色的顾问。

继皇家军队和所有的联盟队组成的先头部队之后，提多行进到敌方区域。接下来抵达的是修路工人和建筑营房的工人，其次是由武装力量护送来的军官的行李包，之后是总司令及其率领的长矛兵和精兵。然后是军团骑兵。他们后面跟着石炮等器械，由护民官及步兵队长带领的精兵紧随其后。然后是号兵，后面紧跟着旗子围着的鹰像，这之后是六列并排着行进的主纵队。下面是紧跟着行李车的从属于各个军团的仆人。最后边的是后卫严密监护下的雇佣兵。提多秉承罗马传统，治军有方，整个大军严整有序，迅速经撒玛利亚到达其父业已占领并驻军的高夫纳。在此休息了一晚后，他们于第二天拂晓时分继续前进。大军马不停蹄行进了一天后，在离耶路撒冷大约三英里半的伽巴斯索尔（Gabath Saul）村（索尔的山）附近，被犹太人称作荆棘谷的地方扎营休息。荆棘谷是距耶路撒冷大约只有三点五英里的一个村庄。从那里提多带领六百名精骑兵先去试探耶路撒冷城的力量以及犹太人的状况——他们是否会一见到自己，不经动武就恐慌地纷纷缴械投降呢？因为之前他得到的可靠消息说，那些被造反者和恐怖分子控制的、由于力量薄弱无力反抗的市民其实是渴求和平的。

　　当他们沿着通向城墙的公路直驱前进时，没有一个人露面。可当他离开公路，带领人马往塞弗努斯塔楼（Psephinus）斜向前进时，一大群犹太人突然从女人塔（Women's Tower）旁边的海伦娜纪念堂（Helena's Monuments）对面的大门涌出，径直冲向骑兵队伍。他们列成一排，拦截住还沿着公路全速前进的骑兵，阻止他加入到已经拐弯的队伍中来。这样提多和他的少数人马就孤立无援了。他前进不得，因为从这里到城墙全被挖成用来建造园林的壕沟，并且被交叉墙和树篱笆隔开。他意识到此时撤退到自己的军队里已不可能，因为有这么多敌人挡在中间。而且公路上的军队也已经逃跑了。大部分人不知道王子正处于危难之中，还以为他也逃命了呢，所以挡也挡不住。此时，提多意识到只有自己的勇气才能救自己，于是他拉紧缰绳，大喊其他人紧随，直冲

向敌人中间，下定决心在敌人中间杀出一条血路。显然，此时战 281
争的命运和王子的命运紧握在上帝手里，因为我前面已经提到，
提多前来的目的是观察而不是战争。他既没戴头盔也没穿胸甲，
弹雨接连不断打下来，可仿佛是故意错过目标似的，矛雨簌簌而
下，但一支也没射到他身上。他一次又一次地用利剑左挡右突，
把飞来之箭驱散，杀死阻挡他前进的敌人，然后踏着马蹄下的敌
人往前冲。看到恺撒英勇无畏，敌人大喊："抓住他！"但是无论
他走哪条路，敌人都闻风丧胆、四面逃窜。与他共患难的骑兵尽
管侧翼和前方受敌，却一直紧跟着他，因为他们唯一的活路是同
提多一起在被包围之前开辟出一条道路。事实上，两个骑兵落在
队伍后面，其中一个被包围，连同战马被刺死；另一个坠了马，
也被刺死了，他的马也被牵走了。提多带着剩余人马安全地杀出
回到了营地。初战告捷，犹太人忘乎所以，十分自信，命运短暂
的眷顾让他们对未来充满了无尽的信心。

　　夜间，恺撒与从以马忤斯来的军团会合。清晨，他出发到瞭
望山上。这里是能看到圣城及金光闪烁的圣殿的第一个制高点。
它略微高出其他地面，与耶路撒冷城北部地区毗邻，因此起名瞭
望还是很合适的。他命令在离城四分之三英里处为两个军团搭建
营房，其中第五军团往后六百码，因为他认为颇受夜间行军劳顿
之苦的士兵应该得到保护，这样他们就能安全建造防御工事。工
程刚一动工，第十军团就从耶利哥赶到了，只留下一队步兵驻守
先前被韦斯帕芗占领的隘口。该军团被安排在距耶路撒冷城约四
分之三英里处一个叫橄榄山（the Mount of Olives）的地方安营
扎寨。该地区位于圣城东面，与圣城之间隔着一条被称为汲沦谷

（Kidron）的深谷。

此时，圣城里混战厮杀的派系看到敌人从城外突然来到，来势凶猛的战争即将来临，第一次停止了他们之间无休无止的自相残杀。他们看到罗马人正在建造三个独立的营地，恐慌之下组成了邪恶的联盟。他们相互诘问：居然允许敌人建造能致他们于死地的防御工事，自己到底在等什么呢？是什么让他们无力抵抗呢？敌人正在建造坚固夯实的城堡与圣城抗衡，而他们呢，仿佛在旁观别人为自己建造神奇的东西一样端坐在城垛之后，手置于膝盖之上，武器放在旁边。他们大喊道："难道我们只能自相残杀吗？难道罗马人就因为我们的党派之争就能不损一兵一将占领圣城吗？"他们这样互相鼓励，联合起来，拿起武器对第十军团发动了猛烈出击。伴着让人心惊胆战的叫喊声，他们飞速穿过峡谷直扑向正在建造防御工事的敌人身上。这些人从没想过犹太人胆敢出击，他们本以为即使犹太人有这个想法，党派之争也会使其努力付诸东流，所以为了加速工程进展，他们分散开来，把武器搁在地上。因此，见到此情景他们惊慌失措，乱了阵脚。有的立即丢下工作撤退了；许多人跑去拿武器，可没等转过身来与敌人抗争就被击倒在地。看到他们的胜利，其他犹太人大受鼓舞，纷纷加入，这样他们的人数稳步上升。无论是对犹太人还是罗马人来说，他们的人数看起来都要比实际人数多很多，因为形势对他们非常有利。那些经过严格训练和严密组织，一切遵守章法、服从命令听指挥的军人最容易被这种非正统的狂妄招数吓蒙而丧失斗志。因此，在这种被犹太人抢占先机的情况下，他们未打先逃。当他们被追上不得不迎敌时，就阻挡住犹太人这股洪流，并趁着这帮人由于追赶兴奋、丧失警觉之机，给敌方造成损失。但是随着越来越多的犹太人从城里跑出来，他们更加不知所措，到了最后，罗马人竟被赶出了营地。要不是提多闻讯及时赶来救援的话，整个军团的情况可能会更加危险。他明确地斥责了他们的懦弱，然后把逃兵召集起来，并带领一同前来的精兵从侧翼对敌人发动了进攻。这样他们杀死了许多敌人，打伤更多，彻底打败了他们并把他们赶进了峡谷。在下坡处，犹太人伤亡惨重，但当他们越过峡谷，立刻以此为屏障，转过身来顽强抵抗。这样战争一直持续到中午。午后不大一会儿，提多把他带过来的增援部队以及护民队的人马召集起来，鸣金收兵，并派遣军团余下人员继续在山脊上建造防御工事。

犹太人误认为这是溃败的表现。在城墙上站岗的人摇了摇斗 283
篷后，又有一大群犹太人精神抖擞地冲到外面来。他们来势凶猛，像一群公牛般进攻。事实上，其对手都没料到他们会有这一手。他们如被大炮射中似地一下乱了阵势，纷纷往山坡上逃，把提多和少数人留在了半山腰。身边把自己的安危置之度外的忠心耿耿的朋友极力劝说提多在这帮有自杀倾向的犹太人面前还是撤退为好，不要为有义务留下来保护他的人冒险，而是要把自己独特的地位铭记于心：他是军队的总司令、世界的主人，不能做普通士兵应做的事情，也不能在一切事情都取决于他的时候极端冒险。但是提多没有听从他们的极力劝阻。他岿然不动，抗击那些猛冲上山坡想接近他的人，在他们逼近时勇敢地对其发动攻击，把其身体剁成块儿，然后猛烈攻击后面的犹太人，把他们赶下了斜坡。他惊人的勇气和力量把犹太人都吓呆了。尽管如此，犹太人还是没有撤退回城。他们四散开来，绕过提多，紧追逃到山坡上的士兵。提多就从侧翼攻击他们，挡住他们往前冲。

与此同时，在上面建造营地的那些人，看到下面的人忙于逃跑，顿时惊惶失措，乱了手脚。整个军团以为犹太人势不可当，纷纷四散而逃，连提多也被迫逃走，否则其他人在他仍然奋战时是无论如何也不会逃跑的。他们仿佛被恐惧缠身似地四散开来，直到有人看见将军在奋力厮杀，十分担心他的安全，拼命喊叫，向整个军团报告他的险境。这样，他们羞愧万分地回来了，互相谴责对方逃跑，更互相指责居然抛弃恺撒。他们集聚过来对犹太人发动了猛烈进攻，最终把他们赶下山坡，进入山谷。犹太人极不情愿地往后撤退，但是罗马人利用地势把他们全部赶进了峡谷。与此同时提多继续给面前的敌人施加压力，同先前和他并肩作战的士兵一起，坚决阻挡敌人前进，并吩咐军团人员回去建造营地。因此，要是实话实说，毫无溢美之词，也不会因为嫉妒而有所保留的话，是恺撒自己两次拯救了整个军团并保证了军营的安全建设。

284　　　外部战争稍有停息，内部派系之争又开始抬头。除酵节（即尼撒月*14日，犹太人认为他们在这一天首次摆脱了埃及的统治。）期间，以利亚撒的人半开城门允许希望做礼拜的人进入。但是约翰却利用该节日来掩盖自己奸诈的图谋。他从自己那帮人中选出大部分没经过净化最不引人注目的人，让他们私藏了武器，并成功地把他们悄悄带进圣殿，命令他们不等敌人发现就占领圣殿。这帮人一进入圣殿立即原形毕露，拿出武器。圣堂周围立刻乱成

---

　　* 尼撒月是犹太历的第七个月。

一团。与派系之争毫无关系的人们以为攻击是不加区分地冲所有人而来，而奋锐党人认为他们自己才是其攻击的目标。但是奋锐党人还是跳下防护墙，丢下在门口的岗位，在开战之前藏在圣殿的地下墓室里。然而蜷缩在圣坛以及挤在圣殿周围的城里来的人都被无情地践踏，利剑和棍棒野蛮地落到他们身上。出于私人恩怨，许多手无寸铁的人们被他们的敌人杀死，任何过去同这些阴谋突袭的人有过节者被当作奋锐党党羽，必死无疑。当无辜的人受尽了最残忍的对待之后，他们同那些有罪之人达成了停战协议。这些人从地下墓室走出来，被放走了。这些入侵者已经控制了内殿，并劫掠了里面存储的所有物品，所以此时他们可以全力对付西蒙了。因此最近一直持续的三派之战再一次演变为两个派系之间的争战。

与此同时，提多决定离开瞭望山，在离城更近的地方安营扎寨。为了对付各种突围，他安排了足够多的人马后，指挥其他的士兵把远至城墙的地方夷为平地。由城市的占领者们建造在花园和果园周围的所有栅栏和篱笆全部都被拔掉，该地区所有的果树都被砍倒，填沟平渠，突出的岩石用铁具铲平。沿着蟒蛇湾（The Serpents' Pool），从瞭望山到希律纪念堂的所有空地都被整平了。

这时，犹太人想出了一个奇术来抓罗马人。叛乱者中胆子大的大喊大叫地跑出女人塔，仿佛被要求和平的团体驱逐出而又害怕被罗马人攻击似的，他们战战兢兢地蜷缩成一团。其他人沿着城墙排成一队，假装成普通市民。他们大声呼喊和平，乞求保护，并承诺打开城门邀请罗马人入内。他们边喊边用石头砸自己人，仿佛要把他们驱逐出城似的。这些人假装要强行进去，向里面的人求情，并且反复向罗马人这边猛冲过来，但出于恐惧又退了回去。罗马士兵不知有诈，认为自己完全可以掌控这部分人，准备采取行动，同时希望其他人会打开城门，就动身去解决此事。但是提多却感到不对劲。就在前一天他还通过约瑟福斯邀请他们谈判，可是却没有得到什么好的答复，因此他命令士兵不要鲁莽行事。但这个时候在工事前面防守的士兵已经抓起武器向城门冲去。那些明显被驱逐出去的人开始给他们让路，可当他们跑到城门塔楼的中间地带时，犹太人冲了出来，把他们包围起来，并从后方展开攻击，同时从城垛上面射下来阵阵箭雨石弹，杀死许多人，伤者不计其数。这时，由于后部有阻截，要从城墙这里逃出已非易事。除此之外他们为自己的粗心大意感到耻辱，也害怕面对军官，因此不得不坚持下去。他们用长矛奋战了好长时间才逃出包围圈，虽说是损失惨重，却也在失利中回击了敌人。在他们撤退时，犹太人一路上向他们投掷武器，一直追到海伦娜纪念堂才罢手。之后，犹太人嘲笑罗马人中了诡计，洋洋得意，乐不可支。他们边挥舞着盾牌跳舞，边兴奋地叫喊。

与此同时，中计的士兵遭到军官恐吓，恺撒也狂怒了。他说，犹太人已经穷途末路，他们所做的每件事都是经过事先周密考虑、经过常识判断的。他们精心安排战略，仔细组织突袭。他们的计谋得以成功，要归因于服从以及对彼此坚不可摧的忠诚。然而，罗马人虽然能够常常因为纪律严明、积极听从指挥而胜利，可如今这些人却反其道而行之，由于缺乏自律性而被困，这让整个大军备受耻辱。最让我们羞耻的是，在我恺撒面前，这些人竟然在没有军官和指挥的情况下与敌对抗。这对军队法则是多么大的打

286

击！这溃败的消息对父王是多么大的打击啊！他一生从未遭受过
这样的羞辱。按照军律，士兵稍有触犯军规、违反纪律的行为都
要处以死刑，可是这次整个大军都擅离职守。然而那些鲁莽的傻
瓜不久就要记住，对于罗马人来说，在没有军令的情况下，即使
取得了胜利也算不了什么。提多就是用这么激昂的口气对军官们
说这些话的，很显然他将按照军纪处罚那些触犯军纪的人。触犯
军纪的士兵放弃了任何希望，等待着应得的处死令。可这个时候
所有的军团都围住提多，为他们的战友求情，乞求他看在整个大
军纪律严明的面子上原谅一小部分人的莽撞，并承诺这些人今后
会将功抵罪，用典范的行动来弥补今天的过失。

　　恺撒意识到向他们让步对自己也是有好处的，因为他认为倘
若一个人犯法，惩罚是一定要执行的。倘若集体犯法，惩罚就不
应该超出口头教诲。因此，他严厉地警告这些人下次小心，随后
免了他们的罪。之后，他私下琢磨怎样让犹太人为其计谋付出代
价。他派人花了四天时间把从营地到城墙的地整平；为了让辎重
和编外人马安全通过，他把其精锐部队部署在西部和北部城墙的
对面，让他们排成七列横队，步兵在前，骑兵殿后，两者各占三
列，射手占第七列，居于前两者之间。这种高度集中的保护队阻
止了犹太人的突袭。三大军团的运输队及编外人马安全通过，毫
不畏惧。将军本人则在离城墙四百码处，靠近塞弗努斯塔楼对面
的角落里驻扎。这里是城墙的西北角。大军的其他部分也在离城
四百码处建造了防御工事，对面是希皮库斯塔楼。而第十军团原
地不动，继续留在橄榄山。

　　耶路撒冷三面被护城墙环绕，一侧是不可逾越的深谷。因此，

只要有一座堡垒就足以防御。圣城位于两个相向而居的山包上，中间是深谷①，带有露台的屋宇依谷而建。上城所占据的山较高，山体比较齐整。因其坚固，建造第一座圣殿的所罗门的父亲，大卫王为其取名"要塞山"，而我们现在称为"上集市"（the Upper Market）。第二座山叫做"城堡山"（the Citadel），是圆形山顶②，也就是下城所在地。它对面是第三座山，比城堡山低，起初被一条山涧分割开。后来，哈斯蒙尼王朝执政时期，填平了这个山涧，希望能把圣城和圣殿连为一体。他们把城堡山顶也给削去一部分，使山变矮，人们从山那边可以一眼望到圣殿。奶酪制作者山谷（the Valley of the Cheese-makers），如我们所说，隔开了上、下城，并一直延伸到西罗亚（Siloam）——这就是我们为那眼甜甜的，永不枯竭的泉水所起的名字。再外面，圣城的两座山被深堑环绕，两边都是悬崖峭壁，此地是很难攻打进来的。

三座城墙中的古城墙，由于沟堑和它所处的山地地形，几乎是固若金汤。除了地理优势以外，它本身也建造得相当坚固，大卫王、所罗门和后来的帝王们都曾热情高涨地进行这项工程。北面古城墙始于希皮库斯塔楼，延伸到体育场，连接居室，至于西边圣殿的柱廊。从同一个地方开始，古城墙向西一直穿过被称作必萨苏（Bethso）的地区到艾赛尼门，然后向南转，经过西罗亚泉上方，又转向东，一直到所罗门潭（Solomon's Pool），然后延续至一个叫做奥费尔（Ophel）的地方，最终接上圣殿东部的柱廊。

---

① 泰罗波恩河谷（the Tyropoeon）或称奶酪制造者河谷，现已被填平。

② 如今认为，大卫王的锡安山要塞是这座山而不是前一座。

第二面城墙始于金拉斯（Genrath）。金拉斯是第一面墙的一个大门。它只环绕北区，一直延伸到安东尼亚塔楼。第三面始于希皮库斯塔楼，向北一直延伸到帕斯弗努斯塔楼，然后经过海伦娜纪念堂[①]，继续延伸很远，一直到福勒墓（Fuller's Tomb）附近拐角的塔楼，拐过国王洞穴（the Caves of the Kings），同古城墙会合，在汲沦溪山谷[②]终止。这面墙是阿古利巴为了保卫圣城毫无防御功能的新建部分而修建的。因为城市人口的膨胀已经超过了城市原来的边界，人们不断扩张居住地，把房子盖到了第四座山，比塞塔山（Bezetha）上，从而把山和圣殿北面地区连接起来。比塞塔山正对着安东尼亚塔楼，其间是一条堑壕。壕沟挖得特别深，这样安东尼亚塔楼的地基和山体就不再相连，从山上靠近塔楼不再可能，塔的地基也不会让人觉得太低。由于堑壕的深度，塔的相对高度也明显增加。新建的房宅被当地人称为比塞塔山，可以译为"新城"。现任国王阿古利巴的父亲，也叫做阿古利巴。他发现这个地方的人们缺乏保护，就动工修建了这座城墙。可是，他又担心一旦韦斯帕芗·恺撒发现这座城墙这么宏大，怀疑他有叛乱之心或是想谋划起义，因此，只修了个基底，他就号令停工了。如果这面墙能像他所计划的那样完工，圣城是绝对不可能被占领的。因为砌墙的石块都有三十英尺长，十五英尺宽，无论用铁工具还是攻城锤都很难破坏或是动摇的。墙体有十五英尺厚，要是当初

288

---

① 她是国王伊扎特斯（King Izates）之女，阿迪亚伯纳（Adiabene）国皇后。
② 旧地图上的第三面城墙和如今的城墙是对应的，但是考古学家在更北侧的地方找到了据说是第三面城墙的遗址。

其设计者的热情没有减弱，墙体会更高。后来，虽然犹太人是在匆忙中建造的墙体，但它也高达三十英尺，上边是三英尺高的城垛和四点五英尺高的壁垒，所以，墙体的总高度是三十七英尺半。

城墙上是三十英尺宽，三十英尺高的方形的像墙一样坚固的塔楼，建筑石料跟圣殿里的一样美丽无瑕，天衣无缝。在三十英尺高坚实的塔楼上是富丽堂皇的大厅，上面是楼上的房间和盛雨水的蓄水池。每座塔楼都有很宽的螺旋楼梯。第三面城墙有九十座这样的塔楼，相距一百码。中间的城墙和古墙分别被十四座塔和六十座塔分开。绕城一圈有三点七五英里①。整个第三面城墙都令人惊叹不已，但是与在西北角立起的塞弗努斯塔楼还是稍略一筹。提多曾在此地附近安营扎寨。这座塔高一百零五英尺，日出的时候，登塔远望，人们可以看到阿拉伯的全景，最远能看到希伯来属地的海边。这座塔是八角形的。

289　塔的对面是希皮库斯塔，它和附近的两座塔都是希律王在古城墙里修建的。它们气势恢宏，美轮美奂，远比世界上其他任何一座塔都更坚固。除了对富丽堂皇的热爱和对城市的雄心，国王通过这些建筑的美来表达自己的情感。他用三个他所爱的人，他的兄弟、朋友和妻子的名字为这些塔命名，以此来纪念他们。如前文所述，他因为狂热的爱而亲手把他的妻子杀死。其他两位都战死沙场，荣誉披身。希皮库斯是他朋友的名字。该塔是方形结

---

① 如果第三面墙的数据和现代学者所说的一致，那么按约瑟福斯所说的，圣城的周长就有三点七五英里了。约瑟福斯以前的数据就明显过大，不合情理，因为如果这九十座塔都有三十英尺宽，相间一百码远，那么仅第三面墙就得有九千九百码（比五点五英里还多）宽了！

构，每边长都是三十七英尺半，四十五英尺高，内部没有任何一点多余的空间。这座坚实的石砌建筑上面有三十英尺深的蓄水池，再上面是两层的三十七英尺半高的建筑，分为多个不同的房间。在这上面，是一圈三英尺高的小塔，周围是四点五英尺高的壁垒，总高度有一百二十英尺高。

第二座塔以希律王兄弟的名字法赛尔命名，长宽都是六十英尺，其地基的高度也是六十英尺。顶部环绕着十五英尺高的柱廊，由胸墙和壁垒防护。从柱廊中间建起另外一座塔，里面全是很漂亮的房间，包括一间浴室，像宫殿一样什么都不缺。顶部由壁垒和炮塔组成。塔楼的总高度为一百三十五英尺，总体外表像法劳斯的塔楼一样，光芒四射，给接近亚历山大里亚的水手们指引方向。不过其环绕的面积更大。在围困期间，这座塔是独裁者西蒙的总部。

第三座名为玛利亚尼塔，取自王后的名字。三十英尺的基底部非常牢固，其长宽也是三十英尺。而这座塔的顶部建筑要比另外几座都更加辉煌和精美，因为国王觉得，既然男子的塔修得比女子的更加坚固，那么把这座以女性名字命名的塔修得更加华丽就是自己义不容辞的事情。这座塔有八十二英尺半高。

由于所处的位置，这三座塔看起来比实际要大得多。三座塔依傍的古城墙建在一座高山上，山上有四十五英尺多高的山头，塔屹立在这里就显得格外巍峨。另外一个鲜明的特点是石材的大小。这些石头可不是一般的小石头，或者是人们搬得动的石块，而是被切割成石条状的白色大理石。每一块有三十英尺长，十五英尺宽，七点五英尺高，每一块都恰到好处地镶嵌在那里，让每

290 座塔看起来好像是一整块石头，是大地母亲把它送上来，用艺术家的手将其雕刻、打磨，而变得有棱有角，不管从哪个角度看都契合得天衣无缝。

　　三座塔南边稍远一点是它们防护的王宫，美不胜收，难以用言语形容。它的富丽堂皇和配置装备无与伦比。每一边都有四十五英尺的高墙环绕，装饰塔等距离分布其上。宫里有巨大的宴会厅和可以容纳一百张床位的客房。无法形容各种石材的美丽，因为别处罕见的石头种类大都汇聚于此。天花板的横梁长度适中，装饰华丽，让人叹为观止。房间没有编号，设计各异。房间里大部分是金银家具，陈设豪华。每一侧都有许多回廊，廊柱设计各不相同。空地上是鲜绿的草坪及各种树木的灌木丛，其间小路曲径通幽，路边众多水渠或水池里铜制雕塑水流喷涌而出。溪流两侧有无数训鸽舍。的确，没有任何言语足以描述这座王宫的壮丽，而它留下的记忆也极为惨痛，因为它使人想起强盗大火带来的毁灭。我们前文说过，宫殿不是罗马人烧的，而是圣城内阴谋家们的"壮举"。在叛乱开始的时候，他们在安东尼亚塔楼放了一把大火，蔓延到皇宫，烧到了三座塔的最上面几层。

　　前文所述，圣殿修建在一座坚固的山上。[①]起初，因为山由峭壁环绕，山顶上面的平地不足以修建那么宽敞的圣堂和圣坛。[②]圣

————————

　　① 在圣殿毁灭后八十年，米多斯〔Middoth，指一系列的七个释经（规则），传统一般认为是拉比希勒尔（Hillel）在公元前1世纪编纂而成的。——中译者〕中有此类记述，而约瑟福斯对这座圣殿更熟悉，因此他的描述比前者更加权威，也更加可信。但是在一些细节上，他的叙述和考古学家的结论不一致。

　　② 在整个译本中，"圣堂"（Shrine）在希腊语中代表"内殿"，指中心的圣词，而"圣殿"（Temple）则代表圣地，包括庭院、廊柱等围绕着圣祠的地方。

堂的创始人所罗门王就在东部修起高墙，在此平台上建起廊柱，而其他几个方向都空无一物。后来的继任者一直在拓展平台，山的平顶就变得越来越开阔。后来他们又把南墙拆开，纳入如今包括在圣殿的范围之内的所有土地。从山底开始，他们修建了三面 291 环绕的城墙，完成了一项挑战想象力的工程。这项工程花了他们若干年的心血和圣洁的珍宝，并不断得到世界各地送来的给上帝的礼物——贡品的补充。之后他们在圣堂周围建起了上围墙和下殿堂庭院。地势低洼的地方被填高到四百五十英尺，有些地方还要更高。地基的深度用肉眼是看不出的，因为深壑被填得跟城里的街道一样平整。六十英尺长的巨石被用于建筑。源源不断的资金和民众的热情造就了令人难以置信的伟大事业，一项无法预见的工程通过耐心和时间得以完成。

这种基座上的建筑也完全对称。廊柱都是成双的，支撑的廊柱有三十七点五英尺高，每一根都是用一整块最白的大理石切割制成。天花板用雪松板镶嵌而成。无瑕的光泽，天衣无缝的连接，一切自然天成，雄浑壮观，不需任何人工雕琢的绘画或雕刻，就已经构成一幅令人惊叹的景观。廊柱有四十五英尺宽，环绕一圈有四分之三英里长，安东尼亚塔楼就在其中。整个区域露天而建，用各色各样的石头铺砌。每个经过这里到第二庭院的人都会发现周围有一圈四英尺半高的工艺精湛的扶手过廊。每隔几根就有一根廊板上刻着洁净律法（the law of purification），有的用希腊语，有的是罗马字。外邦人是无法进入圣区的（这是第二个庭院的名字）一院到二院有十四级台阶：稍高的地方为方形，自身就有一座护卫墙。墙体高度，在外面看是六十英尺，但被台阶所遮掩。

从里面看，它只有三十七英尺半高。因为内部建在台阶顶端，有一部分看不见，越往山上走越高。挡住了视线。过了十四级台阶有一块距离墙十四英尺的平地。再走五级台阶就是大门。南北面分别有四个、八个门。东面一定有两个门，因为在这一边一个特别的地方被墙围起来，专门用于女人们在里面跪拜，因此需要第二个门。两门相向对开。另几边，各有一个南北门，供宫女们进入。女人是不允许从其他门通过的，也不能通过自己的门过隔墙。这个院落只向当地妇女和国外回来的犹太女性开放。西边没有门，西面的墙也没有出口。大门间的回廊面向城墙内侧，国库前面。廊柱宏大壮美，为单排柱，但是除了大小，其他任何方面都和环绕下宫的一样。

　　所有的大门中，九个门外部全部用金银包裹，包括门柱和门楣，但是圣堂外面的门用的是科林斯铜（Corinthian Bronze），远比用银甚至金子装饰价值更高。每个大门都是双扇门，每一扇都有四十五英尺高，二十二英尺半宽，然而，里侧更宽，两边都有四十五平方英尺的门房，有六十英尺高，外形像个塔楼。每间屋子都是由周长十八英尺的支柱支撑。其他的大门大小一样，只有科林斯门，开在东面的宫女院墙上，面朝圣堂大门，更大一些。这个门有七十五英尺高，门扇就有五十英尺高，而且装潢更华丽，金、银贴板都特别地厚。这些板材都是提比略的父亲①，亚历山大赠送的礼物。从宫女院上十五级台阶，就到了广大门（the Greater Gate）。这里的阶梯比其他门口的五级台阶更平缓。

---

① 不是皇帝，而只是韦斯帕芗的一个军官。

圣堂本身，这座神圣的殿堂，坐落在正中，门口有十二级台阶。从前面看，它高宽度相同，都是一百五十英尺，可是从后面看，要窄六十英尺，因为入口两边有突出三十英尺的侧翼。第一个大门有一百零五英尺高，三十七英尺半宽，但是没有门扇，代表着上天的宽广，无限的包容。门正面全都镀了金子。穿过拱门，从外面就可以看到巨大的第一室，内门和周围的墙壁金光闪闪，映入眼帘。圣堂分为两室，但是一路上只能看到第一室，因为它比地面高出一百三十五英尺，七十五英尺长，三十英尺宽。我说过，大门及周围的墙都镀了金。门上方是金葡萄藤，垂下来跟人一般大小的一串串葡萄。圣堂有两层高，所以内部看起来比外部矮。金色的门扇都是八十二英尺半高，二十四英尺宽。门前挂着同样大小的帘子，是绣着蓝色、红色、亚麻色和紫色丝线的巴比伦挂毯，令人赞叹不已的手工艺术品。这些颜色的组合具有鲜明的神秘意义，代表着整个天地万物：红色似乎象征火，亚麻色是大地，蓝色为空气，紫色是大海。在两种情况下，其外表才表示出一种颜色。在亚麻色和紫色里，是对起源的追问，因为亚麻色来自于大地，紫色来自于海洋[①]。挂毯里呈现的是除了黄道十二宫外天堂里所有的景色。

穿过大门，进入圣堂第一层的居室。房间高九十英尺，长九十英尺，宽三十英尺。房间分成两部分。第一部分六十英尺长，有三个神奇的世界知名的艺术品：一个灯柱[②]，一张桌子，还有一

[①] 紫色染料取材于贝类等水生动物。

[②] 不是通常所指的烛台。

个香坛。七盏从灯柱分出的灯象征着七大行星，桌子上的十二个面包①象征黄道十二宫的循环和年份。香坛里有十三种香料，均来自有人或无人居住的海洋和陆地，表明一切东西都来自于上帝，并为了上帝而存在。

三十英尺长的内室用帘子同外间分隔开来。里面什么都没有放，这里是不容踏足的，是不容侵犯的，是谁都看不见的，所以叫做至圣所（the Holy of Holies）。

圣堂较低的一侧是三层相通的房间。入口的两侧有通往房间的通道。圣堂较高的地方因为比较狭窄，所以没有这样的房间。它高出六十英尺，不如低的地方装潢华丽。这样，再加上九十英尺的底层，整个建筑的高度是一百五十英尺。

从外面看，圣堂的一切都摄人心魄，耀眼夺目。所有东西表面都覆有厚重的金板，当太阳的第一缕光芒照射在上面，它反射出耀眼的像火一样的光芒。那些想看它的人不得不转过头去，好像看到了太阳。在走近它的陌生人眼里它在远处像一座被雪覆盖的大山，因为没有镀金的地方像雪一样白得刺眼。圣堂顶部是锋利的金色长钉，以防小鸟们在此做窝弄脏了房顶。有些建房用的石头六十七英尺半长，九英尺宽，七英尺半高。②圣堂的前面是圣坛，二十二英尺半高，七十五英尺长，七十五英尺宽，四角突出如号角，南边有个缓缓的斜坡通向它。圣坛的建材中绝对没有铁

---

①　未发酵的面包。（犹太教徒用于祭祀的祭品。——中译者）

②　要是知道这些大块石头是怎样运到山上，又是怎样砌起来的，该多么有趣啊！后来，在《犹太古事记》一书中，我们的作者给出了不同的测量数据，每一块石头的体积几乎翻倍，而现在就已有七千一百立方英尺了！

制品。圣堂和圣坛周围是用十八英寸高的石头砌起的栏杆，隔开里面的祭司和外面的民众。

　　绝对不允许性病和麻风病患者进入圣城。女性在月经期间也不允许进入圣殿，即使经过仪式净身，她们也过不了前面说过的栅栏。男性在没有完全得到认可前也是进不了内院的，即使是在净身仪式上的祭司也不行。

　　那些因为身体缺陷不能行使职务，但却是世袭的祭司可以和那些全职的祭司一样进入栏杆内，享用他们生来就有的俸禄，唯一不同的就是他们要穿常人的衣服，只有行使职务的祭司才能穿法衣。没有任何瑕疵的祭司，身穿上好的亚麻衣，走上圣坛和圣堂。他们由于对职位的尊敬，唯恐主持仪式时违规，因而绝对禁烈酒。在安息日和新月日，传统节日或者什么全国性的年度集会，大祭司会和他们一起去。主持仪式的时候，他穿着盖过大腿及膝的裤子，亚麻衬衣，外披一件长到脚踝、圆形领、镶有流苏的蓝色大袍。流苏上交替缀有象征雷的金铃和象征电的金石榴。把大袍系到前胸的彩带装饰着金、紫、红、亚麻色和蓝色的五色条纹，也就是如上所述绣圣堂幕帘用的五色带。同样的花色组合也出现在大祭司的法衣上，金色是最显著的色彩。它的形状像是贴身胸甲，用两根圆形的金胸针扣起来，镶嵌在漂亮的大红缠丝玛瑙上面，还雕刻着组成国家的部落的名字。另外一侧缀的是每三个一组，分为四组的十二块宝石，分别是红宝石、黄玉和翡翠，红榴石、碧玉和蓝宝石，玛瑙、紫水晶和风信子石，缟玛瑙、绿宝石和贵橄榄石。每一块宝石上也刻着部落的名字。大祭司的头上还戴着蓝布包起的主教法冠，外围是金冠，金冠上凸出刻着神圣的

295

四个元音字母①。一般情况下，他是不穿这些衣服的，平时穿戴的
装饰要少一些，除非是进入内祭室，而那一年只一次，也只有他
自己在全民向神进行斋戒的时候②才能进去。在后面的作品中，我
们会更详细地描述圣城、圣堂及其风俗和律法，这里我们只是刚
涉及一点皮毛而已。

　　安东尼亚塔楼位于圣殿第一厅的西北两个廊柱交合处，建在
一块七十五英尺高的大石上。塔楼的每一边都很陡峭。这是希律
王的杰作，在最大程度上展示了他的宏伟规划。岩石最底部是一
圈打磨光滑的石板，一是为了装饰，二是为了保证安全，以使从
这里爬上爬下都是不可能的。塔前面还有四点五英尺高的墙。墙
内整个安东尼亚塔楼的高度有六十英尺，直插云霄。内部宽敞明
亮，设施齐全，像宫殿一样。内部按照人们的需要分为不同房间，
有廊柱，浴室，以及可以驻扎部队的宽阔庭院。从具有一切方便
设施上讲，它实际上是一座城镇，而富丽堂皇的程度，可以和宫
殿媲美。总体设计上，这里是一座主塔，周围的四个角落有四座
小塔。其中三座塔七十五英尺高，东南角的塔有一百零五英尺高，
所以从这里可以俯瞰整个圣殿。和圣殿柱廊交汇处，有楼梯分别
通达塔楼和圣殿③，卫兵们由此下来。因为有一个罗马步兵分队在
这里常驻。每逢节日期间，他们全副武装，在柱廊上列队，提防

---

　　①　元音？格律肯定是希伯来语的辅音形式 YHVH，代表耶和华（Yahveh）。约瑟
福斯可能已经翻译成希腊文 IAUE 了。

　　②　犹太教的赎罪日（the Day of Atonement）。（在犹太历的七月初十，是犹太教最
大的节日。——中译者）

　　③　见《使徒行传》第 21 章第 40 节。

人们有任何的不满情绪。圣城由圣殿控制，圣殿由安东尼亚塔楼护卫，所以安东尼亚塔楼里住着三地的卫兵。上城有自己的要塞，希律王皇宫。如我所述安东尼亚塔楼同比塞塔山分开了。新城建在比塞塔山上，是最高的山，在北部它本身遮蔽了圣殿的美景。后面，我会更详细地描述圣城和城墙，所以现在讲这些足矣。

第十八章　攻占两座城墙

　　西蒙指挥下的城内党徒，不包括以土买人，有一万人，其中有五十名军官，西蒙为总司令。他的以土买盟友足有五千人，其中十名军官，索萨斯的儿子雅各布和凯瑟拉的儿子西蒙是公认的领导人。约翰占领圣殿之后，拥有六万名全副武装的士兵，其中有二十名军官。不久，他和奋锐党人尽释前嫌，合并起来。这支队伍人数多达两千四百人，由他们的老指挥官以利亚撒和阿里努斯（Arinus）的儿子西蒙带领。当我们所说的这些派系互相打斗的时候，民众在两面同时受到了攻击，不愿与他们同流合污的人沦为双方抢劫的对象。西蒙占据着上城和绵延到汲沦谷的城墙，包括自西罗亚泉向东，延伸到幼发拉底河以东阿迪亚伯纳国王莫诺巴瑟斯宫殿的古城墙的大部。他同时也占据了泉和"城堡"的一部分或下城，一直到莫诺巴瑟斯的母亲海伦娜的城堡。约翰占据着圣殿和包括奥费尔和汲沦谷在内的周围大部分地区。他们烧毁了位于各自占领地之间的所有东西，腾出空地互相残杀。甚至当罗马人在城墙附近安营扎寨时，墙内的冲突仍然没有停止。第一次突围时，他们暂时恢复了理智，但他们很快又疯狂起来，结束了合作，继续内部的争斗，好像他们的唯一愿望就是要沦为围攻者的俘虏。他们彼此给对方的损伤并不比罗马人带来的伤害少多少。当他们停止争斗的时候，城邦已没有什么新的磨难要承受了——它在陷落以前已经遭受了更深重的苦难，其破坏者取得了更大的成果。我的意思是内部的分裂毁灭了城邦，罗马人摧毁了比城墙更坚固的内部分裂。这一切痛苦都得由其市民来承受，而其公正由罗马人来树立。但是，怎样理解这些事件却是仁者见仁，智者见智。

　　城内的情况即是如此。提多带领部分精兵在城外观察，以寻找最佳攻墙点。这里到处都是峡谷，没有路过去，而第一道城墙又非常坚固，他的攻城锤根本打不破。看到没有别的希望，他决定从大祭司约翰的坟墓附近发动攻击。这里的第一道堡垒较低，和第二道又不相连，而且因为新城人少，城堡的防卫措施比较薄弱，第三道也很容易接近。他计划从那里进攻上城，强行穿过安东尼亚，夺取圣殿。当他正在周围巡视时，一支箭射中了他的随从尼卡诺尔的左肩，因为他离墙头站岗的哨兵太近了，他们都认识他。他和约瑟福斯正在努力向他们提和平建议。由此恺撒彻底了解了他们的决心，因为他们甚至不会放过前来解救他们的人。这更刺激他开始围困圣城。提多立刻派步兵横扫郊区，下令征收木材、建筑平台。他把部队分成三部分，直到完工为止。为了避免敌人突围破坏施工和防止来自城墙上的任何干扰，他把长矛兵和射箭手安置在平台间，把快速装弹机、石弩和投石器安排在其面前。树木的大量砍伐使郊区立即变成光秃秃的一片。为建造平台收集木材以及集中大军进行建设的工作伴随着内部犹太人的疯狂行为。结果，强盗和杀人犯控制下的市民现在又振作了起来，因为他们相信在外面的敌人与他们的迫害者厮杀之时，他们有了

297

喘息的机会，而且一旦罗马人胜利，他们的仇也报了。

　　但是约翰呢？尽管他的人马盼望袭击罗马军队，他却因为害怕西蒙而按兵不动。另一方面，因为离敌人更近些，西蒙十分主动。他把原来从克斯提乌斯那里和打败安东尼亚的守兵时缴获的武器如石炮等沿着城墙架好。但是大多数人没什么经验，根本不会用。除了从城墙上向敌方建筑人员扔石头和射箭以及一起冲出去与对方肉搏外，有几个士兵在逃兵的指导下，也勉强学会了怎么使用这些炮。在木栅上安插的柳条屏障为建筑工人挡开了飞箭，石弹则阻止了敌人突围。所有军团的石炮都构造精良，但无一能和第十军团的相媲美。他们的快速装弹机更厉害，投石器更大，不仅可以挫败突围，而且可以反击城墙上的士兵。石头飞弹重达半英担，可飞四百码或更远。不管是前面的还是后面的，所有挡路的东西全都被打倒了。起初犹太人一直对石弹保持警惕——不仅可以听到其呼啸声，而且其白白的颜色、闪亮的表面使得这些飞弹很容易被看到。每次石头飞驰而来的时候，塔楼上的岗哨都会发出警告，大叫："炮弹来了！"道上的人立即散开，扑倒在地上，这使他们毫发未伤，石弹落地。后来罗马人采取了应对措施，把石头涂黑。这样石头不再那么容易被发现了，命中率提高，一下就可以摧毁一片。但是尽管犹太人伤亡不少，他们并没有让罗马人安安全全地架起平台。他们不分日夜地拦截罗马人，充分发挥了自己的聪明才智以及英勇无畏的精神。

　　当这些工程完成之后，工程师们通过从平台上往下扔铅球和线，测量到城墙的距离。上面的阻击使别的方法行不通。当他们发现攻城锤可以触到墙时，就把它运到了平台上。接着提多把石炮移得更近些，防止犹太人挡开公羊头，同时下令撞击开始。突然之间，从城周围三面响起震耳欲聋的声音，里面传出叫喊声，党徒们和其他人一样吓得魂不守舍。看到面临共同的危险，双方终于意识到他们必须同仇敌忾。争斗的双方大声传话说，他们给了敌人一切可能的帮助，此时，即使上帝没有赋予他们永久的和谐，最正确的莫过于抛却敌意，联合起来一致抗击罗马人。于是西蒙宣布每个人都可以从圣殿来到城墙上，约翰尽管心存疑虑，也同意了。他们完全忘记了仇恨和私人恩怨，合为一体，守卫城墙。他们向石炮扔下成百个火把，并不断地向推动攻城锤的士兵射箭扔石。胆大的人结队跑上前打碎攻城器械的挡板，冲向操纵攻城锤的士兵。与其说是靠技术，不如说是靠他们英勇无畏的精神打败了敌人。哪里有困难，哪里就有提多。他把骑兵队和箭手安置在攻城器械的两边，击退扔火把的，阻击从塔楼上扔飞弹的，让攻城锤发挥作用。可城墙在撞击下没有倒塌，只有第十五军团的公羊锤撞倒了一座塔楼的一角。城墙本身安然无恙：它不像塔楼那样突出部分很长，所以城墙的任何堡垒不容易因为塔楼而倒塌。

　　犹太人的攻击暂时停了一会儿，他们监视着罗马人的动静：士兵们已散开在营房周围，各忙各的事，好像认为守城的人由于疲惫和惊恐已经撤退。突然，从希皮库斯塔楼附近一道隐蔽的大门内冲出大量的犹太士兵，带着火把点燃工事，直捣罗马的防御工程。听到他们的大声吼叫，前线部队立刻各就各位，后援也紧跟其上。但对罗马牢固的防御来说，犹太人不顾一切的勇气太凶猛了：他们消灭了最前面的敌人，勇往直前直攻其后备兵。在攻城锤周围展开了一场恶战。一方拼命要放火，另一方竭力防卫。混乱声震天，前线的很多人被杀。犹太人完全靠着将生死置之度外的勇气占了上风，工事着火了。要不是来自亚历山大里亚的精锐部队以前所未有的勇猛精神坚守阵地的话，所有的攻城器械就都被毁坏了。一切都将毁于一旦，因为在这场战役中他们没有动用更优秀的军团。最后，提多调来最优秀的骑兵，攻击敌人。他挥舞右手杀了十二位犹太领袖。而他们的死亡瓦解了其他人的抵抗力。提多紧跟其上，把他们统统赶入城内，使工事免遭火焚。碰巧的是在这场战役中有一个犹太人被活捉。提多命令在城墙前把他钉在十字架上，希望他被钉死的场面会使其他人因恐惧而投降。撤退后，以土买的领袖约翰同一个熟识的士兵站在城墙前说话时被阿拉伯箭射中胸膛，当场死亡。以土买人异常恐惧，反叛分子也相当悲伤，因为他的英勇和能力人所共知。

300　　　第二天晚上，发生的一件让人吃惊的事让罗马人陷入骚乱。提多命令在三座平台上建造三座七十五英尺高的塔楼，从那里能够轰炸城墙上的守兵。但是到了半夜，其中一座塔楼突然在一声巨响中轰然倒塌，此事在军中引起巨大恐慌。他们以为马上会有袭击，都跑去拿武器，军团一片混乱。因为没人知道到底发生了什么事，他们四处逃散，痛苦尖叫，当看到没有敌军出现时，他们却互相害怕起来，每个人都焦急地向周围人问口令，好像犹太人已经混进营地似的。人人都惊恐万状，直到他们知道到底发生了什么事才停止下来。提多命令将这件事向所有人解释清楚，过了许久部队才从混乱中复原过来。

　　　犹太人顽强抵抗着来自各方的攻击，但来自塔楼上的攻击却颇使他们头疼。塔楼上各种轻型飞弹以及长矛手、箭手和扔石兵的武器都朝他们打来。罗马人高高在上，犹太人的武器根本奈何不了他们，而且没有办法夺取塔楼，因为它们坚不可摧；同时周围有铁栏围着，又不怕火烧。因此他们从射程内撤出，放弃抵挡罗马人的袭击。罗马人不断的撞击开始有了成效：城墙已经开始慢慢向"胜利者"妥协。"胜利者"是犹太人给最大的罗马攻城锤起的绰号，因为它无往而不胜。犹太人在离圣城很远的地方打仗、站岗、值夜班，此时已经疲惫不堪。另外，出于懒惰和习惯性的判断失误，他们认为保卫这座城墙是浪费精力，因为后面还有两面城墙。大多数人开始放松，退却了。当罗马人通过胜利者打开的缺口爬过来时，很多人已经擅离职守，狼狈地逃向了第二道城墙。那些穿过防线的人打开大门，把整个军队都放进来了。在围城的第十五天后即5月7日，他们占领了第一道城墙，摧毁了它的大部分，同时遭此厄运的还有不久前刚被克斯提乌斯毁灭的圣城北部郊区。

提多现在开始以传统的亚述人宿营的方式在第一道城墙内安置他的部队，占领了远到汲沦谷的中间地带，但却处在第二道城墙的攻击范围之外，并马上开始试探性地攻击。犹太人分开兵力进行顽强抵抗。约翰的部队在安东尼亚、圣殿的北部柱廊和亚历山大国王墓前进行战斗，西蒙的大部队占领着大祭司约翰的墓地附近，保卫着向希皮库斯塔楼运水的大门。他们一遍又一遍地从大门冲出去，在狭隘的地方进行格斗。尽管由于技术的劣势，在肉搏时不敌罗马人而被赶回墙内，但犹太人在保卫城墙的战役中却占了上风。罗马人靠的是力量和经验的结合，犹太人靠的是因

惧怕而产生的无畏的勇气以及在灾难时执拗的性格。正如罗马人
想快速取得胜利一样,犹太人依然抱有生存的希望。双方都没有
任何示弱的表示:一整天都在不断地进行袭击、攻墙、结伙突围,
不放弃任何袭击的方式。战斗从黎明持续到黄昏,双方都没能休
息。的确,夜晚要比白天难熬,犹太人时刻防备着城被占领,罗
马人也时刻提防营地遭受袭击。双方都全副武装度过夜晚,但当
黎明的第一缕曙光出现时,他们都已做好战斗准备。

　　犹太人最大的野心就是希望显示他们无与伦比的勇气,以博
取军官的感激。西蒙受到特殊的尊敬和敬畏,每个人都绝对服从
他的命令,哪怕西蒙要他们去死,他们也会义无反顾。而对罗马
人来说,他们勇敢的动力就是胜利已成了习惯,失败是不可能的
事。他们不断地演练、持之以恒地训练,体味着帝国的伟大,最
重要的是每个地方无时无刻都有提多存在。当着恺撒的面不能打
胜仗反而表现懦弱是不可思议的事情,真正的勇士应该在能够犒
赏他的人面前英勇战斗。确实,被恺撒看到自己的勇气就等于得
到了奖赏。因此,很多人单单靠热情就表现出超过自身能力的勇
气。这儿有一个例子。有一天犹太人被集合在城墙前,而双方的
部队还在长距离地向对方投掷标枪。突然,一名叫朗基努斯的骑
兵跳出罗马的队列,直冲向犹太人的方阵。他的袭击冲散了敌人,
302 他杀死了两名最强壮的敌人,迎头击倒了一名迎上来的敌人,接
着收回长矛,转身离开时又刺穿了另一个对手的腰。然后他毫发
未损地从敌方腹地撤回。他的勇气做出了表率,许多士兵都纷
纷效仿。犹太人一方毫不在乎自己的伤痛,他们只考虑怎么能打
击敌人。只要死亡同时降临到敌方身上,死亡于他们就没有任何

恐惧。但是提多像渴望胜利一样担忧士兵们的安危。他说毫不谨慎的激情纯粹是疯狂；只有当同时顾及到自己的人身安全时，才算是真正的英雄气魄。他禁止士兵为了表现大无畏的精神去铤而走险。

提多把攻城锤对准北部城墙中间的塔楼。有个叫卡斯特（Castor）的狡猾的犹太人与其他十个人埋伏着准备伏击，其他人为了躲避利箭都退下了。这些人躲在栏杆后面，屏住呼吸，纹丝不动。可当塔楼开始土崩瓦解时，他们站起身来。卡斯特伸出手仿佛在哀求，用让人心碎的口吻乞求提多可怜可怜他们。提多丝毫没有提防，相信了他的话，以为犹太人终于明白过来，于是下令停止攻城锤，并下令不许再向求情者放箭，还请卡斯特陈述其愿望。当他回答只要能免他不受伤害就下来时，提多对他的明事理表示出赞赏。如果所有的人都同样明智的话他会更加高兴，于是他兴奋地向整个城市做了这样的承诺。十个人中有五个人假装加入了求情队伍，但其余五个人大声抗议说宁愿做自由人而死，也不愿做罗马人的奴隶苟且偷生。在接下来的争论中，袭击停了下来。卡斯特派人通知西蒙说他已经用骗局稳住了罗马将领，让他赶紧想办法采取必要的措施。与此同时，当他传达出这个消息时，他假装自己在敦促持异议者接受条件。这些人则在栏杆上假装非常气愤，挥舞着明晃晃的剑，击打着自己的胸甲，仿佛刺穿了自己似地倒下了。提多及其士兵们由于站在下面看不到上面真正发生了什么，不禁被犹太人超人的勇气惊得目瞪口呆，并欣赏犹太人的坚忍，同情他们的劫难。

这个时候，有个人射了一箭，击中了卡斯特的鼻子。他立即

303　把箭拔下来，向提多抱怨其不公平待遇。恺撒谴责了那个弓箭手，并派站在一旁的约瑟福斯向卡斯特传达他许下的保证并握手表示诚意。但是约瑟福斯意识到请求和解者没有好意，于是拒绝前往，并制止了急于代他去的朋友们。但是，还是有个叫阿伊尼斯（Aeneas）的归顺者愿意前往。当卡斯特要人接受他的钱时，阿伊尼斯伸开外衣去接，急切地向卡斯特跑去。只见卡斯特迅速捡起一大块石头向他扔去。阿伊尼斯躲开了，但却砸伤了跑在前面的一个士兵。提多这才知道自己中了计，意识到战争中怜悯是致命的，经过深思熟虑的行动才能给奸诈的人最少的机会。他非常愤怒，加强了攻城锤的进攻。就在塔楼倒塌时，卡斯特和他的那帮人把它点着了，并且纵身跳进火焰，进入地下墓室，这又给罗马人留下了犹太人刚毅的印象。

　　这样提多在占据第一面城墙之后的第四天又夺取了这个城墙。犹太人已经撤退了。提多带着一千名重步兵及他的卫队进了新城区，这里原来有羊毛店、铁匠铺和布市，街道斜通向城墙。要是他毫不犹豫地推倒更多的城墙，或者进了城后按占领者的惯例洗劫已夺取的地区，我想他的成功也不至于被后来相反的情况抵消。但事实是，提多希望通过放弃伤害他们的权利使犹太人羞愧难当。他不愿扩大伤害以确保轻松撤退，他从没想到过他们会以怨报德。因此，进城后他禁止士兵杀害战犯、焚烧房屋，并通知那些党徒，如果他们希望不伤害无辜平民，可以自由出来战斗。他还承诺归还市民的财产，因为他的主要目的是为自己保护圣城，为圣城保护圣殿。

　　市民们从一开始就准备接受他要求，但是好战之徒认为人道

是脆弱的表现。他们认为提多是因为没有能力占领该城的其他部
分才提出这些条件的。如果有人建议投降，他们就以死亡威胁。
听到有人提到"和平"二字，他们就大开杀戒。他们在城墙内攻
击罗马人，有的在狭窄的街道上，有的在房宅里猛攻他们，另一
些人从上面的城门出来在城墙外进攻。在城墙上的卫兵不知所措，
只好从塔楼上跳下来，撤回军营。城墙内外吵闹声鹊起，敌人已
把里面的人团团围住，外面的人担心没撤退回来的士兵大声嚷着。
犹太人越来越多。由于他们有熟悉地形的优势，所以打伤许多人，
并步步紧逼，迫使罗马人冲向出口。他们别无选择，只能继续反
抗，因为要想这么多人一下子从窄窄的豁口逃命出去简直是不可
能的。要不是提多赶来救援，冲进城里的所有的人都很可能已被
砍成碎片了。他把弓箭手安置在街口，自己处于敌人最密集的地
方，用箭阻止了犹太人的进攻。多米提尔斯人萨比努斯在旁边做
他的帮手。此时他再一次体现了他的价值。提多坚如磐石，不停
地射箭抵挡犹太人的进攻，直到他的士兵全部撤出。

　　这样罗马人在夺取了第二座墙之后又被驱赶了出来。敌方情
绪高涨，陶醉在他们的胜利之中。他们相信如果罗马人胆敢再次
踏进圣城的话，还是注定要失败的。上帝因为他们犯下的滔天大
罪而蒙蔽了他们的眼睛，使他们既没有看到罗马剩余军队的力量
比他们驱逐出去的要强大得多，也没看到饥荒正在向自己逼近。
尽管仍有可能靠剥削苦难的大众、掠夺圣城的生命之源来维持生
存，但饥荒早就侵袭那些老实巴交的市民了，因为缺少生活必备
品，许多人徘徊在死亡的大门旁。然而人民被毁灭是党徒们所欢
迎的，因为那样他们会得到更多。唯一值得活下来的人是那些对

304

和平没用，但可以打败罗马人的人。反对他们的民众对他们来说只是垃圾，他们很高兴看到他们死去。这就是他们对城里人的态度。当罗马人试图进入的时候，他们用那些人的身体做人墙堵住了豁口。三天了他们坚守阵地，拼死抵抗敌人。但第四天提多发起了猛攻，冲破了他们的防守，他们被迫像先前那样撤退。这次他一占领了这座城墙，立刻派人推倒了往北部延伸的城墙，并在朝南的塔楼上驻军。之后他开始计划对第三座城墙的攻击。

305　　　提多决定先停止围攻一段时间，让那些党徒有个考虑的机会，希望第二座城墙的陷落和断粮的担心会使他们主动投降，因为掠夺并不能使他们维持很长时间。他是这样充分利用这个休息的机会的：当士兵们发放军饷的时候，他会命令军官让其队伍在敌人的视野所及之处去阅兵，然后给每个人发钱。根据风俗，士兵们脱掉盔甲上的防护罩，身着全套甲胄行进。骑兵则牵着他们全副装扮的战马前进。圣城前的每一寸土地都闪耀着金银色的光芒。这场景让罗马人兴高采烈，而敌人则倍感恐慌。整个古城墙及圣殿北部站满了围观的人群。在城墙后面的窗户里有许多双眼睛在窥视，可以说城里每一寸土地都藏着观看的人。当他们看到整个军队列队集合，其盔甲绚丽无比，士兵们军律严明时，连最最勇敢的人也完全惊呆了。看到这种景象，我毫不怀疑，要不是那些党徒们对市民无休止的伤害毁灭了罗马人赦免他们的所有希望，他们立刻就放弃自己的立场了。如果现在后退，等待他们的只有被折磨至死，而战死要好得多。命运注定无辜的人要同有罪之人一同被毁灭，整个圣城同交战的帮派一同化为乌有。

　　　四天里罗马人发放了所有军团的军饷。第五天，因为犹太人那里没有和平的意思，提多把军队分成两队开始在安东尼亚和约翰的坟墓前搭建平台，计划在坟墓处攻入上城，通过安东尼亚攻入圣殿。倘若圣殿攻不下来，占领圣城也不会安全。这样，这两处建筑平台的工程都开始了，每个军团负责一处。沿坟墓的建造工程总是被以土买人和西蒙的步兵所突袭，而那些在安东尼亚前的建造工程则是受约翰和奋锐党人的阻碍。攻击者们占有很大优势：他们不仅从高处把手中的武器投掷下来，而且学会了使用石炮，因为每天的练习使他们的技术大有提高。他们有三百个快速装弹机以及四十个专门负责投石器的人，这使罗马人平台的建筑工作难以进行。提多深知圣城的存亡对他举足轻重，因此尽管实行的是围攻政策，他却不忘敦促犹太人改变其策略，这样就把军事行动和劝导结合起来了。他也深知有时候利箭还没有语言奏效，因此他接二连三地号召犹太人交出圣城给自己留条活路，因为事实上，圣城已经是他的了。他还派遣约瑟福斯用本土语言与他们谈判，因为他认为犹太人可能会听从同胞的劝解。

　　约瑟福斯围着城墙，想找一个能让他避开攻击又能让他听见对方说话的地方。他苦口婆心地劝说他们救救自己，救救人们，救救国家和圣殿，劝说他们不要对圣城漠不关心。罗马人与所有这些都没有关系，可是他们尊重敌人的圣地，从开始至今始终没有伤害过圣地，而在圣城里土生土长的人却在竭尽所能破坏它，而他们活下来会成为它的唯一拥有者。他们难道没有看到最坚固的城墙已经被夷为平地，留下的只是最薄弱的部分吗？他们难道不知道罗马的力量坚不可摧，屈服于它是司空见惯的吗？假如说为自由而战是正确的，那么他们从一开始就应该这样做。可是一

306

且被打败了，归顺了许多年后，又谋划着摆脱束缚，这不是热爱
自由的表现，而是想自取灭亡的变态心理。藐视奸诈的主人情有
可原，但不应该这样对待整个世界的主人。除了酷暑难当或严寒
难耐的对罗马人没用处的地方，地球的哪个角落逃脱了罗马人的
进攻呢？在每个地方命运都垂青于他们。把统治大权从一个国家
传到另一个国家的上帝现今就居住在意大利。所有的动物，无论
野兽还是人都要遵循这样一个亘古不变、不可抗拒的法则，即所
有的动物都要向强者屈服，权力属于武器强大的人。这也就是为
什么身体强壮、智力超群、资源丰富远胜于他们的先辈却屈服于
罗马人的原因。要不是清楚地知道上帝站在罗马人一边，他们是
无论如何也不会那样做的。

对于他们自己来说，当圣城大部分已经被占领，尽管城墙还
在，可是城里的情况远比圣城陷落后的情况要糟糕得多时，到底
是什么给予他们信心使其坚持下去呢？罗马人早已知道城内在闹
饥荒，其市民的人数正在急剧下降，士兵们也危在旦夕。即使罗
马人延迟了行动，尚未对圣城发动武装袭击，但是城内有种无法
抗拒的战争正在爆发并不断激化。除非这些人能够拿起武器与饥
荒斗争，能够主宰饥饿！他继续说道，他们最好在事情还没有无
可救药之前改变策略，在能够控制局势之时选择安全道路：罗马
人不会因为他们过去犯下的蠢行而心存怨恨，除非他们自己厚颜
无耻坚持到底。胜利时，他们生性仁慈，不允许仇恨情绪阻止他
们自己的利益追求，并且这些利益不是通过把圣城变得荒无人烟
或让整个国家废弃来实现的。提多即使现在也准备好对他们许下
保证，但是如果甚至在奄奄一息之时他们仍然拒绝和解的话，他

会袭击该城，并且不会放过任何人。他已经占领了两面城墙，很显然，第三面城墙的征服也指日可待。再说即使那道屏障很难攻取，饥饿也会帮助罗马人打败他们。

大体上来说，约瑟福斯的这番劝导换来的是守护者嘲弄和诅咒的怒吼，时而还伴有阵阵石击。既然坦率的劝导没产生什么影响，他由此转到民族的历史上。

"可怜的人们，"他喊道，"你们忘记了真正的联盟。你们是用武器和右手攻击罗马人吗？用这种方式我们打败了其他什么人吗？上帝什么时候不会让我们为自己的错误付出代价？转身看一看你们为了战争而离开的地方，想一想你们尽自己之能事侮辱了一个多么强大的联盟！你们是不是已经忘记了父辈们所取得的惊人成就，以及在以往的日子里这片圣土为我们赢得了多少次可怕的战争？就我个人而言，在你们这些卑鄙的人面前，想起上帝的成就我就浑身战栗——你们都听着：你们不仅在与罗马人对抗，也在与上帝对抗。

"当时埃及的国王尼科（Necho）法老，携大军踏上这片圣土，并控制了我们民族之母撒莱公主。她的丈夫，也就是我们的祖先亚伯拉罕是怎么做的呢？他用武力报复敌人的侮辱了吗？他手下有三百一十八位军官，各个都支配着无尽的人力！可是难道他不认为没有上帝的帮助，一切都是没有价值的吗？难道他没有伸展双手面向这个现今被你们亵渎的地方请求上帝的援助吗？王后在第二天傍晚毫发未损地被送回来，埃及人敬畏这片现如今被你们用同胞的鲜血染红的土地，并于深夜被噩梦惊动，吓得匆忙逃走，慌乱之中散落在上帝特别眷顾的希伯来人的土地上无数金银财宝，308

难道不是这样的吗？①

　　"还用赘述我们的父辈们在埃及时的日子吗？他们受制于外国统治者四百年，受尽了摧残。尽管他们可以用武器和双手进行反抗，但是他们把此项事业交给了上帝。有谁没听说过埃及野兽肆虐，疾病蔓延，一片荒凉？土地变得贫瘠，尼罗河不断干涸，十大瘟疫接踵而至。随后上帝引领我们父辈们离去，没有流血、没有危险，引领他们建立敬拜他的圣殿，有谁没有听说过这些呢？还有，当叙利亚人夺走了我们神圣的方舟，难道非利士（Philistia）和被顶礼膜拜的大贡（Dagon）及掠夺者的整个国家没有抱憾终生吗？他们身体的隐秘部分化脓了，他们的肠胃下垂了，他们用偷窃的双手把它送了回来，他们在圣堂里演奏钱和小手鼓以及其他各种表示和平的方式来博取神的息怒。正是因为父辈们不相信自己的力量或武器，而是把问题的决定权转交给上帝，上帝的指导才为他们赢得了成功。

　　"当亚述王西拿基立（Sennacherib）携整个亚洲包围了这座圣城时，他是被人打败的吗？难道不是因为他们举起毫无戒备的双手向上帝求救，上帝才派遣天使于一夜间消灭了无数大军，当亚述王早晨醒来时发现了十八万五千具尸体，这才带着幸存者从毫无装备且毫无准备追赶他们的希伯来人那里逃走吗？你们也知道人们在巴比伦受到的奴役吧，在那里他们被流放了七十年，并且从未试图摆脱束缚，后来作为对上帝的供奉，塞勒斯（Cyrus）赐予他们自由，并派他们出发去重建他们同盟国一起敬拜上帝的

_____

①　约瑟福斯在什么地方找到了这个神奇的故事呢？恐怕并非《圣经》。

圣殿。

"总之，我们的父辈从未依赖武装力量而胜利过。只要把事业交给上帝，他们从未失败过。如果保持沉寂，他们就是成功的，因为似乎这样对于上帝来说是一种美德；如果付诸战争，他们每次都被打败。例如，当巴比伦国王包围该城时，我们的国王希西家（Zedekiah）不顾耶利米（Jeremiah）的预言执意发动战争，结果他沦为战俘，亲眼目睹了城镇和圣殿被夷为平地。然而，国王及其臣民与你们的领导和臣民相比是多么有节制啊！耶利米站在房顶上大喊道：上帝因为他们违背其旨意的不公正行为而憎恶他们，除非放弃圣城，否则他们就会被抓做战俘。尽管这样，国王和人们都没有把他处死。可是你们这帮人又是如何做的呢？我不知道用什么语言能形容你们在圣城里所犯下的暴行。但是我劝说你们自救换来的却是诅咒的怒吼以及阵阵石击。一提到你们的罪行及每天的公开暴力行为，你们就大发雷霆，不能忍受！

"还有，当安条克·伊皮法尼斯封锁了圣城，并犯下了滔天渎圣罪，我们的祖先带大军反击时发生了什么呢？在战争中他们被尸解，城镇被洗劫一空，圣堂连续三年半凋零破败。我有必要继续赘述这个故事吗？是谁招来罗马人攻打我们的呢？难道不是城内人亵渎神灵使然吗？是什么招致了我们的奴役呢？难道不是我们祖先内部纷争引起的吗？那时亚里斯多布鲁斯和哈卡纳斯间的疯狂敌对给庞培攻击圣城以可乘之机，上帝又把没有资格获得自由的人放到罗马人的铁蹄之下。尽管他们没有像你们这样如此亵渎圣殿和律法，尽管他们的装备远比你们的更精良，但三个月围困之后还是投降了。我们知道安提柯纳斯，也就是亚里斯多布鲁

309

斯的儿子的下场，不是吗？在他统治期间，通过对圣城的进一步
占领，上帝报复了人们的罪行：安提帕特的继承人希律引来了索
斯亚斯，索斯亚斯引来了罗马军队。罗马人包围了该城长达六个
月之久，后来作为对他们所犯下罪行的惩罚，圣城被占领了，并
被洗劫一空。

　　"因此，我们民族永远不要有作战的想法，否则战争无一例外
都会失败。我相信，居住在这片圣地的人们有义务把所有的事情
都交给上帝判决。无论何时能够得到判决都有义务鄙视凡人的帮
助。但是，你们做了哪些得到神灵保佑的事情呢？你们没做哪些
受到神灵诅咒的事情呢？先前失败的人犯下的罪过与你们的不敬
相比简直是天壤之别！你们没有避开隐蔽的罪行——偷窃、背信
弃义、通奸。在抢掠和杀戮方面你们相互竞争。你们开辟了新的
罪恶之路。圣殿已经变成了容纳整个民族渣滓的水槽，土生土长
的人竟然把甚至连罗马人都尊重的这片圣地给污染了。并且出于
对你们律法的尊重，罗马人把本国的习俗放在了一边。

310　　　"做了这一切之后，你们还期待被玷污的上帝做你们的联盟
吗？事实上，你们应该是真正的乞求者，你们应该用一双脱离武
器的手向上帝乞求！毫无疑问，我们的国王就是用这样一双手乞
求上帝的帮助打败亚述王的，敌人强大的军队这才于一天晚上被
上帝消灭！难道罗马人的行为像亚述人一样卑劣，从而能够从上
帝那里得到类似的报复吗？亚述人在与国王达成不洗劫圣城的共
识，并收下国王的钱后，出尔反尔地攻击了我们，焚烧了圣堂，
而罗马人只是要求我们按照父辈的惯例继续向他们进贡，这难道
不是事实吗？达到这个目的之后，他们既不会洗劫圣城，也不会

冒犯你们神圣的土地，相反他们会给予你们所有其他的东西，包括子女的自由、财产的安全以及神圣律法的保存。期待上帝向对待邪恶之众那样对待正义之师简直是痴心妄想。

　　"并且，上帝知道何时需要立即报复。就在亚述人在城旁安营扎寨的那晚，上帝毁灭了他们。因此，如果他认为我们这一代人有资格得到自由或者罗马人应该受到惩罚的话，他早就像立即毁灭亚述人一样毁灭罗马人了。什么时候？当庞培干涉我们的事务之时，当后来索斯亚斯攻打我们之时，当韦斯帕芗把加利利变成荒凉之地时，至少当最近提多逼近圣城之时。玛格努斯和索斯亚斯不仅没有遭受任何挫败，而且突袭并占领了圣城，韦斯帕芗把与我们的战争变成了其登基的踏脚石。对于提多呢，你们干涸的泉水比任何时候喷涌得都要旺盛！你们知道在他到来之前西罗亚泉像城外所有的泉眼一样正在干涸，因此水必须按桶买。但是现在你们的敌人却有非常充足的水源，不仅大队人马有水喝，甚至有足够的水浇灌花园。你们以前在圣城被攻占时也看到过同样的征兆发生。当时已经提到过的巴比伦人向圣城进军，占领并焚烧了圣城和圣殿，尽管那一代人还没有你们这样亵渎神灵。因此，我相信上帝已经离开了你们神圣的土地，站到罗马人一边去了。为什么呢？一个好人会放弃一个不洁的房舍，痛恨其居住者。你们以为能看到一切隐秘的事情，能听到包裹在寂静之中的秘密的上帝——能忍受在他的房舍进行的邪恶行为吗？你们到底要保什么密或者遮掩什么呢？在敌人面前，你们还有什么没有表现出来呢？你们以难以启齿的罪恶为荣，每天相互比赛谁能更卑劣；你们为自己犯下的罪恶而自豪，仿佛它们不是罪恶而是美德！

"尽管如此,你们前面仍然有条赎罪之路。上帝会赦免认罪和忏悔的人。你们这些顽固的傻瓜们!扔下你们的武器,可怜一下你们正在走向毁灭的出生地吧,转过身来看一看你们正在背叛的美景吧——多么美的城市啊!多么辉煌的圣殿啊!全异族世界馈赠给我们多么珍贵的礼物啊!有人愿把这一切付之一炬吗?有人希望让这些东西成为过去吗?你们这些没有人性、铁石心肠的怪物们,有什么比这些更有资格得到保护呢?如果这些景象都不能让你们动摇,至少应该可怜一下你们的家庭,你们每个人都在眼前回想一下不久之后要么死于饥荒要么死于箭下的妻子、孩子和老人。我知道危险也威胁着我的母亲和妻子、我们这个有名望的家族以及因古老而著称的房屋。或许你们认为我是为了他们才来做说客的。杀了他们吧!把我的血肉作为你们获得拯救的代价吧!如果我的死能让你们学到智慧,我很乐意这么做!"

第十九章　围城引发的恐怖

　　当约瑟福斯结束这番言辞激烈的请求时，已泪流满面。党徒们不会撤退，因为他们认为改变立场可能是灾难性的，但是在平民当中，却出现了倾向于逃跑的举动。一些人赔本卖掉了他们所有的财产，另一些人携带着细软离开。为了防止强盗抢劫，他们吞下了金质器件，逃亡到罗马人那里之后，他们要做的仅仅是卖掉他们肚肠里的宝贝以换取充足给养。对于他们中的大多数，提多允许他们经由自己选择的任何途径逃到乡下去。这使他们更倾向于逃亡，因为他们这样可以逃离城里的恐怖，逃离被罗马人奴役的命运。约翰和西蒙的党徒们花费了比阻止罗马人进城更多的力气来阻止这些人出城，任何人，即使只有一丝的怀疑，也会马上被处死。

　　对于富人来说，留在城里与离城一样危险：因为别人会为了钱，借口他是一个逃亡者来杀死他，很多富人因此被杀死。随着饥荒越来越严重，党徒们变得越来越暴躁了。每一天这两种恐怖的状态都会恶化。因为到处都看不到粮食，他们强入民宅进行掠夺。如果他们发现了一些粮食，他们就会虐待那些说没有粮食的居民。如果他们找不到，他们会怀疑居民们小心藏起来了并因此折磨他们。这些不幸的人的脸色成了他们有没有食物的证据。如果他们不是瘦骨嶙峋，他们就会被认为是有充足的储备；如果他们已经骨瘦如柴，就会被放过，因为逼迫那些不久以后肯定会饿死的人似乎没有什么意义。很多人偷偷地拿他们的财产交换一些粮食——如果他们碰巧很富有，会换些小麦；如果很穷，就只能换一些大麦。然后他们就把自己关在他们房子最黑暗的角落里。在这里，一些人由于极度饥饿而生吃谷物，另外一些人做面包，需要和恐惧是唯一的向导。没有桌子，他们从火上取下仍然不熟的食物，狼吞虎咽。

313　　这些悲惨的情景会使人热泪盈眶，因为强者的所得绰绰有余，弱者的处境却是绝望无助。所有人类的情感，唉，都屈服于饥饿了。这其中，体面经常是第一个受害者。因为当饥饿占统治地位时，克制就被抛弃了。因此，妻子抢丈夫的，孩子抢父亲的，而最恐怖的莫过于母亲从婴儿嘴里抢食物了；并且，当她们最亲爱的人在她们怀里奄奄一息时，她们也会毫不犹豫地抢走能使他们活命的一口食物。这种缓解饥饿的方法并非无人知晓：到处都有党徒们随时准备扑过去抢食物。不管在哪里，只要看到上锁的门，他们就会断定里面的人在吃饭，然后就会立刻破门而入，毫不犹豫地从别人咽喉里挤出几口食物！他们殴打不交出食物的老人，撕扯把手里东西藏起来的女人的头发。他们对花白头发的老人和无助的婴儿毫无怜悯，提起紧抓住宝贵食物不放的孩子摔到地板上。如果有人预料到他们的入侵并把他们想得到的食物咽下去的话，他们会觉得受到欺骗而施以更加野蛮的报复。

　　他们为掠夺食物而设计的折磨方法是很恐怖的。他们把豌豆塞进受害者的生殖器里，把树桩塞进他们的肛门。他们把这些听

起来就很恐怖的折磨方法用于人们身上，迫使他们承认拥有一块
面包或指出一把大麦的藏匿地。这并不是因为这些折磨者饥饿
（如果他们仅仅是满足需要他们就不会这么野蛮），而是因为他们
想使自己的热情得到锻炼和储存食物以备来日之需。此外，人们
晚上爬到远至罗马岗哨的地方采集野生植物或草根，当人们以为
已经安全地离开敌人时，却被这些掠夺者遇到了，他们就会从人
们手中抢走这些采集来的财产。可怜的乞求和诉诸威严的神也不
能够保证他们归还甚至一小部分他们冒险采来的东西：他们应该
庆幸，因为自己仅仅是被抢劫而不是同时被杀掉。

　　地位低微的人们仅仅受到下层党徒的折磨，而有钱有势的人
却被拉到集团首领面前受折磨。他们中一些人被诬告为策划阴谋
或破坏者，另外一些人被控告为出卖城市给罗马人。而最使他们
乐此不疲的伎俩是花钱雇用一个告密者诬告他们计划逃亡。当一 314
个人被西蒙掠夺之后，他就会被送到约翰那里；当一个人被约翰
抢劫之后，西蒙又接管了。他们用同胞之血互祝健康，瓜分这些
不幸的人。争夺统治权的欲望使他们势不两立，但在所犯罪恶方
面，他们又情同手足，因为不和他的同伙分享建立在别人痛苦上
的成果的人会被认为是一个绝对的无赖；而分享不到的人，就像
被剥夺了奖赏一样，会因被排除在这些野蛮行径之外而暴跳如雷。
要详细描述出他们的野蛮行为是不可能的，但我们可以概括地说，
没有任何一个城市曾经历过这样的恐怖，历史上没有任何一代人
能衍生出这样的邪恶。最后他们把整个希伯来种族都带进耻辱中，
目的是使他们的无耻在外族人眼中显得不那么可恶并且承认这样
一个痛苦的事实，即他们是奴隶、人类的渣滓、杂种，是被驱逐

出国家的人。他们的工作就是摧毁这座城市，而罗马人却被迫不情愿地、郁闷地去夺取这样的胜利。他们加速焚毁圣殿，仿佛觉得目前的速度太慢。可以确定的是，当他们在上城看到圣殿焚烧时，他们平静万分，而很多的罗马人却掉泪了。以后我会在适当时间讲述这件事，对当时的情形作一个完整的描述。

罗马人这边，尽管守城者的箭矢投石造成了一些士兵的伤亡，但平台已经基本完工了。提多自己派一队骑兵去伏击那些出来沿着山谷寻找食物的人。这其中有一些是士兵，他们不再满足于偷盗所获了，但是大多数人是一无所有的平民。他们不敢逃离，害怕他们的家人会因此受到惩罚。因为他们知道，如果试图带着妻儿穿过战线，那些党徒们会去抓他们，并且，他们也无法容忍丢下她们不管，因为他们而被强盗杀死。但是饥饿给了他们出城的勇气，因为唯一剩下要做的事就是溜出去并落入敌人手中。当被抓时，他们被迫抵抗，战斗结束时，要求宽恕似乎已太晚了。在被处死前，他们受到鞭笞，遭受各种折磨，最后在城墙上能看得到的地方被钉死在十字架上。提多确实也知道所发生的事有多恐怖，因为每天有五百人，有时候甚至更多的人落入他的手中。但是释放这些武力抓捕的人并不安全，而且看管这么一大帮俘虏会占用他很大一部分军队。但是他不停止杀戮的主要原因是希望这些场景会促使城里的人为避免同样的命运而投降。士兵们由于愤怒和仇恨把他们的受害人以各种姿势钉到十字架上，像一个残酷的笑话，一直到犯人数量太多而没有空间立十字架，或是十字架已经不够用。

看到这些灾难，那些党徒们不仅没有改变他们的方针，反而走向另一个极端来欺骗剩下的人。他们把逃亡者的家人和那些准备接受罗马人保证的人一起带到城墙上，让他们看一下叛逃者的下场，宣称那些受害者都是乞求者而不是战俘。这使得很多急切想逃亡的人选择留在城里，一直到事实水落石出。但是其他人还是一刻不停地逃出城去，尽管他们知道等待他们的命运，但与饥饿相比，他们把死在敌人手里看做是解脱。对于很多这样的人，提多命人砍掉他们的双手，这样他们就可能由于他们受到的恐怖的对待而不会被认为是逃亡者，能够被相信。然后，他把这些受害者送回给约翰和西蒙，要求他们两个立即停止抵抗，不要逼迫他毁城，而改变心意他们可以从中获益，尽管已经很晚了。他们可以保留他们的性命、美妙的故土还有他们自己的圣殿。与此同时他从一个平台走向另一个，激励他的士兵，显示他很快就要付诸实际行动。作为应答，城墙上的人极力羞辱提多和他的父亲，并且大喊，他们不怕死，宁死不做奴隶，人本该这样。只要一息尚存，他们就尽最大可能打击罗马人。像他自己说的那样，故土对于一个注定死亡的人有什么用呢？至于圣殿，上帝在其世界里会有一个更好的，而且这个圣殿也会被驻留于其内的上帝所拯救。有上帝在他们这边，他们能笑对任何无实际行动的威胁，因为这是由神来决定的。这就是他们大声的反驳，还夹杂着些许辱骂。

这时，安条克·伊皮法尼斯带着一支强大的重装步兵部队和被称为马其顿人的护卫队前来助阵。所有的士兵都才十几岁，高大威武，训练有素。他们的训练方式和装备都仿照了马其顿方式——因此被称为马其顿人，尽管没有几个人长得像那个尚武的种族。碰巧的是，罗马最繁盛强大的诸侯是科马根王

316

（Commagene）——直到他的命运发生了转变。在他晚年，他曾宣称在他死前没有一个人可以称得上是快乐的。但是安条克在他父亲正兴旺时到来，对罗马人攻城的踌躇不前深为震惊。他自己天生是一个战士，富于冒险精神，外表强壮，勇气过人，以至于无往而不胜。提多笑言他们在战斗中是伙伴，所以安条克领导他的马其顿军一刻也不耽搁地展开了对城墙的突袭。多亏了他的力量和技巧，在他用弓箭射击敌人时，自己却毫发无伤。但是他手下的年轻人，除了极少数之外，却伤亡惨重。为了实现他们的诺言，他们拼死战斗。当他们最后撤退时，很多人伤亡了。毫无疑问，他们自言自语道，即使是真正的马其顿人，也只有在拥有亚历山大的运气时才能征服它。

　　罗马人在5月12日开始工作，但是直到29日，在进行了十七天持续不断的艰苦劳作后，才完成了这些平台，因为这四个尺寸都很巨大。其中一个面对安东尼亚，是由第五军团建造的，正冲着坎斯湾（Quince Pool）的中央。另外一个，由十二军团所建，在三十英尺开外。离这两个很远的地方，在城市北面的那个平台是第十军团的成果，在阿尔蒙湾（Almond Pool）边。离它四十五英尺，十五军团在大祭司纪念碑（High Priest's Monument）旁边建造了他们的平台。但是在城里，约翰挖了一条地道通到安东尼亚附近。这条通道用木制支柱支撑起，到平台被筑起的时候，他已经到达了平台下边，因而使之悬空了。接下来，他带来了涂抹上树脂和沥青的柴捆并把它们点燃。这样，当木制支撑物被烧毁后，整个地道垮塌了，伴随着"轰隆"一声巨响，这个平台塌进了大坑里。立刻，一股浓雾烟尘升起，因为碎块把火都给堵住了。

然后，当大量木板被烧掉后，耀眼的火焰腾空而起。这突如其来的打击使罗马人惊惶失措，犹太人的计谋使他们备感沮丧。他们曾很确定胜利马上就要来到，但这次打击冻结了他们成功的希望，甚至是未来的希望。灭火似乎已没什么用，因为即使他们把火扑灭，平台也已经被火吞噬了。

两天后，西蒙的军队攻击了另外两座平台，因为罗马人已经在这边把攻城锤搬上来，正在撼动着城墙。来自加利利加里斯（Garis）的泰夫斯（Tephthaeus），米利暗王后的仆人莫该萨勒斯（Megassarus），在一个来自阿迪亚伯纳［纳巴特斯（Nabataeus）之子］因为残疾而被冠以绰号凯吉拉斯（"瘸腿"）的人伴随下，拿着火把，冲向这些器械。在整个战争过程中，城市里没有比这三个人更英勇无畏或者说可怕的人了。他们冲出去，像冲向朋友一样，而不是冲向大量的敌人。他们既不犹豫，也不退缩，而是直接冲进敌阵中心，点燃了器械。箭矢如雨，刀剑翻飞，但他们还是拒绝撤离这危险境地，一直到这些器械燃着了火。当火焰冲天而起的时候，罗马人才纷纷从营房跑出来赶来援救。但犹太人从城墙过来阻止他们，与那些想灭火的人格斗，丝毫不顾及自己的安全。罗马人拽着攻城锤，上面的柳条盖燃烧着。而犹太人虽然被烈焰包围，但他们抓住又红又热的金属，向另外一个方向拽着，不让撞锤脱手。火焰从撞锤上蔓延到平台上，越过了防守者，罗马人瞬间陷入火海之中。他们对于挽救他们的劳动成果已经绝望了，开始撤退到营地里。犹太人对他们紧追不舍，他们的数量因城里来的援军而骤增。他们乘胜前进，勇猛进攻，一直到达罗马人的防御工事并与守军交战。

317

　　在每个罗马营地的最前方都有一个全副武装的警戒哨，轮流换班。根据一条严厉的规则，不管在什么情况下，一个人如退却就会被处死。这些人宁肯光荣地战死，也不希望被处死，所以他们坚守阵地，拼死而战，这使很多溃逃的人感到羞耻而站住。快速装弹机被安置在墙上，用来击退那些从城里潮水般涌出的大量丝毫不顾及自己安全的人群。他们与任何挡路的人格斗，不顾一切地扑向罗马人的长矛，用自己的身体冲向敌人。与其说是靠行动，还不如说是因为他们相信自己已占了上风，是犹太人的勇猛而不是他们自己的伤亡导致了罗马人的失利。

　　在这危急时刻，提多从安东尼亚回来了。他是去那里选地点准备建造更多的平台。他对那些士兵表现了极大的蔑视，因为那些士兵在夺取了敌人的城墙以后，险些丢掉他们自己的；他们把犹太人从牢笼中放出来，任由他们围攻自己！他立刻率领一批精兵试图从侧面攻击敌人，可是敌人尽管受到正面攻击，仍旧转身迎接新的威胁，顽固抵抗。接下来一片混乱，尘土飞扬，杀声震天，谁也分不清敌友。犹太人抵抗着，不是因为他们英勇顽强，而是因为他们对胜利已经绝望了。罗马人是为军队的荣誉而战，特别是提多也在危险的前沿。若不是犹太人撤回到城内，阻止了战场危机的出现，那么战斗可能已经结束了，因为罗马人盛怒之下，会抓到所有的犹太人。由于平台都被毁掉了，罗马人变得垂头丧气，长时间努力的成果在短短的一小时之内化为乌有了。很多人确实认为，用常规武器是绝不可能攻占这座城市的。

　　于是提多召开了一次关于战争的讨论会议。较乐观的一派意欲派整个军队发动全面进攻。迄今只有一小部分兵力和敌军交战，如果发动全面进攻，犹太人就会在无数弓箭下投降。而较为谨慎的一派则强烈建议或者重建平台，或者不这样做，而是仅仅封锁城邦，防止居民突围或运粮进城，把他们饿死，避免同他们作战。因为当人们为逃避更可怕的事情而宁愿死于刀剑下时，是不宜同绝望的他们打仗的。提多自己认为让如此庞大的军队无所事事并非明智之举，然而去攻打那些注定要互相残杀的人也无多大意义。由于缺少木料，建造平台的希望并不大，防止突围几乎更没有可能，因为要让军队在如此复杂的地形上包围这么大的城邦是不现实的，而且一旦有人突围，也是非常危险的。大家都知道的道路已经被封锁，但是犹太人迫于生存而又了解地形，可能会找到秘密通道出来。此外，如果有补给偷偷运入城内，那么围城的时间就要进一步延长。他怕他胜利的光辉会因为延迟而变得暗淡。如果有足够的时间，任何事情都能实现，但是要获得荣耀就必须速战速决。如果他既想速战速决，又要确保万无一失，就必须围绕城邦建造一座城墙。这是能阻止城内人外出、迫使犹太人放弃最后一线生存希望而交出城邦的唯一办法。不交出城邦，他们就只能饿死。抵抗一旦减弱，他就会重新开始建造平台，而不会任事态自由发展。如果有人认为这项任务太艰巨，那么他必须记住微小的任务有失罗马的尊严，没有艰苦的努力就一事无成，除非有奇迹发生。

　　说服了各位将军以后，提多命令他们把任务分配到各个单位。士兵们受到启示突然变得热情高涨。路线规划出以后，不仅军团之间，连步兵大队之间都互相竞争。步兵急于讨好队长，队长急于讨好百人队长，百人队长讨好护民官，而护民官又希望得到将

319

军的夸奖，提多本人则是将军之间竞争的裁判。他每天亲自巡视几次检查工作。他从自己的住处，亚述人的营地开始，沿墙到下面的新城，从那里经过汲沦谷到橄榄山，然后拐弯向南，绕过那座山［一直到一块叫做鸽巢（Dovecot）的岩石］和另一座悬于西罗亚泉附近的山谷之上的高地。从那他向西进入喷泉谷（Fountain Valley），然后再经过大祭司阿纳努斯的坟墓，环绕庞培曾经扎过营的小山，之后向北转，经过一个叫豌豆房（The House of Peas）的村子，再绕过希律王的坟墓向东走，直到又到了他出发的起点，也就是他自己的营地，整个行程至此才结束了。整个城墙有四点五英里长，外面建造有十三个周长加起来超过一英里的堡垒。而整个工程三天之内就完成了，虽然原本可能要花费数月时间，速度快得令人难以置信。用这样一堵城墙把城邦包围并派人把守堡垒以后，提多值了夜间第一班岗，来回巡视，第二晚他委托了亚历山大，第三晚交给了军团的指挥官。守卫们抓阄儿轮班睡觉，他们整夜在堡垒之间巡视。

　　犹太人由于无法离开圣城，失去了所有生存的希望。饥荒日益严重的饥荒吞噬了每一个家庭。许多屋顶上都是虚弱得站不起来的妇女和婴儿，街上满是已经死去的老人。由于饥饿而身体浮肿的年轻人和男孩们，像幽灵一样在广场上闲逛，他们之中随时随地都有人晕厥倒下。生病的人根本没有力气埋葬他们的亲人，而那些健康的人不这样做，因为死人的数量太多了，而且他们对自己的命运也没有把握，很多人在埋葬别人的时候自己却倒下死去了，还有很多人因此而过早地走进了自己的坟墓。苦难中听不到哭泣声和哀悼声，饥饿抑制了情感。那些后死的人瞪着干枯的眼睛，咧着嘴笑着，看着那些先死去的人。沉寂包裹着整个城市，黑暗中充满了死亡。更糟糕的是，那些强盗像盗墓者一样闯入那些死去的人家里，扒光他们的衣服，扯掉他们的蔽体之物，然后大笑着走出来。他们在尸体上测试剑尖是否锋利，甚至还刺穿那些无助地躺在那里但还活着的人，以测试刀剑的铁质。但是如果有人乞求这些强盗用刀剑刺死他们以结束痛苦时，他们却不屑一顾，宁愿让他们饿死。每一个即将死去的人的目光都凝视着圣殿，对那些离开时还活着的党徒们嗤之以鼻。后者起初命令他们用公款埋葬尸体，因为他们无法忍受尸体的恶臭。后来，当这种做法证明不可能时，他们干脆把尸体从城墙扔进了山谷。在巡视过程中，当提多看到堆积的尸体和从分解的尸体下流出来的腐烂液体的汩汩细流时，他叹息着，举起双手，让上帝作证这并非他所为。

城里陷于这种情况时，罗马人却精神饱满，因为党徒们自己也精神沮丧，饥肠辘辘，所以没有人突围。罗马人有来自叙利亚和邻近省份的大量的粮食和其他生活必需品。士兵们喜欢站在城墙附近以炫耀他们丰富的食物供给，以他们自己的宽裕米激起敌人的饥饿感。但是当苦难不能使党徒们屈服时，提多又同情起剩余的民众来，并且由于急于挽救幸存者，又重新开始建造平台，尽管很难获取木料。城市周围的所有木材都被砍伐用于先前的工程了，所以士兵们不得不到十多英里以外采集新的木材原料。他们以安东尼亚为中心，从四个方向建造起比先前更大的平台。提多巡视了军团，催促工程，也向强盗表明他们是在他的控制之中的。但是强盗们自己好像已经丧失了所有的懊悔心理，把灵魂和躯体一分为二，而他们的行为好像两者都不属于他们自己。因为

他们的灵魂对苦难已经没有了感觉，就好像他们的身体对疼痛已
321　经麻木一样——他们用犬牙撕扯着这个国家的躯体，使监狱里塞
满了无助的人。

　　西蒙实际上折磨死了马提亚，而之前正是马提亚使西蒙成为
圣城的主人的。作为布瑟斯（Boethus）的儿子和大祭司的子孙，
马提亚享有人民的绝对信任和尊敬。当群众主要由约翰参加的奋
锐党人控制时，马提亚劝人们接受西蒙的帮助。他和西蒙之间并
没有任何协议，因为他没有想到西蒙会搞什么阴谋诡计。然而当
西蒙来到这里控制了圣城以后，他像对待其他的敌人一样对待马
提亚，把他事业的推动者仅仅看成是一个傻瓜。他派人把马提亚
带到面前，指控他支持罗马人，而且不允许他辩护，就把他和他
的三个儿子都判处死刑。他的第四个儿子已经逃到提多那里去了。
当马提亚乞求西蒙看在自己为他敞开大门的份儿上，允许自己先
于自己的孩子受死时，那个杀人魔王竟命令他最后一个受死。所
以他的儿子一个一个在他面前被杀死了，然后当着所有罗马人的
面，他的尸体被抛到他儿子们的尸体上面。这就是西蒙指示他最
残忍的追随者——巴伽达提斯（Bagadates）的儿子阿纳努斯做的
事。阿纳努斯还戏弄地问马提亚是否需要他的新朋友的帮助，并
禁止埋葬他们的尸体。他们死后，一位名叫亚拿尼亚的著名祭司
［即马斯巴勒斯（Masbalus）的儿子］和家在以马忤斯、名叫阿里
斯塔俄斯（Aristaeus）的犹太最高评议会执事，连同其他十五位
有名望的公民一起被处死了。约瑟福斯的父亲被关押起来，并且
还颁布了一条法令，禁止城里的任何人和他联系，否则就认为是
背叛行为。任何慰问他的人都格杀勿论。

　　犹大的儿子小犹大，即西蒙的一个下属，受命掌管着一座塔楼。看到这所有的一切，一部分出于对这种残杀行为的厌恶，而主要是出于对自身安全的考虑，他挑选了十个最可靠的人，问道："这种恐怖我们要忍受多久呢？忠于一个无赖恶棍，我们会有什么生存的希望呢？我们已经开始挨饿了，而罗马人就要进来了。西蒙背叛了自己最好的朋友，而且可能马上就要扑向我们，而罗马人的话是可信的。所以，来吧，让我们放弃城墙，挽救我们自己也挽救圣城！西蒙已经没有希望了！让西蒙早点儿受到他应有的惩罚也无妨。"他的这番话说服了那十个人，然后他假装准备战斗，把其余的人派往不同的地方，以免计划被发现。三小时后，他从塔楼上向罗马人大声呼喊，但有一些罗马人不屑一顾，另一些人感到怀疑，而大多数人根本不感兴趣，因为无论如何圣城很快就要在他们的掌控之下了。提多带着他的重步兵朝城墙过来，不料西蒙偷偷地抢先一步，占领了塔楼，逮捕了犹大及其同伙，在罗马人面前处死了他们，并把他们残缺不全的尸体从墙上扔了出来。

　　这时，当约瑟福斯四处行走再次呼吁时，他被一块石头当头一击，倒在地上不省人事。看见他倒下，犹太人都跑出来，若不是提多及时派人保护他，那么他已经被犹太人拖进城里了。两方打斗时，约瑟福斯被救起，他几乎不知道发生了什么事。党徒们以为他们已经除掉了他们最痛恨的人，因此高兴地大叫起来。当消息在城里散布开来，平民中还活着的人都陷入了绝望，因为他们认为他们已真正失去了能帮助他们逃离的人。当有人告知在狱中的约瑟福斯的母亲她的儿子已经死去的消息时，她对守卫说在约塔帕塔时代她就已经预料到了。但即使他活着，她也和没有儿子一样。私下里，她向女仆哀叹道：这就是把孩子带到这个世界上来的结果——她甚至都不能为她的儿子送终，而她原本是想让儿子为她送终的。不过这则虚假的消息既没有让她难过多久，也没有让强盗们欢呼多久。约瑟福斯很快恢复了健康，他走上前大声喊道，那些打伤他的人很快就会受到惩罚并恳求人们信任他。他的重新出现给平民们带来了新的希望，却使党徒们惊慌失措。

一些逃离者看到没有别的路可逃，就迅速从城墙跳下来。还有一些人像要作战一样拿着石头向前进，然后逃到罗马人那里。逃离者们的命运比待在城里更坏。他们发现罗马人提供的大量食物比他们刚刚逃离的饥饿更加致命。他们到来时，由于饥饿而浑身肿胀起来，像是浮肿一样。接着他们不停地往他们空空的肚子里塞食物，直到胃胀破为止。不过也有一些人却很精明，他们控制着自己的食欲，一次只吃一点对他们来说不习惯的食物。逃过这次灾难的人又陷入另一次灾难。在一个叙利亚人营地里，有人抓住一个正在他的粪便里捡金币的逃离者。如我所说过的，他们离开以前吞下金币，因为他们全部要被党徒们搜身，而圣城里有大量的金子。实际上，那些金子只卖到原来价格的一半。可是当这个诡计通过一个人被发现后，营地里传开谣言，说逃离者来时都是腹中塞满了金子的。阿拉伯人营地和叙利亚人剖开并洗劫了那些难民的肚子。对我来说，这是发生在犹太人身上的最可怕的灾难。一夜之间，近两千人被剖腹。

当提多知道这一恶行以后，他正要派骑兵包围并射死那些作恶者，可是太多的人牵涉在内。事实上，应该受到惩罚的人远远超过了受害者的数目。他只好召集援军和军团指挥官，说有人告发他们的手下参与了暴行。他严厉斥责了这两方的指挥官们。是否有可能他自己的士兵也抱着捞点好处的希望而参与其中，却对他们自己的金银制成的武器毫无敬意呢？阿拉伯人和叙利亚人因为是在一场与他们国家无关的战争中服役，所以开始任意放纵他们自己的感情，而最终却让罗马人为他们的残暴屠杀和对犹太人的仇恨承担责任，因为罗马人自己的一些士兵也一样名声恶劣。因此提多威胁那些外国人说，如果再发现有人犯下这样的罪行，就处以极刑。他还命令军团指挥官搜出嫌疑犯并交给他。

　　然而，似乎贪婪蔑视一切刑罚，人天生就特别爱财，而且任何一种情感都不及觊觎强烈。在其他时候，这些感情被约束着，也受到恐惧的威慑；但是，是上帝要惩罚这整个民族，让每一种逃跑的方法都以毁灭告终。所以恺撒威胁禁止的事暗地里还是发生在逃离者们身上。这些难民还没等其余的人注意到，就遇到那些外国士兵并被杀死了。那些外国士兵四处张望，以防被罗马人看见，然后，他们劈开难民的身体，从他们的肠子里抠出肮脏的钱。但是他们发现很少人肚子里有钱，大多数都失望了。由于害怕遭到这样的命运，很多逃离者又返回了城里。

　　当人们已经没有什么可供勒索时，约翰转而亵渎圣物。他把圣殿里的很多祭品都熔化掉，很多仪式用的容器、脸盆、盘子和桌子，甚至连奥古斯都和他的王后馈赠的大肚酒壶也不放过，因为罗马皇帝尊敬这块圣地，总是装饰它。可是现在，这个犹太人甚至偷外国人赠送的礼物。他告诉同伙，他们是在用上帝的财产为上帝谋利益，因此不必犹豫，那些为圣堂而战的人有权利靠它来生存。因此他倒出了祭司们放在内殿里用来替换烧掉的贡品的 324

圣谷和圣油，分给大家。那些人毫不犹豫就吞掉一桶，或者把圣油抹在自己身上。我禁不住要说出我的感觉。我想那时如果罗马人推迟攻击这些亵渎神灵的流氓的话，那么要么大地会裂开吞噬了整个城市，要么一场洪水会淹没了它，或雷电像摧毁罪恶之地一样把它夷为平地了。因为它养育了比这样被毁灭的人更不敬神的一代人，这伙人的疯狂和愚蠢使整个民族陷于毁灭。

可是我为什么要逐一描述这些灾难呢？当这些灾难发生时，拉扎勒斯（Lazarus）的儿子曼讷斯（Mannaeus）逃到提多那里，告诉他，从4月14日罗马人在圣城附近扎营到7月1日期间，仅通过一扇他所负责的大门，就有十一万五千八百八十具尸体被抬出。所有这些都是乞丐的尸体。尽管不是他负责那件事，但由于他得用公款支付开支，所以不得不计数。其余的尸体由他们自己的亲人埋葬，其实他们也只不过把尸体抬着扔出圣城。在曼讷斯之后，又有很多有名望的公民逃离，他们说总共有六十万乞丐的尸体从各个门被扔出去，其他的数目就不得而知了。他们说，当已经不可能把身无分文的人的尸体抬出去时，尸体就被堆在那些最大的房子里，然后锁上房门。粮食的价格大大提高，而由于圣城又被城墙包围了，所以他们现在连草根都采不到了。一些人处于更可怕的境地，他们用耙子把下水道和旧的粪堆，吞下从那里找来的垃圾，原来他们连看都看不下去的东西，现在却变成了他们的食物。

罗马人听到所有这些不幸之后，感到同情，而亲眼看到这些苦难的党徒们却没有表现出任何遗憾，任由灾难也降落在他们自己身上，因为他们已经感到圣城和自己的末日就要来临，因而变得无所谓了。

第二十章　占领并毁灭安东尼亚

　　日子一天天过去，耶路撒冷的状况更是每况愈下。党徒们因连连受挫而愈发狂躁，原来吞噬平民的饥荒现在也在侵袭他们自己。不计其数的尸体在城里堆成了山，不仅让人看着厌恶，还散发着阵阵恶臭。这些尸体阻挡了战士们的突围，因为就像穿越尸横遍野的战场一样，他们不得不踏着这些尸体而过。然而当他们脚踏着这些尸体的时候，却毫不战栗，没有任何的怜悯和同情，甚至没有看到这种对死者的侮辱是他们自己厄运的先兆。他们双手沾满着同胞的鲜血就又冲向对付外敌的战场。在我看来，他们在责怪万能的主对他们姗姗来迟的惩罚，因为不是胜利的希望而是不能解脱的绝望让他们勇往直前。尽管收集木材对罗马人来说非常困难，但是他们还是在二十一天内搭建起了平台。如前所述，他们伐光了城镇方圆十里的树木。城郊现在跟城里一样满目荒凉，那个曾经郁郁葱葱的地方现在只剩下了荒漠和棵棵树桩。所有曾经亲眼见过老犹地亚城及其风景宜人的城郊的人，甚至包括外国人，现在看到如此荒凉的景象，都会不由自主地叹息这可悲的变化。战争使城市的美丽荡然无存。曾经熟识并来过这个城市的人已认不出它：即便身在这个城市，他或许还要找寻真正的城市到底在哪里。

　　平台的完工给罗马人和犹太人都带来了恐慌。犹太人坚信除
非他们烧掉平台，否则城市就会陷落。罗马人认为如果这些平台
的命运同原来的一样，他们就永远不会攻占这个城市，因为再没
有木材可用。士兵们由于劳作体力不支，不断的挫败又导致士气
低落。事实上，罗马人对城里灾难性的情况比里面的人更感失望：
他们发现那些斗士们一点也没有被严重的挫败击垮，而他们自身
的希望却不断受到打击，他们的平台因为敌人的策略没有发挥作
用；他们的器械在坚不可摧的城墙面前一筹莫展；而在近距离的
战斗中敌人的胆量使他们的技巧也无用武之地。最糟糕的是，他
们发现犹太人有一种内在的勇气，超越了内讧、饥荒、战争和不
计其数的灾难。他们开始认为犹太人的冲击是不可抵挡的，他们
在危难中的镇定不可动摇。他们越挫越勇，如果幸运眷顾他们的
话，还有什么是他们不可战胜的呢？难怪罗马人加固了他们平台
的护柱。

　　约翰的部队在安东尼亚加紧训练，以防有什么不测，比如城
墙被推倒。同时，他们袭击罗马人的设施，以阻止他们公羊锤的
攻击。但是努力失败了：他们手执火把前行，但是在接近平台的
时候又完全失去希望而折回去。首先，他们没有统一的计划，一
次冲出去几个人，过一阵又冲出去几个，犹豫不决，畏首畏尾，
总之一点都不像犹太人。看不出任何犹太民族的特质——勇敢、
锐气、集体冲锋和不服输的劲头。而当他们在前进中缺乏惯有的
气势时，罗马人的阵容却显示出非同寻常的力量。罗马人身着盔
甲，围住平台，形成一个防守严密的壁垒，绝不让放火者有机可
乘。每个人都坚守岗位，视死如归。如果平台被焚毁，就意味着

他们全部的希望破灭。这些士兵绝不能容忍每次都是阴谋诡计战胜英勇果敢，孤注一掷战胜装备技术，人数胜过经验，犹太人战胜罗马人。另外，炮兵还向打头的犹太人发射石弹箭雨，倒下的人阻挡了紧跟其后的人，走在前面的危险浇灭了他们的热情。在那些被推向前面的人中，有些还没到跟前就被训练有素排列整齐的敌人给吓倒了，其他人则一见刺过来的长矛就吓得夺路而逃。最后，他们什么也没干成就撤退了，还互相嘲笑彼此的懦弱。第一次努力的失败是在7月1日。

犹太人撤退以后，罗马人把攻城锤搬上来，而犹太人则用安东尼亚城运来的巨石、火把、弓箭和任何能用来做装备的武器都掷向罗马人。因为尽管犹太人确信他们城墙的坚固，也鄙视罗马人的器械，但是他们还是会试图阻止他们上来。罗马人则认为犹太人之所以急于阻止对安东尼亚的袭击，是因为城墙不够坚固。罗马人显然是希望城墙的根基是不够牢实的，因此他们积极地进行反击。城墙坚实地抵御着攻击，但是在石弹箭雨下的罗马人却根本不顾上面的危险而一直不停地让攻城锤继续击打城墙。当这些人被石块击倒处境艰难的时候，其他人则在盾牌的掩护下用手和铁镐破坏城墙根基。经过不懈的努力，他们终于搬出了四块石头。夜幕降临，双方都不得不停止了活动。但是在夜色中，在约翰设计对付以前平台时破坏了墙体的地方，隧道塌了，已经被攻城锤弄得摇摇欲坠的城墙也塌了。

这个事件对战争双方都产生了惊人的影响。城墙的倒塌是犹太人没有预料到的，他们没有做好这个心理准备，但是他们并没有像罗马人所想的那样失去信心，而是非常镇定地接受了这一事实，因为安东尼亚并没有失陷。而罗马人的欣喜也没有维持多久，因为约翰的部队在旧城墙后面又建起了一座墙。当然这座墙看上去要比以前那座容易攻击得多：从废墟爬上去似乎是件容易的事。可以断定这座城墙比安东尼亚的要脆弱得多，毕竟这只是在情急之中修建的，所以很容易破裂。然而，还是无人敢去攀登，因为带头的人必死无疑。

提多认为，鼓励的语言最能激起人们对战争的热情，激励和承诺经常让人们忘却危险，有时候甚至能使他们鄙视死亡。因此，他集合了他最精良的部队并决意让他们去验证他的想法。

"我的勇士们，"他开始了他的演说，"鼓励人们去干没有任何危险的事纯粹是对他们的一种侮辱，同时也是鼓励者懦弱的证明。当然也只有危险的事才需要激励，别的事不需要这些就可以做。因此，此时此刻我要告诉你们，攀登这座城墙是件艰难的事。我要强调的一点是，那些以勇敢而自豪的人的首要任务就是与困难作斗争，为荣誉而死是件非常辉煌的事。那些冲在最前面的英雄们必将得到丰厚的奖赏。首先，犹太人在危难中所表现出来的坚忍不拔对有些人来说是种威慑，但对你们来说却是一种鼓舞。在和平年代就受训，在战争中习惯了胜利而又在犹太人的力量和决心面前相形见绌，这样的说法是对罗马人和我的士兵的一种诽谤。在即将胜利之际，上帝会站在我们这一边的。我们的后退只是犹太人的绝望造成的，你们的勇猛和上帝的支持会增加他们的困难。当我们还没有用攻城锤的时候，他们就遭受着内讧、饥饿、围城和城墙的倒塌的惩罚，这难道不是上帝对他们的愤怒和对我们的帮助吗？因此被比我们差的人打败而辜负上帝对我们的帮助不是我们应有的行为。犹太人学会了忍受奴役，因而不怕失败。他们为了不再受奴役而鄙视死亡，并不断全力出击，抵挡我们，只是为了证明他们的勇气而不是希望胜利。而你们是几乎所有土地和大海的主人，是不达胜利就不愿抬头的军人。哪怕是一次小小的冒险你们就可以赢得辉煌的胜利！如果你们永远不敢和敌人正面交锋，只是等待饥饿和霉运去摧毁你们的敌人，而你们却手执武器闲坐在那里，那么这对你们将是巨大的耻辱！一旦登上安东尼亚城顶，圣城就是我们的囊中之物了，因为即使城内还有战事——我并不期待有——我们将稳坐城头，瓮中捉鳖。那将意味着干脆利索、完全彻底的胜利。

"此时，我绝非是要歌颂那些在战争中战死的人，也无意高歌那些战争中死者的不朽。而对那些不是这样死去的人，我诅咒他们，希望他们死于疾病的温床，惩罚他们的肉体和灵魂长埋于地下。因为每个好士兵都知道，在战场上被刺死的灵魂都会脱离肉体，受到最纯正的元素以太的欢迎，与星辰同辉，将被后世尊为最友好的灵魂和最亲切的英雄。而那些在病态的躯体里日渐逝去的灵魂，哪怕是没有受到任何污染，也只能是消失于黑暗的地底，和生命、肉体一起被遗忘，一下全部消失。如果每个人都注定一死，而利剑又是比任何疾病都要仁慈的死神的话，那么我们不为国家而亡却屈服于命运，将是多么令人不耻啊！

"我这样说好像所有要去尝试的人都不可能活下来似的。其实如果足够勇敢的话，还是有可能在最危险的情况下幸存的。首先，被破坏的城墙很容易攀登。其次，所有新建的结构很容易被摧毁。你们应该唤起你们对这个任务的勇气，并给彼此鼓励和支持。你们的决心将打败犹太人。一旦你们迈出了第一步，极有可能兵不血刃而取得胜利。当你们攀登的时候，他们会试图阻止你们，但是如果你们能让自己的行动不被发现的话，就不再会碰到抵抗，哪怕你们当中只有一小部分人到达那里。至于那些冲在最前面的人，我如果不给他们令人羡慕的奖赏的话就枉为人君。最后，那些幸存者将受到提升，而那些战亡者将受到奖赏。"

听完这番演讲，这巨大的危险吓倒了部队中的大多数人，但在这些步兵中有一个叫萨比努斯的叙利亚人，他有着过人的果敢和勇气。任何一个见过他的人从他的外表都能推断出他甚至都不像一个普通的士兵。他皮肤黝黑，身体瘦弱猥琐，但同他的勇猛相比，过于孱弱的身躯中却有一个英雄的灵魂。他跳起来大声吼道："我愿意为你效劳，恺撒。我愿做第一个攀登城墙的人。我相信你的好运会帮助我的力量和决心，但是如果我的努力遭遇了阻碍，我保证也准备好了迎接失败，并且愿意为你而战亡。"

说完，他左手执盾并高举过头，右手执剑向城墙走去。这时是午时。十一个人紧随其后，这是唯一敢仿效他勇气的人。但是他被超强的冲动驱使着，把那十一个人远远地抛在了后面。城垛上的守卫用矛刺向他们，从四面八方发射弓箭并且往下抛大石块，把他们当中的一些人打倒了。但是萨比努斯冒着石林弹雨和被弓箭射死的危险，一步不停地爬到城墙顶端并击退了敌人。犹太人被他充沛的精力和不屈不挠的决心所震撼，以为其他罗马人也攀登上了城墙，于是转身而逃。或许有的人会抱怨命运的不公，嫉妒英勇的行为并总是阻止辉煌的成功。正当这个勇敢的人达到其目的的时候，他被一块大石头给绊了一跤，重重地摔在了石头顶部。犹太人转身看见他一个人躺在地上，就从四面八方攻击他。
他单腿跪着，用盾牌掩护自己还击，打伤了许多上前靠近他的人。
但是没过多久，他就多处受伤，右手也不能动弹，最后，他被万
箭穿心。这么勇敢的人应该有更好的命运，但是他的英勇牺牲却
得到这样的结局。另外的十一个人，有三个爬到顶部的人被石头
砸死，其他八个也因身负重伤被抬回了营地。这件事发生在7月
3日。

　　两天后，守卫平台最前面岗哨的二十个士兵聚到了一起，并
叫上了第五军团的旗手、两个骑兵中队的士兵和一个号手。他们
在凌晨两点悄无声息地越过了安东尼亚的废墟，干掉了睡梦中的
犹太哨兵，占领了城墙，并让号手吹号。其他的守城卫兵立即跳
起来，看都不看到底有多少人爬上了城墙就逃跑了。因为号声及
其带来的恐慌让他们误以为大规模的敌人已经登上了城墙。提多
听到信号响起，便立即带领他的将领和精选部队全速开往城墙墙
头。犹太人不得不在圣殿避难，罗马人则沿着约翰挖的通向罗马
平台的隧道冲向城墙。约翰和西蒙带领的党徒们分头行动，尽最
大的努力阻挡罗马人的前行，充分展示了他们的力量和决心。他
们意识到罗马人一旦进入圣堂，就意味着战争的结束，罗马人的
胜利。在入口处，双方展开了殊死搏斗，罗马人拼命想占据圣殿，
而犹太人则竭尽所能把他们赶回安东尼亚。现在弓箭和长矛对双
方来说都用不上了。他们拔出剑来，混战在一起。这么多人纠缠
在一起，在这么狭小的地方混战成一团，根本就分不清敌我，他
们的大声吼叫在震天的厮杀声中对双方都毫无意义。双方都伤亡
惨重，战士们踩着身着盔甲倒下的士兵互相拼杀。不管战争中哪

一方获胜，其结果永远是胜利者的欢呼和失败者的呻吟。这里根本就没有逃跑和追赶的空间。在混战中，不管你往哪边走，扭转局面的可能性都很小。那些处在前面的人要么杀死别人要么被杀，根本没有撤退的机会。因为双方的人都把自己人往前推，根本没给对方空出地方。但是终于犹太人的愤怒战胜了罗马人的技术，罗马人的防线开始一点点松动。毕竟他们从凌晨两点一直不停地战斗到下午一点，而犹太人全力以赴，彻底失败的危险激励着他们，使他们勇气倍增。况且罗马人只有一小部分人马，那些真正骁勇善战的军团还没有跟上来。所以现在对罗马人来说占领着安东尼亚已经足够了。

　　在安东尼亚，站在提多旁边的是一个来自贝塞尼亚（Bithynia）名叫朱利安的百人队长，很有名望。他是我在战争中见过的战斗技术最高超、身体高大健壮、最英勇无畏的一个人。当他看见罗马人开始不敌，往后退的时候，立刻冲上前去单枪匹马把已经胜利的犹太人赶回到内圣殿的一角。大部分人都逃离了，他们确信有如此力量和胆量的人不可能是一个普通人。他在犹太人中左冲右突，杀死所有他遇到的人，敌人吓得四处逃散——提多和犹太人都从来没见过这么惊心动魄的一幕。但是他一样逃不开命运，所有凡人的命运。他穿的只是普通的缀满尖钉子的军靴。当他跑过石子路的时候，不小心滑了一下，重重地仰面摔倒在地。他的盔甲发出一声巨响，引得逃跑的犹太人掉头看了一眼。安东尼亚城上的罗马人尖叫起来，为他们的勇士的安全甚为担忧，而犹太人则将他团团围住，从四面八方用长矛和腰刀刺向他。他用盾牌抵挡住了许多致命的攻击，好多次他试图站起来但是都被大群攻

击者所打倒。即使他躺在那里还刺死了好些敌人。他可不会轻易
死掉，因为他用头盔和胸甲护住他的关键部位。但到最后，他的
四肢被砍伤了，没人敢上前来救他，他终于停止了挣扎。

　　这么英勇的一个战士在众目睽睽之下就这样牺牲了，提多感
到特别悲伤。尽管他急于援救，可是自己的处境不允许他这样
做。那些本来应该去援救的士兵都吓呆了。朱利安在为生命而战
的搏斗中，很少让其攻击者毫发未损地离开。在持续很长时间
的战斗最后，他遭到致命一击，他身后留给提多的，甚至留给
敌人的，是他光荣的名声。犹太人抢走了尸体，再一次打退了
罗马人的进攻，把他们封锁在安东尼亚。犹太人这边在战争中
有出色表现的有：约翰的追随者埃利克斯（Alexas）和格夫瑟斯
（Gyphthaeus），西蒙的追随者马拉齐亚斯（Malachias），莫图的
儿子犹大，统领以土买人的雅各（索萨斯的儿子）以及奋锐党人
兄弟俩，亚伊勒斯的儿子西蒙和犹大。

　　提多命令带来的士兵把安东尼亚夷为平地，为整个大军上来
铺平道路。然后他又推举约瑟福斯去做说客，因为有消息说，在
7月17日这一天由于缺乏人手，连续献祭也被迫中断了，人们也因
此陷入了绝望的深渊。约瑟福斯要向约翰讲明跟先前一样的条件：
如果他受变态欲望的驱使非要决战的话，只要不破坏圣城及圣殿，
他都可以自由出来与罗马人交战，想带多少人就带多少人，但是
他必须停止污染圣地，亵渎神灵。而且还允许他挑选任何自己中
意的犹太人进行被迫中断的祭祀事宜。

　　约瑟福斯选择了一个既能让约翰听到又能让大众听到的地点，
用阿拉姆语传达了提多的信息，用极具说服力的语言呼吁他们救

332

救自己的出生地，扑灭已经包围了圣堂的火焰，恢复上帝本应得
到的祭品。人们聆听着，一片寂静，情绪低落。但是暴徒首领指
着约瑟福斯大声辱骂，并且诅咒他，最后又补充说，他永远不害
怕被抓到，因为圣城属于上帝。约瑟福斯大声反驳道：

　　"那当然，你们还没有玷污上帝的城市，圣城还是那么圣洁！
你们从来没有侮辱过人们都渴望得到的圣盟！他仍然依照惯例会
得到祭品！不管是谁抢走了你们每天赖以生存的食物，你们这些
对神不敬之徒都会把他当作你们的敌人。难道你们这些拒绝对上
帝持续祭拜的人还认为自己能够依赖上帝成为你们的战争圣盟
吗？难道你们要把自己的罪过归咎于自始至终尊重你们的律法、
现如今又催促你们恢复被中断的上帝的祭品的罗马人吗？看到圣
城这样骇人听闻的变化，当外国人以及敌人要为你们做出的亵渎
神灵的举动赎罪，而你，一个在律法中长大的犹太人，却造成比
外国人更大的破坏时，有谁不会痛苦地呻吟呢？思考一下，约
翰！即使在最后一刻与邪恶的道路分道扬镳也不是不光彩的事情。
如果想拯救出生之地，犹太国王耶克尼亚（Jeconiah）就是一个绝
好的范例。由于他自己的过错，巴比伦国王向他宣战。在圣城被
攻取之前他就自愿离开了。他带着自己的家人宁愿受监禁也不愿
把圣地交给敌人，亲眼目睹上帝的居所灰飞烟灭。就是为此，在
神圣的历史记载中他被犹太人广为赞颂并代代相传。他永远活在
人们的记忆中，永垂不朽。约翰，这是一个极好的范例，即使有
点危险。但是我可以保证罗马人会赦免你的。记住这是来自一个
同胞的劝言，来自一个犹太人的承诺。想一想谁在给你劝告、他
来自哪里，这样做是很明智的。我确信，在我有生之年我永远不

会变成一个卑微可怜的奴隶，否认出身或是忘记传统！

"你再一次对我大发雷霆，并恶言相加。我顶受着命运的阻力来劝说你，冒着生命危险来救赎被上帝诅咒的人本应得到更糟糕的报应。古代先知已写下并预言了这个城市的不幸而如今快要变成现实了，有谁不知道这一点呢？他们预言了圣城陷落的日期——就是当某个人开始杀戮其同胞的那天。圣城和圣殿内部难道不是充满了你们的人的尸体吗？是上帝，是上帝自己让罗马人带着火来清洗圣殿，是他在彻底清除这个满是腐败的圣城，直到它看起来像从未被玷污过一样！"

当约瑟福斯呜咽着说完这席话时，已是满脸泪水，哽咽着说不下去了。甚至罗马人也被他的悲哀感动了，不禁为他的决心鼓起掌来。但是约翰这帮人反而对罗马人更加气恼了，他们疯狂地想抓住约瑟福斯。不过，许多来自名门望族的市民都被他说动了。其中一些人虽说已经投降了，放弃了圣城，可是出于对党徒卫兵的惧怕而原地未动。而有几个人则瞅准机会逃脱，寻求罗马人的庇护。这其中包括大祭司约瑟夫、约书亚、大祭司们的几个儿子、在昔兰尼（Cyrene）被斩首的伊斯梅尔（Ishmael）的三个儿子、马提亚的四个儿子以及另一个马提亚的儿子，正如在上面说明的那样，马提亚的这个儿子在他父亲及三个弟兄被焦拉斯的儿子西蒙杀害之后逃跑了。另外，许多来自其他名门望族的人也同大祭司一起逃跑了。提多热情地款待了他们。深知异族人的风俗会让这些人的生活很不习惯，于是他把他们送到高夫纳，建议他们暂时待在那里，并保证一旦他从战争里腾出手来就立即归还每个人的财产。因此，这些人安全抵达了分配给他们的小镇，十分满意。

334

　　这些人一直没有再出现，于是党徒们传言罗马人杀害了这些逃跑之徒，很明显是借此机会吓唬剩下的人，不让他们逃跑。同以前一样，这个伎俩奏效了一段时间，恐惧确实有效地制止了逃跑的倾向。但是提多从高夫纳召回这些人，并让他们在约瑟福斯的陪同下当着人们的面绕着城墙走了一圈之后，成批的犹太人逃到罗马人那里去了。所有的逃跑者聚集在罗马队伍之前，哭喊着向党徒们哀求，要是可以的话，求其把大门为罗马人敞开。如果做不到，至少让他们撤离圣殿，挽救宝贵的圣堂。罗马人除非被逼无奈，否则永远不会烧毁这么神圣的建筑。呼吁引发了非常激烈的反应：连珠炮似的辱骂向他们袭来，圣门上面快速装弹机、弓弩以及扔石器排成一列。立时，圣殿庭院就像一个巨大的墓地，堆满了尸体，而圣堂就像一个防御工事。这些人全副武装冲进未被玷污的神圣角落，双手仍然滴着自己同胞的鲜血。假如罗马人冒犯犹太人犯下这样的滔天罪行的话，犹太人定会极为愤怒的。现今，他们的行为是如此凶暴残忍，甚至连罗马人都对其亵渎神灵的表现抱有同样的愤怒。事实上，当士兵的眼睛停留在圣堂上时，没有一个不会心存敬畏，也没有一个不会祈祷恐怖分子在一切都失去之前恢复理智，明白事理。提多悲愤至极，再一次谴责约翰及其支持者：

　　"你们这帮令人厌恶的人啊！难道你们搭建栏杆不是为了保护圣所吗？难道你们不是沿着栏杆每隔一段就放有一块石板，用希腊罗马字体刻着禁止任何人越过栏杆一步吗？难道我们没有允许你们处死任何一个越过栏杆的人，即使他是一个罗马人吗？可是为什么你们这些罪人却在其内部脚下踩着死尸呢？你们为什么

要用外国人以及本土人的鲜血来玷污圣堂呢？我让先辈们的神
灵，从古至今守护着圣地的神灵（我不相信目前还有），我自己的
大军，我方营地里的犹太人，还有你们自己来证明不是我强迫你
们亵渎圣殿的。如果你们要改变战场，罗马人不会靠近这些圣地，
也不会侮辱它们：不管你们愿意与否，我都会为你们保护圣堂。"

　　当约瑟福斯代表提多把该承诺公之于众时，恐怖分子及其首
领认为规劝背后不是好意而是懦弱，对此嗤之以鼻。看到这些人
对自己毫不仁慈、对圣堂漠不关心后，提多准备继续战斗，尽管
这有悖于他的意愿。由于里面的空间有限，动用整个大军不太可
能。因此他从每百人中间挑选出三十名精兵，安排每一千人由一
位护民官带领，整个大军由斯里尔琉斯统领，并下令日出前一个
钟头攻击守卫军的哨所。提多自己也整装待发，打算一同参加战
斗，但是他的朋友拦住了他，一是因为危险太大，二是因为他们
坚持认为提多静坐安东尼亚，对士兵行动进行统筹调控要比他在
前线参加战斗更有用处。如果提多在观战，每个士兵都会全力以
赴的。提多顺从了他们的建议，并解释说他在后面观战的唯一目
的是观察他们的英勇事迹、目睹一切行为。他既善于褒扬也善于
批评，这样所有的勇士都会受到嘉奖，所有的懦夫都会受到惩罚，
即所有的人不会因为没被看到而得不到应有的对待。因此，在刚
刚提过的那个时间他派遣军队去完成任务，自己则留守安东尼亚，
并选择一个有利的观察点急切地等待结果。

　　然而，守卫没有像执行任务的部队期待的那样在睡觉。他们
大声咆哮着跃身一跳，肉搏战立即开始了。听到哨兵的喊叫，里
面的其他守卫军一窝蜂地跑了出来。罗马人顽强地阻挡着前面守

兵的猛攻。后面跟着的守兵与自己的人冲撞，许多人把朋友当成
了敌人。混杂的吵闹声使他们辨不出声音；漆黑一片他们也看不
清长相。有些人因为愤怒，有些人出于恐惧，他们丧失了判断
力，因此不加鉴别地攻击任何一个挡道的人。罗马人把盾牌挤在
一起，以小分队为单位进攻，因此在混乱中受到的损失要小，并
且每个人都记得口令。犹太人则不断被打散，并且进攻和撤退都
非常无序，多次把朋友当成了敌人。黑暗中任何一个往队伍后部
移动的人无一例外都被当成前进的罗马人。事实上，被同伴伤害
的人数超过了被敌人伤害的人数。直到拂晓时分才能看到战场上
发生的事情。现在敌对双方分开对峙着，开始互射，交战进入有
序阶段。双方都绝不让步，毫不懈怠。因为提多正在观战，所以
每个人、每个连队都相互竞争，每个人都确信如果在此战役中表
现突出，其升迁就从今日开始。而犹太人在见证了罗马人的勇猛
的同时，担忧自己和圣殿的安危。监督着他们的工头则鞭策他们
行动，有的使用激励的语言，有的则威胁和鞭打。大体上来说战
场上的局势比较平稳，起伏非常小，但是特别迅猛：逃跑和追赶
都不大可能。自始至终从安东尼亚传来的喊叫声与士兵们的命运
连在一起。他们的每一次进攻无不赢得大声喝彩，每一步撤退无
不伴有让他们坚持下去的鼓励。该场景就像发生在圆形剧场里的
一场战争：提多及其士兵能够看到战争的每个细节。双方一直从
黎明前打到接近中午时分，最后终于停了下来，双方都没有真正
把对方从开始交战的地点赶出，也未达成任何决定。罗马一方许
多士兵战功显赫；犹太一方表现突出的有：西蒙的追随者中莫图
（Merto）的儿子犹大、约西亚的儿子西蒙、以土买人中索萨斯的

儿子雅各布和西蒙以及凯瑟拉、约翰的人中格夫瑟斯和埃利克斯、奋锐党人亚伊勒斯的儿子西蒙。

同时，剩余的罗马军队在一周之内把安东尼亚夷为平地，并建造了一条通往圣殿的宽敞的道路。罗马军团行进到第一面防御土墙附近，开始建造四个平台：一个建于内圣殿西北角对面，一个靠近两门之间拱廊北部；其他两个一个位于外圣殿西部柱廊对面，另一个位于稍远一点的北部对面。然而，这些工程的建造耗费了他们大量的劳作与汗水，原因在于必须从远达十一二英里的地方运来木材。有时候他们受到犹太人的智攻而遭受损失，因为如同对生存的绝望使犹太人比以往更大胆一样，能摧毁一切的优越感也使罗马人过于自信。比如，有些骑兵每次去收集木柴或者饲料，经常在寻找过程中放开马的缰绳任其吃草。而犹太人则趁其不注意突袭而来，把马强行牵走。这样的事情发生了多次之后，提多正确地分析了原因，认为原因不在于犹太人的英勇，而应归咎于自己士兵的疏忽，所以他下定决心采取措施确保今后马匹的安全。他命令处死其中一个把马弄丢的士兵，这一举措吓坏了其他人，然后他明确表示一定要确保马匹的安全。这些人再也不把马留在身后吃草了，而是在行动的自始至终都带着它们，仿佛人马一体似的。这样进攻圣殿的战斗继续着，平台建设也趋于竣工。

就在军团攀登上来的第二天，许多党徒由于战利品越来越少，饥饿难耐，在太阳落山一个钟头之前对橄榄山上的罗马人的岗哨发起了联合进攻，以为罗马人这个时候一定在忙于自己的事情，毫无戒备，希望趁此机会能毫不费力地冲进去。但是，罗马人看到他们往这边来，立即从临近的岗位上过来阻止他们爬过营地的

337

护墙或者用武力切断他们的路径。接下来是一场激战，敌对双方都有许多英勇事迹：罗马人展示了力量与策略的结合，犹太人则表现出无限的勇气以及无法控制的愤怒。羞辱感控制着一方，需要控制着另一方：对罗马人来说，让犹太人从包围他们的网中逃离是奇耻大辱，他们的敌人只有一个生存的希望，那就是靠武力突破护墙。看到犹太人最终溃败并被赶到山谷，来自某步兵大队的一个名叫皮丹尼斯的骑兵以飞快的速度追过去，抓起一个逃跑的敌人就跑。只见这个犹太人体格强健，浑身盔甲。他从马鞍上使劲弯下身子，抓着敌人的脚踝，展示了巨大的臂力、体力与高超骑术的结合。然后，仿佛得到了一件宝物一样，他带着俘虏来到提多面前。提多对捕捉者的惊人力量大加赞赏了一番，并由于该战俘参与攻击围墙而下令将其处死。随后，他自己的注意力集中到圣殿之战以及加速平台的建设方面。

　　犹太人每次交战都损失惨重，战争正缓慢但必然地接近尾声，不断向圣堂方向推进。如同为了阻止感染的进一步蔓延，他们从患病的身体上砍掉了被感染的肢体一样，他们放火烧掉了连接到安东尼亚西北部的柱廊，之后又拆掉三十英尺，开始用自己的双手烧掉圣地。两天后，在本月24日，罗马人点着了毗连的拱廊。当火焰前进了二十多英尺时，犹太人炮制先前的做法：砍去屋顶，砍掉圣殿与安东尼亚之间的连接部分，没有对这座经典建筑表现出任何关切。由于有这样的念头，尽管有机会制止罗马人放火，但是，当火焰逼近时他们甚至没有抬一抬手指头，以火的前进对其是否有利为准。圣殿周围的战斗从未停止过，双方小规模的冲突从未间断。

其间，有一个名叫约拿单的犹太人，他个子不高，容貌无奇特之处，出身和成就也微不足道。此时他走到大祭司约翰的墓对面，不停地鄙视和辱骂罗马人，并挑衅敌方最强壮的士兵单挑。这时，罗马队伍里的大多数人都以鄙视的眼光看着他，一些人极有可能吓怕了，一些人则被合乎常理的想法镇住了：与一个寻死的人不应近战，因为对生命绝望了的人往往能爆发不可控制的激情并会得到上帝的相助。冒险与一个即使失败了也不算什么的人决斗，是鲁莽而不是勇敢的表现，成功不仅危险重重而且也是不光彩的。许久，没有一人出列，这个犹太人对敌方的懦弱嘲笑了一番。他自己很是洋洋得意，对罗马人非常鄙视。最后，一个来自骑兵中队的普敦斯人（Pedens）实在看不下去此人的狂妄，因自己身材矮小不禁对前景过于乐观，跑出来与他决斗。起初他占了上风，但是这时命运使他陷于困境当中：他落下马来，约拿单一个箭步给了他致命一击。约拿单站在尸体上，挥舞着滴血的刺刀，左手舞动着盾牌，对军队大喊大叫，并且对着地上的尸体咯咯地笑，嘲笑观望中的罗马人。后来，当他仍然跳来跳去、大吵大闹之时，百人队长普利斯克斯一箭射穿了他的胸膛。对此，犹太人和罗马人都大喊起来，不过性质不同。约拿单痛苦地在地上翻滚，倒在敌人身上。这清晰地说明了战争中不应得到的成功立即会得到上天的报复。

圣殿里的党徒们每天都不放松给建造平台的士兵制造损失这一公开企图。27日这天，他们使用了如下伎俩：在西部柱廊，他们在托梁和下面的天花板之间填满干柴、沥青、柏油，然后好像筋疲力尽般退下去。随即许多没有头脑的士兵，被轻率鲁莽的急

339

切心情冲昏了头，在犹太人撤退后就紧跟着追过去，并搭梯子追到柱廊上。稍有理智的人都对犹太人的撤退感到不可理解，因此原地未动。然而，柱廊上挤满了刚刚爬到上面的士兵，正在这时，犹太人把柱廊从头到尾都点着了。看到周围火苗突然之间呼呼往上蹿，危险之外的罗马人惊呆了，被围困在里面的人完全孤立无援。被大火包围的士兵有的纵身跳进身后的圣城，有的跳进敌人窝里，许多人则带着逃命的希望跳进自己人堆里摔断了腿。更多的人再快也逃不过大火的焚烧，一部分人用短剑与大火搏斗，甚至那些本来不应该遭此厄运的人也在瞬间被迅速蔓延的大火包围了。提多尽管对受害者擅自爬到柱廊上面很是气愤，但是同时他心里也充满了同情。虽然他们没有希望得到挽救，可是看到自己卖命跟随的人是如此悲伤，这些临死之人也感到了安慰。当他朝他们喊，冲向他们，催促他周围的人尽全力挽救他们的生命时，所有的人都能看到他。那些呼喊、那种同情犹如一条光荣的裹尸布，每个人都带着它欣慰地离去。有一部分人确实逃到了宽敞的柱廊墙边，远离了大火，但是又被犹太人困住了。虽然他们伤痕累累，还是顽强地抵抗了许久，但最终全都战死。

　　最后一个倒下的是个叫朗古斯（Longus）的年轻人，他为整个悲剧增添了荣耀。任何一个值得一提的光荣牺牲的士兵在他面前都相形见绌。犹太人欣赏他的勇气，怎么也抓不住他，于是邀请他下来并许诺保证他的安全。他的哥哥科尼利亚斯（Cornelius）恳求他不要玷污了自己的名声，使整个罗马军队蒙耻。朗古斯对此深信不疑，于是当着敌人的面举起宝剑往心脏刺去。受困的人中间有个叫阿陶利亚斯（Artorius）的则是用骗术救了自己的命。

他朝同自己共用一个帐篷的卢修斯（Lucius）喊道："如果你走近点接住我，我就把所有的东西都给你！"卢修斯很乐意地跑过来救他。阿陶利亚斯从他身上跳上去得救了，但是卢修斯却被他的体重猛撞到石头路面上，当即死去。

　　一时间，这个沉重的打击使罗马人非常沮丧。但是从长远看，这对他们是有好处的，他们由此变得警惕性更强，对犹太人的圈套也戒备起来。先前他们遭犹太人的暗算主要是由于对局势以及敌人性格的无知造成的。柱廊一直烧到当时约翰在与西蒙争斗时建于城门之上通向竞技场的塔楼。既然爬到上面的人已经被消灭了，犹太人也把其他部分砍掉了。第二天，罗马人改变了战术，他们点火烧了整个北部柱廊，一直烧到北部与东部柱廊的连接点那里。这两个柱廊间的夹角位于汲沦谷的上方，与峡谷底部形成了极为陡峭之势。现在，我们撇开这里的战斗来讲讲圣殿那边的情况。

　　城内饥荒猖獗，无数人被饿死，恐惧无法形容。每一个家庭里，如果发现任何吃的东西的影子，战斗即刻爆发，即使最好的朋友也相互扭打起来，抢夺最可怜的一点生存资料。甚至没有人相信垂死的人缺乏食物。在他们垂死挣扎的最后一刻强盗们也不放过他们，搜他们的身，以防万一他们衣服里面藏有食物而只是在装死。暴徒们饿得像疯狗一般张着嘴，跌跌撞撞，醉鬼般捶打着大门，在这种无助的状态下一小时之内两三次闯进同一所房子。本能的需要迫使他们吃任何东西：甚至连不能说话、最肮脏的动物瞧也不瞧的东西他们都捡起来咽下去。后来，他们甚至吞咽皮带、鞋子，把皮革从盾牌里抽出来咀嚼掉。一些人试图靠片片干草生存，因为有人捡草梗，并以一小捆十五先令的价格出售！

　　但是，我为什么要讲这些饥饿逼迫着他们不知羞耻地吃下的无生命的东西呢？我下面要记述的事实在希腊的编年史里，甚至在任何国家的编年史里都不会出现。这是一种讲起来恐怖、听起来让人难以置信的行为。就我个人而论，要不是许许多多与我同时代的人也亲眼目睹可以为我作证的话，我很乐意对这个灾难保持沉默，这样后来人就不会怀疑我瞎编乱造了，而我是急于要达到这个目的的。况且，如果我对祖国所遭受过的如此真真切切的苦难闭口不谈的话，我的祖国也没有理由感谢我。

　　以利亚撒的女儿玛丽，出身望族，十分富有，住在约旦河东部的比塞尤伯村（Bethezub，"牛膝草房"）。她同其他人一起逃到耶路撒冷，并经历了所有围城的恐怖事件。她从彼利亚带过来的大部分财产都被党派首领掠去了。剩下的财富和她设法获取的食物每天都被党徒们偷袭侵吞。这个可怜的妇女怒不可遏，就把他们大声辱骂诅咒了一番。这惹恼了掠夺者。当憎恶抑或同情都没有使人杀害她时，她也厌烦了为其他人寻找食物。再说无论她转向哪个方向，都不可能找到食物。饥饿吞噬着她，愤怒以更快的速度侵吞着她。在这种情况下，她任凭愤怒和需要的摆布，无视感情的存在，把手放到自己仍在哺乳的婴孩上面。"可怜的小生命啊！"她哭道，"在战争、饥荒、内讧的压迫下我为什么还要养活你呢？即使罗马人来后我们仍然活着，可也只是奴役的生活。饥荒在奴役之前来临了，党徒们比两者更要残忍。来吧，你必须做我的食物，做一个报复党徒们的灵魂，给世界留下一个故事，讲述唯一能够探测犹太人苦难的故事。"她一边说着，一边亲手杀了

341

儿子，然后把他烤熟，吃了一半，留下剩余的，随后藏了起来。

党徒们当即出现了。他们闻到了这种可怕的气味，于是恐吓她：要是不拿出已经准备好的食物的话就立即杀了她。她回答说已经为他们留下一份好吃的了，然后把没吃完的烹熟的孩子拿出来。他们极为恐惧，惊愕不已，甚至不能把眼睛从这幅景象上移开。她继续说道："这是我自己的孩子，事情也是我做的。你们慢用，我已经吃了我的那一份。不要比一个女人还胆小，不要比一个母亲还心软。如果你们过于拘谨，不喜欢我做出的牺牲，那好吧，既然我已经吃了一半，你们倒不如把剩下的也留给我。"这些人实在受不了，颤抖着离开了。他们以前从未畏缩过，甚至也不想把这份食物留给母亲。从这一刻起，整个城市的市民头脑中能够想起来的就是这件可憎的事情。所有的人都亲眼目睹了这个悲剧，所有的人都浑身颤抖，仿佛自己犯了这个罪一样。挨饿的人们唯一的愿望就是死亡，他们多么羡慕在看到或听到这骇人听闻的事情之前死去的人们啊！

不久之后这个可怕的消息就传到罗马人的耳中。一些人拒绝相信，一些人异常悲伤。给大多数人造成的影响是大大加深了他们对犹太民族的憎恨。提多在上帝面前声称自己对最新的这个悲剧不负有责任。他曾主动提出给犹太人和平、自治以及对所有冒犯者的赦免。但是他们宁愿争斗而不要和睦，宁愿要战争而不要和平，宁愿挨饿而不要富足，试图用自己的双手把罗马人为了他们的利益极力保护的圣殿夷为平地。这个"食物"是他们应得的。然而，他要把这可恶的杀婴与食人的行为埋葬到他们国家的废墟中。他不会把母亲靠这样求活的城市留在这宽广的世界上和

342

太阳下面。一个母亲吃这样的食物要远比一个父亲做了这样一件骇人听闻的事情后仍然携带武器更要令人厌恶。当提多说这些话时，他头脑中浮现出的是这些人的绝望与无助：他们在忍受了所有本来可以通过改变心态就能轻易摆脱的痛苦之后，还是看不到理智。

第二十一章　圣殿被焚，圣城被占领

　　此时两个军团已经完成修筑平台的任务。8月8日这天，提多命令把公羊锤搬到外圣殿对面的西拱廊。在他们抵达的前六天，最强大的攻城锤已连续猛击城墙，却毫无结果：它跟其他的机械一样对这些砌合完美的巨石毫无作用。在北门，第二支小队企图破坏地基。他们费了好大工夫才把外层的巨石撬出来，但是里层支撑重量的巨石纹丝不动，大门还是很稳固。直到对所有器械和撬棍都没了信心，他们才开始倚着柱廊搭梯子。犹太人并不急于阻止他们，但是当他们爬到顶之后，犹太人对他们发动了猛烈的攻击：有些人被推倒，头朝地摔下来，其他人和守军发生冲突被杀；很多人下了梯子，还未来得及躲到盾牌里，就被剑刺穿了。一些上面挤满了重步兵的梯子从上方被敌人推到一边而翻倒。而犹太人也损失惨重。擎着军旗上来的士兵异常勇猛，因为他们明白：如果他们被抓，那将是莫大的耻辱。但最后，犹太人杀死了每一个爬上来的罗马人，甚至缴获了军旗。其他士兵看到死去的士兵的命运，全都丧失了斗志，撤退了。罗马人一方，任何一名士兵都是在完成了壮举之后死去；而犹太党徒一方，先前战斗中表现出色的士兵这一次更加骁勇，帮派首领西蒙的侄子以利亚撒就是一例。提多看到留下这座圣城就得以自己士兵的伤亡为代价，于是下令焚烧城门。

　　此时，来自以马忤斯的阿纳努斯和玛格达特斯（Magadatus）的儿子亚基老前来归顺提多。其中阿纳努斯是西蒙党徒里最凶残的一个。他们期望在犹太人占上风的情况下背叛犹太人将会得到罗马一方的赦免。但是，提多把此事看做犹太人的伎俩而予以斥责。他熟知这两人对自己人一向残忍，于是很想除掉他们，指出这两个人的投靠是形势所逼而并非出于自愿。提多认为这种先是焚烧自己的圣城又要摆脱干系的人是不值得活在世上的。但是，怒火归怒火，实际做法不能和先前的承诺相反。于是，他放走了这两人，但是并没有赐给他们同其他人一样的特权。

　　此时，士兵们开始在大门外架起火堆。外层的银子熔化了流下来，露出里面的木头，迅速燃着了。火焰在坚固的城墙上蔓延，包围了柱廊。犹太人看到环绕的大火顿时失魂落魄，异常惊恐。他们甚至没有动一下去控制火势或是扑灭大火，只是站在那里看着火势，毫无办法。但是，他们目睹眼前的毁灭而产生的悲伤情绪并未让他们长任何智慧。仿佛圣堂已经烟雾滚滚一样，犹太人对罗马人更是怒气冲天。大火烧了整整一天一夜；柱廊不能短时间内全部烧光，但却一点一点被毁掉了。

　　第二天，提多命令部分军队前去灭火，并在大门附近开辟道路以便军团登上城墙。随后他召集军事会议，共有六名高级将军参加，包括：总参谋长提比略·亚历山大，第五军团指挥官塞科斯特斯·斯里尔硫斯，第十军团指挥官拉修斯·勒皮蒂斯（Larcius Lepidus），第十五军团指挥官提多·弗瑞吉斯（Titus Phrygius），负责来自亚历山大里亚的两个军团的护民官埃特讷

344

斯·弗隆托（Aeternius Fronto），犹地亚地区执行官马库斯·安东尼亚斯·朱利安努斯（Marcus Antonius Juliannus）。提多同时还召集其他护民官和地区执行官一起商讨圣堂事宜。有些人坚决要求执行战争法则，否则，只要圣堂继续是世界各地犹太人的聚集地，就会有无休无止的反叛。其他人则认为如果犹太人从中撤出，并且不允许任何武装分子入内，就可以将其赦免，但是如果他们把它当作军事据点占领的话，理应把它摧毁。那样的话，它是堡垒，而不是圣堂。此后，亵渎神灵的罪名不会加到罗马人的头上，而要归咎于迫使罗马人这么做的人。提多回应道：即使犹太人确实把圣堂当作军事据点，但是除了人以外，他不会向任何无生命的物体开战。无论发生何事，他决不会把这样一个艺术品烧掉。如果那样做的话，是罗马人的损失；而保住圣堂，会为帝国增添光彩。此时，弗隆托、亚历山大和斯里尔利斯改变了立场，对该看法持赞同态度。提多宣布休会。他吩咐军官们让剩余部队先休息一下，以便战事重新开始时充满战斗力。他命令各步兵大队的精兵扑灭大火，从废墟中开辟出一条路来。

345

　　全天的疲惫和惊慌使犹太人没有再轻举妄动。但是，第二天，他们恢复了精力和信心，大约上午八点，他们经东门突袭了外圣殿的驻军。突袭一方无论在人数还是在决心方面都占据优势，罗马人显然不会坚持很久，但是他们集合起队伍，以铁墙为屏障进行了顽强抵抗。在安东尼亚观战的提多预感到作战士兵顶不住，于是带精兵前去援救。他们进攻前犹太人已经散开了。前面队列一倒下，余下的就撤退了。但是，罗马人稍有撤退，他们立即冲上来，意欲将罗马人置于死地。罗马人一回身迎战，他们则立即撤退。十一点钟左右，犹太人败北，被关在内圣殿。

　　提多回到安东尼亚，打算次日发动全面进攻，严严实实地包围圣堂。但是，很久以前，上帝已责令将其付之一炬。随着时代车轮的转动，这命中注定的一天——8月10日到来了。几个世纪前的这一天人们曾亲眼目睹巴比伦国王将其烧毁。但是，是犹太人自己引发并点燃了这熊熊大火。提多撤退之后，党徒们稍稍平息了一段时间。之后，他们对罗马人再次发起进攻。圣堂上的驻军也和前来内圣殿灭火的罗马人发生了冲突，结果犹太人溃败，一直被赶到圣堂。这时，有个士兵好像受到某种无形力量的驱使，不等命令下达就毫无顾虑、不计后果地抓起一根燃着的木头，然后爬上一个士兵的后背，将它从金窄孔处投掷到建造在圣堂周围的居室中。冲天的火势越烧越猛。犹太人看到此情景，发出大灾来临的哭嚎，猛冲过去救火，完全把个人安危与保存力量置之度外，因为他们至今如此忠诚守护的地方正在他们眼前慢慢消失。

　　一个传令兵向提多报告了这个消息。当时，战役之后他还在帐内休息。得知这个消息，他猛地跳了起来，直奔圣堂灭火。他的随从都气喘吁吁紧跟而来，各军团情绪激动，大喊大叫着随后而来。其混乱程度和毫无组织的一支庞大的军队冲出来毫无二致。提多大喊着，挥手命令士兵们灭火。但是，他的喊声淹没在震耳欲聋的嘈杂声中，搏杀和流血冲突中也没人注意到他的手势信号。当军团冲进来时，劝说和威胁都无法阻止他们的冲动，他们唯一听命的是战斗激情。他们拥挤在入口处，许多人被朋友踩踏，很多人跌进仍然在燃烧的、炙热的柱廊废墟里，像战败者一样悲惨死去。当他们接近圣堂的时候，他们甚至假装听不到提多的命令，怂恿前面的士兵投进更多燃烧着的木块。党徒们已没有办法救助了。处处是杀戮和逃命的人。大多数受害者是无辜平民，他们身体羸弱，手无寸铁，一旦被抓只有死路一条。尸体在圣坛周围越堆越高，鲜血顺着圣堂台阶倾泻下来，流成了河。在尸体堆上，被杀戮的人的尸体滑落到底部。士兵们像是着了魔一样，什么都制止不住他们，也没有人为起火而争论。于是，提多带领他的随从人员走进大厅，亲眼看了看圣堂里圣地的陈列品，这远比在其他国家流传的记述要辉煌得多，无愧于其美誉。此时，火舌还没有从任何方向蔓延到圣堂的入口，但圣堂周围的居室却已经被大火包围。意识到尚有时间挽救这座宏伟的建筑，提多冲了出来，试图通过自己的努力说服士兵灭火，并指示长矛兵侍卫队百人队长李柏拉列斯（Liberalius）当即处死不服从命令者。但是，他们对提多的尊重和对百人队长的恐惧在愤怒的情绪、对犹太人的憎恶以及无法控制的战争欲面前显得苍白无力。而且大部分人看到外面所有的东西都是用金子做成的，确信圣殿内部满是金钱，因此劫掠的期待驱使着他们。但是已经进入的一个士兵抢先一步，阻止了他们。趁提多冲出来制止之时，他把燃烧着的木头推进大门铰链处。这样，火突然从里面冒了出来。提多及其随从不得不撤退，外面的人随意放火也无人过问了。这样，罗马士兵无视提多的愿望，把圣堂变成了一片火海。

无论从规模构造还是从细节之处的完美布置，以及圣地的荣耀来看，圣堂都堪称首屈一指。这座世人所看到或听到的最宏伟的建筑被付之一炬真是格外让人悲伤。但是，想到无情的命运不仅仅针对有生命的东西，并且对建筑、对地点也是一样，我们就能找到真正的安慰。命运轮回的精确性令我们惊叹不已。我在前面已经提到，它把焚烧圣堂的日子定在见证巴比伦人焚烧圣堂的同一个月份的同一个日子。从所罗门王为它奠基算起，到现在发生在韦斯帕芗统治第二年间的毁灭，它历经了一千一百三十年七个月零十五天的时间了；从塞勒斯王第二年哈该（Haggai）重建圣堂，到陷落于韦斯帕芗，其间经历了六百三十九年零四十五天。①

　　圣堂着火之时，劫掠无处不在，所有被抓住的统统死于剑下，无一幸免。没有对老幼的怜悯，没有对等级的尊重，小孩、老人、普通教徒和祭司全部被屠杀，无论是自我防卫抗敌的还是哭喊着饶命的，所有阶层的人都被战争的铁腕扼住了咽喉。大火咆哮着，向前翻滚着，无情地吞噬着一切，处处都能听到倒下的人痛苦的呻吟。从山的高度以及燃烧着的宏伟建筑看，似乎整个城市都着了火。爆裂声音之巨大令人想象不出比这更加触目惊心的了。到处充斥着罗马军团集合时的战斗呼喊和被大火和利刃包围着的党徒们的号叫，围困在上面的人们惊慌之下投进了敌人的怀抱，随着死神的来临他们发出阵阵尖叫。从山上传来的喊叫声与拥挤在街道上的人的呼喊声此起彼伏。那些被饥饿折磨得连话都说不出的人们看到熊熊燃烧的圣堂，也有了呻吟和号啕的力气。隆隆的低鸣声回荡在彼利亚和附近的山峦间。

　　但是，比嘈杂声更恐怖的是眼前的景象。从上到下被包裹在

---

　　①　这些数字看似精确，但是有很大出入：前者接近一千零四十一年，后者应该是五百八十九年。

火焰之中的圣殿山像是从底部沸腾了一般。但是，火海在血的海洋面前算不了什么，杀人的军队在大批被杀者面前也算不了什么。地面上堆满了尸体，找不出任何空地。追逐逃跑者的罗马士兵不得不翻过一座座死人堆。成群的党徒们压制着罗马人的火力，使他们后退，经过激烈的战斗他们终于冲进外圣殿，并且从那里冲进了圣城。公众中极少数幸存者在外柱廊避难。一开始，有些祭司从圣堂上把尖状物连同铅窝一块拔下，扔向罗马人。由于情况还是没有改善，火势正向他们扑来，于是他们撤退到十二英尺宽的城墙上避难。但是，贝尔格斯（Belgas）的儿子迈尔勒斯（Meirus）和达勒斯（Dalaeus）的儿子约瑟夫这两位很有名望的人，看到只有两条出路：或者向罗马人投降以保全性命，或者同其他人共同迎敌。于是他们纵身跳进了火堆，同圣堂一起化为灰烬。

罗马人觉得既然圣堂都燃烧起来了，也就没有必要保留周围的建筑了，于是，他们放火烧了一切，这其中包括柱廊的残留部分和除了两扇以外所有的大门。这两扇得以幸免的大门一扇位于东端，一扇位于南端，但是后来罗马人还是把它们拆掉了。他们同时烧毁的还有储存着大量金钱、衣物和其他贵重物品的宝库。这里实际上汇聚了犹太人所有的财富，因为富人拆除了自己的房舍并把家中物品放到这里保管。随后，他们来到外圣殿唯一尚存的柱廊。在此避难的妇女、儿童和混杂的市民共有六千人之多。在提多·恺撒作出如何处理这些人的决定或者向军官下达命令之前，被愤怒冲昏了头的士兵从下方点燃了柱廊。结果有些人纵身跳出火海摔死了，其他人则死在熊熊烈火中。如此庞大数目的避

348

难者没有一个幸免于难。他们的毁灭是因为当天听信了一个虚假先知的宣告,即上帝命令他们到圣殿上接收如何得到解救的征兆。近来,大量被雇用的先知受党派首领指使欺骗民众,劝诫他们等待上帝的帮助,以此来减少背弃者的数量以及让惶惶不可终日的人们充满希望。困境之中的人是很容易听信劝告的:欺骗者只需许诺将其从悲惨境地中解救出来,受难者就乐意成为希望的奴隶。因此,在这个阶段,不幸的人们为谎言和上帝的冒牌信使所蒙蔽,对明明白白预示终结的征兆表示怀疑,不屑一顾,仿佛神经错乱一般盲目、毫无感觉。一开始,酷似腰刀形状的星星和一颗在此停留长达一年的彗星出现在圣城的上空。随后,在起义和战争爆发之前,当人们在4月8日清晨三时许欢聚一堂共度除酵节时,突然间一束强光照射在圣坛和圣堂周围,好像白昼的正午一样。该情景一直持续了半个小时。毫无经验的人把这看成好的征兆,但是神圣的犹太法学家们立即作出解释,后来的事件证明了该解释的正确性。在同一个庆典上,有个人带来用于祭祀的母牛竟然在圣殿庭院产下一头羔羊。半夜时分,人们注意到每天晚上需要二十个身强力壮的人才能关上的内圣堂东门自己开了。这扇铜制大门非常坚固,被包着铁皮的横木固定着,并插着门闩。这个门闩一直插进由单块巨石制成的门槛上。圣殿守卫把这个消息告诉了队长。他过来费了很大劲才把大门关闭。这个征兆像其他征兆一样,被外行看成最好的兆头:难道不是上帝为我们打开了幸福之门吗?但是,有学问的人一眼便可识破:大门是向敌人敞开的,圣堂的安全设施正在自行瓦解。这些人在心底承认,这信号是灾难的先兆。

节日后的 5 月 21 日，人们看到一个超自然的幽魂，让人难以置信。要不是有人亲眼所见，并且为随后的灾难所证实的话，我这里要记述的会被认为是纯属虚构。太阳升起之前，在整个国家的上空随处可见全副武装的战车和兵团在云雾间穿梭，包围着城镇。在五旬节，当晚上祭司进入内殿主持日常典礼时，他们宣布起初他们感到剧烈的运动和喧闹的撞击声，随后听到异口同声的呼喊："让我们走吧！"

战争爆发的前四年，当这个国家还特别和平稳定、繁荣昌盛之时，发生了更加让人吃惊的事情。一个普通乡下人亚拿尼亚的儿子约书亚来到节日庆典宴会上。按理说每个犹太人都应当为上帝建造一个神龛。当约书亚来到圣殿前，他突然喊叫道："东面的声音，西面的声音，四面的风声，反对耶路撒冷和圣堂的声音，反对新人联姻的声音，反对所有人的声音。"他没日没夜地这样喊叫着，边喊边走。一些有声望的市民，听到这样不祥的预言都非常气恼，他们抓住他，将其痛打一顿。可他没有为自己辩护一句话，也未披露任何迫害者的个人信息，他坚持喊着同样警告的话。犹太当权者得出正确的结论，说此人反常的举动是受到某种超自然力量的控制，于是把他交给罗马地方行政执行官。在那里，他被打得皮开肉绽，但是他没有求饶或是掉泪，只是放低了声音，以最悲痛的语气叫道："不幸的耶路撒冷啊！"地方执行官阿尔比努斯质问其姓名，从何处来，为什么要这样哭喊。他没有回应任何问题，只是不断重复对圣城的哀悼。最后，阿尔比努斯以疯子的名义把他释放了。直到战争爆发，他未接近过任何市民，从未有人看到他与人交谈，但是他每日念叨着同样一句对圣城的哀悼：

350

"不幸的耶路撒冷啊！"仿佛学到一句祈祷似的。每日诅咒他的人他从不还口，施舍给他食物的人他从不言谢，他对所有人唯一的回应还是那句令人沮丧的预言。节日上听得最多的就是他的声音。七年零五个月以来，他从未间断过，他的声音一样有力，他的精力丝毫没有消减。直到圣城被围困，亲眼目睹预言变成现实，他才平静下来。他绕着城墙厉声哭喊着："不幸的圣城，不幸的人民，不幸的圣堂！"最后他又加了一句："不幸的我！"此时，一块从作战器械中射出的石头砸中了他，当场毙命。他叫喊着同样的预言直到生命的最后一刻。

仔细想想这些事情，我们会发现上帝是关爱人类的。他用尽各种方法向其子民暗示救赎的方式，而由于自身的愚蠢，他们选择了罪恶，从而给自己带来毁灭。因此，犹太人摧毁安东尼亚后，建造了圣殿广场，丝毫不顾忌预言书上的劝诫："如果圣殿成了广场，圣城和圣堂将会倒塌。"但是，他们作战的诱因同样是圣书里一句模棱两可的预言。预言宣称此时他们国家内将出现一位统治整个世界的帝王。他们把这看做本民族的胜利，很多学者不切实际地随意解释。实际上，该预言指的是韦斯帕芗的继位，因为他是在犹地亚被人们拥戴为帝王的。但是即使人们看到了命运的逼近，也是逃不脱的。犹太人对一些预言进行曲解以符合自己的意愿，而对其他预言一笑了之，直到圣城毁灭、他们灭亡的那天，他们的愚蠢才暴露无遗。

当党徒们逃到圣城时，火舌正吞噬着圣堂及其周围的一切。罗马人把军旗带到圣殿地区，竖立在东门对面，并祭拜它们，然后用震耳欲聋的欢呼声拥戴提多为最高统治者。每个士兵都满揣战利品，致使整个叙利亚的金价下跌了一半。与困在圣堂墙上的祭司在一起的有个快要渴死的少年。他公开承认自己口渴难耐，祈求罗马卫兵给予他安全通行权。看到他只是个孩子，却受到这种煎熬，罗马卫兵对其深表同情，于是答应保证给他安全通行权。他跳下来，喝足了水，把手里的容器也灌满了，全速冲回到上面的朋友那里。对于卫兵们来说，他的动作太快了，守卫以失信为由诅咒这个年轻人，但是他反驳道，他没有失信，因为他们之间的协议没有说自己要留在罗马人一方，只是下来喝水。他就是按照协议做的，怎么能说他不守信用呢？这样一个孩子精明的做法让被戏弄的人吃了一惊。但是，四天后挨饿的祭司们跳了下来，被卫兵带到提多面前。他们乞求提多的赦免。提多答道：宽恕的时机已经过去，能让他们得到宽恕的唯一机会已经不复存在了。作为祭司，他们的职责是与圣堂共存亡。随后，提多宣布了这些人的死刑。

党徒及其首领们一路溃败，被堵在墙后，毫无逃生的可能，因此他们邀请提多前来谈判。提多心地善良，急于挽救圣城。身边的朋友认为恐怖主义者最终恢复了理智，于是也敦促他采取行动。于是，提多来到外圣殿西部，因为竞技场上方是大门，一座桥把圣殿和上城连接起来，现今恰好把提多·恺撒和党派首领隔开。两边都是密集的人群。犹太人拥着西蒙和约翰，翘首企盼得到宽恕；罗马人渴望知道提多如何接受他们的请求。提多命令士兵们控制住愤怒和武器。把翻译安排在身旁后，提多行使胜利者的特权，先发话了：

"先生们，看到国家受难，你们现在满意了吧？你们不顾我军

的实力，认识不到自己的弱点，正是你们不计后果的冲动和疯狂
毁掉了你们的人民，你们的圣城，你们的圣殿！你们自身的毁灭
是理所当然的！从庞培大军大败你们那一刻起，你们这些人就从
未停止过谋反。现今，你们公然与罗马对抗。仗着自己人多吗？
一小部分罗马军队对付你们就绰绰有余了！那么，是凭借你们可
靠的盟军吗？罗马帝国以外有哪个国家会轻视我们罗马人而选择
你们犹太人做盟军？凭借自己体魄健壮吗？要知道，连日耳曼人
都是我们的奴隶。凭借坚固的城墙吗？你们这点屏障比不列颠的
堡垒——公海还要坚固吗？不列颠人在罗马的进攻下也屈膝投降
了！凭借坚不可摧的意志和将军的高超诡计吗？要知道，甚至迦
太基*都被我们打败了！

"答案只有一个。是罗马人的一片好意激发你们对抗罗马人。
第一，我们给你们土地居住，允许你们推选本民族首领；我们遵
循你们祖先的律法，允许你们对国内外事件拥有完全的自主权；
再者，我们允许你们代上帝征税，收取祭品；我们既不反对也不
干涉带进祭品的人，所以你们才能变得富裕起来伤害我们，花费
我们的钱做好准备向我们发动战争！尝尝这好处的味道吧！你们
把财富砸到赋予你们财富的人头上，你们像畜牲一样咬住喂养你
们的双手！

"毫无疑问，你们看不起尼禄的无为。像患有伤痛和扭伤的人
一样，你们寂静了一段时间却仍然心怀恶意。然后像更严重的疾

---

* 位于非洲北部突尼斯的奴隶制城邦，为腓尼基人所建，公元146年被罗马帝国
消灭。

病暴发一般，你们跳出来，让无限的野心变成侮慢无礼的冒犯。我父亲来到这里不是为了惩罚你们在克斯提乌斯时代的所作所为，而是来警告你们。如果他怀着毁掉这个国家的目的前来，他只需要直接铲除你们的力量，立即将这座城市掠夺一空。实际上，他掠夺了加利利及其周边地区，给你们留下恢复理智的时间。但是你们把我们的大度当作软弱，我们的和善导致你们更加胆大犯上。尼禄死后，你们堕落到了极点。你们利用我们国内困难，在我陪同父亲前去埃及之时，你们趁机备战。尽管我们做将军时，你们觉得我们相当周到，但当我们成了帝王，你们却毫无羞耻地制造了许多事端！当整个帝国都来寻求我们的庇护时，当所有的民众都安居乐业时，当别国都派来使节以示庆祝时，又是你们犹太人起来与我们作对。你们派人渡过幼发拉底河挑动叛变，你们重新修筑围墙，你们互相争斗，党派首领对立，内战此起彼伏——所有堕落的人能做的事情都可以在你们身上找到！

"我带着父亲不忍心下达的严厉命令来到这里。当我得知这里的民众热爱和平，我很高兴。你们这些好战之徒呢？敌对情绪爆发前我曾请求你们克制。战争开始很长时间后，我再次赦免你们，承诺归顺者行动安全，并在他们前来寻求保护时兑现我的诺言。我同情大多数战俘，但惩罚战争贩子并处死他们。我多么不愿意用战争器械摧毁你们的城墙啊：我的士兵们渴望看到你们流血牺牲，我制止了他们；每次胜仗之后，我都请求你们休战，好像我方是战败者一样。当我走近圣殿，我再一次特意放下胜利者的姿态，请求你们保全你们自己的圣地，保存圣堂以供你们自己使用，让你们自由走出圣殿，并保证你们的安全，或者假如你们愿意的话，给你们选择其他地方作战场的机会。可是，你们蔑视任何一个建议，用自己的双手点燃了圣堂！

"所有这一切之后，你们这些令人不齿的人现在想邀请我谈判吗？你们有什么能够比已经失去的东西更需要保存呢？你们想想，圣堂被毁灭之后，你们自己还有什么资格得到安全呢？即使现在，在你们黔驴技穷、山穷水尽之时，仍然全副武装地站在那里，甚至连假装乞求宽恕的姿态都没有。你们这些可悲的傻瓜，你们的信仰寄托在哪里？你们的人民死了，圣堂被毁灭了，圣城被我占领了，你们的性命也在我手里了，难道不是这样吗？你们是不是认为通过把死亡延迟到最后一刻能够为自己赢得勇敢的名誉？在疯狂方面，我是不会同你们较量的。如果你们缴械投降，我饶恕你们的性命。我会像随和的一家之主那样惩罚那些无可救药的人，赦免剩余的人为我所用。"

对此，犹太人回应道，他们不能接受提多的任何条件，因为他们曾经发誓绝不这么做。但是他们要求被允许带上妻儿穿过护城墙出来，那样他们可以离开这里走到沙漠地带居住，把圣城留给提多。这些形同囚犯的人竟然像是自己打了胜仗了一样提出要求，提多对此非常气愤。他下令宣布：无论归顺还是希望和解都没有用了，他不会再饶恕任何人。这些人必须战斗到最后，自己想办法逃命。从现在开始，他将坚持行使胜利者的权力。随后，他同意手下士兵随意焚烧劫掠圣城。当天，兵士们没有行动。到了第二天，他们就放火烧了档案室、城堡、会议厅和叫做奥费尔的地区。蔓延到城堡中心海伦娜宫殿的大火吞噬着狭窄的街道和充斥着饿死的人尸体的房子。

就在同一天，阿扎特王（King Azates）的儿子、兄弟和许多显赫的市民前来哀求提多·恺撒确保他们的安全。尽管对所有生还者都很恼火，提多还是坚守了自己的品行，接纳了请求者。他暂时把他们监管起来，并把国王的几个儿子和国亲囚禁起来，后来将其作为人质押送回罗马。

党徒们向皇宫发起突然袭击。皇宫结构坚实，许多人把财产储藏在了那里。他们把罗马人驱赶出去，把先前涌进皇宫的八千四百人屠杀了，随后掠走了巨额财富。他们也活捉了两个罗马士兵，其中一个是骑兵，另一个是步兵。他们当即把步兵杀害，并拖拉着尸体绕城示众，好像这就代表着向所有的罗马人复仇了一样。被俘的骑兵说自己知道一些事情，可以救他们，于是他被带到西蒙面前。可到了那里，他无话可说，因此，他被转交到阿尔达拉斯（Ardalas）军官手里执行处决。阿尔达拉斯把他的双手绑在背后，蒙上双眼，把他带到所有罗马人都能看得见的地方，打算将其斩首。但是突然间，没等犹太人来得及拔出剑，此人已经猛冲到罗马阵线这边。既然这名士兵从敌人手中逃出来了，提多不能再判他死罪。但是他认为此人既然被活捉，就不配做罗马士兵，于是缴了他的械，将其逐出军团。对于任何自重的人来说，这种惩罚都比死亡还要严厉。

第二天，罗马人把恐怖分子从下城驱逐出来，并放火焚烧了远到西罗亚泉的整个地区。看到该城镇被夷为平地，他们很是兴奋。但是他们没抢到贵重的东西，因为党徒们撤退到上城之前，已经把此地洗劫一空。这些犹太人对自己的所作所为毫无悔意，反而觉得很自豪：看到圣城一片火光，他们开怀大笑，高兴地等着终结。人被杀光了，圣堂被夷为平地，城镇正在熊熊燃烧，他们没有给敌人留下任何东西。约瑟福斯说了多少谴责其野蛮与不敬的话，给予其多少为他们自己着想的劝告，然而回应他的只有奚落。但是尽管如此，直到最后一刻，他仍在不厌其烦地劝告他们饶恕剩下的圣城。因为发过誓，他们不能向罗马人投降。他们也没有力量可以同罗马人对抗。他们犹如困兽，惯于屠杀，渴望嗜血。他们散布在圣城郊外，在废墟中等待着可能出来的逃兵。实际上，许多人都被抓住了。因为饥饿而产生的虚弱让他们没了逃跑的力量，这些人全部被杀害，尸体扔出去喂狗了。但是，饥饿比任何一种死法都更加让人难以忍受。因此，尽管现在已经没有希望得到罗马人的宽恕，他们还是向他们投奔过去，结果眼睁睁地落入杀人狂魔般的党徒手里。整个圣城没有一处是空的，处处堆积着那些因饥饿和派系斗争而死的人和尸体。

令党派首领们和其恐怖主义帮派振奋的最后一线希望是下水管道。他们私下盘算：如果他们藏身于此，就可能不被发现，在圣城最终被占领、随后罗马人撤离后就可以逃之夭夭了。但是，这不过是黄粱美梦罢了：他们注定逃脱不了上帝或者罗马人的手心。不过，当时他们对自己的避难所特别有信心，于是比罗马人放的火还要多。那些从燃烧着的建筑里逃到下水道的人被立即杀死，毫不留情，身上值钱的东西也被抢掠一空。一旦发现任何人带着食物，他们立即夺来吞下去，手上还滴着那可怜人的鲜血。此时，他们之间实际上已经因赃物而争夺了。毫无疑问，如果不是被捕获而阻止了这一切的话，他们的兽性将会让他们食人肉。

由于上城周围地势险峻，要是不搭建平台就很难接近。于是，

8月20日这天，提多在部队中进行了分工。前面已经提到，运送木料不是件容易的事，因为上次搭建平台，方圆十一到十二英里的树木都被彻底砍伐光了。四大军团在皇宫对面的圣城西面开始了他们的工程。同时，所有盟军及剩余军队在竞技场、桥以及西蒙在与约翰的争斗中当作要塞来建造的塔楼附近进行建设。

　　此时，以土买首领们正在秘密商议分头投降的事宜，他们还派了五个人向提多乞求保护。起初，提多很犹豫，后来他考虑到如果各部首领失去以土买人对战争的强大的支持也许会妥协，因而他最终还是饶了他们的命并送回了信使。可是当他们准备走的时候，西蒙看出了他们在策划的阴谋，于是立即处死了这五个人，关押了包括名声显赫的索萨斯之子雅各在内的几位首领。他还严密监视失去首领、不知所措的以土买士兵，在城墙周围派驻了更多能干的警卫。然而，哨兵根本不是叛军的对手，他们很多被杀，更多的人干脆逃跑了。罗马人全盘收留了这些人。提多生性善良，因而不理会他自己先前说过的话，而那些罗马士兵收手了是因为他们已厌倦了杀戮，而希望积德。只有本城的居民被留了下来，其余的都随妇女和儿童被卖掉了，由于当时供大于求，人口的售价是很低的。提多原来宣布过必须带全家一起归顺，不能一个人来，但他还是接受了这样归顺的人。但是，他指派了一些军官把他们同那些需要惩罚的人分开。这样被卖的人实在是太多了。被赦免的市民有四万。他们可以去任何他们觉得合适的地方。

　　与此同时，一位名叫约书亚的祭司，塞布瑟（Thebuthi）的儿子，在同意向提多呈缴一些神圣的宝物后，得到了人身安全的保证。他从圣坛的墙上取下两个与圣坛中摆放的烛台相像的纯金烛

台，还有一些纯金的沉重的桌子、盆和杯子。他还向提多呈缴了
窗帘、镶有宝石的主祭司的法衣以及其他一些祭祀活动必不可少
的器具。除此之外，被俘的圣殿财务长菲尼亚斯（Phineas）还交
出了大祭司穿的外袍和腰带、大量的修缮窗帘用的紫色和红色的
布幔以及每天给神上香混合使用的大批樟树皮、肉桂和大量其他
357 香料。他还交出了许多其他的宝物以及大量的圣殿装饰物品。这
样，虽然他是一个囚犯，却获得了同归顺者一样的赦免。

　　十八天后，平台建好可以使用了。9月7日，罗马人运来了攻
城锤。一些对圣城失望的党徒们从城墙撤退到城堡，其他一些人
躲进了下水道，而更多的人则站在城墙工事后，准备着与携带攻
城锤的部队决一死战。罗马人无论在数量上、军事力量上还是信
心上都彻底征服了这些没有斗志、半心半意的犹太人。当城墙一
角失陷、几座塔楼被占领后，大量的士兵从城垛逃跑，犹太首领
们也表现出与战事不符的惊恐。敌人还没开进，他们已经惶恐不
已，准备逃跑。那些一度高傲地吹嘘自己无耻行为的人现在可怜
兮兮地浑身颤抖起来。看到这样的变化，即使他们曾是罪大恶极
的恶棍，人们也会动了恻隐之心。他们唯一的愿望就是冲向围着
的城墙，冲开守卫，杀出一条血路，直到安全地带。但是当他们
发现他们以往忠实的支持者已经无影无踪，只得被迫四下逃散；
当传令兵报告西侧的整面城墙已经倒塌，或者已经冲进来的罗马
人正在拐角附近搜寻他们的时候；当其他吓得糊涂的人宣称他们
在塔楼上已看到了真正的敌人时，他们掩面痛哭，后悔自己疯狂
愚蠢的行为，好像被砍断了手脚，无法逃跑了。

　　这一切都好像是分辨善恶的一课，展示了上帝对罪恶之人的

惩罚和罗马人的运气。党徒首领放弃了自己的努力，自愿走下塔楼。要不是因为饥饿，用武力是永远不会打败他们的。罗马人千辛万苦攻陷了较弱的城墙，却因命运的眷顾而轻易攻占了他们用攻城锤都攻不下的城墙，因为绝对没有任何机械能够攻克这样三座别处已描述过的塔楼。丢弃了塔楼，或者说被上帝赶下了塔楼后，他们躲进了西罗亚泉下面的山谷中避难。从恐惧中稍有恢复后，他们又冲向最近的被罗马人占领的城墙。然而，他们的力气已经被恐惧和这场灾难彻底消耗掉了，他们无法一鼓作气，再次被守兵击溃，四下逃散，躲进下水道。

　　攻克所有的城墙后，罗马人在塔楼上竖起了军旗。他们拍着手欢唱胜利，心中暗喜战事末期远没有战争开始时艰苦。攻下最后一座城墙没伤一兵一卒，顺利得连他们自己都无法相信。然而在没有人反抗的时候，他们反倒觉得无所适从，于是他们手持长剑涌入街道，残暴地砍倒任何可以看到的人，看到有人躲进房屋就放火焚烧人以及所有的东西。他们劫杀了许多人。烧杀掠夺时，他们不时会发现一家数口全都饿死在屋内。看到这样惨烈的场面，他们觉得毛骨悚然，于是空手离去。然而这样对于死人的怜悯他们却从不施与活人。他们残忍地杀死遇到的每一个人，狭窄的街道满是尸体。杀戮的血腥洪流甚至熄灭了罗马人焚烧圣城的熊熊烈火。傍晚，屠杀停息了，火光点燃了圣城的黑夜。9月8日，太阳升起，照耀着熊熊大火中的耶路撒冷，一座在围城期间饱受了如此骇人听闻的灾难的城市。如果她在建成伊始就备受福祉，本来会成为全世界都羡慕的城市；她招致了如此可怕的灾难却是因为她养育了给她带来灭顶之灾的这样一代子民！

　　当提多开进耶路撒冷时，他对这座城市，尤其是对党徒首领在疯狂的战事中愚蠢丢弃的塔楼的气势惊叹不已。端详着坚固无比的塔身，每一块硕大的岩石和它们天衣无缝的砌合，以及高塔不同寻常的厚度和高度后，提多放声说道："神助我也。是上帝把犹太人带下了这样的堡垒。难道单凭人类的手和世间的工具就能攻克这样的塔楼吗？"当时他对很多朋友都说了这样的话，还释放了所有被党徒首领关押的囚犯以及那些在堡垒中发现的人。之后，在提多下令摧毁圣城残留的建筑、拆掉城墙时，他保留了那些塔楼——以此作为他好运的纪念。这些塔楼证明了命运对他的垂青，也使他能够无往而不胜。

　　由于士兵们已经开始厌倦血腥屠杀，而且被发现的战争幸存者越来越多，提多·恺撒下令处死仍然武装抵抗的男性，其余人359 均可幸免。然而那些年老体弱的也一起被杀死了。尚有用的壮年男子被成群地赶入圣殿，囚禁在宫女院里。提多专门指派了他的一个自由民看守犯人。他的朋友弗隆托可以根据犯人的表现决定他们的命运。参加过煽动和恐怖活动的人互相揭发，弗隆托也因此处死了一大批人。他在年轻人中选出最高大的和最英俊的留做胜利仪式上使用，其余十七岁以上的都被戴上铁链送往埃及做苦力。提多把大量的人送给各行省，他们在战场中死于利剑或猛兽。年龄不到十七岁的都被卖掉。在弗隆托看守和挑选的日子里，有一万一千人死于饥饿，其中有一些是因为守卫对他们的憎恶而得不到食物，而有些则是自愿绝食。不过话说回来，想喂饱这么多的人，再多的粮食也不够。

　　从战争开始到结束共有九万七千人被俘，而在圣城长期被围困期间，有一百一十万人丧生。这其中绝大多数虽是犹太人，但也并非全是耶路撒冷的居民。他们全是战争开始前从全国各地来参加除酵节的，不料却遭遇了一场浩劫。起初拥挤的人群由于瘟疫而丧生，后来饥饿夺去了更多人的生命。克斯提乌斯时期的人口普查证明的确有这么多人涌入圣城。尼禄非常憎恨这个民族，所以克斯提乌斯希望让尼禄明白这个城市的力量，于是命令大祭司们，如果可能的话，进行一次人口普查。他们选择了逾越节。在这一天祭祀仪式从三点进行到五点。由于不允许单独进食，人们便组成少至十个多至二十成年男子的群体环绕在牺牲者周围。这次人口普查显示共有二十五万五千六百名牺牲者。男性，按每个牺牲者周围十个计算，共有二百七十万，他们全都为参加宗教活动而净过身。有麻风病、性病、经期来临或是有任何疾病的人都是不允许参加祭祀的。那些纷纷拥入圣城参加祭祀的外国人也是如此。

　　然而现在命运已经证明一座监狱可以容下整座城市，而一座男丁旺盛、坚不可摧的城市竟可以被战争肆意蹂躏。没有任何一次上帝降旨或人类造成的破坏能在屠杀的残暴程度上与这场战争相提并论。所有出现的人不是被罗马人杀死就是被罗马人俘虏。躲在下水道里面的人也被拽了出来。地面被掀起，被困的人都被无情地杀死。仅这样被发现的尸体就多达两千多具。他们中有些是自杀的，有些是因为无法忍受而要求同伴杀死的，但是大多数还是死于饥饿。尸体污浊的臭味让冲进来的士兵立刻掉头离去。那些贪婪的则你推我搡，爬过一堆堆的尸体，因为在通道中有许多珍宝。攫取财富的诱惑已使他们毫无顾忌。许多被囚的将领被带了上来。即使在他们生命的最后一刻，他们也未摈弃心中的冷酷。但是上帝终究公平地给予了每个人他们所应得的。约翰在下水道中与其兄弟们一起濒临饿死之际，在轻蔑地拒绝了多次之后，终于向罗马人求饶。西蒙在长期与命运的挣扎之后（以后要详细描述），也投降了。约翰被判终身监禁，而西蒙被罗马人留作胜利庆典之用，最终被处决。罗马人开始放火焚烧城镇边远的地区并且开始摧毁城墙。

耶路撒冷在韦斯帕芗在位第二年的9月8日沦陷。圣城历史上曾五次被占领，而这次已是第二次被夷为平地。先是埃及的示撒（Shishak）国王，之后安条克、庞培以及索斯亚斯、希律联军都曾攻陷过圣城，但他们都没有屠城。更早的时候[1]，在圣城建成后的一千四百六十八年零六个月之后，巴比伦国王袭击了圣城并将它变为废墟。圣城最早由一位名副其实的迦南首领建立，他的名字在土著语中意为"正义之王"。因为这个原因，他成为上帝的第一位传道者。他首先兴建了圣殿，并为了表示敬意将塞勒姆（Salem）城改名为耶路撒冷。犹太国王大卫率军将迦南定居者赶出圣城并将自己的臣民定居于此。他之后的第四百七十七年零六个月，巴比伦人彻底摧毁了这座城市。从第一位统治圣城的犹太国王大卫到提多将圣城夷为平地，耶路撒冷历经了一千一百七十九年。[2]但悠久的历史、巨大的财富或是散居于世界各地的它的无数的子民以及其无与伦比的受到朝拜的声誉都不足以改变圣城被毁灭的命运。就这样，圣城的围困结束了。

---

① 不早于示撒国王。
② 这里给出的三个数字过大。

第二十二章　摧毁的耶路撒冷：罗马的盛大庆典

对罗马士兵来说，耶路撒冷已经无人可杀，无人可抢，没有一个出气筒了。如果可以杀戮，他们是绝不会出于仁慈对任何人罢手的。所以提多·恺撒下令，把整个圣城和圣殿夷为平地，只留下俯瞰众生的法赛尔塔、希皮库斯塔、米利暗塔三座塔楼和环绕圣城的西城墙。留下西墙的目的是为了保护留守驻军，留下三座城塔是为了昭示后人，英勇的罗马子孙凌辱了一座多么壮丽，多么强大的城池。剩下的所有环城防御工事都夷为平地，如果有来访者，他绝对想不到这里也曾有人生活过。这就是耶路撒冷城的末日，是革命者疯狂的愚蠢给这座世人皆知的宏伟城市带来的终结。

为了守城，提多·恺撒决定留下第十军团，并配备了一些骑兵和步兵。解决了战事中出现的问题后，他迫切希望向全军恭贺战绩，论功行赏，奖励那些在战争中表现卓越的军士。他在旧营地中心搭起了一个宽阔的平台，众人分立两侧，他立在中央，这样全军将士都能听到他讲话。他真心地感谢众将士对自己的忠诚不渝，赞赏他们在战争中自始至终所表现出来的服从，表扬他们作为个人在危急时刻所体现出来的英雄主义。通过他们自身的努力，国力得到了增强，也向世人宣告，无论敌人军队的数量多么可观，防御多么牢固，城池多么广阔，他们的士兵对死亡多么无所顾忌，又或是怎样的野蛮残暴，都敌不过罗马人的勇猛。即使敌人运气好，能找到一个长久的联盟，也是无济于事。这些罗马士兵在战争伊始并没有期望太多，现在能结束这样一场旷日持久的战争，在他们看来绝对是一种伟大的功绩。但他们所取得的更辉煌的成就是，他们有幸被选中荣归故里，回到罗马帝国来统治和管理那里的民众。民众兴高采烈地欢迎他们的归来，忠诚地服从他们的决策，对此他们充满了感激。对他们，提多继续说道，他自己也是满心敬慕和爱惜之情。他知道，一个人热情有多高，能力就有多大。而对有些人，上天赋予他们超人的力量，打起仗来功勋卓越，不仅以英勇的行为为自己争得荣誉，更是因为他们的辉煌战功让他的战役取得更为辉煌的胜利。因此他会立刻授予他们荣誉和勋章。如果有谁比其他人更愿意付出，那么他所应得的一定不会比他人少。提多对这件事相当重视，因此比起惩罚逃兵，他对按照军士们的勇气和进取心奖赏他们更感兴趣。

362　　因此，提多马上给军官们分配任务，命令他们宣读每一个在战争中战绩卓越者的名字。喊到谁的名字，谁就上前来，提多高兴地赞赏他们，就像看着自己的胜利品一样。他给他们戴上金冠，赐给他们金项链，小金矛和银质的旗标，每个人都被加功晋级。除此之外，提多还把劫掠来的金银、各种衣物和其他战利品分给他们。一面按照自己对将士功劳的看法行赏，一面以全军的名义为他们祈祷。之后他在雷鸣般的掌声中走下颁奖台，把注意力转到纪念胜利的祭祀上。祭坛周围挤满了小公牛，是提多用来祭祀胜利、犒赏军士用的。他自己也花了三天时间跟他的高级军官们一起庆祝，随后便把大部分军队分派到各个地方：他并没有把第十军团送回到原来的幼发拉底地区，而是命令他们守卫耶路撒冷。克斯提乌斯将军统领的十二军团曾不敌犹太人，提多把这支以前驻扎在拉法尼依（Raphanaeae）的队伍全都逐出叙利亚，派往麦里提尼（Melitine）。麦里提尼位于幼发拉底旁，在亚美尼亚和卡帕多西亚之间。他命令第五、十五两个军团留在自己身边，一直保卫自己抵达埃及。接着，他带着自己的部队南下至恺撒利亚海岸。因为夏天已经过去，去意大利的征程不可能成行，因此他把大部分战利品集聚在这里，并安排监禁战俘。

当提多·恺撒正忙于指挥围攻耶路撒冷的时候，韦斯帕芗登上了一艘商船，穿过亚历山大里亚到达罗得岛。从那里，他率领着一个战船舰队航行，沿途停泊于每一个城市，在每一处都受到了热烈的欢迎。从爱奥尼亚到希腊，然后取道柯尔西拉到伊亚皮西海岬（the Promontory of Iapyx），走陆路继续旅行。 363

提多从恺撒利亚沿海岸行军到恺撒利亚的腓利比，在那里滞留了一段时间，上演了各种杀人秀：犯人们有的被弃尸荒野，尸首遭野兽啃噬，有的被迫自相残杀。大批犯人死在这里。正是在此处，提多得知了焦拉斯之子西蒙被捕的详情。当耶路撒冷遭围困时，西蒙还在上城。罗马军队攻进城来，洗劫城池时，西蒙领着最忠实的朋友，带上隧道工人和所需的工具，以及够几个星期吃的食物，一起到了隐匿的下水道里。他们沿着管道行进，一直走到尽头的土路。然后开始奋力凿路，希望推进到一个安全的地方，这样就能安全逃脱。然而，尽管人们努力地挖掘，进展还是很缓慢，而且不管人们再怎么小心谨慎地分配食物，粮食还是所剩无几。虽然他们还在努力，可是信心却一点点地被消磨掉了。所以，西蒙想用计策吓跑罗马人。他穿上好几件白袍，束上鲜红色的披肩，从圣殿原先坐落的地下钻了出来。开始，那些看到他的人吃惊地动弹不得，但是没多久就有胆大的靠近来问他是谁。西蒙开始拒绝回答，说一定要见将军才行。人们马上去请将军，时任守城将军的特林提乌斯·鲁福斯（Terentius Rufus）立刻赶到现场。把事情原委搞清楚后，他给西蒙上了镣铐，把捕获西蒙的消息报告给提多·恺撒。

　　这就是公正的惩罚啊！以前西蒙让民众饱受自己野蛮的暴政，现如今，他自己被上帝置于死对头手里。西蒙不是遭遇武力被迫就擒的，而是自愿这样做，借以通过这样的方式惩罚自己。因为同样的事，他曾经冤枉多少人，说他们投敌而把他们置于死地啊。可是邪恶是逃不过神怒的，公正并不软弱：终有那么一天，她会及时抓住那些冒犯她的恶人，在他们没有立即得到惩罚而自以为已经逃出她手掌心的时候，给他们重重的惩罚。当西蒙落入暴躁的罗马人手里，他才明白了这一切。他从地下出现意味着在接下来的几天里，越来越多的党徒在下水道里被擒获。当提多乘船返回的时候，戴着镣铐的西蒙被带到他面前。提多下令将之囚禁，以备他在计划中的罗马庆功游行之用。

　　在那里，提多为自己的弟弟举办了一场盛大的生日庆典。①对

---

① 10月24日。

犹太人的新仇旧恨全部等到这个特别的场合一起发泄出来。在斗兽场上、自相残杀的战场上，战死的以及活活烧死的总人数超过两千五百人。对罗马人来说，尽管犹太人受尽各种折磨，但他们理应罪该万死，根本算不得什么惩戒。之后，提多来到贝鲁特，一个位于腓尼基的小城，是罗马的殖民地。为了给父亲庆贺生日①，他在这里待得更久一些。无论是表演的恢宏气势，还是其他昂贵娱乐的创新独特，都使这次庆祝盛典更加气派。这次跟以往一样，死去的战俘不计其数。

死里逃生来到安提俄克的犹太人这时也正遭受各种责难，也可以说，这些责难意味着他们的毁灭。因为对犹太人的诽谤，还有不久前发生的各种事件，当地居民处处与犹太人作对。对于这些叙述，我必须加以解释，以便于理解下面发生的事情。

大量具有犹太血统的人散布于世界各地，与当地居民混居，尤其在毗邻的叙利亚。最大的犹太人聚集地是安提俄克，不仅因为其城市规模，更因为安条克王的继任者允许犹太人在这里平安居住。安条克·伊皮法尼斯也曾经洗劫过耶路撒冷，劫掠圣堂。但是他的继任者把所有铜制的贡品作为给犹太圣堂的礼物都归还给在安提俄克居住的犹太人，后来又允许他们拥有与希腊人同等的公民权。后世的国王传承了这样的礼遇，因此犹太人在这里大量繁衍，用各种精美昂贵的贡品装饰他们的圣殿。渐渐地，许多希腊人也被他们的信仰所吸引，实际上成为犹太社区的成员。但是，就在宣战之际，当韦斯帕芗刚刚进入叙利亚，大众的反犹情 365

---

① 11月17日。

绪高涨的时候，有一位名叫安条克的犹太人起了推波助澜的作用。此人因为父亲是负责当地犹太人事务的长官而受到人们的尊敬。他利用一次公共集会进入戏院，无中生有地谴责亲生父亲和其他人，指控他们密谋烧毁整个城市。他还交出了几个海外归来的犹太人，说他们是这次阴谋的知情者。人们得知这一消息后非常愤怒，要求马上烧死那些被交出来的人。当时当地，这些人就被烧成了灰烬。众人的怒火即刻扩散到大部分犹太人身上。大家认为只有尽快处置犹太人，自己家乡的安全才能得到保障。而安条克还火上浇油，他说他愿意按照希腊人的仪式祭祀，以证明自己改变信仰，仇恨犹太习俗。这意味着其他犹太人也得像他那样，如果谁拒绝，谁就是策划者。当安提俄克人用此法验证时，只有少数几个人屈服了，而那些拒绝的人马上就被处死了。安条克从罗马大将那里借来士兵开始对市民施行暴政，禁止他们安息日休息，强迫他们跟平日一样做事。在安条克的强迫下，不仅在安提俄克第七天安息日制度被废除，而且在很短时间内，其他城市也都执行了这样的规定。

　　就这样，不幸降临到安提俄克的犹太人头上，而相对于他们现在受到的第二次灾难性打击，上一段只是序幕而已。当时恰好有一场大火烧毁了广场市场、市政厅、档案馆和法院。火势太大无法控制，熊熊火焰吞没了整个城市。负责此事的安条克就把责任嫁祸于犹太人身上。即使安提俄克人以前还没有仇视犹太人，但在随后的暴乱中，他们也会被这样的诽谤所欺骗。事件发生之后，无论安条克说什么都能获得民众的信任。他们让自己相信，就是犹太人放的那把火，就像亲眼所见一样。他们像疯了似地把怒火燃向遭受诽谤的受害者——犹太人。对于这样激烈的反应，代理总督格涅乌斯·考勒迦（Gnaeus Collega）费了好大工夫才控制住局势。他坚持一定要把整件事如实上报给提多。尽管叙利亚执政官格桑尼尔斯·帕伊图斯（Caesennius Paetus）已经被韦斯帕芗派往这里，但眼下他还没有到位。通过努力查证，考勒迦弄清了真相。被安条克所栽赃的犹太人，没有一个和这件事有关系。原来全是几个厚颜无耻的坏人干的。究其原因就是他们负债累累，觉得要是把市场和公共档案都烧了，就没人再找他们了。这件事搅得犹太人不得安宁，他们仍被这些指责笼罩着，好像颠簸在恐惧苦海中的小舟一样。

当提多·恺撒得知意大利所有的城市都在欢迎他父亲的到来，而罗马也以无与伦比的热情和壮丽迎接自己的时候。他心中非常满意和快乐，对父亲的所有担忧都一扫而光。在韦斯帕芗到达前的很长一段时间，整个意大利都发自内心地向他表示敬意，好像他已经来临。急切的渴望让人们误把他可能要来当作他已经到来。人们对他的爱戴之情完全发自肺腑。元老院还没有忘记帝王更迭频繁所带来的灾难性后果，现在上天赐给他们，使他们再一次拥有一位德高望重又有赫赫战功的帝王。人们深知，正是他的无上权威才能保障臣民的安居乐业。这些饱受内战煎熬的民众疲惫不堪，更是急切盼望他的到来。他们以为，只要韦斯帕芗来了，毫无疑问他们就可以永远地从悲惨生活中解脱出来，可以再一次享受安稳富裕的生活。最重要的是，所有的战士都把希望寄托于韦斯帕芗，他们谁都清楚他赢得过多么辉煌的战争。他们亲眼目睹其他皇帝的无能懦弱，渴望能完结那漫长的痛苦回忆。他们祈祷这样一个能给予他们安全和荣誉的人会成为他们的领袖。各个社会阶层中的贵族对他的爱戴更迫切。他们从罗马千里迢迢赶过来争着去第一个迎接他。当然，那些地位卑贱的人们也不愿落后。大家一致认为相比起待在家里，赶去迎接他更轻而易举。所以人们成群结队地涌出城去，万人空巷，迎接他的人远远超过了留在家里的人。宣布韦斯帕芗即刻到来时，前面那些见到他的人都感叹着他给予每个团体的友好欢迎，现在其他居民也都拖家带口，夹道欢呼。当他经过时，每一个群体都无比兴奋，被他亲切的气质所感染，大家都高声喊叫着，称他为"恩人""救世主""罗马唯一可敬的帝王"。整个城市像一座神殿，花团锦簇，香烟缭绕。韦斯帕芗被人们簇拥着来到了宫殿。他向众家神奉上自己的贡品，感谢自己一路上所受到的欢迎。接着众人开始庆祝，宴请同族、亲朋和邻里，他们向神祈祷，向神祭祀，恳求韦斯帕芗能一直留在罗马掌权，他的子子孙孙能毫无异议地继承皇位，以至千秋万代。

在罗马城这样盛情地接待韦斯帕芗后，整个城市很快就兴旺繁荣起来。但稍早些时候，当韦斯帕芗还在亚历山大里亚，提多忙着围攻耶路撒冷的时候，一大群日耳曼人被鼓动起义。出于同情，跟他们毗邻的高卢人也采取了同样的行动，希望能借机摆脱罗马人的统治。日耳曼人之所以参加起义，其作战动机首先是民族个性。日耳曼人不会逻辑思考，容易为丁点儿希望而贸然行事，结果只能把自己置于危险当中；其次是对统治者的仇恨。因为他们知道只有罗马人才能迫使他们的民族为奴。当时出现的机会给了他们极大的信心。他们看到罗马帝国因为皇位不断更迭而中心瘫痪，也得知帝国广大领地的各个角落都处于一片兴奋和骚动之中，所以他们认为正是敌人这灾难性的不合给他们带来了绝好时机。他们的计划和异想天开的希望得到了科拉西库斯（Classicus）和西维利斯（Civilis）这两个头目的煽动和鼓励。显然，这两人是早有预谋，也是看好了这个机会声明自己起义，而他们发现大众对这次冒险尝试更是迫不及待。

大部分日耳曼人同意造反，其他人也没有表示异议。这时韦斯帕芗好像接受了神的旨意，送信给当时在日耳曼的执政官帕提利斯·斯里尔利斯（Petilius Cerealis），授予他领事一职，命他前往不列颠做新总督。帕提利斯·斯里尔利斯听命后即刻走马上任。但是，在得知日耳曼人造反的消息后，他立刻率军扑向他们刚刚聚集起来的军队。经过一场激战，日耳曼人损失惨重，被迫放弃了愚蠢计划，恢复了理智。即使斯里尔利斯没有迅速赶到战场，这些日耳曼人也注定是昙花一现。日耳曼人造反的消息在罗马引起轰动，传到恺撒·图密善的耳朵里。虽然他才十几岁，却并没表现出同龄人那样的犹豫不决，而是毅然肩负起这重大的责任。他继承了父亲的斗志，在战争的磨砺中逐渐成熟。现在图密善立刻投身到同这些暴徒的战斗中。听说他要来，日耳曼人的勇气消失殆尽，未动一兵一卒，他们就屈服了。这样能够免受战争的灾难，而代价是再次回到罗马人的统治中来。图密善把高卢整顿安定，杜绝骚乱再次发生后，便身披荣誉的光辉，凯旋回朝。一个如此年少的人能拥有这么辉煌的成就，赢得所有人的钦佩，不愧为父亲的好儿子。①

①　显然，这好像只存在于约瑟福斯的想象中。

　　这里所描述的日耳曼人起义，在时间上刚好和斯基泰人（Scythian）对罗马的一次冒险袭击巧合。斯基泰族中一支数量庞大的萨尔马特人（Sarmatians）部落趁人不备，渡到了多瑙河左岸，发起极其猛烈的袭击。完全出人意料的进攻把罗马的抵抗力量打得落花流水。很多罗马卫兵遇难，领事使节方提乌斯·阿古利巴（Fonteius Agrippa）前去迎战。仗打得很艰苦，最后也以失败告终。整个行省都被占领，并被洗劫一空。当这些事件和美西亚地区也遭洗劫的消息传到韦斯帕芗那里时，他派若布里斯·加卢斯（Rubrius Gallus）去痛击萨尔马特人。若布里斯在一系列的战事中，杀死了大量萨尔马特人，惊惶失措的幸存者匆忙地逃回老家。战役结束后，将军在此留下了大量驻军以保证此处的长治久安。至此，当地居民再也没有任何机会过河来。美西亚战争很快就结束了。

　　上文提过，提多·恺撒在贝鲁特停留了一段时间。自那里出发，他穿过了一些叙利亚城镇，一路上逼迫犹太战俘上演自己的杀人秀。沿途，提多看到了一条河流，在这里值得一述。流淌在阿古利巴王国的阿尔塞（Arcea）地区和拉法尼侬之间的这条河很有特色。流动时，河水充满河渠，水流湍急；然后源头枯竭，河水完全退去，整整六天，河床干涸；而第七天，好像什么都没有发生过似的，河水又像以前那样咕咕地涌出来了。这个时间表好像从来都没有出过差错，所以人们仿照犹太人所遵循的对第七天的神圣叫法，把这条河叫做"安息河"（Sabbatical River）。

　　安提俄克的居民听说提多就快到来的时候，都按捺不住心中的欣喜，纷纷涌出城来，跑到城外接近四英里的地方去看他，当中不仅有男人，还有成群抱着孩子的女人。他们见到提多经过时，就分列公路两边，伸出右臂来致意，给他各种各样的祝福，并一路护送他到安提俄克城里。但是，他们的欢呼声中始终都夹杂着驱逐犹太人的呼声。提多并不在意，只是冷静地听着众人的呼喊。所以犹太人对提多的想法和意图没有一点线索，一直处在长时间的紧张和痛苦不安中。提多并未在安提俄克久住，而是马上继续行军去幼发拉底河上的左格玛（Zeugma）。在那里，他见到了帕提亚国王沃洛加西斯（Vologeses）的特使。国王授予他一顶皇冠，作为对战胜犹太人的赞赏。接受了这番好意，提多宴请了他的特使们，然后回到了安提俄克。元老院和民众不断邀请提多去剧院。在那里，所有人都涌来向他致敬，他也和蔼地回应着。但是，当人们一再急切地呼吁把犹太人赶出城去的时候，他的回答直截了当："他们是犹太人，我们该把他们赶回家去；可是他们的国家灭亡了，如今任何地方都容不下他们啊。"请求落空后，安提俄克人又尝试别的法子：他们要求提多移除刻有犹太人特权的铜牌。提多也没有同意，他下令维持安提俄克的犹太人的现状，然后前往埃及。

　　路上，提多在耶路撒冷城停留。眼前的这座城市满目疮痍，和昔日的美丽壮观形成了鲜明对比。想起这些断壁残垣曾经的绚丽，提多也不禁为它的毁灭深感痛心。跟别人不一样的是，尽管是他以迅雷不及掩耳之势猛攻下了这座城市，可他却并未引以为荣，反而一遍遍地咒骂这场叛乱的始作俑者，是他们给这座城市招来了灭顶之灾。他很清楚自己不希望用如此招致来的可怕的惩罚作为他个人威力的证明。不断有人从这座城市的灰烬里发现巨额财富，其中大部分是被罗马人挖出来的，但他们更多的金银财宝和各种贵重的东西都是从战俘那里得到消息才发现的。当时，城里的人难以预料战争的结果，主人们就把这些东西都埋藏在地下了。

提多再次踏上去埃及的旅程。这次他取近道，穿过沙漠，到达亚历山大里亚。他打算乘船去意大利，把陪他来的两个军团派回原驻地，派第五军团回美西亚，第十五军团回帕诺尼亚。同时他下令，把战俘首领西蒙和约翰，以及从普通战俘中挑出七百个身高体壮的一起送到意大利，一刻也不得延误。他准备在意大利的胜利游行中展示这些战俘。远航非常顺利，提多如期到达，罗马像欢迎他的父亲一样热烈欢迎他。而让提多倍感荣耀的是，他父亲也亲自来迎接他。拥挤的人群看到父子三人团聚的场面，都忍不住心中的欢喜。几天后，他们决定共同举行一次大型庆功会，虽然当时元老院已下令分别为每一次胜利庆祝。指定的胜利游行日到来之前，人们都接到了通知。游行那天，全城百姓倾城而出，没有一个愿意待在家里。即便只能站着，他们还是在某处找到个地方。因此，游行队伍到来的时候几乎都无法通过。

尽管是晚上，但所有士兵都按照指挥出去排列成百人团和步兵大队。他们没有聚集在上宫殿，而是在伊希斯（Isis）神殿附近，因为得胜的将军们都在那里过夜。破晓时分，韦斯帕芗和提多头戴月桂花冠，身着传统鲜红色长袍，走向屋大维大道，在那里元老院、高级行政官和骑士们正恭候他们的到来。柱廊前还搭起了一个平台，上面有为他们备好的象牙椅。当他们就座时，军人们高声欢呼，每个人都是他们杰出才能的见证。中心人物们没有佩戴武器，他们身穿丝袍，头戴月桂花冠。欢呼声过后，尽管还有很多话没说，韦斯帕芗示意众人先安静。大家鸦雀无声。皇帝站起身，用大氅盖住几乎整个头部开始祈祷，然后提多也照办。祈祷结束，韦斯帕芗向集会人群做了简短发言，解散了士兵，让他们去吃早点。按惯例，得胜的将军要给士兵提供早饭。韦斯帕芗回到凯旋门。凯旋门的得名是因为所有庆祝胜利的队伍都会从这个门走过。他们在这里先吃饭，然后穿上庆功袍，祭祀立在大门两侧的众神，随后继续行进，从剧院穿过，以便让众人看个清楚。

不可能对所有这些隆重的场合一一进行令人满意的描述。无论是作为艺术品，还是各种各样的奇珍异宝，一切都是那样富丽堂皇，超乎人们的想象。所有的珍宝——许多不同民族的无价的奇珍异宝——几乎全都在这一天被带来交到这些命运的宠儿手中，向人们展示着罗马帝国的强大。游行队伍中，可以看到由手工匠人雕磨出来的各种形状的金银和象牙制品，仿佛是一条彩色的河流。还有大量的挂饰，有的质地是形状罕见的红宝石，有的上面是巴比伦艺术家绣的真人大小的肖像。还有透明的宝石，有的镶嵌在皇冠里，有的用作其他饰品。这么多的珍宝从眼前晃过，不禁让人觉得以前认为这些东西稀奇是件很傻的事情！队伍里还有许多罗马神的雕像，大小恰到好处，工艺精益求精，每一个都由价值连城的宝石制成。各种各样的动物都披挂着彩带，由人们牵着前进。队列中的每一件物品都由一群身着鲜红色和金丝交织印染衣服的男子护卫。所有选中参加游行的人随身携带的都是经过千挑万选的价值惊人的饰品。甚至连那群俘虏身上也进行了装饰。他们因被虐待而造成的身体的畸形被遮盖在精美华丽的衣服下面。

　　但最令人称奇的是活动舞台的构造。它们有三四层楼那么高，巨大的体积使人们在惊异的同时，禁不住怀疑它们是否稳固，而
372 上面的那些配饰又令人惊叹不已。它们挂着金丝编织的幕布，框架是象牙和金子制作的。战事的各个阶段都用无数的舞台造型生动地表现出来。这边是晴朗美好的乡村郊外被糟践；那边是整队的敌人被利剑所刺杀；有逃命的人和被捕的士兵；有被攻城锤撞开的一面面巨大的城墙；有轰塌的大型要塞；有城垛上满是防军但是已经被完全攻陷的城市；一支部队络绎不绝地走进壁垒；这里到处弥漫着杀戮的味道、抵抗无望举手哀求的人们、着火的神殿和坍塌在住户头上的房屋；劫掠和灾难过后，河水猛涨，没能灌溉耕耘了的田地，给人和畜生饮水，却淹没了还到处在燃烧的整个乡村。这就是犹太人开始进行这场战争所带给自己的痛苦。这些精美的造型和工艺如今向那些没有经历过的人清楚地展示着这些事件，使人身临其境。每个舞台上都有被占领城市的指挥官刚被抓住的场面。紧跟其后的是一些船只。

　　展示的大部分战利品都随意堆放在一起，但最引人注目的是在耶路撒冷圣殿里抢获的东西：一张重几百斤的金桌和一只构造不同于日常所见的金制灯台。灯台固定在底座上的中轴，发出像三齿鱼叉的尖头一样的细细的分叉，每个分叉顶部都有一只小灯。总共七只，这代表着犹太人对"七"的敬意。再后面是最后一件战利品，犹太律法。然后是一大群人，抬着用象牙和金子做成的胜利的肖像。后面是韦斯帕芗在前、提多在后的车队。图密善衣着华美，骑马走在旁边，威武壮观。

　　游行的队伍停在了朱庇特神殿前，这是终点。按照一种古老

的习俗，他们要在这里等待，直到有敌军总指挥死亡的消息。眼
下就是要等焦拉斯之子西蒙的死讯。在游行队伍里，他一直和其
他战囚一起行进，现在，他被带上套索，拽到广场上行刑的老地
方，护送的人为他行刑。罗马法律规定此地是那些因恶行而被判
死刑的人受刑的地方。西蒙的死讯传来，全场兴奋地欢呼，祭祀
开始。接着是例行的祈祷，看到了好的征兆，然后，王子们就都
回宫了。有些人在皇宫里就餐，其余的在家准备了丰盛的宴席。
整整一天，罗马城都在庆祝对敌作战的成功，民间冲突的结束，
快乐未来的开始。

　　庆祝仪式结束了。罗马帝国已稳固地建立起来，韦斯帕芗决
定要建一座和平之殿。很快它就竣工了，其气派程度超过任何人
的想象。韦斯帕芗不仅有无数任他处置的财富，他还用先前最伟
大的大师们的画和雕塑来装饰它们。事实上，在这座神殿里，收
集、存放的是迄今为止，不管散落在世界何处，人们也愿意走遍
天涯海角只为一赏的精品。而且，他还把自己为之自豪的犹太人
圣殿里的黄金器皿也放在这里。为安全起见，韦斯帕芗下令把他
们的法典和内殿的鲜红幨幔放在皇宫里。

373

第二十三章　扫尾行动

新使节鲁基里乌斯·巴素斯（Lucilius Bassus）被派到犹地亚取代斯里尔硫斯·韦提利努斯（Cerealis Vetilianus）的职务。他首先攻克希律堡要塞，降服守军，然后集中所有可用兵力（当时广泛散布在各地，包括第十军团），决意进军马卡鲁斯城堡。由于担心城堡的坚固会诱使犹太人纠集反叛，他们确定完全有必要摧毁要塞，因为这里的地形的确会给守军更多胜算而让进攻者失望害怕。守区是一座岩石山，直插云霄，正因如此，可以说它是无法攻取的一座天然屏障。四周都是深不见底的壕沟，无法穿过，也不可能填充。西边的壕沟绵延七英里一直通到死海。在这个地区，马卡鲁斯顶峰巍峨耸立。南、北两边的沟壑相对来说较小，但是对进攻者来说，也一样是难以逾越的障碍。东面的壕沟至少有一百五十英尺深，一直延伸到马卡鲁斯山对面的山脉。

看到此处得天独厚的自然条件，犹太王亚历山大首先在这里修建了堡垒，而后堡垒在他与亚里斯多布鲁斯的战斗中被加比纽斯毁坏。希律王当政时，注意到这里易守难攻，有最坚固的防御工事，尤其是这里的地理位置靠近阿拉伯地区。它是个制高点，在此地可对阿拉伯领土一览无余。他觉得这是修筑堡垒最好的地方。所以就用高墙和塔楼把一大片地方围起来在此筑城，城内有一个可以通到山脊的阶梯。这样还不满意，他又在山顶周围，修起了围墙，在四个角落分别建起了九十英尺高的塔楼。接着他又在城墙环绕的中心地带建起了宫殿，各个房间规模惊人，美轮美奂。与此同时，希律还精心选址，建造了一些储水池接雨水，保证受困时期供给。他可能在和上天比试，看看他的人工防御是不是比老天赐的好地势更胜一筹。另外，希律储备了丰富的武器和作战器械，想尽各种办法，使这里的居民即使面对长时间的围攻也丝毫不会慌张。

王宫里有一株硕大的芸香，看起来跟无花果树一样，又高又壮。大家都相信它从希律王时期就存在了，要是它躲过了犹太居民的斧头，他们或许能活得更久。在北部保卫着城市的山谷里，有个叫巴拉斯（Baaras）的地方，也生长着一株同名的根茎植物。它的颜色似火焰，天黑时，发出灿烂的光辉，所以谁要是想靠近来摘它，是无法得手的，好像它溜开了，一直到被妇女的尿液或经血浸透，它才会停下来。即使这时触犯它也是有生命危险的，除非有谁碰巧在手腕上带着完全相同的树根。另外一个肯定没有危险的方法是，人们在它周围开挖，在土里只留下最少的根，然后把一只狗绑在上面，当狗跟随那个人走时，它就很容易被带出来了。但是那狗就代替那个想要拔树根出来的人，立即毙命。之后再碰它的人就不会有任何危险了。尽管危险性很大，但它有一个优点使其成为人们追逐的对象。因为据说，所谓的鬼，实体上是恶人的魂，进了活人的身体，如果不被拯救的话就也会被杀死。而这种上了身的鬼，一旦碰到这种植物就会马上逃跑。这里也有温泉，但是味道各不相同，有的苦涩不堪，有的甘甜如怡。也有

375

冷喷泉，但却不是来自于低处成排的井里。事实令人吃惊：附近有一个不太深的大洞，上面有一块突出的岩石遮挡。离这里远些的地方，有像两个乳房形状的、其间有一定间隔的凸出地，向外喷射着水花，一边是冰冷的水，而另一边则滚烫。要是把这水混起来沐浴，对很多疾病都有益处，能大大减轻肌肉的疲惫。另外，此地还有硫矿和铝矿。

　　从各个角度研究地形之后，巴素斯决定填充东面的沟壑接近堡垒。他马上开始布置，争取以最快的速度建高平台，使围攻更容易。被困的犹太人把异邦人挑出来，命令这些他们认为没用的乌合之众留在低处迎敌，而他们自己把守着堡垒高处，一是因为这里防御力量的需要，二是为自己能够活命。他们觉得如果把堡垒交出来给罗马人，肯定能免于一死。但是，首先他们想试试看有几成的把握能逃出围攻，所以，每天他们倾其所有，奋力突围，结果双方都损失惨重。每一次战斗的胜负都取决于当时的情形。如果犹太人趁其不备袭击高台上的罗马人，那么局势就对犹太人有利；如果罗马人发现对方来袭，组织作战，那么局势就对平台上的罗马人有利。但是，仅靠这样的小规模冲突是无法决定围城的成败的，是一件偶然的、令人惊讶的事迫使犹太人弃堡投降，终结了战争。

　　在被困的城里，有一个叫以利亚撒的年轻人，他很有抱负，也充满干劲。在突围部队中，他是个出色的人物。他激励大部分的守军努力突围，打断罗马人修筑高台的行动。在与罗马人作战的过程中，也的确给了他们惨重的打击。是他领军进攻，也是他最后一个撤退，以确保那些敢跟他一起去突围的人的安全。有一天，战斗间隙，双方都退下时，以利亚撒满以为敌人眼下不会再进攻了，就在大门外面和城墙上的守军说话。而就在此时，罗马阵营中一个叫卢福斯的埃及人，却看到了机会，成就了惊人的业绩。他突然冲了过来，把以利亚撒连人带甲扛起来，趁着周围的人都还震惊得没回过神的当口儿，奔回罗马营地。指挥官下令扒光以利亚撒的衣服，带到守军哨兵看得最清的地方去用鞭子抽他。犹太人为这位年轻人的遭遇感到万分痛苦，整个城池哭成一片，对这个不幸的人表现出非同一般的关切。看到这一切，巴素斯准备跟他们斗智，希望能通过他们的悲痛，让他们以投诚换取这年轻人的生命，他的希望并没有落空。他下令立起一个十字架，像是准备把以利亚撒钉死在上面。城里的人看到这一切变得更加伤心了，他们哭喊着说自己不能忍受这样的恐怖行径，尖叫声震耳欲聋。此时，以利亚撒也恳求他们不要看着自己这样悲哀地死去而无动于衷，而应该为了保住他们自己的性命，交出城池，交出财富给罗马人。看到这里，所有的人再也无力抵抗。这样的请求是无法拒绝的，因为以利亚撒的家族很有声望而且成员众多，很多城里人都为他祈求。因此，他们违背自己的天性，善心大发，马上派了一支代表团去商讨投诚的事，条件是放他们一条生路，并把以利亚撒带走。罗马人和他们的指挥官都同意了。

当住在下城的人得知这些犹太人单方达成的协议后，他们知道最好的政策就是连夜溜走。但是大门一开，那些和巴素斯谈判的人就把这些人的计划告诉了巴素斯，这么做的理由也许是出于妒忌他们逃命，也许是害怕自己为他们的逃跑担责任。逃跑的人中只有几个极其勇敢的成功突围了，而留下的人中，男人们都遭

377

屠杀，有一千七百名之多，妇女和孩子都沦落为奴。而巴素斯觉得要遵守协议，便放了那些投诚的人，并把以利亚撒送了回去。

巴素斯处理完这些事，马上进军扎德斯（Jardes）森林区，因为他得到消息，那些从耶路撒冷和马卡鲁斯逃生的人都聚集在那里。到达之后，他发现的确如此，就先派骑兵把整个地区包围起来，断了突围逃跑的犹太人的退路。然后他下令步兵砍伐他们所藏匿的森林。这些做法迫使犹太人不得不英勇作战，希望能通过努力逃脱。所以，他们一起呼喊着往外冲，扑向包围的士兵。他们遭遇了顽强的抵抗。一方带着激愤的绝望，而另一方也是不屈不挠，这场战斗持续了很久。战斗终于结束，但是对双方战士来说，结局完全不一样。罗马人只有十二个战死，几个人受伤，而犹太人没有一个从这场战斗中活下来。整整三千人，全都战死沙场，其中有他们的将军，亚伊勒斯的儿子犹大。前文提到过，在耶路撒冷突围中，他曾指挥一个分队，从下水道神不知鬼不觉地穿过了罗马封锁线。

就在这时，提多·恺撒传令给巴素斯和行政长官利比里乌斯·马克西姆斯（Liberius Maximus），命他们出售所有的犹太人领土。他没有在那里新建城市，而是把这个国家当作自己的财产，只把离耶路撒冷三英里半的以马忤斯赏给了八百名退役兵。他在犹太人居住的地方征收赋税，命令犹太人每年每人向主神殿缴纳七先令，这跟以前他们向耶路撒冷圣殿上缴的数额一样。我们暂且把犹太人的事按下不表。

韦斯帕芗执政第四年，科马根国王安条克发现自己以及自己的家族都处在一种灾难的境地中。事情是这样的。当时的叙利亚总督格桑纽斯·帕伊图斯对安条克的态度并不明朗，看不出是信任还是仇视。他送信给提多，宣称安条克和他的儿子有意起义反抗罗马统治，而且他们还和帕提亚国王达成共识，所以请求进行防御行动，防止会使整个帝国陷入战争泥沼的突然动乱。提多不会忽视任何这样性质的紧急报告，尤其是这两个国君如此亲近，使这件事更加迫切。科马根国最大的城市萨马萨塔，位于幼发拉底河边。如果帕提亚人想从那里渡河的话，将是非常容易的事，而且他们还保证会受到友好的接待。所以，提多·恺撒授权帕伊图斯立即采取行动。在安条克和他的部队产生任何怀疑之前，他率领第六军团，借助步兵大队和一些骑兵，突然对科马根发动了进攻，同时他还得到了卡尔息底斯（Chalcidice）和伊米撒（Emesa）两国国王亚里斯多布鲁斯和索阿姆斯的协助。他们的进攻没有遇到抵抗，因为没有一个居民准备反抗他们。忽然面对这个状况，根本没想同罗马开战的安条克离开自己的王国，带上妻儿偷偷溜走了。他觉得这样就可以向罗马人证明自己是清白的。他走到了离城市十四英里的地方，在平原上扎帐篷住下。

帕伊图斯派了一支部队占领萨马萨塔，确保城市安全，自己带领部队去捉拿安条克。这样绝望的情形也没有促使安条克国王对罗马人采取任何军事行动。他悲叹着自己的命运，等待着将要降临在身上的悲剧。而他年轻、健壮又有作战经验的儿子，却不愿这样束手就擒，所以伊皮法尼斯和加利尼古（Callinicus）选择了武力对抗。战斗非常激烈，整整打了一天，两位将领展现出了超凡的勇气。直到夜色降临，战斗停止，他们的兵力丝毫未损。即便战斗打成这样，安条克也觉得不宜久留，就带着妻子、女儿逃到西利西亚，这极大地挫伤了士兵的士气。连国王都这么明显

379

地把自己的王国拱手让人，士兵们也像他一样，叛变投靠罗马了，绝望的情绪笼罩着一切。失去了所有的同盟，伊皮法尼斯和他的兄弟也只得逃走，不到十个骑兵跟着他们穿过了幼发拉底，没有遭到任何阻挡就骑马抵达帕提亚宫。在这里，沃洛加西斯根本没有像对待逃亡者那样鄙视他们，而是对他们盛情款待，好像还当他们是富饶国家的王子一样尊敬他们。当安条克到达西利西亚的塔素斯（Tarsus）时，帕伊图斯派了一个百人队长把他押回罗马。但是，韦斯帕芗觉得毕竟安条克是个国王，不愿把他这样押回来。他觉得与其把战争作为长期敌意的借口，不如念其旧情更好。虽然安条克还在路上，但韦斯帕芗下令，去掉他的镣铐，让他目前就留在斯巴达，不用继续来罗马。韦斯帕芗还给安条克送了很多钱，使安条克过着豪华奢侈的皇家生活。深为父亲安危担忧的伊皮法尼斯兄弟得知此事，心头的大石才落了地。他们希望沃洛加西斯代表他们从中协调，提多能和他们和解。因为，虽然他们在这里过得很舒服，但还是不愿意生活在罗马帝国之外。提多慷慨地保证他们的安全。之后他们就赶往罗马，路过斯巴达时，父亲也马上加入他们的返乡队伍。他们在罗马城安顿下来，受到很高的礼遇。

在前几章，我们提过阿兰尼（Alani）[①]，一个在冬河（Don）和亚速海（Azov）附近的斯基泰部落。在故事的这个时候，他们因为计划突袭米底（Media）[*]，抢劫其周边地区，正在和哈卡尼亚

[①] 这本书里根本没有这个地方。

[*] 亚洲西部一古国。

国王谈判，因为哈卡尼亚国王亚历山大控制着用铁门锁住的隘口。阿兰尼得到准许，蜂拥过关，突袭了毫无防备的米底人。这里的乡村有各种牲畜，人口密集。他们大肆劫掠，没有遇到一点抵抗。这里的帕克茹斯王用十万英镑把自己沦为战囚的妻子和后妃赎回，什么都不顾地逃往藏身的地方去了。所以，阿兰尼的劫掠变得更容易了，畅通无阻，留下一路废墟，打到了亚美尼亚。统治亚美尼亚的提利达特斯（Tiridates）迎击了他们，但是作战时他自己也差一点儿被人活捉。他被在远处的敌人用套索套住了，要是他没有及时抽出剑砍断绳索，肯定就被拖过去了。这次作战让侵略者更加野蛮，他们把郊外变成荒野，把来自两个国家的大部分人和劫掠的东西都带回了自己的地方。

　　在犹地亚，巴素斯已经死了，新的代理官是弗拉维斯·西尔瓦（Flavius Silva）。他看到全国只剩下一个可以坚守的要塞，就倾其所有与其作战。这个要塞叫做马萨达堡，守军西卡尼人的将领是一个叫以利亚撒的很有名气的犹太人，他是犹大的后裔。据记载，当检查官奎利纽斯（Quirinius）来到犹地亚做人口统计时，犹大曾经劝服很多犹太人不去登记注册。此时，西卡尼人联合起来，以各种方式，与那些屈服于罗马的人斗争。他们把那些人看做敌人，劫掠他们的财物，围捕他们的牛羊，放火焚烧他们的房子。西卡尼人宣称，这些人比那些外国人好不了多少，他们竟把犹太人以这样的代价换来的自由懦弱地抛弃，而甘愿受罗马人的奴役。实际上，这只是他们用来掩饰自己野蛮和贪婪的借口，他们的所作所为就是最好的证据，因为那些受害者也和他们一起反抗，在对罗马人的作战中与他们并肩作战。但是，正是从他们那里，这些人遭到了更残酷的暴行。当这些受害人为了证明自己的清白，而谴责这些西卡尼人的邪恶暴行时，西卡尼人对他们实施了更多的恶行，从而再一次证明他们自己只是在为这么做寻找空洞的借口。

　　不知为什么，那些日子里，犹太人中充满了各种各样的邪恶行为，无恶不作。即使有人穷尽他的想象力，也想不出这些从未有人使用过的恶招。整个国家的公众生活和个人生活都腐败至极。他们彼此顽固地比比看谁更不敬神，谁对邻人更不公道。上层对大众作恶，大众拼了命要推翻上层。富人阶层要统治，穷人就用暴力推翻他们。首先挑起这场无法无天和野蛮的自相残杀的是西卡尼人，他们什么话都敢说，什么事都敢做，侮辱和摧毁那些他们预先设定的目标。但是，同约翰相比，他们还算是很温和的。约翰处死了所有正义、有益事业的倡导者，把他们当作市民中的死敌。他肆无忌惮的行为给自己的国家带来了无尽的伤痛。一个连上帝都敢亵渎的人毫无疑问会这么做。他把不应当吃的东西端上饭桌，把先人遵行的苦行放在一边。所以要是一个人疯狂得连神都可以不敬，那他对别人没有丝毫的亲切和友善也就不足为奇了。

　　再想想焦拉斯之子西蒙。还有他没做过的恶吗？赋予他无限权力的人们对自由民不是也坏事做尽了么？友谊、亲情不是让他们每日的屠杀更加无度么？他们把对异族人的虐待看做是普通的犯罪，而对亲朋好友的杀戮才是光辉的证明。但他们的疯狂还比不上以土买人的残暴。那些令人作呕的人杀害了主祭司们，不留下一点神圣敬拜的踪迹。他们毁掉了所有公民组织，将整个体制陷入绝对的无法无天中。在这方面，没有谁能比得上奋锐党徒。他们名副其实，做遍天下恶事，狂热地重新实施记载的所有罪行。虽然他们像畜生一样，却以对做善事的狂热为自己取了这个名字。不知是为了嘲讽受害者，还是把罪大恶极当作善事。最终，他们每个人都得到了应有的下场，上帝审判了他们，他们罪有应得。当他们以各种痛苦的方式面对死亡时，人类所能承受的折磨都落在了他们头上，一直把他们折磨至死。但是还是要说他们经历的折磨远不及他们所带来的苦难，所以说罪与罚相称是不可能的。但是，现在还不是为这些野蛮人手下的遇难者哀悼的时候，尽管他们非常值得我们这么做。所以，从这里再继续前面的故事。①

　　为了对抗以利亚撒以及和他一起占领马萨达堡的西卡尼人，罗马将军率军来到了这里。他马上在战略要地部署军队，修建围墙，设立岗哨，把堡垒牢牢地围起来，使敌人难以逃脱，从而控制整个地区。他把自己的指挥总部设置在最有利于全局指挥围困战的地方。在这个地方，堡垒建在巨大的岩石之上，岩石与附近的山体相连，但地形险要，供给不易运输上来。不只是食品得靠犹太人花大力气从老远的地方才运得上来，而且，因为附近没有泉眼，连饮用水也得往营房里运。初步的准备工作完成后，西尔瓦开始围攻。从堡垒的战斗力来说，围攻需要极高的智慧和谋略，这点我现在详细描述。

　　一块巨大无比、巍峨挺拔的岩石四周全是深谷。谷底深不可

---

　　① 读者不难发现，这些题外话都是不相干的、报复性的、自以为是且有欠精准的指责。

测，都是悬崖峭壁，任何动物都无法立足。只有从两个地方花很大工夫才能爬到石头上去：一条小路从东边的死海过来，另一条从西边，这条路好走些。由于第一条小路非常狭窄，又弯弯曲曲不好走，人们称之为蛇路。顺着小路走，绕过突兀的悬崖，路就断了，常常绕回来，再往前走一点，就这样往前挪。在小路上走的感觉跟走钢丝一样。脚下稍微一滑就没命了。因为路两边都是深渊，最大胆的人看了也会吓得发抖。这样痛苦地前进三英里半之后，就能到达山顶，没有山尖，是一片高地。就在这里，大祭司约拿单建造了第一座堡垒，为之取名马萨达堡。后来，希律王也投入了很大精力进行改建。整个山头周长有四分之三英里，他就沿着边上，建了一座十八英尺高，十二英尺厚的石灰墙，立起了三十七座七十五英尺高的塔楼。从塔楼，可以穿过环绕内墙的一圈房间。因为这片高地的土壤比任何一片平原都肥沃，所以国王把这里留下来耕作。这样万一粮食供应不足，他们把希望寄托在这片土地上也是不会有什么危险的。在西坡上，希律在偏北方向修建了王宫，上面就是山头的防御工事。王宫的城墙高大牢固，九十英尺高的塔楼四角分立。宫内的房间、柱廊、浴室的设计各不相同，宏伟壮观。每一个支撑柱都直接切割于一整块石头，隔断墙和房间地板用花色石铺砌。不管是在高地上，宫殿周围，或者是城墙前面，只要是有人住的地方，他都在岩石上开凿了无数巨大的储水池，这样就像泉水一样保证供给。从宫殿到山顶有一条凹下去的路，从外面是看不到的。即使有看得见的路，敌人也用不了。东边的路，如前所述，本来就不能使用。西边的路在最窄的地方，有个大的堡垒守卫，离山顶至少五百码。要想通过这里是不可能的，占领它也绝非易事，即使无知的游人到了这里也是很难走得了的。大自然和人的努力使堡垒对敌人进攻的防御牢不可破。

利用城堡储存物资，无论是数量、种类还是保鲜度都令人吃惊。这里有大量的粮食，吃上几年都不成问题。还有大量的酒、油，和各种豆类以及成堆的枣。当以利亚撒和西卡尼派要手段成为这里的主人时，他们找到了所有需要的物资，而这些东西还是那样新鲜，好像刚刚摘来储存在这里。可是要知道，从那时到罗马人攻破堡垒有一百年的时间呢！而实际上，罗马人也发现留下来的各种食物保存仍很完好。如果我们归功于高地的空气，不会有太大的错误。东西放在这个高度，是不会受到任何尘世的污染的。在此，他们还发现了大量的武器，国王藏在这里的武器足够一万人使用，此外这里还有未加工的铁、铜和一定数量的铅。储备这么多是有原因的。据说希律王把这里武装得跟自己的避难所一样，而这样做主要出自于两方面的担忧：一方面危险来自于犹太民众，怕他们会推翻自己的王位，复辟前朝的王室；另一方面，更大、更可怕的威胁来自于埃及王后克利奥帕特拉。因为她从未隐藏过她的野心，她一直请求安东尼除掉希律王，把犹地亚王国交给自己。但是令人奇怪的，不是安东尼不能满足她，而是虽然安东尼深陷情网，但没有答应她的要求。正是这些担心使希律王如此加固马萨达堡，但他做梦也想不到这个堡垒会成为犹太战争中罗马人的最后一个目标。

把整个地区包围起来的外墙完工后，绝对没有人能逃出来了。罗马指挥官马上开始积极进攻，尽管他发现只有一个地方适 384

合筑建平台。有一个塔楼控制着从西面通到宫殿和山脊的公路。塔楼后面有一块突出的巨石，很宽并延伸出去，比马萨达堡要低四百五十英尺，此处被人称为白崖。西尔瓦命令部队登上山崖，占领据点，并往上积土。他们意志坚定，干劲十足，很快一个结结实实的平台就升到了三百英尺高。然而，这个平台想放置攻城锤还是不够结实、不够大，所以他们就在顶部又建造了一个巨石墩，七十五英尺宽，七十五英尺高。这些攻城锤在构造上类似于韦斯帕芗第一次设计以及后来一直被提多在围攻战中使用的器械。此外，一个高九十英尺，通体铁板包裹的塔楼也建了起来。在上面，罗马人放置了许多快速装弹机和投石器。这些器械可以向守军投掷石块，把他们赶出城垛，迫使他们进入掩体。西尔瓦修建了很大的撞锤，他下令，用攻城锤不停地撞击墙体，最后，墙裂开了口，一小部分坍塌了。

而在堡垒内，西卡尼人正一刻不敢耽误地修建第二面城墙。这面墙构建独特，有弹性，可以吸收各种撞击的冲击，攻城锤也难以发挥作用。巨大的物障横向放置，在尾部扎紧。它们排成平行的两排，被墙体隔开，中间堆积泥土。为了防止高度上升，泥土垮掉，他们沿着长物障放置横木固定。对敌人来说，城墙看起来很普通，但是攻城锤打在上面，泥土就把冲击力吸收了。这样撞击带来的猛烈摇动，反而使墙体更加坚固。此时，西尔瓦觉得对付这样的墙，火攻是上上策。他指挥他的士兵们同时向墙体投掷一束束火把。墙的主体是木头，马上就着了火。因为构造松散，整个墙很快就全着了，一团火焰熊熊燃起。火刚着起来，一阵强北风吹来，罗马人有些惊慌。大风从上面把火吹向他们，眼看着他们的攻城锤就要被火烧毁，罗马人陷入一片绝望。突然，好像天助一样，风势又转，往相反的方向使劲地刮，把城墙变成了一片火海。上帝的确是站在罗马人一边的。他们满心欢喜地回营，准备第二天一大早袭击敌人，同时，整夜更加警惕地把守，小心提防，不让一个人偷偷溜走。但是，以利亚撒并不打算自己逃走或者允许任何其他人逃跑的。他看着燃烧的城墙，想不出别的逃生办法或英雄壮举。他很清楚要是罗马人赢了，他们会对这里的男女老少做些什么。在他眼中，死亡对他们来说是最正确的选择。这种情形下，这是最明智的举动。他从同伴中挑选出最刚强的汉子，用话语鼓舞他们，这是他讲话的核心内容：

"我忠诚的追随者，很久以前，我们发誓，不为罗马人或者任何其他人效劳，只效忠于上帝，唯一真正的、正义的主。现在，到了我们用行动来证实我们的决心的时候了。这时，我们决不能给自己丢脸。迄今为止，我们还未曾屈服于任何奴役，即使屈服没有任何危险。我们现在也不能选择奴役。如果我们活着落入罗马人的手中，那随之而来的惩罚就意味着一切的结束。我们是最先反抗罗马的人，也要成为战斗到最后的人。所以我认为是上帝给了我们这样的特权，不像那些出乎意料被战胜的人，我们可以作为自由人高贵地死去。对我们来说，天亮就意味着抵抗的结束，但是我们可以自由地选择和我们所爱的人一起光荣地死。无论敌人多么希望活捉我们，但他们却无法阻止我们这样做，而我们也没有办法在战场上打败他们。

"从一开始，我们就一心要追求自由，却在彼此的手中受着这样不停的折磨，要是落到敌人的手里就更惨。我们也许应该已经

385

明白主的意思，理解主所深爱的犹太民族已经被判了死刑。如果
他还是那么宽厚，或者对我们只是有些不满，他就不会对成千上
万人的毁灭视而不见，或是允许他最神圣的城市被敌人烧个干净。
我们本来希望，或者看起来是这样，所有的犹太民族中，只有我
们能够保全我们的自由，好像我们没有对主犯下任何罪，没有犯
过任何罪行——是我们啊，我们不就是这么教别人的吗！如今，
主让我们看到我们的希望多么愚蠢，让我们陷入比我们所能想到
的还要恐怖的苦难中。尽管我们的堡垒牢不可破，尽管我们粮食
充足，武器供给丰富，其他的各种需求品都绰绰有余，但是毫无
疑问，是主自己把我们所有生还的希望都收回了。那刮到敌人阵
线里的大火不是自己又回过头来烧我们修建的城墙吗：我们曾经
疯狂地对同胞做了许多错事，这是主对我们的惩罚！

　　"让我们为这些过错接受惩罚，但不是接受我们的死敌罗马
人，而是上帝的惩罚，而且自己动手，这样会容易些。别让我们
的妻子受人凌辱，别让我们的孩子体会奴役。总之，让我们怀着
一颗慷慨的感恩的心彼此了结，让自由成为我们葬礼最荣耀的纪
念碑！但是，先让我们的所有和这堡垒一起燃起来吧。我知道，
罗马人要是发现拿我们没有办法，也没什么东西可抢，这对他们
会是一个残酷的打击。我们只留下一样东西，我们的储备粮。它
将证明我们不是饿死的，而是我们一开始就下定了死的决心，我
们誓死也不为奴！"

　　这就是以利亚撒的呼吁，但是听众的反应却不一致。有的人
渴望像他所说的那样去做，一想到可以神圣地死去，就狂喜万分；
有的人却没有那么英勇，可怜自己的妻子和家庭，当然也是可怜

自己的悲惨前景。他们彼此交换着眼神，泪水表明了他们内心矛盾的感受。以利亚撒看到大家在他的宏大计划面前胆怯懦弱，精神萎靡，担心那些本来听到他的建议没有退缩的人也会由于他人的眼泪和恸哭而泄气，他又打起精神，慷慨激昂地开始了又一番更加动人的关于精神不朽的演说。他凝重地审视着那些湿了眼眶的听众，抱怨说：

"在追求自由的斗争中，无论决定高贵地活着还是死去，我以为都能够得到我忠实追随者的支持，可实际上，我错了。说起勇气和胆量，你们和其他人没有一点分别，即使知道死亡意味着全部悲惨的结束，你们还是害怕死亡。这是一项你们不应该有任何犹豫或者等着别人劝你们去做的事业。从原始人开始有了思维，387我们的祖先，我们的神，就用语言、行动和精神不停地给我们这样的感觉：生命对人类是灾难，而不是死亡。死亡让我们的灵魂解放，让它们回归纯净的家，在那里没有任何灾难；但是，当它们被禁锢在凡人的躯体中时，它们分担人的痛苦，所以实际上，它们是死的。把神和凡人联系在一起是不合适的。当然，当灵魂囚于体内的时候，它也可以做很多事情：它使身体成为它的感官，无形中推动它运转，让它按自己的命令行事。这样所做所得的一切，远比凡人所能达到的要多。但是，当灵魂离开了依附的尘世的躯壳，它又回到了它的归处。而实际上，这时灵魂就带有了神圣的权力和不被束缚的力量，不过它像神一样，凡人是看不到的。即使当灵魂在体内的时候，它也是肉眼看不见的。它来无影去无踪，永不死亡，但是它却能改变肉体。只要灵魂触摸过的东西就会生机勃勃，开花结果，而它抛弃的东西，都会枯萎死亡。它具有不朽的至高威力。

"睡眠会清楚地向你们证明我所说的话。肉体睡着的时候，灵魂只剩下自己，不再为身体分心，享受着极乐的休息。它们陪伴着它们的亲人——我们的主，想去哪里，就去哪里，预知将要到来的许多事情。祈祷吧，要是我们喜爱在睡眠中得到休息，为什么要害怕死亡？难道追求此生的自由，而不情愿给自己永生的自由，不是很荒谬的吗？

"可以预料，我们在家里受过良好的教育，应该欣然赴死成为其他人的榜样。但是，如果我们真的需要外邦人的证明，让我们去找那些声称遵行哲学之道的印度人吧。他们是真正的勇士。他们把生命看做是对自然的奉献，勉强担负起来，而急于把灵魂从躯壳中释放出来。虽然并没有灾难强迫或驱赶他们放弃生命，但对不朽生命的渴求促使他们告知好友他们即将离去。没有人试着去阻拦他们，反而每个人都祝贺他们，让他们给自己也离去的亲人们带去口信。他们是那么肯定、那么真诚地相信：灵魂分享着普通的生活。接到这些嘱托，他们把躯壳交给火焰，这样当灵魂和身体分裂时，灵魂就会非常纯洁。当他们死去的时候，人们为他们唱赞美歌。实际上，能让至亲送走的远行的人比那些由其他民众送走的人幸福得多。失去亲人的人会为他们落泪，但是他们深信逝去的人是幸福的，因为他们现在也是不朽的了。好吧！缺少勇气会把我们祖先的律法，所有人对我们的妒忌变成绝对的轻蔑啊！是不是我们的灵魂比印度人的还要卑贱？难道我们不应该以此为耻吗？

"即使我们从小就被教导与此相悖的信条，说生命是人类最大的好处，而死亡是灾难，但在当前的局势下，我们还是应该响应召唤，以一颗坚强的心灵去承载，因为主的意志和绝对的需要注定我们要毁灭。很久以前，主似乎就向全体犹太民族发出了这样的警告，如果我们对生命不善，他就会将其收回。别埋怨自己，或者成全罗马人，好像我们的毁灭是因为反对他们的战争。并不是他们的武力促使这些事发生，而是一只更有力的手插进来让他们取得外部的胜利。罗马人用什么武器屠杀了在恺撒利亚的犹太人？为什么呢？他们从来没有想过要反抗罗马。在安息日的礼拜仪式时，恺撒利亚暴徒突然冲向他们，毫不犹豫地把他们的妻子儿女都残杀了，虽然他们并没有反抗，而根本没有理会那些视我们为唯一敌人、真正反叛的罗马人。毫无疑问，有人会告诉我，恺撒利亚人和在他们当中的犹太人一直就有争吵，只是抓住了时机报复他们的旧恨而已。那我们怎么解释在塞索波利斯遇难的犹太人？他们厚颜无耻地向我们开战去讨好希腊人，而不肯加入到我们中来，不愿意跟我们，跟他们自己的朋友和亲戚一起，去赶走罗马人。他们从那些守信的支持他们的希腊人那里得到很多好处啊！他们被希腊人屠杀，他们自己和整个的家族全部被毁灭，这就是联盟的回报啊！他们把遭受苦难的希腊人从我们手中拯救出来，而自己去承担，仿佛他们自己愿意这么受难似的。这样的例子真是太多了。你们知道，叙利亚所有的城市没有一个不屠杀自己的犹太居民的，尽管比起罗马人来说他们对我们敌意更浓。拿个简单的例子来说，大马士革城人，他们甚至不能编造出一个貌似合理的借口，就把整个城市弄得血流成河，屠杀了一万八千名犹太人连同他们的全家老小。那些在埃及被折磨致死的人数据

389

说也超过六万。

"他们这样死去，也许是因为在异邦土地上，他们无法对敌作战，但是那些在自己国家拿起武器与罗马人作战的人，却拥有一切，是这一切给他们胜利的希望，难道不是这样吗？武器、高墙、固若金汤的堡垒以及为了自由任何危险都不能动摇的精神，这一切鼓舞所有的人起来反抗。但是这些只在极短时间内有效。他们给我们这样的希望只是向我们证明将要开始更大的不幸。所有人都被奴役，所有人都落入敌人的魔爪，好像提供这一切不是为了拯救那些供给人的生命，只是为了证明他们的胜利更加辉煌！我们为那些死在战场上的人祝贺，他们为守卫他们的自由而亡，而不是出卖自由。但是现在在罗马人手中的大众，谁不在可怜他们？谁不是宁愿死，也不愿像他们一样？他们有些人已经在极度痛苦中垮掉，或者在火刑柱上，在皮鞭抽打下被折磨致死，有些人被敌人拿去用来消遣，之后，被野兽吃去一半，但还活着，等着成为它们的下一顿美餐。在所有人当中，我们最有理由可怜那些还苟活着的人，因为他们一直祈祷，祈祷死亡降临，一直盼不到的死亡。

"伟大的圣城在哪里啊？犹太民族的母亲城在哪里啊？她有如此众多的高墙环绕，有如此众多的堡垒和巍峨的塔楼保护，有丰富的战备物资，有成千上万意志坚定的人们保卫，可是现在神创造的城市在哪里啊？她已经被彻底焚毁，留下来的唯一纪念就是她的毁灭者的营帐，至今还占领着这片被辱的废墟！老人们老泪纵横地坐在圣堂的灰烬边，而一些妇女被敌人留下，沦为他们泄欲的工具。

　　"明白了这些事实，即使能活着逃脱危险，我们谁还能忍到天明呢？谁还能做自己国家的敌人，这么缺少男子气，这么贪恋生命，而不对现在还活着感到难过？要是我们早死了，没看到圣城完全毁在敌人手中，圣堂遭到如此不洁的辱没该多好！可是，因为虚幻的荣光使我们雄心勃勃，以为或许可以在为她报仇的战争中取胜。如今，希望成灰，把我们都抛给了命运。在我们还可以对自己仁慈的时候，让我们马上选择光荣地死亡，这是我们对自己，对妻子儿女所能做的最好的事。总之，对我们，和所有那些被带到世上的东西来说，，生就是为了死，即使运气最好的人也得面对。但是，侮辱，奴役，以及看到妻子同我们的孩子一起被拉去受辱，这不是人生来就要屈服的邪恶。人们受这样的罪，是因为他们胆怯，要是有机会用死亡阻止，他们是不会接受的。我们自豪于我们的勇气，所以我们向罗马人起义了，现在，在最后阶段，他们提出免我们一死，而我们已经拒绝了。难道还有谁看不出来，如果我们被活捉，罗马人会多么愤怒！可怜那些仍经得起不停折磨的壮小伙们，可怜那些已经不起虐待的老人吧。男人会看到他的妻子被人暴虐地拖走，他会听到他的孩子哭喊着'爸爸！'，而他自己却被上了镣铐。来吧！当我们的手还自由，还握得住剑，让它们完成光荣的使命吧！让我们死吧，而不受敌人奴役，伴着妻子儿女，自由地离开这个世界。这才是律法里规定的，是我们的妻儿对我们的请求，是主要我们必须做的，是罗马人最不希望看到的——他们急于在我们的城陷落之时活捉每个人。所以，让我们不要让自己给敌人提供他们所希望的乐趣，别再无谓地忙乱了，让我们以一死震慑他们，他们会敬畏我们的勇气的。"

以利亚撒还有很多鼓舞人的话，可是所有的听众打断了他。他们满腔热情，无法自持，迫切地急于付诸实施。他们好像着了魔一样，狂奔着，每个人都想比别人快，以证明自己的男子汉气概和睿智，决不做最后一个。这种渴望燃烧着他们，势不可挡，让他们杀了自己的妻子，孩子和他们自己。也许有人会以为当他们真正要下手的时候会畏缩，可实际上，他们坚定地抱着在倾听呼吁时形成的信念。虽然他们还怀有个人的温情，但理智告诉他们，对他们所爱的人来说，这是最好的选择了。理智占了上风。就在他们满眼泪水，拥抱，抚摸着妻子，把孩子紧紧抱在怀里，最后一次亲吻他们的时候，他们似乎不是用自己的手，而是借助外力完成了这一切。想到这样杀死他们，而不会让亲人落到敌人手里经受痛苦，使他们感到安慰。最后，每一个士兵都要面对这一残酷结局：他们无一例外地杀死了自己的家人，成为残酷现实的牺牲品。而那些亲手杀死自己妻儿的，还以为这已经是最轻的罪恶了！

他们也受不了他们自己所制造的恐怖，以为要是自己稍比亲人多活一会儿，就是亏待了亲人。很快地他们把自己家的财产堆在一起，一把火烧了。抓阄儿选出来十个人为所有其他人送行。每个人都躺在妻子孩子的身旁，用胳膊抱着他们，把脖子伸出给行使这种痛苦的刑罚的人。他们毫不畏缩地把所有人都杀了，然后协商同意彼此相残，所以，抽到签的一个就把其他九个人都杀掉，然后自杀。他们对彼此都极为信任，不管是杀人还是被杀，他们的表现都毫无二致。① 所以最后，九个人把脖子亮出来，最后

---

① 这与作者自己在约塔帕塔的背叛形成了多么鲜明的对比！

只剩下一个人。他首先检查了人摞人的尸体堆，看看当中还有没有谁需要他的帮助。看到所有人都被送上路后，他就一把火把王宫烧了，然后用尽所有的力气拔刀刺入自己的身体，在他的家人身边倒下，死了。就这样，这些人死了，以为不会留下一个活口在罗马人手里，但是一个老太太逃生了，还有一个和以利亚撒有些关系、论才智和修养都在众多女子之上的妇女，以及五个小孩子。当其他人约定自杀的时候，他们几个藏在地下运送饮用水的管道里。总共死亡的人数为九百六十人，包括妇女和儿童。悲剧发生在4月15日。

罗马人本以为还会遭到抵抗，在黎明时，他们全副武装，在平台和堡垒之间架起跳板，开始进攻。然而他们没有看到一个敌人，到处一片寂静，房子里都着着火，死一般的寂静，他们根本猜不出到底发生了什么事情。最后，好像一齐收到了什么信号，他们咆哮着，希望藏匿的人能出来。两位妇人听到喧闹声，从管道里出来，给罗马人详细地讲述了所发生的事情。第二个妇人明晰地报告了以利亚撒的讲演和人们后来的行动。罗马人觉得难以置信，对这样令人惊骇的决心将信将疑。他们试着把城里的火扑灭，很快开辟出到宫殿的路。当他们看到宫里尸体遍地时并没有像敌人一样幸灾乐祸，而是钦佩犹太人高贵的决心以及这么多人面对死亡毫不畏惧，完结生命的方式。

马萨达堡就这样陷落了。将军留下一队驻军坚守要塞，带着其他部队回到恺撒利亚。到处都没有敌人了。这场旷日持久的战争征服了整个国家。它的威力甚至使最偏僻的居民都感到自己的和平生活受到了威胁。

392

　　紧接的事发生在埃及，那里死了很多犹太人。西卡尼派中的一些匪徒设法逃到了亚历山大里亚。他们由于不满于这样窝囊地苟活，开始了颠覆活动，促使许多当地人承认他们的自由，不把罗马人看成高人一等，只把主尊为唯一的主人。一些身居高位的犹太人拒绝了，他们就遭人谋杀；而其他则不断受到蛊惑，试图造反。看到煽动者疯子一样的蠢行，元老院的领袖觉得再这样忽视他们的所作所为是危险的，就把所有的犹太人都召集起来，揭发西卡尼人的疯狂愚蠢，指出他们是所有麻烦的源头。现在，他们继续说到，即使逃走，也不会安全，因为一旦被罗马人认出来，马上就会被砍头。所以，西卡尼人的目的就是把灾难带到那些根本没有参与他们罪行的人的身上。他们竭力劝说会众，小心不让这些人把他们带入毁灭。要想向罗马人证明自己，就把他们交出来。听众们意识到危险确实存在，就接受了建议，狂怒地冲向西卡尼人，把他们围困起来。当时当地就有六百人被捕，有些逃往埃及和埃及的底比斯（Thebes），但是马上被捉拿回来。他们所表现出的坚强的意志和孤注一掷令人震惊——难道这就是意志的力量？为了让犹太人明白提多·恺撒是他们的主，他们让犹太人受尽各种想象不到的折磨和身体上的痛苦。尽管如此，没有一个人屈服，或是有一点服软。他们坚守着自己的信念。当面对煎熬和火刑时，他们的身体好像没有感觉到一点痛苦，他们的灵魂好像在狂喜。但是没有什么比小孩子们的表现更让围观者震惊。因为他们没有一个会因受不了酷刑而称提多·恺撒为主人的。这种勇敢的精神力量战胜了他们小小身体的柔弱。

　　此时，卢普斯（Lupus）主政亚历山大里亚。他马上向提多·恺撒上报这次骚乱。提多对犹太人频繁的动乱心存疑虑，担心他们会再次聚集力量，赢得新的信徒，就下令卢普斯摧毁在阿尼阿斯区的犹太人会堂。

阿尼阿斯是位于埃及境内的定居点。它的建立和得名都和下文所述的形势有关。西蒙之子阿尼亚是耶路撒冷一个重要的祭司。他同犹太人作战时，从叙利亚王安条克处逃出来，到了亚历山大里亚。在那里他受到了友好的接待，因为托勒密也憎恨安条克。阿尼阿斯宣称如果托勒密同意自己的建议，他就可以为其赢得整个犹太民族的支持。当国王答应尽力而为时，阿尼阿斯请求准许他在埃及某地，像他的父亲一样，也建立一座圣堂来敬神。这样会使犹太人对毁了他们耶路撒冷圣殿的安条克敌意更浓，对自己更有好感，信仰自由会把更多的民众带到他的身边。

托勒密对这个建议很满意，就在距离孟斐斯二十一英里远的地方，给他划了一片地，这个地方叫做海利波利斯城区（Nome of Heliopolis）*。阿尼阿斯就在此修建了一座堡垒，筑起圣堂。跟耶路撒冷的圣堂不同，这一座更像是塔楼。大块的石头堆积到九十英尺高。他把祭坛设计得跟耶路撒冷的一样。神殿里除了灯台，所有祭祀用品都和原来的一样。他没有用灯柱，直接用金子打了一支灯，光芒四射，是用金锁链挂起来的。整个圣殿四周是焙砖墙，大门是石头门。托勒密又给他划了很大一块有收益地方，这样祭司就可以衣食无忧了，而主也有了充足的食物供信徒向他敬拜。但是，不幸的是，阿尼阿斯做这件事的动机却不很光彩：因

---

*　nome是希腊语，意为"区"，指一个下属地区的管理部门。

为自己的流放而对犹太人怀恨在心的他急于赶超耶路撒冷的犹太人。他认为建了这个神殿，就可以吸引更多的信徒离开耶路撒冷投奔自己。六百年前，就有这样一个预言[①]：以赛亚预言一个犹太人将会在埃及建一座圣堂。这就是阿尼阿斯神殿的缘起。

接到这个差使，卢普斯马上前往神殿，带走一些贡品，锁上大门。不久，卢普斯去世，新执政官保利努斯把整个神殿抢劫一空，并威胁祭司们要是不把每件贡品都上缴，结果将会极其悲惨。他禁止可能的信奉者接近此地，锁上大门，把这里完全隔离，一点敬神的痕迹都没有留下。从建造礼拜堂至关闭它的时间是343年。[②]

昔兰尼附近的城镇也受到了西卡尼人疯癫的愚蠢牵连。一个无耻的恶棍——约拿单，溜进昔兰尼城内当了一个织布者。他说服一群穷苦的人们听从他的话，把他们引到野外，许诺要给他们看神迹和征兆。很少有市民意识到这是他的欺诈，但是在昔兰尼的有地位的犹太人把他带大批人及用具出走的事情报告给利比亚[*]的执政官卡图卢斯（Catullus）。他马上派遣骑兵和步兵到现场。士兵们很容易就打败了这帮没有武器的乌合之众，杀死了参与其中的大多数人。少数活捉的被带来见卡图卢斯。可是罪魁祸首约拿单当时却逃跑了。后来经过长时间仔细地搜城，最终抓住了他。在卡图卢斯面前，为了自己保命，他编了一套极其恶劣的冤枉人的鬼话。

---

①　更确切的数字是550年。这个预言出现在《以赛亚书》第19章第19节。

②　多出一百年，也许是一个特意的臆造，因为343是7的立方（艾斯勒博士也是这样认为的）。

*　利比亚五城，即亚实基伦、迦萨、亚实突、以革伦和迦特。

他指控那些最富有的犹太人犯了滔天大罪，说是他们指使他做这些事的，而卡图卢斯是相当乐意接受这些说法，大肆称赞这次出兵的意义。他带着复仇的心理大肆渲染，其目的就是也想人们把战胜犹太人的胜利归功于自己。但是更残酷的是，除了这么荒唐地轻易上当之外，他还给西卡尼人上了一堂说谎的艺术课。就这样，他命令约拿单指明一个名叫亚历山大的人做的恶，因为他之前就和他交恶，随后的争吵是大家都知道的，在指控中连亚历山大的妻子贝蕾妮斯（Berenice）都牵扯进来了。这些事都处理好了，卡图卢斯接下来屠杀了总共三千名犹太富人。他把他们的财富都上缴给提多·恺撒充公，这样做让他感觉非常安全。

　　担心其他地方的犹太人揭发他的不公正的行为，卡图卢斯诽谤了更多的人，要约拿单和一些他的走狗对在亚历山大里亚和罗马的有名望的犹太人提出有颠覆行为的指控。捏造这样的指控要打击的对象之一就是约瑟福斯，这段历史的作者。但是，卡图卢斯却没有从这些捏造里如他所愿地获利。他给约拿单和他的同伙戴上镣铐押到罗马，很满意他们在他面前说的假话，相信在自己的撺掇下，会毫无疑问地被接受。但是韦斯帕芗却觉察出此事或许有隐情，追查到了真相，发现这些指控没有任何证据。经提多提议，他们都被无罪释放了。他判了约拿单应得的惩罚：他遭到拷打，然后被烧死。卡图卢斯当时得到了两位皇帝的宽恕，只是被训斥了一顿。但是没多久，他身陷一种无药可医的病症中，非常悲惨地死了。不仅他的身体饱受折磨，精神也出了可怕的问题。他被恐怖折磨着，经常喊叫着自己看到那些曾经被他屠杀的人的鬼魂站在他的身边。他无法自控，会突然从床上翻身起来，好像自己正受着什么折磨或者火刑。他的病很快变得越来越严重，肠子都烂掉了。这就是他生命的终结——如果神灵存在的话，这就是神力的证明，是神给恶人的惩罚。

至此，我们的故事就结束了。我们许诺过，为了那些希望了解罗马人如何同犹太人进行战争的人，我们要用最精确的文字写下这段故事。它的文学成就必须留给读者评说，但就其真实性而言，我毫不犹豫、完全自信地声明，从写第一个字到最后一个字，除了对真实的追求，我未有它图。

附言　斯拉夫人的补充*

　　斯拉夫人对犹太战争的描述，以俄文和罗马尼亚文流传下来。这些文字描述有些地方互相略有出入。西方读者能看到这些文字，都归功于已故的贝伦慈（Berendts）博士。尽管艾斯勒博士认为，该叙述流露出闪米特族原作的痕迹，但无可置疑的是，此版本的手稿是用希腊语写的。也许这就是序言所指的第一个阿拉姆语希腊版本。该版本出版于提多统治时期，随后在图密善时期就有了相当大改动的第二版，形成现在的版本。斯拉夫人对犹太战争的描写比这个版本少了很多章节，其他的章节也跟别的版本不同，更简单，还包含了许多希腊版本所完全没有的叙述。这些章节大多数没有什么内在重要性，在下一版的文字整理过程中可能就被删除了，因为校对者好像对这些内容没什么兴趣。其他那些猛烈攻击罗马人唯利是图和背信弃义的章节，很可能因为有冒犯的嫌疑，遭到抗议而被略去。同样，原版中对约塔帕塔陷落后约瑟福斯那些为人所不齿的举动赤裸裸的描写，很可能因为需要而变得柔和一些。人们可以不说"约瑟福斯——我们应当将之归功于神圣的主，或是运气——和一个人侥幸逃生"，而说成"话音刚落，

---

　　* 本书从"附言"至"建筑示意图"部分，皆为英译本所有，为英译者威廉姆森所加。

他就狡猾地说起了人数，从而把所有人都给骗了"。

　　然而，这其中还是偶尔有些很重要的章节，包括他们对施洗约翰、耶稣和早期基督徒的记载。这些文字，和《犹太古事记》著名的引文一样，被评论家斥责为不合逻辑。他们按自己的想法，随心所欲，醉心于毁灭，丝毫不顾及手稿的权威性，随时准备删除或颠倒任何和自己的得意理论相悖的文字。这样的做法没有一点科学根据。还要注意到，为宣传目的而编造这些文字对基督教辩护家不会有一点帮助，不可能对任何还没有相信福音书的人有任何影响。这些文字在很多重要的问题上都和基督教传统势不两立。它们清晰地表明其作者并不是一个信徒，而是一个好奇但却满腹疑虑的看客。

　　如果这些文字是真实的，为什么希腊人的文字中没有保留呢？答案是很简单的。图密善憎恨基督教，迫害基督徒，而他当时正处于权力的顶峰。如果这个文本代表本书以最后形式出版的版本的话，那么收录了这样的文字是多么愚蠢的做法：把耶稣描述为一个恩人和创造奇迹的人，一个超越普通人的神，却受到罗马当权者不公正的迫害，或许又死而复生，甚至其信徒也可以超出医学力量而创造奇迹或"征兆"。难道不是这样吗？图密善是个和约瑟福斯一样非常在意自己脸面的人，因此他不可能允许人们这么做。如果这样讲述耶稣不可能，那么谈论一个预言了他王权的人就没问题了吗？我们应该记得，在约瑟福斯口中，和在《新约》里一样，单词"国王"和"罗马皇帝"是可以替换使用的。

　　以上争执的内容在下文中作了具体阐释。

1. 预言家约翰①

那个时候，有一个前往犹地亚的人穿着非常奇特：一身动物毛皮覆盖着他身体裸露的部分，面孔跟野人一样。他召集犹太人，宣布他们自由了，然后他呼喊着："上帝让我给你们指出律法的道路，这样你们可以摆脱任何人的枷锁：除了送我来的上帝，没有谁能统治你们。"他带来的信息立刻受到热烈欢迎，然后所有犹地亚人和耶路撒冷周围地区的人都跟随他。他所做的事就是在约旦河里给他们施洗，还非常恳切地规劝他们放弃以前的恶行。如果他们这样做了，他们就会有一个能解放他们，能制服所有不懂规矩的人的王，而这个王自己没有需要服侍的主人。对这样的承诺，有些人嘲笑，有些人相信。

约翰被带到亚基老②和士师们的面前，他们询问他的名字，去过什么地方。他回答："我是一个被圣灵召唤的人，我靠吃树干、树根和果子生活。"当他们威胁他停止这样的行为和说法，否则就要受酷刑时，他反驳道："如果你们停止这种无耻的行为而服从你们声称要敬拜的主，那才是正途。"

艾赛尼派的律法学家西蒙，跳起来愤怒地喊道："每日我们都学习圣经，而你像野人一样才从森林里出来，怎么敢说我们不对，而用你那该死的疯话来误导人们呢？"然后，西蒙向他冲了过去，要把他撕成碎片。但是约翰警告说："我不想告诉你们这当中的秘

---

　　①　续本书边码第124页。（即第六章倒数第三段最后一句"米罗斯岛人为他们的愚蠢付出了金钱的代价。"——中译者）（英文原注给出的信息较为简略，中译者特此补充更详细的信息以便读者查阅，以下各处均同。——编者）

　　②　在亚基老被驱逐的时候，约翰肯定还不到十三岁呢！

密，因为你拒绝听，给你们自己带来了无法估量的灾难。"然后，他就走向约旦河的另一侧，继续不受干扰地进行自己的工作。

398　　2.约翰、菲力普和安提帕斯①

　　菲力普当政时，有一次梦见一只老鹰啄走了他的双眼。他召集来他的谋士，当他们正给他做各种各样的解释的时候，前面我们提到过的那个穿着兽皮四处走动，在约旦河给人施洗的那个人闯进来了。他说："听从上帝的信息：你的梦是主传达给你的。老鹰残忍贪婪，代表你自己的贪心，对这罪的惩罚就是取你的两只眼睛，也就是说，你的王位和妻子。"在日落之前，菲力普死了，传位给阿古利巴。②他的妻子希罗底也嫁给了他的兄弟希律。③这让所有敬重律法的人感到震惊和厌恶，但是他们不敢拿希律问罪。那个我们叫"野人"的人，自己一个人，去见希律并质问他："你蔑视律法，竟然娶了你兄弟的妻子，他死得很惨，你也会受到上天的报复走到生命的尽头的。上天的惩罚是无情的，你一定会悲惨地死在流亡途中。④因为你没有给你兄弟养育后代：你放纵自己的欲望，犯下通奸的罪，想想他还有四个孩子呢。"⑤这些话激怒了希律，他下令鞭打这个人，把他赶出去。但这野人还是不停地拦

---

　　①　续接边码第130页。（即第七章介绍完三个宗教派别后的第一段最后一句"还在彼利亚修建了朱莉娅城。"——中译者）

　　②　菲力普死于公元前33年或前34年，即在约翰死后几年，阿古利巴继位的前三年。

　　③　安提帕斯。根据《犹太古事记》的说法，她的第一个丈夫不是菲力普，而是安提帕同父异母的兄弟，当安提帕娶她的时候，他还活着。

　　④　公元前39年，他死于里昂。

　　⑤　根据《犹太古事记》，只有塞勒姆。

截他，反复质询他的罪过，最后希律失去控制，命人杀死了他。

这是个如此与众不同的奇人。他是一个游魂，从来不吃面包，即使是逾越节盛宴，他也不碰没发酵的面包或做饭前祷告："感谢主，使国家摆脱了奴役，才可以吃到食物。因为旅途匆忙，这是为迁移而准备的。"他也不允许人们把任何果酒或者烈性饮品带到他附近。他也绝对不吃荤，唯一吃的就是水果。他活着的唯一目的就是要让恶显形。

3. 耶稣的治理和受难 [①]

这时有一个人（如果可以称他为"人"的话 [②] ）出现了。他拥有所有人的特征，可是比人要伟大得多。当然他的能力是超乎寻常的，因为他能创造如此神奇，令人惊叹的奇迹。就我个人来说，不能把他看做普通人；但是他跟我们又很像，我也不能把他看做天使。某种无形的力量使他无所不能，他一句命令就可执行。有些人说，他们的第一个立法者已经起死回生，给很多人神奇地治好了病，有的人认为他是来自天堂的信使。但是，他又在很多方面与律法相悖——比如说，他不遵行安息日的传统。而同时，他的行为又是无可指责的。他用不着手，仅仅用一句话就可以完成他所有的想法。

很多普通人簇拥着他，听从他的教诲。民众中有一种热切的企盼，希望他能使整个犹太民族摆脱罗马人的束缚。通常，他

———

①　续接本书边码第131页。（即第七章介绍三个犹太教派之后的第三段最后一句"立刻下令把恺撒的肖像从耶路撒冷移走"。——中译者）

②　《犹太古事记》里有类似的一句话，耶稣被如此称呼。

399

总在圣城对面的橄榄山上，在那里，他也救死扶伤。他周围有一百五十位助手和大量的追随者。当犹太人看到他可以用一句话就完成任何想法时，他们告诉他，希望他能进城来，摧毁罗马人的部队，自立为王。但是，他一点都不在意。

当这个提议传到犹太领导人的耳朵里时，在大祭司主持下，他们一起商议，感叹道："我们根本不是罗马人的对手，但是风暴将至，我们最好是去把听到的话告诉彼拉多，就可以置身事外，不然他要是从别人那里听到这个消息，恐怕会没收我们的财产，杀死我们，使我们的孩子无依无靠。"所以他们把事情都告诉了彼拉多。彼拉多马上派兵屠杀了很多普通民众。然后他叫人把创造奇迹的人带来，审问他，然后宣称他是一个乐善好施的人，不是罪犯、煽动者，也不是未来的国王。此时，彼拉多的妻子就要病死了，他竟然把她治愈了，所以彼拉多就放他走了。

耶稣回到住处，又开始继续他的日常工作。追随他的民众越来越多，他靠自己的行动给自己带来了无人能比的声望。律法的倡导者们非常嫉妒，给了彼拉多三万英镑，让他处死这个人。彼拉多收下这些贿赂，允许他们想怎么干就怎么干。这样，他们就抓住他，违背犹太传统，把他钉死在十字架上。

4.早期的基督徒①

在库斯比乌斯·法都斯和提比略·亚历山大时期，那个创造奇迹的人的很多追随者上前来，对那些主的信徒说：尽管主已经

---

① 取代边码第135页。（即第七章以"阿古利巴从众多领地中得到大量的财富"一句开头的那个段落的后半段。——中译者）

逝去，但又复活了，并且能把他们从奴役中解救出来。很多普通
民众听到他们的教诲都响应他们的召唤，并不是因为他们是有地
位的人——他们是劳工，有的是制鞋匠，有的是补鞋匠，有的就
是苦劳力——而是因为他们会神奇地创造奇迹，事实上他们具有
无所不能的能力。

那些出色的行政官员们，看到民众的不安分，在和律法学家
商议之后，决定逮捕并处死他们，因为他们担心这场运动虽然
暂时没有什么严重后果，但可能会引起大的动乱。但是看到"征
兆"，他们犹豫了，不敢贸然采取行动，因为他们确信没有医药能
解释这样神奇的治愈。他们猜测这是不是上帝显灵，很快就会显
示出来。所以他们又把这些人给放了。但是，后来，他们又听了
律法学家的话，把这些人送到罗马或安提俄克受审，把其他人流
放到遥远的国度去。

5.圣殿里关于耶稣的题字[1]

在这些预言之上，挂着第四条预言，也同时用希腊语、拉丁
语和犹太语预言：耶稣这个从没有统治过的王，被犹太人钉死在
十字架上，因为他预言了圣城的灭亡和圣殿的彻底毁灭。

6.幕布的撕裂和耶稣复活[2]

在我们虔诚的祖辈时期，这块幕布是完整无缺的，但是在我

---

① 续接边码第291页。（即第十七章中对耶路撒冷的描写部分中以"这种基座上的建筑也同样完全相称。"开头的一段中"自身就有一座护卫墙"一句之后。——中译者）

② 续本书边码第293页。（即第十七章中对耶路撒冷描写部分以"圣堂本身"开头的一段中"挂毯里呈现的是除了黄道十二宫外天堂里所有的景色。"一句之后。——中译者）

们这一代，这却是令人遗憾的一幕。因为当人们用贿赂保全自己，把那个施人以恩惠的人，那个用自己的行动证明自己不是常人的人杀死的时候，幕布突然从上到下撕裂开来。很多其他令人敬畏的"征兆"同时出现。也有人说，他受了死刑被埋葬以后，尸体就完全消失了。有的人坚持说他们看到他又起来了，有的人反驳是他的朋友把他的尸体偷走了。我不知道真相到底如何。一个死人靠自己的力量是无法起来的，但另一个正直的人的祈祷就可以帮助他起来。还有，如果天使，或者其他什么天上的神，或者主自己，借人的身体完成自己的目的，死了、埋了之后，也可以自己随意就起来了。此外，还有人说他肯定不是被人偷走了，因为墓地周围有三十个罗马人和一千个犹太人守卫。[①]

401   7.世界的统治者的神谕[②]

一些人认为指的是希律王，有的人觉得是被钉死的奇迹创造者耶稣，也有人认为是韦斯帕芗。

[①] 夸张的数字是约瑟福斯最擅长的文体。

[②] 取代边码第350页。（即第二十一章以"仔细想想这些事情"开头的一段中，从"他们把这看作"到"暴露无遗"这几句。——中译者）

本书章节与惠斯顿译本的比较

大事年表

37	希律入主耶路撒冷
31	安东尼战败于阿克底
29	杀死米利暗
20	圣殿工程开工
6	处决亚历山大与亚里斯多布鲁斯
4	处决安提帕特
	希律死亡（3月）
	亚基老继位

公元6	罢黜亚基老
6—9	克珀尼亚斯任行政长官
14	提比略继位
26—36	彼拉多任行政长官
37	盖约（卡里古拉）继位
41	克劳迪乌斯继位
41—4	犹地亚之王阿古利巴一世
52—60	费利克斯任行政长官
53	特拉科尼特斯等地之王阿古利巴二世
54	尼禄继位
60—2	费斯特斯任行政长官
62—4	阿尔比努斯任行政长官
64—6	弗洛鲁斯任行政长官
66	犹太战争爆发
	弗洛鲁斯劫掠耶路撒冷

叛乱者占领马萨达

罗马人放弃耶路撒冷

克斯提乌斯战败（11月）

约瑟福斯任加利利总督

67　　韦斯帕芗到达

围攻约塔帕塔（5月到7月）

攻占塔里查伊（9月）

攻占迦马拉（10月）

征服加利利全境

耶路撒冷落入恐怖分子之手

68　　罗马人占领加大拉（3月）

征服彼利亚

征服犹地亚和以土买

韦斯帕芗在耶利哥（6月）

攻占杰拉什

尼禄死亡（6月）

69　　加尔巴死亡（1月）

西蒙在以土买

奥托死亡（4月）

西蒙在耶路撒冷

以皇帝之礼迎接韦斯帕芗

维特利亚斯死亡（12月）

70　　耶路撒冷三派内讧

围攻开始（3月）

日　历

约瑟福斯在这本书中用的是马其顿古历（Macedonian Calendar），也就是犹太历或希伯来历。这是当时小亚细亚和近东的通用月份。这些月份的名字和他们近似的儒略历（Julian Calendar）*的月份对应如下：

Dios	November
Apellaios	December
Andynaios	January
Peritios	February
Dystros	March
Xanthicos	April
Artemisios	May

---

* 根据网上查阅到的资料，马其顿古历应用于公元前1000年的古马其顿时期。儒略历，是由罗马儒略·恺撒用埃及亚历山大里亚的希腊数学兼天文学家索西琴尼计算的历法，在公元前46年1月1日取代旧罗马历法，成为新历。所以人们就把这一历法称为儒略历。16世纪前，西方国家大多采用它。儒略历中，一年被划分为12个月，大小月交替；四年一闰，平年365日，闰年366日为在当年二月底增加一闰日，年平均长度为365.25日。由于实际使用过程中累积的误差随着时间越来越大，1582年教皇格里高利十三世颁布并推行了以儒略历为基础改善而来的格里高利历（Gregorian Calendar），即公历。英译者威廉姆森在书中表示对约瑟福斯所写的日期的翻译很难完全准确，他采用了相对应的英国月份，而保留其日期，大概误差在半个月左右，不影响总体效果。

Daisios	June
Panemos	July
Loös	August
Gorpiaios	September
Hyperberetaios	October

　　如果尼斯（Niese）*是正确的话，那么马其顿历的月份比儒略历的要晚18天。因此，（前者的）5月7号大约是（后者的）5月15号。同月的29号大约是6月16号。

---

　　*　尼斯（Jürgen Anton Benedikt Niese，1849—1910）是德国古典学者，以主编犹太历史学家约瑟福斯的著作著称。

钱　币

　　约瑟福斯在含糊地说到钱币的时候，有时会提到"金币"；但无论何时他说出准确的一笔钱款时，他或是以德拉克马（drachma），或是以塔兰特（talent）为单位，有时还加上"银币"或具体的希腊阿提克（Attic）德拉克马数[*]。德拉克马，大致相当于古罗马便士，就是福音书中的"分"（例如葡萄园劳动者的寓言），代表的是一个劳动力一天的工资。通常只有小数的钱款用德拉克马算，虽然有一段中出现了奥古斯都赠予希律未出嫁的女儿"50万德拉克马银币"。大数的钱款通常用塔兰特算，从收税官约翰给弗洛鲁斯的8个塔兰特贿金到哈卡纳斯从大卫墓劫掠的3000或更多的塔兰特。

　　这两种货币单位的准确价值很难确定——它随着地点和时间的不同而变动。根据利德尔-司各特（Liddell and Scott）词典^{**}，

阿提克德拉克马是价值9.75便士的一种银币，塔兰特大约等于6万德拉克马，即243英镑15先令。但是读者们一定要记住，自从这些知名学者创作出伟大的著作以来，许多年已经过去了。期间金银价飙升，而镑、先令和便士却贬值了大约六分之五。所以，如果把购买力考虑进去的话，我们最好把德拉克马看做大约5先令，塔兰特大约等于1400英镑。不过，当这本书到读者手里时，即使是这些数字都可能已经太低了。

希律家族主要成员

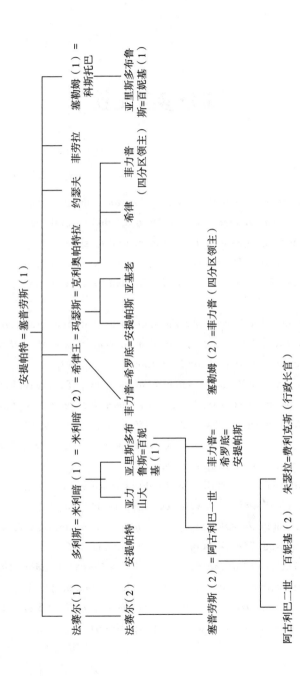

这个大家族内部派系繁多，并时有乱伦发生。上表仅显示了该家族的部分成员。希律王有十个妻、十五个儿女。朱蒂拉＝费利克斯（行政长官）

百妮基（2）有两个丈夫。她也是韦斯的多利堤多，并且很可能也是其亲兄弟的情人。阿古利巴二世（希律血系的最后一个君王）利约瑟福斯一样退居居罗马，两人都于公元100年在此死去。

部分参考文献

F. H. Cross, Jr, *The Ancient Library of Qumran*, London, 1958.

G. R. Driver, *The Judaean Scrolls*, Oxford, 1965 (useful for background, though most scholars would reject its central thesis).

A. Dupont-Sommer, *The Essene Writings from Qumran*, Oxford, 1961.

M. I. Finley, *Josephus: the Jewish War and other selections*, London, 1966.

A. H. M. Jones, *The Herods of Judaea*, Oxford, 1938, reprinted 1967.

M. Hengel, *Die Zeloten: Untersuchungen zur Jüdischen Freiheitsbewegung in der Zeit von Herodes I. bis 7o n. Chr.*, Leiden, 1961.

A. Momigliano, 'The Roman Government of Palestine', 'The Jewish Rebellion', 'The Campaigns of Vespasian', 'The Siege and Fall of Jerusalem', *Cambridge Ancient History* Vol. io, Chapter 25, pp. 850-65, Cambridge,1934.

I. A. Richmond, 'The Roman Siege-Works at Masada, Israel', *Journal of Roman Studies*, Vol.52, pp.142-55, 1962.

E. M. Smallwood, 'High Priests and Politics in Roman Palestine', *Journal of Theological Studies*, New Series 13, pp.14-34, 1962.

H.St J. Thackeray, *Josephus: The Man and the Historian*, New York,1929.

G. A. Williamson, *The World of Josephus*, London, 1964.

Y. Yadin, *The Scroll of the War of the Sons of Light*, London, 1962 (the text edited with a translation and very full commentary).

Y. Yadin, *Masada: Herod's Fortress and the Zealots'Last Stand*, London, 1966 (a report on the archaeological expedition).

索　引

（索引中的页码为英译本页码，即本书边码）

---

* 塞琉古国王。

** 使用括号来区分同名者，同希律家族主要成员图。

---

* 索引拼写和正文（Caecilius Basus）不一致，此处按照正文拼写翻译。

** 索引拼写和正文（Bernicianus）不一致，此处按照正文拼写翻译。

---

* 索引（Orias）拼写和正文（Onias）不一致，此处按照正文拼写翻译。

---

* 索引拼写和正文（Hasmonaeans）不一致，此处按照正文拼写翻译。

** 索引拼写（Morobazus）和正文（Monobazus）不一致，此处按照正文拼写翻译。

Helix 赫里克斯, 52

Heniochi 赫尼欧基, 150

Hera 赫拉, 77

Heracleopolis 赫莱克利欧伯里斯, 275

Herod 希律, 国王, 7-8, 12, 45, 113-24, 131, 135, 138, 157, 183, 309, 319, 360, 398; ~扩充力量采取的行动, 13, 31, 42, 56, 75-8, 140, 289, 374-5, 382-3; ~的死亡, 13, 23, 111-12; ~的前任, 27-46; 更名安瑟顿, 34; ~上台, 47-59; ~的特点, 48; ~与希西家, 48, 119; ~与塞克斯特斯·恺撒, 48-9; ~与哈卡纳斯, 48-9, 52-3; ~与卡修斯, 50-52; ~与马里卡, 50-52, 57, 60; ~与莫克斯, 51; ~与赫里克斯, 52; ~与蒂尔的马里昂 52; ~与安提柯纳斯, 52-4, 60-69; ~与帕克茹斯, 54-5; 奔向马萨达, 56; ~与克利奥帕特拉, 58, 70; ~与安东尼, 58-9, 64-5, 67, 69-70, 73, 75; 成为国王, 58-9, 67; 征服巴勒斯坦, 60-79; ~与西罗, 60-61, 63; 攻击约帕, 60-61; 解放马萨达, 61; 占领以土买, 62; 占领塞弗利斯, 62; 被邀请参与帕提亚战争 63; ~与玛凯拉, 64; ~与帕卜斯, 67; ~与索斯亚斯, 67-9; 攻

占哈卡尼亚, 70; ~与安瑟尼欧, 70; 对军队演讲, 71-2; 与阿拉伯人的战争, 70-73; 拜会恺撒, 73-4; ~与埃利克斯, 74; 王国被恺撒扩大, 74; ~的体魄, 78-9; 杀死米利暗和她的孩子们, 80-95; 与第一个妻子离婚, 80; 驱逐安提帕特, 80; 处死哈卡纳斯, 80; 谋杀约拿单, 80-81; 对米利暗的醋意, 80-81; 召回安提帕特, 82; 指控亚历山大意图毒害自己, 82-3; ~与亚基老, 83, 89-90; 公开宣告三个儿子成为国王, 83-4; ~与安提帕特, 亚里斯多布鲁斯以及亚历山大, 85-95; ~与塞勒姆, 86-8, 93, 95, 98, 110; ~与菲劳拉, 86-90, 95, 98-102, 107; ~与俄瑞克斯, 90-92; ~与提路, 94-5; 谋杀安提帕特和死亡, 96-112; ~的结婚计划, 96-7; ~与安提帕特, 96-112; 驱逐多利斯, 101; ~与撒玛利亚人安提帕特, 101; ~与安提费勒斯, 101-2; ~与巴瑟勒斯, 102; ~与韦鲁斯, 104-8; 民众起兵反对~, 109; 任命亚基老为继承人, 111; ~的葬礼, 112

Herod 希律, 克利奥帕特拉的儿子, 97

Herod 希律, 希律的儿子, 97, 99,

---

　*　索引拼写（Gamalus）和正文（Gamalas）不一致，此处按照正文拼写翻译。

　**　索引拼写（Shaphat）和正文（Sapphas）不一致，此处按照正文拼写翻译。

Philistia 非利士, 308

Phineas 菲尼亚斯，克卢索的儿子, 242

Phineas 菲尼亚斯，司库, 356

Phoenicia 腓尼西亚, 67, 76, 152, 183, 213, 364

Phrygius Titus 弗瑞吉斯·提多, 344

Phrygia 佛里几亚, 273

Pilate, Pontius 本丢·彼拉多, 8, 130-31, 399

Pillars of Hercules 赫尔克里斯石柱, 151-2

Piraeus 皮罗斯, 76

Pisidian 皮斯滇人, 34

Piso 比索, 40

Placidus 普拉奇德斯，护民官，被韦斯帕芗派往塞弗利斯, 184; 攻击约塔帕塔, 189, 191, 206; 攻击塔博尔山, 227-8; 攻击贝桑那布里斯, 256-8; 攻占阿比拉、朱利亚斯和贝西摩斯, 258

Plataea 普拉塔, 149

Platana 普拉塔纳, 94

Plinthine 普林辛, 271

Pompey (Pompeius Magnus) 庞培（庞培·马格努斯）, 23, 38, 44, 47, 67, 149, 153, 309-10, 319, 352, 360; ~与亚里斯多布鲁斯, 39-42; ~与哈卡纳斯, 41; 占领

耶路撒冷, 39-41; 重建加巴拉, 41; 和元老院一起潜逃, 45; 死亡, 45; ~与巴素斯, 50

Pomponius, Secundus 瑟康达斯·庞朴尼亚斯, 133

Poplas 珀普拉, 114

Priscus 普利斯克斯，百人队长, 338

Priscus 普利斯克斯，罗马军官, 167-8

Psephinus 塞弗努斯塔楼, 280, 286, 288

Ptolemais 托勒迈, 17, 29, 37, 54, 60, 74, 78, 120, 132-3, 160-61, 164, 182-5, 188-9, 213

Ptolemy 托勒密，希律的朋友, 58, 63, 85, 111, 114, 119-20

Ptolemy 托勒密，曼讷斯的儿子, 35-7, 44-5, 52-4

Ptolemy VI 托勒密六世, 27, 393

Ptolemy 托勒密，西蒙的女婿, 29-30

Ptolemy Lathyrus 托勒密·莱塞勒斯, 33

Ptolemy 托勒密，尼古拉斯的兄弟, 115

Ptolemy 托勒密，阿古利巴的大臣, 173

Pedens 普敦斯人，骑兵军官, 338

Puteoli 普丢利, 123

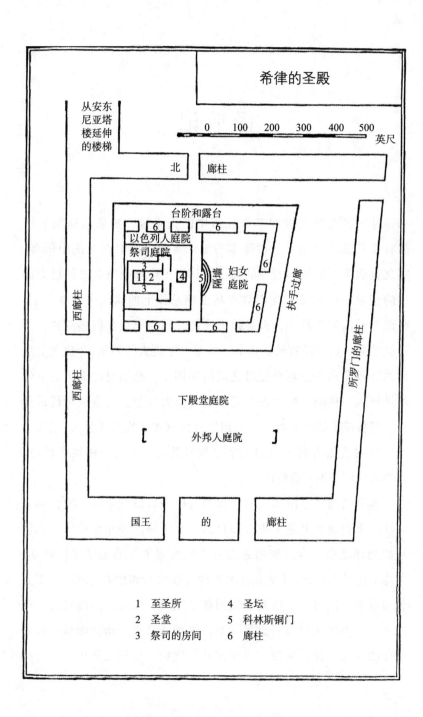

希律的圣殿

从安东尼亚塔楼延伸的楼梯

0 100 200 300 400 500
英尺

北   廊柱

台阶和露台

以色列人庭院
祭司庭院

西廊柱

隔墙 妇女庭院

扶手过廊

西廊柱

下殿堂庭院

外邦人庭院

所罗门的廊柱

国王   的   廊柱

1 至圣所   4 圣坛
2 圣堂   5 科林斯铜门
3 祭司的房间   6 廊柱

译后记

对于研究犹太教和基督教历史的人来说，约瑟福斯的著作具有极其重要的意义。就像本书编译者威廉姆森在导论中所言："《犹太战争》是我们现存的关于罗马历史中那个重要阶段最为详尽的记录……增加了我们对罗马王朝总体上的认识……事实上，在那个动荡的岁月中，很难找出比约瑟福斯更让我们感激的一个历史学家，如果没有他的作品，将是一个更大的不幸。"犹太史学家约瑟福斯出生于耶稣受难之后的第四年，是当时许多历史事件的见证人。他的《犹太古事记》和《犹太战争》是圣经时代最重要、最权威的历史资料。企鹅出版社的这本《犹太战争》，记载了罗马攻占犹太人聚居地的整个过程以及犹太人的一些风俗民情，其学术价值是不言而喻的。

本书的翻译是山东大学犹太教与跨宗教研究中心（教育部人文社科重点研究基地）重大项目的一个子项。2006年夏天，我们开始翻译此书。当时国内还没有《犹太战争》的完整汉语译本，翻译工作异常繁杂。《犹太战争》涉及犹太人和相关民族的众多人名和地名，同时，也涉及了周围各个民族、国家的地理状况和朝代更替。书中人物关系盘根错节，给翻译带来了诸多困难。面对这样的问题，译者参阅了大量书籍，比如《世界文明史》和《约瑟夫著作精选》等，力求忠实、准确地传达作者的原意。在此对所参考书籍的作者和相关出版单位表示感谢。此外为方便读者研究，对于重要的人名和地名都标注了英文拼写。在翻译的过程中，山东大学英美文学研究生赵海燕（封面、导论、序、第一至第三章）、尹迪（第四至第九章）、沈丹（第十至第十五章）、李静（第十六至第二十一章）、林亚蕾（第二十二和二十三章以及附录）做了大量工作，奠定了初稿的基础。我负责全书的翻译和审校。山东大学犹太教和跨文化宗教研究中心主任傅有德教授为此书的翻译提供了许多帮助。在此向他们表示由衷的感谢。

由于时间及水平的限制，译本仍有不少不尽人意之处，诚望读者不吝赐教。

王丽丽

2007年8月

新修订版译后记

自汉译本《犹太战争》2007年付梓以来，受到了广大读者的欢迎，也受到学界的高度关注。随着时代的发展，这本由威廉姆森英译、约瑟福斯所著的古战争历史书，其文化和历史价值显得愈发重要。在此时机，商务印书馆的赵润细编辑和原丛书系列负责人，山东大学犹太教和跨宗教研究中心主任傅有德教授找到我，商议再版此书事宜。

作为译者，由于时隔十几年及工作变动等各种原因，面临诸多困难，一是此书的原始英译本已经遗失。二是时下新冠疫情严重，各国文化交流受到影响，人员往来不通畅，千里迢迢托人从国外寄来的版本并不是原来的英译版。所幸的是，阴差阳错，寄来的版本是2007年所依据译本的更新版本，无论在时间上还是译本内容上，包括英译本译者的序言都和原英译本无缝衔接，也算是巧合。

此次依据的英译本第二版和原英译本相比，最大的变化是排版上的。原来的附录全部取消，都插入正文中。内容上变化不大，但困难的是细节上经常改动几个字，却需要逐字逐句仔细比对，翻译工作量仍然巨大。有时，由于原译文的干扰，还可能出现误译。特别是人名地名繁杂，新版和旧版只有一两个字母拼写不同，